THEODOR VON MOPSUESTIA UND DAS NICÄNUM

SUPPLEMENTS TO

VIGILIAE CHRISTIANAE

Formerly Philosophia Patrum

TEXTS AND STUDIES OF EARLY CHRISTIAN LIFE
AND LANGUAGE

VOLUME LI

THEODOR VON MOPSUESTIA UND DAS NICÄNUM

Studien zu den katechetischen Homilien

VON

SIMON GERBER

BRILL
LEIDEN · BOSTON · KÖLN
2000

This book is printed on acid-free paper.

Library of Congress Cataloging-in-Publication Data

Gerber, Simon.
  Theodor von Mopsuestia und das Nicänum : Studien zu den katechetischen
  Homilien / von Simon Gerber.
      p.   cm. — (Supplements to Vigiliae Christianae, ISSN 0920-623X
  ; v. 51)
  Revision of the author's thesis—Kiel, 1997.
  Includes bibliographical references (p.   ) and index.
  ISBN 9004115218 (alk. paper)
      1. Theodore, Bishop of Mopsuestia, ca. 350-428 or 9.2. Council of
  Nicaea (1st : 325)
  I. Title. II. Series.
  BR65.T75746 G47   2000
  270.2'092 21; aa05 12-16—dc99   99–059436
                                                                        CIP

Die Deutsche Bibliothek – CIP-Einheitsaufnahme

Gerber, Simon:
Theodor von Mopsuestia und das Nicänum : Studien zu den
katechetischen Homilien / von Simon Gerber. - Leiden ; Boston ;
Köln : Brill, 2000
    (Supplements to Vigiliae Christianae ; Vol. 51)
    Zugl.: Kiel, Univ., Diss., 1997
    ISBN 90–04–11521–8
[Vigiliae Christianae / Supplements]
Supplements to Vigiliae Christianae : formerly Philosophia Patrum ;
texts and studies of early Christian life and language. – Vol. 18-...–
Leiden ; Boston ; Köln : Brill. 2000
    Erscheint unregelmäßig. Früher Schriftenreihe. - Bibliographische
    Deskription nach Vol. 49 (1999)
    ISSN 0920-623X

                              ISSN 0920-623X
                              ISBN 90 04 11521 8

PRINTED IN THE NETHERLANDS

INHALT

VORREDE

Die vorliegende Arbeit entstand vom Herbst 1993 bis zum Frühjahr 1996. Im Wintersemester 1996/97 wurde sie von der Theologischen Fakultät der Christian-Albrechts-Universität Kiel als Dissertation angenommen (Tag der mündlichen Prüfung: 15.2.1997, Tag der Promotion: 16.4.1998) und in den Jahren 1997 und 1998 noch einmal gründlich überarbeitet.

Mein erster Dank gilt meinem akademischen Lehrer, Herrn Professor Dr. Dr.h.c. Reinhart Staats, der mich auf Theodor von Mopsuestia, seine Homilien und das Nicänum aufmerksam machte und meine Arbeit mit seinem Rat begleitete und betreute. Dank schulde ich auch den Herren Professor Dr. Dr. Johannes Schilling und Professor em. Dr. Dr. Herbert Donner für ihre Gutachten. Des weiteren danke ich der *sodalitas*, dem Kieler kirchengeschichtlichen Oberseminar, für manche Hinweise, Anregungen und Diskussionen, besonders Herrn PD Dr. Klaus Fitschen, außerdem Frau Veronika Janssen und den Herren Pastor Werner Steinwarder, Dr. Martin Illert und Hanns-Christoph Picker.

Die Christian-Albrechts-Universität Kiel und das Land Schleswig-Holstein haben mir diese Arbeit durch die Gewährung eines Promotionsstipendiums für die Jahre 1994 und 1995 finanziell ermöglicht. Auch dafür danke ich. Für seelische Unterstützung habe ich meiner Frau zu danken, für verschiedene technische Hilfen meinem Vater Pastor em. Reinhold Gerber und meinen Brüdern Pastor Helmut Gerber und Martin Gerber. Mein besonderer Dank gilt Herrn Michael Güthe für die zeitweise Bereitstellung eines Computers und Unterweisung in der Bedienung desselben.

Dem Verlag Brill danke ich für die Aufnahme dieser Arbeit in die Reihe der "*Supplements to Vigiliae Christianae*".

Gewidmet sei diese Arbeit dem Andenken an meine Tante Irmgard Mumssen geb. Vortmann (1909–1999) und an meinen Onkel Karl-August Johannes Viertel (1923–1999).

Kiel, im Juni 1999
S.G.

0. EINLEITUNG

0.1. Das Problem

Wir schreiben Montag, den 12. Mai 553. Erst wenige Monate ist es her, daß nach achtzehn jammervollen Kriegsjahren der Kampf mit den Ostgoten um Italien für Ostrom siegreich beendet wurde. Kaiser Justinian der Große will noch einen anderen Streit befrieden, der schon so manches Jahr währt, einen theologischen Streit, den er, der Kaiser, selbst mit heraufbeschworen hat und der die Einheit der Kirche seines Reiches bedroht. Dazu hat er ein Konzil in die Reichshauptstadt Konstantinopel berufen, das später als fünftes ökumenisches Konzil und zweites Konzil von Konstantinopel gezählt werden soll.

Am 12. Mai also tagt die vierte Sitzung des Konzils. Ihre Tagesordnung besteht darin, daß der Notar Kalomynus vor den anwesenden Bischöfen des Rhomäerreiches etwa 70 ausgewählte Abschnitte aus den Werken eines vor über hundert Jahren verstorbenen Bischofs und Theologen vorliest, den Werken Theodors von Mopsuestia. Doch Kalomynus wird immer wieder von aufgebrachten Zwischenrufen unterbrochen. Das Protokoll der Sitzung vermerkt:

> Und während die Lästerungen Theodors vorgelesen wurden, rief die heilige Synode aus: "Das haben wir bereits verdammt! Das haben wir bereits verflucht! Fluch dem Theodor von Mopsuestia! Fluch Theodor und seinen Schriften! Das ist der Kirche fremd! Das ist den Orthodoxen fremd! Das ist den Vätern fremd! Das ist voller Gottlosigkeit! Das ist den Synoden fremd! Das streitet wider die heiligen Schriften! Ein Theodor, ein Judas!"[1]

Wenige Wochen später, auf seiner achten Sitzung am 2. Juni, verabschiedet das Konzil 14 Kanones; genauer gesagt: Es bestätigt 14 Kanones, die Kaiser Justinian bereits Jahre zuvor seinem theologischen Traktat "*Confessio fidei*" beigefügt hat. Der 12. Kanon lautet:

> So jemand den gottlosen Theodor von Mopsuestia verteidigt, der sagt, Gott das Wort [Θεὸς λόγος] sei ein anderer als Christus, der von den

---

[1] *ACO* IV 1, 56,11–16; vgl. auch 72,10–22.

Leidenschaften der Seele [πάθη ψυχῆς] und den Begierden des Fleisches [σαρκὸς ἐπιθυμίαι] geplagt worden sei, sich nach und nach vom Schlechten getrennt habe und so aufgrund des Fortschritts bei den Werken [ἐκ προκοπῆς ἔργων] besser und aufgrund seines Wandels untadelig [ἄμωμος] geworden sei, der wie ein bloßer Mensch [ψιλὸς ἄνθρωπος] auf den Namen des Vaters, des Sohnes und des Heiligen Geistes getauft worden sei und durch die Taufe die Gnade des Heiligen Geistes bekommen habe und der Adoption für wert befunden worden sei [υἱοθεσίας ἀξιωθῆναι] und der, ebenso wie ein kaiserliches Standbild, auf die Person [πρόσωπον] Gottes des Wortes hin angebetet werde und [erst] nach der Auferstehung unveränderlich in seinen Gedanken [ἄτρεπτος ταῖς ἐννοίαις] und gänzlich sündlos [ἀναμάρτητος] geworden sei – und wiederum sagt derselbe gottlose Theodor, die Einigung [ἕνωσις] Gottes des Wortes mit Christus sei dergestalt geschehen, wie es der Apostel über Mann und Weib sagt: "Die zwei werden ein Fleisch sein" [Eph 5,31] . . . – so jemand also den besagten höchst gottlosen Theodor verteidigt samt seinen gottlosen Schriften, in denen er die besagten und unzählige andere Lästerungen wider unseren großen Gott und Heiland Jesus Christus ausgegossen hat, und ihn nicht vielmehr verflucht samt seinen gottlosen Schriften sowie allen, die ihm zustimmen oder ihn verteidigen oder sagen, er habe orthodox gelehrt, und denen, die für ihn geschrieben und dasselbe wie er gedacht haben oder auch für ihn und seine gottlosen Schriften [noch] schreiben und Ähnliches denken oder je gedacht haben und die bis an ihr Ende in solcher Gottlosigkeit verharrt sind, der sei ausgeschlossen.[2]

Damit war einer der größten altkirchlichen Theologen unter die Ketzer eingereiht und das Schicksal der meisten seiner Werke besiegelt.

Rund 170 Jahre vorher, im Mai 381, hatte das erste Konzil von Konstantinopel getagt. Damals war nach sechs Jahrzehnten der Arianische Streit beendet worden und ein Symbol aus dem Jahre 325, das Bekenntnis des Konzils von Nicäa, das Nicänum, zur Norm der Rechtgläubigkeit für die gesamte Kirche des Römischen Reiches erhoben worden, ein Symbol, das die Wesenseinheit (Homousie) Gottes des Sohnes mit Gott dem Vater definierte. Zu jener Theologengeneration, die in den folgenden Jahrzehnten das nicänische Bekenntnis als Normbekenntnis aufrichteten, verteidigten und in den sich neu erhebenden Streitigkeiten bewährten, gehörte auch Theodor von Mopsuestia, eben der, den, wie wir oben lasen, das zweite Konzil von Konstantinopel 553 samt seinen Schriften verurteilte und verdammte.

Anfang der 1930er Jahre wurden in einer syrischen Handschrift einige Predigten dieses Theodor von Mopsuestia wiederentdeckt, kate-

---

[2] *ACO* IV 1, 243,1–30.

chetische Predigten an neuzutaufende Christen, in denen Theodor
unter anderem ein Taufsymbol auslegt und in diesem Zusammenhange
auf das Nicänum und die Väter des Konzils von Nicäa 325 zu sprechen kommt. Die vorliegende Arbeit nimmt sich diese Predigten zum
Gegenstand und untersucht sie als Paradigma für die Rezeption des
Symbols von 325 in der Zeit nach seiner Bestätigung und Kanonisierung 381, als Paradigma nicänischer Orthodoxie in der theodosianischen Reichskirche.

0.2. Leben, Zeit und Schicksale Theodors von Mopsuestia

0.2.1. *Theodors Leben und seine Zeit*

Über das Leben Theodors von Mopsuestia sind wir leidlich gut infor-
miert:[3] Bald nach 350[4] in Antiochia, einer der glänzenden Weltstädte
des spätrömischen Reiches, als Sproß einer begüterten Familie geboren, studierte Theodor bei Libanius, dem damaligen Papst der
Rhetorik. Mit 16 Jahren soll er sich von der griechischen Wissenschaft
zum Studium der heiligen Schriften bekehrt haben.[5] Einer seiner
älteren Mitschüler, der später so berühmte Johannes Chrysostomus,
überredete Theodor jedenfalls zum Eintritt in das Asketerium, jene
Kommunität, die Diodor, der spätere Bischof von Tarsus, und ein
(sonst nicht weiter bekannter) Carterius nahe Antiochia leiteten und
die ein gemeinsames asketisches Leben und geistliche Studien zum
Zweck hatte.[6] In der Abgeschiedenheit des Asketeriums entstand

---

[3] Vgl. dazu H. Kihn, *Theodor von Mopsuestia und Junilius Africanus als Exegeten.*
Freiburg 1880: 33–44; F. Loofs, Art. Theodor von Mopsuestia, in: *RE³* 19. Leipzig
1907, 598–605: 598–600; J.M. Vosté O.P., La chronologie et l'activité littéraire de
Théodore de Mopsueste. *RB* 34 (1925), 54–81: 54–56; E. Amann, Art. Théodore
de Mopsueste, in: *DThC* 15,1. Paris 1946, 235–279: 235–237; R. Devreese, Essai
sur Théodore de Mopsueste. *StT* 141. Vatikanstadt 1948: 1–4; R.E. Carter S.J.,
Chrysostom's Ad Theodorum lapsum and the early Chronology of Theodore of
Mopsuestia. *VigChr* 16 (1962), 87–101; P. Bruns, *Theodor von Mopsuestia, Katechetische
Homilien* I. FC 17,1. Freiburg 1994: 1–7; *Den Menschen mit dem Himmel verbinden.*
CSCO 549. Löwen 1995: 21–25; K.-G. Wesseling, Art. Theodor von Mopsuestia,
in: *BBKL* 11. Herzberg 1996, 885–909: 885–887.
[4] Nach Robert E. Carter 352, vgl. Chrysostom's Ad Theodorum lapsum 99–101.
[5] So Barhadbeschabba, *Hist.s.patr.* 19 (PO IX 504).
[6] Socrates, *Hist.eccl.* VI 3,4; Sozomenus, *Hist.eccl.* VIII 2,7; Theodoret, *Hist.eccl.*
V 27,7; 40,1; Barhadbeschabba, *Hist.s.patr.* 19 (PO IX 504); *Chronik von Seert* 53 (PO
V 285). Zum Asketerium vgl. R. Leconte, L'Asceterium de Diodore, in: *Mélanges
bibliques rédigés en l'honneur de André Robert.* TICP 4. Paris 1957, 531–536; J.M. Lera,

damals die neuere Antiochenische Theologenschule. Später sollten
Theodor und Johannes Chrysostomus, die neben Diodor als ihre
größten Vertreter gelten, ihre Theologie weitergeben an Johannes
von Antiochien, Nestorius, Theodoret und Ibas von Edessa. Auch
Theodors Bruder, Bischof Polychronius von Apamea, gehörte zu den
Theologen der Antiochenischen Schule. Theodor freilich meinte nach
einiger Zeit, nun genügend geistliche Studien getrieben zu haben; er
wollte heiraten und eine weltliche Laufbahn einschlagen. Sein Freund
Johannes jedoch hielt den noch nicht 20jährigen zurück, indem er
ihn ermahnte, dem eigenen Gelübde nicht untreu zu werden.[7] Theodor
blieb also und setzte seine Studien bei Diodor fort. Hier bekam er
die Anregungen, die ihn für sein ganzes Leben theologisch prägten:
die Verwerfung der allegorischen Schriftauslegung zugunsten von
grammatisch-historischer und typologischer Exegese, die Unterscheidung
zweier vollständiger Naturen in Christus und die scharfe Ablehnung
der Lehren des Apollinaris von Laodicea, der der Menschheit Christi
den Geist (νοῦς) absprach.

383 weihte Bischof Flavian von Antiochien Theodor zum Presbyter.[8]
Wenn man einer Notiz bei Hesychius von Jerusalem Glauben schenken darf, so hat Theodor bald darauf Antiochia verlassen und ist
nach Tarsus übergesiedelt, wo sein Lehrer Diodor seit 378 Metropolit
war.[9] 392 wurde Theodor dann Bischof der Stadt Mopsuestia.[10]

Art. Théodore de Mopsueste, in: *DSp* 15. Paris 1991, 385–400: 393. Anton Ziegenaus
stellt sich das Leben im Asketerium sehr hart, ja unmenschlich vor (*Das Menschenbild
Theodors von Mopsuestia*. Diss. München 1963: 4f.). Wenn Barhadbeschabbas Angabe
zuverlässig ist, Theodor habe vor seiner Bischofsweihe 21 Jahre im Kloster zu Füßen
der Flavianer und Diodorianer verbracht (*Hist.s.patr.* 19 (PO IX 505); vgl. *Chronik
von Seert* 53 (PO V 285f.)), so kam Theodor um 371 ins Asketerium.

[7] Johannes Chrysostomus, *Ad Theod.laps.* II 3 u.ö.; Hesychius, *Hist.eccl.* (ACO IV
1, 190,5–9); Sozomenus, *Hist.eccl.* VIII 2,8–10. Der Traktat "*Ad Theodorum lapsum* I"
ist nicht an unseren Theodor gerichtet, sondern an einen unbekannten Mönch, vgl.
Carter, Chrysostom's Ad Theodorum lapsum 88–92. Vgl. auch ebd. 92–98, wo
Carter die Argumente C. Fabricius' entkräftet, der auch "*Ad Theodorum lapsum* II"
nicht an den späteren Bischof von Mopsuestia gerichtet sein läßt.—Zum damaligen
Alter Theodors vgl. *Ad Theod.laps.* II 4. Ein Gelübde hatte Theodor offenbar zusammen mit Johannes abgelegt; zu den Aufnahmebedingungen des Asketeriums gehörte
es sicher nicht.

[8] Die Jahreszahl ergibt sich aus der Angabe des Johannes von Antiochien in
einem Brief an Proclus von Konstantinopel, Theodor habe 45 Jahre durch seine
Lehre geglänzt und die Häresie bekämpft (Facundus, *Pro def.* II 2,11), und seinem
Todesjahr (s.u.).

[9] *ACO* IV 1, 90,10f.

[10] Die Jahreszahl ergibt sich aus Theodors Todesjahr und Theodorets Angabe,
Theodor sei 36 Jahre Bischof gewesen (s.u.).

Mopsuestia (bis vor kurzem Misis, heute Yakapinar) lag in der Landschaft Kilikien im Südosten Kleinasiens und gehörte zur römischen Provinz *Cilicia*, nach deren Teilung zu *Cilicia secunda*. Die Stadt war am Fluß Pyramos (heute Ceyhan) gelegen, in der Luftlinie etwa 80 km östlich von Tarsus.[11] Ihr für deutsche Ohren drolliger Name kommt von ihrem sagenhaften Gründer, dem Seher Mopsos, einem Enkel des Teiresias, und heißt übersetzt: Herd des Mopsos.[12] Die Lage der Stadt war recht günstig: Eine der Hauptverbindungslinien für den west-östlichen Verkehr führte durch Mopsuestia. Bis ins Mittelalter war die Stadt auch mit Meeresschiffen erreichbar.[13] In den Jahren 1955–1961 gab es in Misis archäologische Ausgrabungen. Dabei wurden die Reste einer frühbyzantinischen Basilika mit Fußbodenmosaiken freigelegt, die u.a. die Arche Noah und die Simson-Geschichte darstellen. Ob es sich dabei um die Reste einer Kirche handelt, ist unsicher. Auch eine Synagoge wäre möglich.[14]

Der Anlaß von Theodors Bischofsweihe soll eine Disputation in der Stadt Anazarbus (in *Cilicia secunda* gelegen, nordöstlich von Mopsuestia) mit Pneumatomachen, Leugnern der Gottheit des Heiligen Geistes, gewesen sein: Theodor hatte damals schon seine ersten Werke geschrieben, und die orthodoxe Partei hatte den begabten und durch Gelehrsamkeit und Scharfsinn ausgewiesenen Presbyter als ihren Mann ins Rennen geschickt. Die Pneumatomachen aber wollten mit niemand disputieren, der nicht den Rang eines Bischofs bekleidete, und so weihte man Theodor zum Bischof. Daß er bei der anschließenden Disputation Sieger blieb, versteht sich von selbst.[15] Zwei Jahre später nahm Theodor an einer Synode in Konstantinopel teil, die einen

---

[11] Eine Zeichnung von Misis am Pyramos mit Ruinen von Mopsuestia um die Mitte des 19. Jahrhunderts ist auf planche 268 im Anhang des 12. Jahrgangs der *Revue archéologique* (1855/56) als Illustration zu Victor Langlois' Aufsatz "Voyage en Cilicie. Mopsueste" zu sehen. Vgl. auch L. Budde, *Antike Mosaiken in Kilikien* I. BKCO 5. Recklinghausen 1969: 14f. und Abb. 1–3.

[12] "Wohl kein Ortsname mit dem dazugehörigen Ethnikon zeigt so viele verschiedene Formen, hat so viele Veränderungen und (vor allem in den Hss.) Entstellungen erfahren wie der Name M." (W. Ruge, Art. Mopsu(h)estia, in: *PRE* 16,1. Stuttgart 1933, 243–250: 243; vgl. 243–245.)

[13] Ruge, Mopsu(h)estia 248f.; H. Th. Bossert, Misis. *AfO* 18 (1957/58), 186–189: 188f. Zur Geschichte und Geographie Mopsuestias vgl. noch Budde, *Antike Mosaiken* I 9–11. 35f.; F. Hild – H. Hellenkemper, *Tabula Imperii Byzantini* 5. DÖAW.PH 215. Wien 1990, 1.Teil: 351–359; 2.Teil: Abb. 299–315.

[14] Vgl. Bossert, Misis 187f.; Budde, *Antike Mosaiken* I 13–18. 31–101. Abb. 26–157; H. Buschhausen, Zur Deutung des Archemosaiks, in der justinianischen Kirche von Mopsuestia. *JÖB* 21 (1972), 57–71 (mit zwei Tafeln); E. Kitzinger, The Samson Floor at Mopsuestia. *DOP* 27 (1971), 133–144 (mit Abbildungen); Hild-Hellenkemper, *Tabula* 5, 1.Teil 357.

[15] Barhadbeschabba, *Hist.s.patr.* 19 (PO IX 506f.); *Chronik von Seert* 53 (PO V 286).

Streit um den Bischofssitz von Bostra in Arabien schlichten sollte.[16]
Wahrscheinlich bei diesem Anlaß redete er vor Kaiser Theodosius
dem Großen. Der Kaiser zeigte sich tief beeindruckt von der Bered-
samkeit und Gelehrtheit des Bischofs.[17] An der Tragödie des Johannes
Chrysostomus nahm Theodor regen Anteil; er bemühte sich um
Trost für den unglücklichen Studienfreund.[18] 418 nahm Theodor den
aus dem Westen geflohenen Julian von Eclanum und andere Pelagianer
auf, stimmte aber auf einer Synode der kilikischen Bischöfe deren
Verurteilung zu.[19] Die nestorianischen Quellen wissen von Theodor
noch zu berichten, er habe viele Heiden dadurch bekehrt, daß sein
bloßes Auftreten ein Standbild des Götzen Mopsos zum Umfallen
gebracht habe. Ferner habe er einen jüdischen Synagogenvorsteher
namens Joseph, der sich habe taufen lassen wollen, dann aber gestorben sei, zum Zweck der Taufe von den Toten wieder auferweckt.
Zu Lebzeiten sei Theodor mit Mose, Josua und David verglichen
worden.[20] 428, im Jahr, als der Nestorianische Streit ausbrach, ver-
starb Theodor nach 36 Amtsjahren.[21]

Theodors Leben fiel in eine Zeit welthistorischer Umbrüche. Das Römische
Weltreich konnte sich der äußeren Bedrohung durch das neupersische Reich
der Sassaniden sowie durch Einfälle von Alamannen, Franken, Quaden und
anderen Barbaren kaum noch erwehren. Da die Kaiser vom Militär gewählt
und ausgerufen wurden, kam es oft zu Usurpationen (so durch Prokop,
Maximus und Eugenius) und Bürgerkriegen, die an der Substanz des Reiches
nagten. Das Militär mußte mit großzügigen Geldgeschenken günstig gestimmt
werden. Die Steuern waren chronisch hoch; Geld und Gut befanden sich
in den Händen weniger Latifundienbesitzer, während weite Kreise der Bevölkerung in Armut und wirtschaftlicher Not leben mußten.[22] Die Korruption
der Beamtenschaft[23] trug das Ihrige zur mißlichen Lage bei. Verrat und
Mord waren längst übliche Mittel der Innen- und Außenpolitik. In Kaiser
Julian (361–363), der wegen seiner Konversion zum Heidentum und seiner

---

[16] Theodor Balsamon, *Can.syn.Carthag.* (MPG 138, 449–453).
[17] Johannes von Antiochien, *Ep.ad Theodos.II.imp.* (Facundus, *Pro def.* II 2,14).
[18] Johannes Chrysostomus, *Ep.* 112; Facundus, *Pro def.* VII 7,21–25; *Chronik von Seert* 68 (PO V 320f.).
[19] *ACO* I 5, 23,17–34.
[20] Barhadbeschabba, *Hist.s.patr.* 19 (PO IX 507–510); *Chronik von Seert* 53 (PO V 286–288).
[21] Theodoret, *Hist.eccl.* V 40,1–3; Facundus, *C. Mocian.* 30; Barhadbeschabba, *Hist.s.patr.* 19 (PO IX 515).
[22] E. Stein, *Geschichte des spätrömischen Reiches* I. Wien 1928: 301–303; G. Alföldy, *Römische Sozialgeschichte*. 3. Aufl. Wiesbaden 1984: 155–159. 166–174.
[23] Vgl. Stein, *Geschichte* I 275–277; Alföldy, *Römische Sozialgeschichte* 168; A. Demandt, Die Spätantike. *HdA* III 6. München 1989: 113f. 252–255.

Begünstigung der Heiden als der "Abtrünnige", der "Apostat" in die Geschichte einging, hatte das Reich immerhin einen Herrscher mit bemerkenswertem politischem und militärischem Talent, und Valentinian I. – er starb 375 an einem Anfall seines Jähzorns – und sein Sohn Gratian, die 364–383 den Westen regierten, erwiesen sich bei der Verteidigung der Rheingrenze durchaus als tüchtige Soldaten. Die Begabung zum Feldherrn fehlte Valentinians Bruder Valens (364–378 Kaiser des Ostens) leider völlig.

Im Jahre 375 begann mit dem Sturm der Hunnen auf Europa die Völkerwanderung. Das Volk der Goten, von dem bei allen Zeitgenossen Grauen und Ekel erregenden Steppenvolk aus ihren Wohnsitzen in der Ukraine vertrieben, ersuchte Kaiser Valens um Aufnahme als Siedler ins Reich. Valens war dem nicht abgeneigt; durch die hemmungslose Raffgier zweier römischer Beamter, die das zur Austeilung an die Goten bestimmte Getreide diesen zu Höchstpreisen verkaufen wollten, kam es unter den Goten jedoch erst zur Hungersnot und dann zur Meuterei.[24] Am 9. August 378 kam es bei Adrianopel zur Schlacht. Der Kirchenhistoriker Rufin schrieb:

> Dieser Kampf war der Beginn des Übels für das Römische Reich, damals und für alle Zeit.[25]

Die Goten bereiteten dem römischen Heere unter Führung des Kaisers eine vernichtende Niederlage; Valens fiel. Der Zugang zu den Balkanprovinzen stand den Goten offen. Der Spanier Theodosius, Sohn eines verdienten, später hingerichteten Generals gleichen Namens, wurde zum Nachfolger des Valens gewählt. Unter seiner Hand waren die beiden Hälften des Reiches 394/95 ein letztes Mal vereint.

Das germanische Element nahm in der folgenden Zeit im Reich immer weiter zu. Germanen wurden verstärkt als Föderaten im Reich angesiedelt, blieben dabei für die Römer stets unsichere Kantonisten. Das Heer bestand zum Großteil aus Germanen – die römische Bevölkerung hatte abgenommen und war zudem für den Wehrstand höchst unlustig. Die Armee bekam zunehmend den Charakter einer germanischen Truppe; die Legionen hatten aufgehört, der Kern des römischen Heeres zu sein. Viele Barbaren stiegen zu hohen Ehren auf, wurden Heermeister oder wie Arbogast und Stilicho sogar Regenten. Unter der alten Bevölkerung nahm freilich auch der Antigermanismus zu, der diese Entwicklung mit Sorge und Haß verfolgte. Kaiser Theodosius war es nach der Katastrophe von Adrianopel immerhin gelungen, die Lage im Osten für die nächsten Jahrzehnte wieder einigermaßen zu stabilisieren. Seine Dynastie herrschte im Osten und Westen noch weit bis ins fünfte Jahrhundert. Der Westen befand sich aber seit dem Beginn der Völkerwanderung in ständigen mehr oder weniger heftigen Abwehrkämpfen mit den eigenen Föderaten und mit eindringenden Barbaren. Als 410 der westgotische König Alarich Rom eroberte und plünderte, war

---

[24] O. Seeck, *Geschichte des Untergangs der antiken Welt*. 1./2. Aufl. Berlin und Stuttgart 1897–1921: V 99–105; Stein, *Geschichte* I 290.
[25] *Hist.eccl.* XI 13.

das für die ganze christliche und heidnische Welt ein furchtbarer Schock, ein Fanal, daß die bisherige Welt nicht mehr lange Bestand haben werde.

Auf diesem finstern Zeitgrund malt sich eine der größten Epochen der Kirchengeschichte. Viele der bedeutendsten Theologen und Kirchenmänner der patristischen Epoche sah sie: den alten Athanasius, Ephrem den Syrer, die drei Kappadozier, Makarius-Symeon, Ambrosius, Augustin und Hieronymus, Johannes Chrysostomus, Cyrill von Alexandrien, Theodoret und Papst Leo den Großen. Der junge Theodor erlebte noch das Ende des Arianischen Streites und die theodosianische Wende. Als er bei Diodor im Asketerium studierte, gab es in Antiochia drei bis vier Bischöfe, darunter zwei orthodoxe, nämlich einen alt- und einen jungnicänischen, die miteinander konkurrierten. Theodor kannte die verderbliche Wirkung von Kirchenspaltungen und Schismen aus eigener Anschauung. 380/81 beendete Kaiser Theodosius der Große durch seine Religionsgesetzgebung und das Konzil von Konstantinopel den Arianischen Streit und das Schwanken, das es in der kaiserlichen Kirchenpolitik seit über einem halben Jahrhundert gegeben hatte zwischen Neutralität und Begünstigung der einer oder der anderen Partei. Die durch Damasus von Rom und Petrus II. von Alexandrien sowie durch das nicänische Bekenntnis repräsentierte Orthodoxie wurden zur *de iure* einzig zulässigen Religion im Reich.

Doch auch nach 381 ging der theologische Streit weiter, nicht nur mit den Gegnern des trinitarischen Dogmas, mit Arianern aller Schattierungen, die die Gottheit des Sohnes leugneten, und Pneumatomachen, die den Heiligen Geist nicht Gott nennen wollten, und die weit davon entfernt waren, sofort mit einem kaiserlichen Gesetz oder mit einem Konzilsbeschluß zu verschwinden; auch Theodor hatte, wie wir sahen, 392 noch mit Pneumatomachen disputieren müssen, und die kaiserliche Gesetzgebung gegen die Häretiker hatte nach 380/81 noch manches Gesetz folgen lassen müssen. Eine andere Kontroverse, die die Kirche noch für Jahrhunderte beschäftigen sollte, war im Osten noch während des Arianischen Streites entbrannt, nämlich die um die Christologie, um die Person und die Natur(en) des Gottmenschen. Davon soll gleich noch mehr die Rede sein. Um 400 kam ein Streit um Origenes noch hinzu, den großen Theologen aus Alexandria († 254) und um die Rechtgläubigkeit seiner Anschauungen über Gott, Welt, Menschen und die Seelen.[26] Bei all dem zeigt sich ein herausragendes Merkmal jener Epoche: Die theologischen Streitigkeiten sind zugleich Kämpfe der Patriarchate untereinander um die Vormachtstellung. Das heißt nicht, daß der theologische Streit nur Vorwand für den Machtkampf gewesen wäre; das Eigenartige ist vielmehr, daß beides, das Ringen um die Wahrheit zwischen den theologischen Schulen, tiefe Spekulation und echtes religiöses Empfinden einerseits und Machtpolitik mit allen Mitteln der Propaganda, Lüge und Halbwahrheit andererseits, untrennbar miteinander vermischt sind. Meister in dieser Art Kampf waren die alexandrinischen Patriarchen Theophil,

---

[26] Vgl. K. Baus – E. Ewig, Die Reichskirche nach Konstantin dem Großen 1. *HKG(J)* II/l. Freiburg 1973: 127–134.

Cyrill und Dioskur, deren unglückliche Opfer die Patriarchen von Konstantinopel, Johannes Chrysostomus, Nestorius und Flavian. Dioskur aber fiel am Ende selbst in die Grube.

Der alte Zwiespalt zwischen dem lateinischen Westen und dem griechischen Osten hatte sich währenddessen immer vergrößert. Nicht nur verstand man einander kaum noch, man hatte sich auch immer weniger zu sagen. Jeder Teil ging seinen eigenen Problemen nach und beschäftigte sich mit anderen theologischen Fragen. Schließlich sah jene Zeit auch den Abschluß der Auseinandersetzung zwischen Christentum und griechisch-römischem Heidentum und den raschen Verfall des letzteren; Kaiser Julian und der Usurpator Eugenius hatten ihn nicht aufhalten können.

0.2.2. *Theodors Nachwirkung*

Als Theodor von Mopsuestia 428 hochbetagt gestorben war, war nach dem Urteil der meisten Zeitgenossen einer der großen Männer der Kirche heimgerufen worden. Theodors Freunde bewahrten sein Andenken als das eines treuen Seelenhirten und Lehrers der Kirche und eines Feindes jeglicher Häresie.[27] Dennoch hatte es schon zu Theodors Lebzeiten an Angriffen gegen ihn nicht gefehlt. Hesychius von Jerusalem schreibt, schon Theodors Erstveröffentlichung, der Psalmenkommentar, habe großes Aufsehen und viel Empörung erregt,[28] und Theodor selbst berichtet von Gegnern, die ihn einen Menschenverehrer schimpfen, ihm Dinge unterschieben, die er nie gesagt hat, und ihm vorwerfen, er bezeichne Christus als Menschen, er trenne in Christus Gott und Mensch und lehre zwei Söhne, er mache zwischen Christus und dem Sohne Gottes einen Unterschied und er führe mit Christi Menschheit in die Dreieinigkeit von Vater, Sohn und Heiligem Geist eine vierte Person ein.[29] Theodors Freund und Verteidiger, der Patriarch Johannes von Antiochien († 441), erwähnt in einem Brief an Nestorius, in dem er den Amtsbruder in Konstantinopel zur Zurückhaltung ermahnt, der selige Theodor habe einmal mit einer Predigt Ärgernis und Streit erregt, seine Äußerungen aber

---

[27] Johannes von Antiochien, *Ep.ad Cyr.* (*ACO* I 5, 312,5–7); *Ep.ad Procl.* (Facundus, *Pro def.* II 2,11); *Ep.ad Theodos.II.imp.* (ebd. II 2,12); Ibas von Edessa, *Ep.ad Mar.* (*ACO* II 1,3, 33,28–32); Theodoret, *Hist.eccl.* V 27,3; 40,1f.

[28] *ACO* IV 1, 90,12–17.

[29] *De inc.* II (*ACO* IV 1, 63,2f.); 51 (Lagarde 103,17–20); VI 54 (Facundus, *Pro def.* IX 3,21–24); IX 66 (Lagarde 105,28–106,3); XI 73 (Sachau 80,16–18 (50)); XII (Swete II 303,6–8.24–27; *ACO* IV 1, 62,2f.; 79,9f. 16f.; Swete II 304,17–27; *ACO* IV 1, 62,9f.); XIII (Facundus, *Pro def.* III 2,13); *Ep.ad Artem.* (ebd. III 5,10); *C. Apoll.* I (ebd. X 1,21–24).

wenige Tage später richtiggestellt und die Gemüter wieder beruhigt.[30]

Hintergrund dieser Auseinandersetzungen war der Beginn der christologischen Streitigkeiten. Apollinaris, Bischof von Laodicea in Syrien († ca. 390), ein Freund des Athanasius und alter Streiter für die Orthodoxie aus dem Arianischen Streit, hatte als Erster das christologische Problem, wie nämlich die Menschwerdung des Eingeborenen Sohnes zu denken sei, scharf erkannt. Er insistierte darauf, daß Christus als eingeborener Sohn Gottes und zweite Person der Dreieinigkeit identisch sei mit dem fleischgewordenen Menschensohn; zwischen beiden dürfe keinesfalls unterschieden werden. Um die Einheit des fleischgewordenen Gottessohnes zu benennen, gebrauchte Apollinaris die Begriffe eine Substanz (οὐσία), Natur (φύσις), Hypostase (ὑπόστασις) oder Person (πρόσωπον). Er sah sich insofern als der Vollender des Glaubens von Nicäa, als er in die Lehre von der Wesenseinheit von Gott Vater und Sohn auch Christus den Fleischgewordenen mit einbezog.[31] Theologen wie Gregor von Nyssa und Diodor, später auch Theodor, schrieben gegen Apollinaris, man müsse in Christus zwei vollständige Naturen unterscheiden. Apollinaris wurde auf mehreren Synoden, darunter dem Konzil von Konstantinopel 381, verurteilt, der Streit aber ging weiter, nicht zuletzt durch die Rührigkeit der Schüler des Laodicäners, die, wiewohl untereinander zerstritten, eifrige Propagandaarbeit trieben und etliche Schriften ihres verurteilten Meisters unter anderen Namen in Umlauf brachten.[32]

Der latente Streit brach 428, im Todesjahr Theodors, offen aus, und zwar aus scheinbar nichtigem Anlaß: Nestorius, der neue Patriarch von Konstantinopel, hatte Ärgernis erregt, weil er den Titel "Gottgebärerin" (θεοτόκος) für die Jungfrau Maria in Frage gestellt hatte, ein Schlag ins Gesicht für die volkstümliche Marienfrömmigkeit. Nestorius war theologisch ein Antiochener wie Theodor und unterschied zwischen göttlicher und menschlicher Natur in Christus; Maria habe eben nur den Menschen und nicht Gott geboren. Als Rom und Alexandria von dem Streit, der in Konstantinopel entbrannt war, Wind bekommen hatten, und zwar durch kursierende Hefte mit Predigten des Nestorius, aber auch durch die Anzeige des Beamten

---

[30] *ACO* I 1,1, 94,26–95,10; Facundus, *Pro def.* X 2,1–3.
[31] Vgl. E. Mühlenberg, Art. Apollinaris, in: *TRE* 3. Berlin (West) 1978, 362–371: 367–369; A. Grillmeyer S.J., *Jesus der Christus im Glauben der Kirche* 1. 2. Aufl. Freiburg 1982: 480–497.
[32] Mühlenberg, Apollinaris 369f.; vgl. auch unten 1.4.4.

Euseb, späteren Bischofs von Doryläum, gegen Nestorius, da nahm sich Cyrill, der Patriarch von Alexandrien, persönlich der Sache an. Er stand zu Nestorius in doppelter Rivalität. Einmal hatte er, Cyrill, den traditionell wichtigsten Bischofssitz des Ostens inne, während Nestorius, der Patriarch der neuen Hauptstadt, die erst seit ca. 50 Jahren, seit dem Konzil von Konstantinopel, kirchliche Bedeutung hatte, in seinen Augen ein Emporkömmling sein mußte, der Alexandria nun, wie zu befürchten war, den alten Rang, den Raum streitig machte. Wie um diese Befürchtungen zu bestätigen, hatte Kaiser Theodosius II. jüngst Klagen alexandrinischer Bürger gegen ihn, Cyrill, zur Untersuchung und Beurteilung an Nestorius weitergeleitet. Das konnte nicht hingenommen werden! Andererseits aber war Cyrill ein Theologe der alexandrinischen Schule und Frömmigkeit, die in Christus den einen fleischgewordenen Gottessohn verehrte und in der Eucharistie fand und die von der antiochenischen Scheidung der Naturen nichts wissen wollte. Nestorius und den Antiochenern wiederum schien bei ihrer heilsgeschichtlichen Theologie, für die Jesus Christus der Mensch als der neue Adam große Bedeutung hatte, Cyrill gerade diese Seite an Christus zu leugnen oder zu vernachlässigen; andererseits mischten Cyrill und seine Freunde Gott und Mensch überhaupt in einer für die stets auf Wahrung der göttlichen Transzendenz bedachten Antiochener unerträglichen Weise ineinander. Nestorius, Cyrill und Papst Coelestin wechselten untereinander mehrere Briefe, dann wurde Nestorius auf Synoden in Rom und Alexandria verurteilt. Als Kaiser Theodosius II. schließlich zur Entscheidung für 431 ein Konzil nach Ephesus einberufen hatte, zerfiel dieses in zwei Lager: Auf der einen Seite standen Cyrill, Memnon, Metropolit von Ephesus, die Gesandten aus Rom und die Mehrheit, die Nestorius absetzten und ausschlossen, auf der anderen Seite Nestorius mit seinem Anhang sowie Patriarch Johannes von Antiochien und seine Suffragane, die, empört über Cyrills gewaltsames Vorgehen, der die Verspätung Johannes' und seines Anhangs dazu genutzt hatte, den Konzilsvorsitz an sich zu reißen, Cyrill für abgesetzt erklärten. Der Kaiser setzte beide, Cyrill und Nestorius, ab, doch Cyrill entkam aus seiner Haft und konnte als Patriarch nach Alexandria heimkehren. 433 allerdings mußte er sich, um die Gemeinschaft mit Antiochia wiederherzustellen, zu einem Kompromiß bequemen: Cyrill unterzeichnete eine Friedensformel, die den antiochenischen Standpunkt in der Christologie, die Zwei-Naturen-Lehre, im Wesentlichen anerkannte, dafür ließ Johannes den Nestorius endgültig als Ketzer fallen.[33]

Nach der Verdammung des Nestorius aber meinten die Gegner der antiochenischen Theologie, es sei nunmehr an der Zeit, dem Nestorius auch den großen Lehrer aller antiochenisch Gesonnenen und geistigen Vater des Nestorius, auch Theodor in der Verurteilung folgen zu lassen: Schon Theodor habe die Person des Gottmenschen Jesus Christus entzweigerissen und zwei Personen, einen Gottessohn und einen Menschensohn, gelehrt. Allen voran kämpften Rabula, Metropolit von Edessa, der während des Konzils von Ephesus von Nestorius zu Cyrill übergelaufen war, und Cyrill selbst, dessen uneingedenk, daß Theodor ihm seinen Hiob-Kommentar gewidmet hatte. Auch der afrikanische Antipelagianer und -nestorianer Marius Mercator machte sich für eine Verurteilung Theodors stark. Das sollte indessen nicht gelingen; zu groß war die Pietät der Zeitgenossen, um einen Verstorbenen zu verdammen, zu groß auch die Verehrung, die Theodors Andenken bei vielen genoß, die es durchaus nicht litten, wenn etwas Schlechtes über ihren Theodor gesagt wurde.[34]

Gut hundert Jahre später stand Kaiser Justinian, dessen höchstes Ziel in seiner Außenpolitik und Kirchenpolitik es war, die staatliche und kirchliche Einheit des alten Römischen Reiches wiederherzustellen, vor dem Problem, daß immer mehr seiner Untertanen, besonders in Syrien und Ägypten, der byzantinischen Staatskirche den Rücken kehrten und sich dem Monophysitismus zuwandten. Dieser

---

[33] Zum Nestorianischen Streit und zum Konzil von Ephesus vgl. F. Loofs, Art. Nestorius, in: *RE*³ 13. Leipzig 1903, 736–749; E. Amann, Art. Nestorius I., in: *DThC* 11,1. Paris 1931, 76–157; P.-Th. Camelot O.P., Ephesus und Chalcedon. *GÖK* 2. Mainz 1963: 15–83; Baus-Ewig, Die Reichskirche 1 105–114; G. Podskalsky, Nestorius, in: *GKG* 2. Stuttgart 1984, 215–225; L.R. Wickham, Art. Nestorius, in: *TRE* 24. Berlin 1994, 276–286; C. Fraisse-Coué, Die theologische Diskussion zur Zeit Theodosius' II., in: Hg. C. und L. Piétri, *Das Entstehen der einen Christenheit*. GC 2. Freiburg 1996, 570–626.

[34] Cyrill von Alexandrien, *Ep.* 69 *ad Acac.Melit.* (E. Schwartz, Codex Vaticanus gr.1431. *ABAW.PPH* 32,6. München 1927: (Nr.36) 16,1–13); *Ep.* 71 *ad Theodos.II.imp.* (*ACO* I 4, 210,33–211,14); *Ep.* 72 *ad Procl.Const.* (Schwartz, Codex Vaticanus gr.1431 (Nr.39) 18,4–11); Dioskur, *Ep.ad Domn.Ant.* (J. Flemming, Akten der ephesinischen Synode vom Jahre 449 syrisch. *AGWG.PH N.F.* 15,1. Göttingen 1917: 132,1–3). Vgl. A. Mingana, *Commentary of Theodore of Mopsuestia on the Nicene Creed*. WoodSt V. Cambridge 1932: 3f. Zu diesem ersten Versuch einer Verdammung Theodors vgl. noch Loofs, Theodor 604; E. Schwartz, *Konzilstudien*. Schriften der wissenschaftlichen Gesellschaft in Straßburg 20. Straßburg 1914: 18–36; E. Amann, Art. Trois-Chapitres, in: *DThC* 15,2. Paris 1950, 1868–1924: 1869–1884; Devreese, Essai 125–168; L. Abramowski, Der Streit um Diodor und Theodor zwischen den beiden ephesinischen Konzilien. *ZKG* 67 (1955), 252–287.

hatte sich seit der Definition des Konzils von Chalcedon (451) über die beiden Naturen Christi durch den religiösen, aber auch nationalen Gegensatz immer weiter von Byzanz entfremdet. Während orthodoxe (neuchalcedonische) und monophysitische Theologen darum stritten, wer von ihnen sich mit Recht auf den seligen Cyrill berufen dürfe und ob das Chalcedonense die Sache Cyrills fortführe oder ob es ein Rückfall in die in Ephesus verurteilte Ketzerei des Nestorius sei, während die Kaiser ihrerseits des öfteren Versuche machten, die Definition von Chalcedon fallenzulassen, hatte sich in Ägypten und Syrien so etwas wie eine monophysitische Gegenkirche gebildet, mit der es nicht die kirchliche Hierarchie, dafür aber weite Teile des Mönchtums und des Volkes hielten.[35] Kaiser Justinian also wollte die Monophysiten für seine Staatskirche zurückgewinnen und nahm sich vor, ihnen auf halbem Wege entgegenzukommen, indem er "drei Kapitel" verdammte: 1. die Person und das Werk Theodors von Mopsuestia, 2. die Schriften des antiochenischen Theologen Theodoret gegen Cyrill und 3. den (vom Kaiser für unecht erklärten) Brief des ebenfalls antiochenisch gesinnten Ibas von Edessa (Nachfolger des oben erwähnten Rabula) an den Perser Maris. Die Theologen, die sich hinter diesen drei Kapiteln verbargen, waren für Monophysiten wie für neuchalcedonische Orthodoxe eben die verdeckt oder offen nestorianischen Feinde des heiligen Cyrill. Einen vierten, Diodor von Tarsus, hatte die Verdammung bereits 499 getroffen. Durch die Opposition, die sich, besonders im Abendland, gegen die Verurteilung der drei Kapitel erhob, kam es zum sogenannten Drei-Kapitel-Streit (544–553). Der Kaiser konnte schließlich auf dem zweiten Konzil von Konstantinopel 553 die Verdammung der "drei Kapitel" erreichen; die Rückgewinnung der Monophysiten Ägyptens und Syriens kam jedoch nicht zustande, diese fingen vielmehr an, unabhängige Nationalkirchen zu gründen, und im Westen sagten sich für Jahrzehnte Teile Oberitaliens, Galliens, Illyriens und Nordafrikas von Rom los. Theodor aber war von nun an ein verurteilter Ketzer; sein Andenken wurde verdammt als das des Vaters des Nestorianismus, sein Werk ging größtenteils unter.[36]

---

[35] Vgl. zu diesen monophysitischen Kämpfen G. Krüger, Art. Monophysiten, in: *RE*[3] 13. Leipzig 1903, 372–401; F.X. Murphy – P. Sherwood, Konstantinopel II und III. *GÖK* 3. Mainz 1990: 40–85; P. Allen, Art. Monophysiten, in: *TRE* 23. Berlin 1994, 219–233; P. Gray, Art. Neuchalcedonismus, in: *TRE* 24. Berlin 1994, 289–296.

[36] Zum Drei-Kapitel-Streit vgl. H. von Schubert, *Geschichte der christlichen Kirche im*

Anders hatten sich die Dinge östlich des Römischen Reiches, in
der Kirche des Perserreiches, entwickelt. Diese Kirche hatte sich 410
auf dem Konzil von Seleukia-Ktesiphon als eigenständig konstitu-
iert[37] und 424 auf der Synode von Markabta die Anerkennung
Antiochias als kirchliches Oberhaupt und Appellationsinstanz aufgehoben, das letzte Band, das sie verfassungsmäßig mit der Kirche des
Römischen Reiches verbunden hatte. Am Nestorianischen Streit nahm
sie nicht teil; doch stand das Christentum im persischen Ostsyrien
und Mesopotamien in seinen Traditionen der antiochenischen Richtung
näher als der alexandrinischen. Nachdem der oben erwähnte Ibas
von Edessa, ein entschiedener Antiochener, im Jahre 457 gestorben
war, kam der Metropolitensitz von Edessa für längere Zeit in die
Hände des Monophysitismus, wie sich das römische Syrien damals
auch überhaupt von antiochenischer Frömmigkeit und Theologie
immer mehr dem Monophysitismus zuwandte. War die theologische
Schule von Nisibis 363 beim Fall der Stadt an die Perser von Ephrem
dem Syrer nach Edessa, ins römische Gebiet, verlegt worden, so
mußten die Lehrer der Schule wegen der monophysitischen Reaktion
Edessa nun wieder den Rücken kehren und wanderten zum Großteil
ins Perserreich aus. Einer der vertriebenen Lehrer, Barsauma († um
495), wurde Metropolit von Nisibis. Er baute zusammen mit dem ebenfalls aus Edessa vertriebenen Narsai († um 503) die Schule in Nisibis
wieder auf; sie wurde in der folgenden Zeit zum geistigen Zentrum
der persischen Kirche und des Nestorianismus. Barsauma sorgte dafür,
daß die Bischofsstühle im Perserreich insgesamt von Anhängern der
antiochenischen Theologie besetzt wurden; auch den König konnte
er für diese Politik gewinnen, da sich die Kirche in seinem Reich auf
diese Weise immer stärker von der zum Monophysitismus tendieren-
den byzantinischen Staatskirche abgrenzte. Der Katholikos-Patriarch
Babowai aber, der diese Entwicklung nicht mittrug, wurde der
Konspiration mit dem Römischen Reich verdächtigt und gekreuzigt.
484 und 486 nahm die persische Kirche auf den Synoden von Beth-
Laphat und Seleukia-Ktesiphon die antiochenische Zwei-Naturen-
Lehre als Bekenntnis an. Damit war die Glaubenseinheit mit der
römischen Reichskirche endgültig zerbrochen, die persische Kirche

---

Frühmittelalter. Tübingen 1921: 117–123; Amann, Trois-Chapitres 1884–1917; Devreesse,
Essai 169–277; Murphy-Sherwood, Konstantinopel 86–151; P. Gray, Art. Konstantinopel, Ökumenische Synoden II., in: *TRE* 19. Berlin 1990, 524–527.
    [37] Vgl. unten 4.1.

war für diese zur "Nestorianischen Kirche" geworden.[38] Der Kirchen-
vater und Normtheologe dieser Kirche konnte aber jetzt niemand
anders mehr sein als Theodor von Mopsuestia, der Lehrer der
Antiochenischen Schule. Zwei Synoden 585 und 596 kanonisierten
Theodor und sein Andenken; seine Schriftauslegung und seine Theo-
logie wurden für alle Theologie maßgeblich und verbindlich. Sein
Name aber war nicht mehr Theodor, sondern einfach *mfašqânâ*, der
Ausleger.[39]

Bis ins letzte Jahrhundert waren von Theodors Werken nicht mehr
bekannt als die von seinen Gegnern gesammelten Auszüge, die den
Mopsuestener der Häresie überführen sollten (Cyrill von Alexandrien,
Marius Mercator, Leontius von Byzanz, Severus von Antiochien, Kaiser
Justinian, Papst Vigilius und die Akten des fünften ökumenischen
Konzils), die Zitate der Verteidigungsschrift des Facundus von Her-
miane für Theodor[40] und eine Anzahl syrischer Fragmente, teils mono-
physitischer,[41] teils nestorianischer Herkunft,[42] dazu Reste einer Schrift
gegen Kaiser Julian,[43] der Kommentar zu den kleinen Propheten,
bis heute das einzige Werk, das ganz im griechischen Original bekannt
ist, sowie etliche Kommentarfragmente aus Katenen. Die Urteile
über Theodor waren meist negativ.[44] Heinrich Kihn erklärte in seiner

---

[38] Tisserant in: E. Tisserant – E. Amann, Art. Nestorius. II. *DThC* 11,1. Paris
1931, 157–323: 169–183; B. Spuler, Die nestorianische Kirche, in: *HO* I 8,2. Leiden
1961, 120–169: 122–129. 135f.; C.G.D. Müller, Geschichte der Orientalischen
Nationalkirchen. *KiG* 1,D2. Göttingen 1981: 294–299; W. Hage, Art. Nestorianische
Kirche, in: *TRE* 24. Berlin 1994, 264–276: 265f.

[39] Amann in: Tisserant-Amann, Nestorius II. 290–292; W. de Vries, Die syrisch-
nestorianische Haltung zu Chalkedon, in: *KonChal* 1. Würzburg 1951, 603–635:
611–613; Bruns, *Theodor* I 18–21; *Den Menschen* 248–253.

[40] Sie sind nach L. Abramowski, Reste von Theodorets Apologie für Diodor und
Theodor bei Facundus, in: *StPatr* 1. *TU* 63. Berlin (Ost) 1957, 61–69 teilweise aus
der Testimoniensammlung der verlorenen Apologie Theodorets für Diodor und
Theodor geschöpft.

[41] Lagarde 100–108; Sachau 97–102 (60–62).

[42] Sachau 1–93 (1–57). Diese Fragmente kommen aus dem Kommentar zu den
kleinen Propheten, der Schrift "*De incarnatione*" und dem Genesis-Kommentar.

[43] Vgl. A. Guida, Per un'edizione della Replica di Teodoro di Mopsuestia al
Contro i Galilei dell'imperatore Giuliano, in: *Paideia Cristiana*. Studi in onore di
Mario Naldini. Scritti in onore 2. Rom 1994, 87–102.

[44] Vgl. F.A. Sullivan S.J., *The Christology of Theodore of Mopsuestia*. AnGr 82. Rom
1956: 16f. Die einzige Erwähnung Theodors durch Martin Luther (*Vorlesung zum 1.
Johannes-Brief* von 1527 (WA 20, 765,14–16)) zeugt von nicht sehr viel Sachkenntnis
auf Seiten des Reformators: Ebion, Theodor und Aquila machten aus Christus bloß
einen hervorragenden Propheten. Bemerkenswert ist indessen die Fairness, mit der

Monographie über Theodor diesen für einen überstürzten und flach denkenden Geist,[45] und Otto Bardenhewer schrieb:

> Weizen und Unkraut gemischt hatte Diodor gesät, und bei Chrysostomus ist der Weizen, bei Theodor ist das Unkraut auf besonders fruchtbaren Boden gefallen.[46]

Am Schluß seines großen Aufsatzes über die Chronologie von Theodors Leben und Werk urteilt Jacques-Maria Vosté:

> Les deux périodes de l'activité littéraire du Mephasqana apparaissent donc également obscurcies: dans la première il réduit la portée messianique des Psaumes et des Prophètes; dans la seconde, il pèche contre le dogme de l'Incarnation.

Chrysostomus hätte sich sicher noch von seinem Freund abgewandt, wäre er nicht schon 407 verstorben. Daß Theodor im Frieden mit der Kirche gestorben sei, sei eine Gnade, aber keine Entschuldigung für seine Verirrungen.[47] Immerhin hat kein Geringerer als Adolf von Harnack gesagt, Theodor sei neben Origenes der einzige große Theologe, den der Osten besessen habe; er habe mehr als irgendeiner sonst ein System gehabt.[48]

Luther in der Schrift *"Von den Conciliis und Kirchen"* von 1539 über Nestorius schreibt (WA 50, 581–592).

[45] *Theodor* 32; vgl. auch seine Charakterisierung Theodors (ebd. 44–47). Dort heißt es u.a.: "Theodor war reich begabt, wissbegierig, allseitig gebildet, aber kein tiefer Denker. Dabei mangelten ihm jene Eigenschaften, welche seinen Freund Johannes Chrysostomus so vortheilhaft auszeichneten, Innigkeit des Gemüthes und Seelenruhe, Glaubensüberzeugung und unerschütterliche Charakterfestigkeit. Heftig von Gemüthsart, war er rasch und überstürzend, erfasste alles mit Hast und erkaltete ebenso bald wieder in seinem Eifer. Schon sein Benehmen bei der Wahl seines Berufes verrieth eine Neigung zu Extremen, welche in innerer Unzufriedenheit, Oberflächlichkeit und Selbstüberschätzung gründete. Jenes unselige Schwanken machte sich nachher auch in seinem öffentlichen Wirken und in seiner literarischen Thätigkeit auf dogmatischem und exegetischem Gebiete geltend. Er war einer jener unbändigen Geister, welche der eigenen Einsicht und Autorität unbedingt vertrauen, die Leistungen der Vorzeit missachten und für ihre persönlichen Ansichten und Aufstellungen eingenommen, die historische Entwicklung unterschätzen, welche die Glaubenswissenschaft der Gegenwart, wie alle anderen Gebiete der Erkenntnis, mit tausend Fäden an die Vergangenheit knüpft."

[46] *Geschichte der altkirchlichen Litteratur.* 1./2. Aufl. Freiburg 1912–1932: III 312. Vgl. ebd. 313: "In der Tat ist Theodor der Nestorius vor Nestorius gewesen, der Parteigänger des Pelagius und Leugner der Erbsünde, der Reformer und Verwüster des biblischen Kanons."

[47] *La chronologie* 81.

[48] *Lehrbuch der Dogmengeschichte.* 4. Aufl. Tübingen 1909/10: II 504f.

0.3. DIE KATECHETISCHEN HOMILIEN

0.3.1. *Ausgaben und Übersetzungen*

1932/33 veröffentlichte Alphonse Mingana als Band V und VI seiner "Woodbrooke-Studies" eine Reihe von sechzehn katechetischen Predigten in syrischer Sprache, Predigten, die er in einem Manuskript, dem Codex Mingana syr. 561, entdeckt hatte und die sich sowohl durch die Angabe der Handschrift als auch durch den Vergleich mit den Katalogen der Werke Theodors und mit zerstreuten Zitaten zweifelsfrei als die bis dahin verschollenen Taufkatechesen Theodors von Mopsuestia identifizieren ließen. Mingana ließ den Text der Handschrift (leider nicht ganz fehlerfrei, vgl. den Anhang dieser Arbeit) abdrucken und fügte ihm eine englische Übersetzung bei.[49] Die heute maßgebliche Ausgabe der katechetischen Homilien Theodors besorgte 1949 Raymond Tonneau mit Hilfe von Robert Devreesse als Band 145 der Reihe "*Studi e Testi*". Sie enthält eine photographische Wiedergabe des Textes aus dem Codex Mingana syr. 561 nebst einigen syrischen Textvarianten aus einem Berliner Manuskript und dem Scholienbuch des Theodor bar Koni (davon gleich mehr), dazu eine französische Übersetzung, und unterteilt jede der sechzehn Homilien in Paragraphen.

Vor wenigen Jahren erschien in der Reihe "Fontes Christiani" eine deutsche Übersetzung der katechetischen Homilien, auf die ich noch kurz eingehen möchte.[50] Der Übersetzer, Peter Bruns, stellt eine sehr gute und informative Einleitung, auf die ich schon manches Mal hingewiesen habe, nebst ausführlicher Bibliographie an den Anfang und versieht seine Übersetzung mit erklärenden Anmerkungen. Letztere werden im zweiten Band der Ausgabe, der Homilie 11–16 enthält, zusehends rarer.

Die Übersetzung selbst ist flüssig, aber nicht immer genau. Einige Beispiele: Homilie 1,4: *kaḏ ḥâzînan* heißt nicht "nachdem wir erkannt haben", sondern "wenn wir sehen". Die Wörter *'ak dmešḵâ* ("soweit es möglich ist") läßt Bruns weg. *mnâṯeh dâḏâm* heißt "Teil Adams" oder "Glied Adams", nicht "Beute Adams". Homilie 1,8: *qnômâ* (ὑπόστασις (Hebr 11,1)) müßte

---

[49] Jacques-Maria Vosté unterzog diese Übersetzung einer kritischen Prüfung und hatte manches anzumerken, bezeichnete sie aber insgesamt als "*plerumque fluida et clara atque substantialiter fidelis*" (Theodori Mopsuesteni "Liber ad baptizandos". *OCP* 9 (1943), 211–228: 221–228).

[50] Gert Haendlers Anzeige (Arbeiten an patristischen Editionen im Herderverlag. *ThLZ* 121 (1996), 778–789: 784f.) enthält sich eines Urteils.

hier nicht mit "Grundlage", sondern mit "Wirklichkeit" wiedergegeben werden.[51] Der Anfang von Homilie 1,12 muß nicht übersetzt werden: "Diese
Kleinigkeiten sind unter anderem zur Ermahnung derjenigen gesagt" usw.,
sondern: "Dies Wenige ist von vielem [scil. was zu sagen wäre] zur Ermahnung
derjenigen gesagt" usw. In Homilie 1,15 übersetzt Bruns: "Und wer davon
verschieden ist, . . . existiert nicht in Wahrheit, da er geschaffen ist, und
etwas Geschaffenes existiert nicht, wenn der es nicht erschaffen will, der
von Ewigkeit existiert, der Gott ist." Richtig wäre: "Und wer davon verschieden ist, . . . existiert nicht in Wahrheit, da er Geschöpf ist und gemacht
wurde, als er noch nicht da war, als der ihn machen wollte, der von Ewigkeit
existiert, der Gott ist." In Homilie 1,15.16 heißt es nicht, es sei unmöglich, daß ein Geschöpf Gott *sei*, sondern daß ein Geschöpf Gott *werde*; die
syrische Übersetzung unterscheidet ja sorgfältig zwischen εἶναι (*'îṯ*) und γίνεσθαι (*hwâ*). Dieser Übersetzungsfehler ist übrigens kennzeichnend für Bruns'
Theodor-Interpretation, die Theodors Theologie als System der Ontologie,
nicht der Heilsgeschichte deutet.[52] Das Wort *heresyôṭe* – Häretiker (Pl.) übersetzt Bruns seltsamerweise zuweilen mit "Häresien".[53] *ṭûpsâ* – τύπος wiederum wird mit "Sinnbild",[54] "Beispiel"[55] oder "Gleichnis"[56] wiedergegeben;
besser wäre die Übersetzung "Vorbild".[57]

Bei etlichen Wörtern gibt Bruns in Klammern an, für welches griechische Wort sie stehen, so (wie auch in Raymond Tonneaus französischer
Übersetzung) bei den griechischen Lehnwörtern im Syrischen wie νόμος und
τύπος. Nach welchen Kriterien sonst das griechische Wort angegeben wird,
ist unklar. Wenn Bruns' Angaben auch meist nicht falsch sind,[58] so scheinen sie doch oft ohne viel Sorgfalt gemacht zu sein. Für den syrischen
Ausdruck *baḵyânâ* – nach der Natur setzt Bruns z.B. bald φυσικῶς, bald
φύσις und bald φύσει.[59] Und in Homilie 10,12–15 gibt Bruns bei *kyânâ
'allâhâyâ* ohne nachvollziehbares System bald φύσις (also nur die Übersetzung von *kyânâ*), bald θεία φύσις an.

Summa summarum: Zuverlässiger ist Tonneaus bewährte französische
Übersetzung.

---

[51] Vgl. unten 3.2.
[52] Vgl. unten 3.1.
[53] So in *Hom.cat.* 2,19; 3,10.15; 4,7; 5,2.7; 13,11.
[54] So in *Hom.cat.* 6,1.12f.; 13,14; 14,2.6f.; 15,14 u.ö.
[55] So in *Hom.cat.* 6,11; 11,2.
[56] So in *Hom.cat.* 1,4; 10,19; 12,11.17; 13,15.
[57] Vgl. unten 3.6.2.3.
[58] In Homilie 1,1 gibt *šawyâ* wohl nicht ἱκανός oder αὐταρκής wieder, sondern
ἄξιός, so wie das Verb *šwâ* für ἀξιοῦσθαι steht (z.B. in *Hom.cat.* 5,18f.). Und
šautâfûṯâ steht in 2,6.16; 6,10 ebensowenig wie sonst für συνάφεια, sondern für
κοινωνία oder μέθεξις.
[59] Vgl. z.B. seine Übersetzung von *Hom.cat.* 4,10–12; 8,14f.; 12,4.9.

0.3.2. *Die syrische Version*

Die syrische Übersetzung der katechetischen Homilien ist philologisch und ästhetisch eine hervorragende Arbeit,[60] wahrscheinlich ein Werk der theologischen Schule in Nisibis (oder sogar noch Edessa). Sie gebraucht, für die syrische Literatur nicht ungewöhnlich, viele Fremdwörter – die häufigsten sind νόμος, τύπος, σχῆμα, τάξις, αἱρεσιώτης, und γένος[61] – und versucht offenbar, den griechischen Text konkordant ins Syrische zu übertragen, also identische griechische Wörter mit identischen syrischen wiederzugeben. So entspricht z.B. der Stamm ʿbad dem griechischen ποιεῖν, ποιητής, ποίημα usw., während Wörter, die von κτίζειν abgeleitet sind, mit dem Stamm brâ wiedergegeben werden. Doch ist dies Prinzip nicht mit letzter Konsequenz durchgehalten. Das griechische Wort εἰκών wird z.B. sowohl mit ṣalmâ[62] als auch mit dem Lehnwort yûqânâ wiedergegeben.[63] Das syrische dmûtâ wiederum steht für μορφή,[64] ὁμοίωμα[65] oder τύπος.[66]

Die Bibelzitate der syrischen Version zeigen deutlich den Einfluß der Peschitta, der syrischen Vulgata. Einige stimmen mit der Peschitta genau überein,[67] andere sind völlig anders als die Peschitta.[68] Die meisten Zitate zeigen jedoch in Wortschatz und Konstruktion zwar deutlich den Einfluß der Peschitta-Version, weichen aber im Einzelnen auch von ihr ab.[69]

---

[60] Vgl. A. Baumstark, A. Mingana, Woodbrooke Studies. *OrChr* 8 (1933), 95–99: 97–99; R. Abramowski, Neue Schriften Theodors von Mopsuestia. *ZNW* 33 (1934), 66–84: 68; Tonneau in: R. Tonneau O.P. – R. Devreesse, Les homélies catéchétiques de Théodore de Mopsueste. *StT* 145. Vatikanstadt 1949: viiif.

[61] Vgl. die Aufstellung von Raymond Tonneau (Tonneau-Devresse, Les homélies 614f.).

[62] *Hom.cat.* 2,16; 12,8.19.21 u.ö.

[63] *Hom.cat.* 12,2; 15,15.21 u.ö.

[64] *Hom.cat.* 6,5; 8,1.13 u.ö.

[65] *Hom.cat.* 5,7; 6,5; 12,2; 15,15 u.ö.

[66] *Hom.cat.* 6,13.

[67] So z.B. Gen 2,10 (*Hom.cat.* 10,10); Ex 4,22 (*Hom.cat.* 2,13); Ps 8,5 (*Hom.cat.* 5,5); 30,12 (*Hom.cat.* 12,25); Matth 28,19 (*Hom.cat.* 2,2; 8,17; 9,3; 10,15.22).

[68] So z.B. Ex 3,14 (*Hom.cat.* 2,9; 9,10); Jes 26,13 (*Hom.cat.* 9,4; 14,6); Matth 1,21 (*Hom.cat.* 3,4); 3,16 (*Hom.cat.* 8,17); Röm 1,4 (*Hom.cat.* 16,11); Gal 4,26 (*Hom.cat.* 12,12).

[69] So z.B. Gen 8,21 (*Hom.cat.* 16,8); Ps 82,6f. (*Hom.cat.* 4,10; 11,8; 14,24); Jes 6,3 (*Hom.cat.* 9,3; 16,6.10.36); Joh 3,5 (*Hom.cat.* 1,5; 14,3); Röm 6,3–5 (*Hom.cat.* 6,13; 12,7; 14,5f.; 15,5); Eph 4,5f. (*Hom.cat.* 9,16.18; 14,21); 1.Thess 4,15–17 (*Hom.cat.* 7,8.12; 11,11; 12,13; 16,7).

Der Codex Mingana syr. 561 kommt aus dem. 14. Jahrhundert,[70] doch die Version ist zweifellos älter, denn sie hat zwei ältere Zeugen, das Scholienbuch des nestorianischen Mönchs Theodor bar Koni (um 800), das drei Zitate der Homilien in unserer Version enthält,[71] und ein Manuskript des sechsten oder siebten Jahrhunderts. Letzteres war in der Omajaden-Moschee von Damaskus aufbewahrt und ist in einer Photographie der Berliner Akademie der Wissenschaften erhalten.[72] Außer Theodors Kohelet-Kommentar enthält die Handschrift elf Blätter aus den katechetischen Homilien, und zwar Homilie 8,11–14; 9,12–15 und von 9,17 bis zum Schluß der zehnten Homilie. Die Version aus dem Manuskript Mingana geht also mindestens bis ins 7. Jahrhundert zurück. Doch ist eine noch frühere Ansetzung nicht unwahrscheinlich, denn erstens ist bezeugt, daß viele der Werke Theodors von Mopsuestia schon bei Ausbruch des Nestorianischen Streites 428 an der Schule von Edessa ins Syrische übersetzt worden waren,[73] und zweitens enthält das ausgelegte Symbol einige Ausdrücke, die seit der Revision der alten syrischen Version des Nicänums durch den monophysitischen Bischof Philoxenus von Mabbug (um 500) ersetzt wurden.[74] So spricht einiges dafür, die syrische Version mit Peter Bruns schon ins fünfte Jahrhundert zu datieren.[75]

Der Text unserer Handschrift, das sei hier noch hinzugefügt, weist mindestens drei Lücken auf, wo einige Worte ausgefallen sind,[76] außerdem eine Lakune, wo der Schreiber selbst ein Stück freigelassen hat, vielleicht wegen Unleserlichkeit der Vorlage.[77]

---

[70] Tonneau in: Tonneau-Devreesse, Les homélies xf.

[71] *Lib.schol.* IX 3 (CSCO 69,189,20–190,12). Es handelt sich um *Hom.cat.* 3,10; 6,3; 8,10; vgl. Tonneau in: Tonneau-Devreesse, Les homélies 65–67. 135. 201. In dieser Fassung der Version ist der christologische Ausdruck *parṣôpâ* (πρόσωπον) jeweils durch *qnômâ* (ὑπόστασις) ersetzt. Vgl. dazu Sullivan, *The Christology* 58–61.

[72] Tonneau in: Tonneau-Devreesse, Les homélies xif.

[73] A. Baumstark, *Geschichte der syrischen Literatur.* Bonn 1922: 100–104; J.M. Vosté O.P., De versione Syriaca operum Theodori Mopsuesteni. *OCP* 8 (1942), 477–481: 477–480.

[74] So wird das ὁμοούσιος mit *bar kyânâ* wiedergegeben statt wie später mit *bar 'îṯûṯâ*, σαρκωθέντα mit *'etgaššam* statt mit *'eṯbassar* und ἐνανθρωπήσαντα mit *hwâ barnâšâ* statt mit *'eṯbarnaš*. Vgl. A. de Halleux, La philoxénienne du symbole, in: *Symposium syriacum 1976*. OCA 205. Rom 1978, 295–315: 301–315; Le symbole des évêques perses au synode de Séleucie-Ctésiphon, in: *Erkenntnisse und Meinungen* II. GOF.S 17. Wiesbaden 1978, 161–190: 179–182.

[75] Vgl. Bruns, *Theodor* I 22; *Den Menschen* 31f.

[76] *Hom.cat.* 8,17; 9,4; 15,5.

[77] *Hom.cat.* 12,6.

0.3.3. *Die lateinischen und syrischen Fragmente*

Wenn wir die vor Minganas Veröffentlichung bekannten Fragmente aus Theodors katechetischem Werk ansehen,[78] so ist das Bild uneinheitlich. Einige der Stücke zeigen ein hohes Maß an Übereinstimmung mit dem syrischen Text, so drei Fragmente aus den Akten des zweiten Konzils von Konstantinopel,[79] eines aus der Verteidigungsschrift des Facundus[80] und ein syrisch-monophysitisches Fragment, eine von unserer Version ganz unabhängige Übersetzung;[81] andere haben geringe Abweichungen, so ein Stück aus der verlorenen Schrift Cyrills von Alexandrien gegen Theodor, das lateinisch in den Akten des zweiten Konzils von Konstantinopel[82] und syrisch im *"Philalethes"* des Monophysiten Severus von Antiochien[83] zitiert wird und aus Homilie 3,6 stammt, ferner ein weiteres Stück aus den Akten des zweiten Konzils von Konstantinopel,[84] eines aus der Verteidigungsschrift des Facundus[85] und eines aus einem Brief des Papstes Pelagius.[86] Ein langes lateinisches Zitat aus Marius Mercator[87] stimmt im ganzen mit unserer syrischen Version überein, doch gegen Anfang fehlt der Satz "Und die Trennung der Naturen hindert nicht, daß sie nicht eines wären", und der Schluß stimmt zwar sachlich mit der syrischen Version überein, ist aber aphoristisch formuliert und viel schwerer verständlich. Stärkere Differenzen zum syrischen Text weisen vier Zitate aus den Akten des zweiten Konzils von Konstantinopel auf.[88] Die letzten drei Fragmente schließlich lassen sich im syrischen Text

---

[78] Lagarde 108; Swete II 323–327. 332; Mingana, *Commentary . . . on the Nicene Creed* 8–16; *Commentary of Theodore of Mopsuestia on the Lord's Prayer and on the Sacraments of Baptism and the Eucharist.* WoodSt VI. Cambridge 1933: xxiiif. Vgl. dazu R. Abramowski, Neue Schriften 68–70; Vosté, Theodori Mopsuesteni "Liber ad baptizandos" 214–221; Devreesse, Essai 249–252; Tonneau-Devresse, Les homélies xvf.; Sullivan, *The Christology* 88–98. 148–158; L. Abramowski, Über die Fragmente des Theodor von Mopsuestia in Brit. Libr. add. 12.156 und das doppelt überlieferte christologische Fragment. OrChr 79 (1995), 1–8: 4–6.
[79] *ACO* IV 1, 59,10f. (*Hom.cat.* 14,25); 60,19–24 (*Hom.cat.* 5,19); 60,26–61,4 (*Hom.cat.* 5,21).
[80] Pro *def.* III 2,4 (*Hom.cat.* 13,8).
[81] Lagarde 108,13–18 (*Hom.cat.* 3,5).
[82] *ACO* IV 1, 82,12–17.
[83] CSCO 133,158,15–22.
[84] *ACO* IV 1, 59,13–17 (*Hom.cat.* 5,5).
[85] *Pro def.* IX 3,9 (*Hom.cat.* 8,14).
[86] *ACO* IV 2, 122,15–19 (*Hom.cat.* 6,4).
[87] *ACO* I 5, 176,35–177,32 (*Hom.cat.* 8,14–16).
[88] *ACO* IV 1, 58,6–10 (*Hom.cat.* 6,4; das gleiche Stück, das auch der oben genannte

überhaupt nicht verifizieren. Es handelt sich um ein Fragment aus Marius Mercator[89] und deren zwei aus den Akten des zweiten Konzils von Konstantinopel.[90] Das dritte dieser Fragmente findet sich auch in der syrisch-monophysitischen Überlieferung.[91] Bei wenigstens zweien von ihn ist es möglich, daß sie aus Theodors katechetischen Homilien kommen, obwohl sie unserer syrischen Version fremd sind.[92] Der syrische Text, den wir haben und hinter den wir (bis zu eventuellen weiteren Handschriften-Funden) nicht zurückkönnen, ist eben nicht die Urfassung des Werkes. Vielmehr wir haben mit ihm bereits eine Bearbeitung der Homilien zu einem Lehrbuch vor uns, vielleicht einem der verbreitetsten dogmatischen und katechetischen Lehrbücher der nestorianischen Christenheit. Der gleiche Eindruck entsteht auch durch den Vergleich der syrischen Version mit den nachweisbaren Fragmenten. Diese verfälschen, sofern sie von Theodors Gegnern kommen, diesen nicht etwa zum nestorianischen Ketzer; die sachlichen und dogmatischen Unterschiede sind vielmehr gering, doch die syrische Version glättet den Text und macht ihn verständlicher.[93]

0.3.4. *Überlieferung über die Homilien. Ihr Inhalt*

Die Überlieferung redet von Theodors katechetischem Werk fast durchgängig als von zwei Werken. Es gibt zwei Kataloge der Werke Theodors, einen in der Chronik von Seert, einer fragmentarisch erhaltenen, anonymen nestorianischen Universalgeschichte in arabischer Sprache aus dem 11. Jahrhundert[94] und den anderen im Schriftstellerkatalog des Ebedjesu, Metropoliten von Nisibis († 1318).[95]

Brief des Papstes Pelagius zitiert); 59,4–8 (*Hom.cat.* 8,16; das Stück ist eine unabhängige Übersetzung der gleichen Vorlage wie der erwähnte Text bei Marius Mercator); 59,19–24 (*Hom.cat.* 8,9); 60,14–17 (*Hom.cat.* 5,6).

[89] *ACO* I 5, 177,32–36.

[90] *ACO* IV 1, 59,13–17; 60,2–5 (= IV 2, 72,1–5).

[91] Lagarde 108,8–12.

[92] Das Stück *ACO* IV 1, 59,13–17 gehört dem Inhalt nach zu Homilie 6 oder 7. Wiederum gehört das Stück *ACO* IV 1, 60,2–5; IV 2, 72,1–5; Lagarde 108,8–12 vielleicht zu Homilie 3,4; darauf deutet einerseits das Zitat Apg 10,38 hin, das auch in *Hom.cat.* 3,4 steht, andererseits das in der syrisch-monophysitischen Sammlung folgende und mit *wḇ̣âṭâr ḥrânyâṭâ* ("und nach anderem") eingeleitete Stück aus *Hom.cat.* 3,5. Das Fragment aus Marius Mercator ist nach Rudolf Abramowski vielleicht dem Diodor zuzusprechen.

[93] Vgl. Sullivan, *The Christology* 95–98; L. Abramowski, Über die Fragmente 4–6.

[94] *Chronik von Seert* 53 (PO V 289–291).

[95] BOCV III 30–35.

Die Chronik von Seert redet von einer Erklärung des Symbols der 318 (d.h. des Nicänums) und der Messe durch Theodor, während Ebedjesu die Reihenfolge umdreht und ein Buch über die Mysterien und eines über den Glauben erwähnt. Das Buch über den Glauben wird bei Marius Mercator als "*Sermo catechismi*" zitiert,[96] sonst als "*Liber ad baptizatos*",[97] "*Liber ad baptizandos*",[98] "*Allocutiones ad baptizandos*"[99] oder "*Interpretatio symboli CCCXVIII sanctorum patrum*".[100] Den anderen Teil zitiert Facundus als "*Codex quem Mysticum appellavit*",[101] Hesychius von Jerusalem als "*Mystici sermones*"[102] und Papst Vigilius als "*ubi ad baptizatum dicitur*".[103] Doch gibt es auch Stellen, wo die Homilien als ein Werk betrachtet werden, so bei Facundus, der vom 13. Buch redet,[104] was ja nur möglich ist, wenn er alle Bücher zusammenrechnet, und in der Zitatensammlung des zweiten Konzils von Konstantinopel, die Homilie 14 mit "*eiusdem Theodori ex eodem libro*" einleitet, nachdem zuvor ein Stück aus Homilie 8 als "*liber ad baptizandos*" zitiert worden war.[105]

Der Codex Mingana syr. 561 teilt die Homilien Theodors ebenfalls in zwei Werke, nämlich in die "Auslegung des Glaubens der 318, die gemacht ist von Herrn Theodor, dem Ausleger" (Überschrift) bzw. "Zehn Reden, Auslegung des Glaubens, die gemacht sind von dem hervorragenden [Menschen] und Freund Christi Herrn Theodor, Bischof und Ausleger der göttlichen Schriften" (subscriptio) einerseits (Homilie 1–10) und die "Auslegung der Mysterien von demselben seligen Herrn Theodor" (Überschrift) bzw. "Sechs Reden, Auslegung der Mysterien der heiligen Kirche, die gemacht sind von Herrn Theodor, Bischof und Ausleger der göttlichen Schriften" (subscriptio) (Homilie 11–16) andererseits. Homilie 11–16 werden dabei als 1–6 gezählt. An Unterschieden in Syntax und Wortschatz kann man sehen, daß die Übersetzung beider Teile nicht aus einem Guß ist und vielleicht von verschiedener Hand stammt. Dies wird besonders

---

[96] *ACO* I 5, 176,34.
[97] Facundus, *Pro def.* IX 3,9.
[98] *ACO* IV 1, 59,3; 60,13; vgl. Lagarde 108,7: *memrâ dalwâṭ ʾaylên dʿâmdîn* ("Rede an diejenigen, die getauft werden").
[99] *ACO* IV 1, 82,11.
[100] *ACO* IV 1, 58,4f.
[101] *Pro def.* III 2,3.
[102] *ACO* IV 1, 90,34.
[103] *Const.* XXXVI.
[104] *Pro def.* III 2,3.
[105] *ACO* IV 1, 59,9.

am unterschiedlichen Wortlaut der biblischen Zitate deutlich. So wird das πορευθέντες aus Matth 28,19 in Homilie 1–10 immer mit *zel* wiedergegeben, in Homilie 11–16 aber mit *pûq*.[106] Das ἁρπαγησόμεθα ἐν νεφέλαις εἰς ἀέρα aus 1.Thess 4,17 wiederum heißt im vorderen Teil *nethtef ba'nâne bâ'ar* und im hinteren *methtefînan ba'nâne lâ'ar*.[107] Die nur noch lückenhaft erhaltene Handschrift des 6./7. Jahrhunderts wiederum schloß mit dem Ende der zehnten Homilie und enthielt Teil 2 gar nicht.

Den, der sich mit den Homilien befaßt, erstaunt dieser Befund in der Überlieferung durchaus nicht. Das Werk teilt sich selbst in den vorderen und den hinteren Teil; beide Teile sind etwa gleich lang und, abgesehen von zwei Verweisen im zweiten Teil auf den ersten,[108] ganz eigenständig. Während Homilie 1–10 alle in etwa die gleiche Länge haben (zwischen 12 (Homilie 4) und 19 (Homilie 10) Seiten im Manuskript), sind die Predigten des zweiten Teils nicht nur im Durchschnitt länger, sondern differieren auch untereinander stärker in ihrer Länge (zwischen 17 (Homilie 13) und 36 (Homilie 16) Seiten im Manuskript). Der erste Teil enthält die katechetische Auslegung eines mit dem Nicänum und dem Nicäno-Constantinopolitanum (NC) verwandten Glaubensbekenntnisses, wobei Homilie 1 und 2 den ersten, 3–8 den zweiten und 9 und 10 den dritten Artikel erklären. Der zweite Teil ist die Erklärung der Sakramente: Homilie 12–14 erläutern den Ritus der Taufe, 15 und 16 den der Eucharistie. Homilie 11 schließlich ist eine Auslegung des Vaterunsers, die die Grundlagen christlicher Lebensgestaltung darlegen soll. Da sowohl Homilie 11 als auch Homilie 12 direkt an die Erklärung des Glaubensbekenntnisses anschließen, ließe sich Homilie 11 aus der ganzen Reihe auch fortlassen.

0.4. Neuere Forschung zu Theodor

Nun waren die katechetischen Homilien nicht das einzige Werk Theodors, das in neuerer Zeit wiederentdeckt und herausgegeben

---

[106] Vgl. *Hom.cat.* 2,2; 8,17; 9,3; 10,15.22 mit 11,1; 14,4.
[107] Vgl. *Hom.cat.* 7,8.12 mit 11,11; 16,7. Weitere Beispiele: *Hom.cat.* 4,10 und 11,8; 14,24 (Ps 82,7); 9,13 und 16,6.10.36 (Jes 6,3); 9,4 und 14,16 (Jes 26,13); 1,5 und 14,3 (Joh 3,5); 10,11 und 16,11 (Röm 1,4; 8,11); 6,13 und 12,7; 14,5; 15,5 (Röm 6,3); 5,19 und 14,7 (2.Kor 1,21f.); 1,4; 7,8 und 15,4 (2.Kor 5,1); 1,2; 3,9 und 15,27 (2.Kor 5,17); 7,9 und 12,12 (Gal 4,26); 9,16.18 und 14,21 (Eph 4,5f.); 7,8 und 14,21 (Phil 3,20f.).
[108] *Hom.cat.* 11,1; 12,1.

wurde. Der Kommentar zu den kleinen Paulusbriefen wurde schon im 19. Jahrhundert in einer lateinischen Version entdeckt; es folgten der Johannes-Kommentar und die Disputation mit den Makedonianern in syrischer Version. Um den Psalmen-Kommentar erwarb sich Robert Devreesse Verdienste, indem er aus den überlieferten Katenen- und sonstigen Fragmenten das unechte Gut ausschied. Eine syrische Handschrift von Theodors wichtiger und vielzitierter Schrift *"De incarnatione"* wurde 1909 von dem chaldäischen Metropoliten Addai Scher entdeckt, dem wir z.B. auch die Rekonstruktion und Edition der oben gennanten Chronik von Seert verdanken. Die Handschrift wurde jedoch vor ihrer Veröffentlichung vernichtet, als Scher 1922 von aufständischen Kurden ermordet und seine Bibliothek eingeäschert wurde.

Da die Textbasis für eine Beurteilung Theodors binnen wenigen Jahrzehnten bedeutend gewachsen war, wurde auch die Diskussion um Person und Werk Theodors ganz neu belebt. Unter Gelehrten römisch-katholischer Konfession entstand zunächst der Streit, ob die Verdammung, die das fünfte ökumenische Konzil über Theodor ausgesprochen hat, angesichts der neuen Erkenntnisse über ihn nicht fallenzulassen sei und der Mopsuestener nicht in die Zahl der orthodoxen Väter heimgeholt werden müsse. Emile Amann, Robert Devreesse, Marcel Richard und Paul Galtier erklärten Theodors Christologie für orthodox und sprachen sich für seine Rehabilitierung aus, während Martin Jugie, Wilhelm de Vries und Francis Aloysius Sullivan in Theodor weiterhin den Vorläufer des Nestorianismus sahen, einen Rationalisten, der das übernatürliche Mysterium der Inkarnation mit seiner Vernünftelei schmähe. Alois Grillmeier und andere verteidigten Theodor wiederum mit dem Hinweis, zu seiner Zeit habe das kirchliche Lehramt in Sachen Christologie ja noch nicht das letzte Wort gesprochen, und insofern sei es anachronistisch, von Theodor eine Anschauung und Begrifflichkeit zu erwarten, die auf der Höhe der Definition von Chalcedon sei.[109] Damit z.T. parallel ging eine Kontroverse um die Authentizität der von Theodors Gegnern gesammelten und auf dem fünften ökumenischen Konzil verurteilten Auszüge aus

---

[109] Vgl. dazu W. de Vries S.J., Der "Nestorianismus" Theodors von Mopsuestia in seiner Sakramentenlehre. *OCP* 7 (1941), 91–148: 92; A. Grillmeier S.J., Die theologische und sprachliche Vorbereitung der christologischen Formel von Chalcedon, in: *KonChal* 1. Würzburg 1951, 120–159: 144–155; Sullivan, *The Christology* 18–33; G. Koch, *Die Heilsverwirklichung bei Theodor von Mopsuestia*. MThS.S 31. München 1965: 4–6. 14–23; G. Hellemo, *Adventus Domini*. SVigChr 5. Leiden 1989: 219–221; Bruns, *Den Menschen* 5–12.

Theodors Werken, die Theodors "Nestorianismus" beweisen sollten.
Richard und Devreesse erklärten diese Stücke für gefälscht oder ver-
fälscht, doch Sullivan konnte ihre Zuverlässigkeit und Glaubwürdigkeit zeigen, auch gegenüber der syrisch-nestorianischen Überlieferung.[110]
Eine Verfälschung Theodors wäre auch gar nicht nötig gewesen;
nach dem Maßstab der cyrillisch-neuchalcedonischen Orthodoxie ist
auch Theodor, wie wir ihn außerhalb der Florilegien seiner Gegner
kennen, zweifelsfrei heterodox. Schließlich versuchten Amann und
Devreesse, Theodor auch von dem seit Marius Mercator[111] auf ihm
lastenden Verdacht des Pelagianismus freizusprechen. Mit ihrer
Behauptung, Theodor habe im Wesentlichen die abendländische Erbsündenlehre gelehrt, ernteten die beiden allerdings wenig Zustimmung.[112] Doch um die Frage nach Theodors Rechtgläubigkeit ist es
seit über 30 Jahren recht still geworden; schon in Richard Alfred
Norris' Studie zu Theodors Christologie von 1963 liegt nicht auf
Orthodoxie oder Heterodoxie das Interesse, sondern darauf, wie die
Anthropologien Theodors und Apollinaris' zu unterschiedlichen christologischen und soteriologischen Konzeptionen führen. Seit damals
ist der Dialog zwischen Christen der chalcedonischen und der nicht-
chalcedonischen Konfessionen intensiviert worden und hat das gegen-
seitige Verständnis der jeweils anderen Position gebessert.[113] In jüngster
Vergangenheit hoben die römisch-katholische und die nestorianische
Kirche ihre gegenseitigen Lehrverurteilungen auf. All das wie auch
überhaupt die stärkere Rückbesinnung des römischen Katholizismus
von seinen scholastischen auf seine patristischen Grundlagen seit dem

---

[110] Vgl. M. Richard, La tradition des fragments du traité Περὶ τῆς ἐνανθρωπήσεως
de Théodore de Mopsueste. *Muséon* 56 (1943), 55–75; Devreesse, Essai 243–258;
Sullivan, *The Christology* 35–158; W. de Vries, Das eschatologische Heil bei Theodor
von Mopsuestia. *OCP* 24 (1958), 300–338: 327f.; Koch, *Die Heilsverwirklichung* 18f.;
Hellemo, *Adventus* 200f.; L. Abramowski, Über die Fragmente. Vgl. auch oben 0.3.3.
und unten 3.7.2.2.

[111] Vgl. *ACO* I 5, 5,30f.; 23,17–38. Marius Mercator sammelte auch die heute
bekannten Stücke aus Theodors Schrift *"Contra defensores peccati originis"* und erklärte
das Werk zu einer Schrift gegen Augustin (vgl. ebd. 175,15–176,33).

[112] Vgl. de Vries, Der "Nestorianismus" 99f.; Amann, Théodore 270–277; Devreesse,
Essai 98–103; J. Gross, Theodor von Mopsuestia, ein Gegner der Erbsündenlehre.
ZKG 65 (1953), 1–15; Ziegenaus, *Das Menschenbild* 66–68; A. Vööbus, Regarding
the Theological Anthropology of Theodore of Mopsuestia. *ChH* 33 (1964), 115–124;
Koch, *Die Heilsverwirklichung* 58–60; J. Mc W. Dewart, *The Theology of Grace of Theodore
of Mopsuestia*. SCA 16. Washington 1971: 69–73; L. Scheffczyk, Urstand, Fall und
Erbsünde. *HDG* II 3a. Freiburg 1981: 171–174; Hellemo, *Adventus* 215f.

[113] Vgl. D. Wendebourg, Chalcedon in ökumenischer Perspektive. *ZThK* 92 (1995),
207–237.

Kriege hat dazu beigetragen, daß man zurückhaltender geworden ist, heterodoxe und orthodoxe Theologen voneinander zu scheiden.

Die neuesten Arbeiten zur Theologie Theodors von Mopsuestia befassen sich so fast ausnahmslos nicht mehr isoliert mit seiner Christologie, sondern mit seiner Sakramentenlehre, seiner Soteriologie und seiner Liturgie. Die wichtigste Quelle dafür sind Homilie 12–16, die mystagogischen Homilien. Nach Anfängen bei Francis Joseph Reine, Jacques Lécuyer und Ignacio Oñatibia ist hier besonders Luise Abramowskis gediegener Aufsatz "Zur Theologie Theodors von Mopsuestia" von 1961 zu nennen, in dem die Verfasserin einen Ansatz für das Gesamtverständnis der Theologie des großen Antiocheners bietet. Das Bild von Theodor als von einem puren Rationalisten und Moralisten, für den Erlösung sittliche Vervollkommnung nach dem Vorbild Christi ist und die Sakramente nur Hinweise auf das eschatologische Heil sind, wie es Adolf von Harnack, Wilhelm de Vries und Anton Ziegenaus gezeichnet haben, ist seitdem überholt;[114] Theodor ist als Theologe einer liturgischen und sakramentalen Spiritualität entdeckt worden.

Die grundlegenden Arbeiten zur Liturgie in Theodors mystagogischen Homilien von Adolf Rücker und Hans Lietzmann erschienen bereits 1933. Hinzu kamen zur eucharistischen Liturgie Francis Joseph Reines Dissertation und zur Taufliturgie Studien von Timothy A. Curtain, George Emile Saint Laurent, Jean Paul Longeat und E. Mazza. Zu Theodors sakramentaler Spiritualität, seiner Auslegung der sakramentalen Riten und ihrer Anwendung ist u.a. die umfangreiche Studie "Christian Initiation" von Hugh M. Riley zu nennen, die die Taufliturgie und ihre mystagogische Auslegung bei Cyrill von Jerusalem, Johannes Chrysostomus, Theodor und Ambrosius, miteinander vergleicht und die Werke der vier Kirchenväter in je ihrer Eigenart würdigt und der Gegenwart als Modell christlicher Mystagogie empfiehlt.

Die Soteriologie des Mopsuesteners behandeln die Dissertationen von Günter Koch ("Die Heilsverwirklichung bei Theodor von Mopsuestia") und Joanne McWilliam Dewart ("The Theology of Grace of Theodore of Mopsuestia"). Während die erstere noch stärker von der Diskussion beeinflußt ist, ob Theodors Christologie orthodox sei, und um die beiden Brennpunkte Christologie und Ekklesiologie kreist, sammelt,

---

[114] L. Abramowski, Zur Theologie Theodors von Mopsuestia. *ZKG* 72 (1961), 263–293: 266–276; Hellemo, *Adventus* 240–242. Vgl. auch unten 3.6.2.3.

kommentiert und systematisiert die letztere Theodors Aussagen zur
Soteriologie nach dem Schema der römischen Gnadenlehre. Im
Zusammenhang der Soteriologie ist schließlich noch Jan Nowaks leider kaum beachtete Dissertation zu nennen, "*La relation entre la célébration
des mystères et la vie chrétienne d'après les homélies catéchétiques de Théodore
de Mopsueste*". Dem Verfasser ist es darin gelungen, auf kleinem Raum
die wichtigsten Linien der Soteriologie und Sakramentenlehre Theodors
klarer als die meisten anderen Autoren herauszuarbeiten.

Den vielleicht originellsten Beitrag zur Diskussion um Theodor
stellen Ulrich Wickerts Studien zu Theodors Pauluskommentaren dar.
Wickert betrachtet die heilsgeschichtliche Theologie Theodors aus
verschiedenen Perspektiven, ohne viel nach dogmatischer Korrektheit
zu fragen, und findet in dem Mopsuestener einen Theologen zwischen den Zeiten, auf der Grenze zwischen Israel (der Bibel) und
Griechentum (der antiken Philosophie), zwischen dem alten, sterblichen Äon und dem kommenden Äon.

Vor wenigen Jahren erschien die bisher wohl umfangreichste Studie
über Theodor, Peter Bruns' Habilitationsschrift "*Den Menschen mit dem
Himmel verbinden*". Der Verfasser bringt eine Gesamtdarstellung von
Theodors Theologie anhand der katechetischen Homilien; seine oben
erwähnte deutsche Übersetzung der Homilien dürfte ein Nebenprodukt
dieser Arbeit sein. Bruns orientiert sich in seiner Darstellung grob
an der Reihenfolge der Themen, die er Theodors Homilien vorfin-
det. Er sieht die Homilien als die Summe von Theodors Denken
an, ein System der Zwei-Naturen-Lehre (Dyophysitismus), das Gott
und Schöpfung streng ontologisch voneinander scheidet und beide
Bereiche im Mysterium der Inkarnation Christi, in der Kirche und
in den Sakramenten aufeinandertreffen und im Eschaton sich verei-
nen läßt.

Wir werden im Folgenden zunächst darauf eingehen, welcher Gattung
Theodors Homilien angehören, daß sie nämlich kein dogmatischer
oder polemischer Traktat sind, sondern ein katechetisches Werk.
Nach einem kurzen Blick auf die katechetische Literatur des 4./5.
Jahrhunderts und ihrem Sitz im Leben (1.1.) folgt eine Inhaltsangabe
der katechetischen Homilien (1.2.) und ein Kapitel über Stil, Methode
und Absicht des Katecheten Theodor und über die Hörer seiner
Katechese (1.3.). Dann wird untersucht, gegen welche Häretiker
Theodor seine Täuflinge feien will, wen er als Feinde der Orthodoxie
betrachtet, welche Argumente er anführt und welche Gemeinsamkeiten

und Unterschiede es hier mit seinen Zeitgenossen gibt (1.4.). Im
Kapitel 1.5. kommen wir schließlich auf das Taufsymbol zu sprechen und studieren, welche Autorität es in Theodors katechetischem
Unterricht hat und wie sich Theodors Rezeption des Bekenntnisses
und sein Urteil über die Väter von Nicäa im Kontext seiner Zeit
darstellen.

Teil 2. der Arbeit gilt dem Taufsymbol als solchem: Nach der
Rekonstruktion (2.1.) wird die Herkunft des Symboles untersucht
anhand seiner Abhängigkeit von verwandten Symbolen wie dem
Nicänum, dem Nicäno-Constantinopolitanum (NC), dem Romanum
und dem Nestorianum und anhand der Angaben Theodors über
seine Herkunft (2.2.).

Teil 3. unternimmt dann den Versuch, die von Theodor seinen
Hörern nahegebrachten Glaubenslehren systematisch zu erfassen.
Dafür wird Schritt für Schritt erst Theodors Erkenntnislehre, dann
sein Weltbild und dann die Heilsgeschichte vom Fall Adams über
Christi Heilswerk (Ökonomie) bis zur Kirche und ihren Sakramenten
und zur Auferstehung der Toten dargesellt, wobei auch die anderen
Schriften Theodors herangezogen werden. Abschließend wird geprüft,
ob und inwiefern Theodors Theologie der Heilsgeschichte mit seiner
nicänisch-trinitarischen und christologischen Orthodoxie ein organi-
sches Ganzes bildet. In einem Exkurs fragen wir unter Berücksichtigung der inneren Entwicklung Theodors nach der genauen Datierung
der Homilien.

Teil 4. nimmt schließlich alle Fäden wieder auf, die Bedeutung
des nicänischen Symbols für Theodors Taufunterricht, die Gestalt
seines Nicänums und den Ort der nicänisch-orthodoxen Lehre innerhalb von Theodors Theologie, und macht einen Ausblick auf das
Nicänum in der ersten Hälfte des fünften Jahrhunderts, insbesondere
im Nestorianischen Streit.

1. THEODOR VON MOPSUESTIA ALS KATECHET

1.1. Die Blütezeit der altkirchlichen Katechese

Der altkirchliche Katechumenat erlebte im vierten und fünften Jahrhundert seine Blütezeit. Die konstantinische Wende hatte zu einer bis dahin nicht gekannten Zahl von Taufbewerbern geführt, und dieser Andrang erforderte neue Wege und Anstrengungen, die Anwärter auf die Mysterien in den Grundlagen christlichen Glaubens und christlicher Lebensführung zu unterrichten. Seit dem sechsten Jahrhundert, als die Christianisierung der griechisch-römischen Welt abgeschlossen und die Kindertaufe die Regel geworden war, verfiel der Katechumenat.[1]

Aus der Zeit von etwa 350 bis etwa 450 haben wir Anleitungen zum katechetischen Unterricht von Gregor von Nyssa[2] und Augustin, ferner in den Apostolischen Konstitutionen. Katechetische Predigten sind uns von Cyrill von Jerusalem, Ambrosius,[3] Johannes Chrysostomus, Niceta von Remesiana, Maximus von Turin, Augustin, Proclus von Konstantinopel, Petrus Chrysologus und Pseudo-Augustin erhalten und eben von Theodor von Mopsuestia. In ihrer Länge und Ausführlichkeit sind Theodors Homilien nur mit den Katechesen Cyrills von Jerusalem vergleichbar; dies gilt insbesondere für die katechetische Auslegung des Glaubensbekenntnisses. Ambrosius, Niceta, Augustin, Proclus, Petrus Chrysologus und Pseudo-Augustin benutzen die *traditio* oder die *redditio symboli* als Anlaß, die Glaubenslehren des Taufsymbols lediglich in einer Predigt kurz zusammenzufassen: Die

---

[1] Vgl. dazu F. Cohrs, Art. Katechumenat, in: *RE*[3] 10. Leipzig 1901, 173–179: 176–178; W. Möller – H. von Schubert, *Lehrbuch der Kirchengeschichte* I. 2. Aufl. Tübingen 1902: 740–746; H. Lietzmann, *Geschichte der Alten Kirche* IV. Berlin 1944: 89–102; C. Andresen, *Die Kirchen der alten Christenheit*. RM 29,1/2. Stuttgart 1971: 470f.; K. Baus – E. Ewig, Die Reichskirche nach Konstantin dem Großen 1. *HKG(J)* II/1. Freiburg 1973: 318–322; G. Kretschmar, Art. Katechumenat/Katechumenen, in: *TRE* 18. Berlin (West) 1989, 1–5: 3–5.

[2] Zur katechetischen Ausrichtung der großen katechetischen Rede Gregors von Nyssas vgl. R.J. Kees, *Die Lehre von der Oikonomia Gottes in der Oratio catechetica Gregors von Nyssa*. SVigChr 30. Leiden 1995: 5–13.

[3] Klaus Gamber (*Instructio ad competentes*. TPL 1. Regensburg 1964: 3–6) hält die "*Explanatio symboli*" und "*De sacramentis*" des Ambrosius für Teil V 1 bzw. VI der "*Instructio ad competentes*" des Niceta von Remesiana.

traditio symboli ist die feierliche Übergabe des Taufbekenntnisses an die Katechumenen, also ihre Bekanntmachung mit den Geheimnissen der Kirche und des Glaubens; bei der *redditio symboli* wiederum rezitieren die Täuflinge das Symbol vor ihrer Taufe vor dem Bischof zum Beweis, daß sie es richtig gelernt haben.[4] Johannes Chrysostomus schließlich kommt am Anfang seines katechetischen Unterrichtes im Zusammenhang von Buße und Gottesfurcht einmal kurz auf das Glaubensbekenntnis und seine Lehren zu sprechen, greift aber nicht voraus auf den eigentlichen Unterricht darüber.[5] Anders als diese kurzen Zusammenfassungen machen Cyrill und Theodor die Erläuterungen zur *traditio symboli*[6] zu einem mehrtägigen Katechismus-Unterricht über den christlichen Glauben und die kirchlichen Dogmen.[7] Katechetische Vaterunserauslegungen gibt es noch von Augustin. Mystagogische Predigten, Einweisungen der Täuflinge in die bisher wie das Symbol vor ihnen geheimgehaltenen Sakramente der Kirche, in Taufe und Eucharistie, und die geheimnisvollen Riten der sakramentalen Liturgie und deren Bedeutung sind außer denen Theodors von Cyrill von Jerusalem (oder seinem Nachfolger Johannes II.), Ambrosius, Johannes Chrysostomus und Maximus von Turin erhalten. Bei Theodor, der jede seiner Homilien mit der Aufforderung beschließt, nun gemeinsam dem dreieinigen Gott ein Loblied zu singen, läßt sich noch gut der liturgische Rahmen erkennen, in den der zuletzt tägliche Unterricht eingebettet war.

Obwohl sich die sechzehn katechetischen Homilien dem Leser als ein in sich geschlossenes Ganzes darstellen, waren sie nicht der einzige Unterricht, den Theodors Katechumenen zur unmittelbaren Vorbereitung auf die Taufe genossen. Aus Jerusalem ist für die Zeit um 400 belegt, daß in den ersten Wochen der Fasten, vor Übergabe und Erklärung des Symbols, die Taufkandidaten in die heiligen Schriften eingeführt wurden;[8] auch an ausführlichere Anweisungen zur christ-

---

[4] Zur *traditio symboli* gehören: Ambrosius, *Expl.symb.*; Augustin, *Serm.de fid.ad catech.*; *Serm.* 212; 213; Petrus Chrysologus, *Serm.* 57–62; Pseudo-Augustin, *Serm.* 214. Zur *redditio symboli* gehören: Niceta, *Instr.ad compet.* V 3; Proclus von Konstantinopel, *Hom.* 27; Pseudo-Augustin, *Serm.* 215.

[5] *Cat.bapt.* 3/1,19–24.

[6] Sie erfolgte bei Cyrill während der fünften Katechese, bei Theodor offenbar vor der ersten Homilie. Zu den verschiedenen Zeitpunkten der *traditio symboli* in der Alten Kirche vgl. J. Mayer, *Geschichte des Katechumenats und der Katechese in den ersten sechs Jahrhunderten.* Kempten 1868: 99–103.

[7] Vielleicht ist auch das III. Buch der *Instructio ad competentes* des Niceta der Überrest eines solchen Werkes.

[8] Egeria, *Itin.* 46,2.

lichen Moral wird man denken, denn Theodors Ausführungen dazu
sind allzu knapp und theoretisch. Die sechzehn Homilien sind dann
Höhepunkt und Abschluß des ganzen Unterrichts.[9] In ihnen werden
die Täuflinge mit den zentralen Glaubenslehren bekannt gemacht,
mit dem, was jeder Christ wissen muß, aber kein Außenstehender
wissen darf. Wenn sie alles gelernt und die Sakramente empfangen
haben, sind sie von Katechumenen zu vollgültigen Christen geworden.
Später werden sie nie wieder in so konzentrierter Form gesagt bekommen, worauf es im christlichen Glauben ankommt und was seine
Hauptstücke sind; das wird vielmehr von nun an als bekannt vor-
ausgesetzt. In der katechetischen Predigt der Alten Kirche haben wir
die für die christliche Bildung ihrer Zeit zentrale Institution vor uns.

1.2. Inhalt der katechetischen Homilien

Die katechetischen Homilien Theodors von Mopsuestia sind kein
Steinbruch für Belege zu einer Darstellung der Theologie ihres Verfassers oder zu was auch immer, sondern ein planvoll aufgebautes
und durchkomponiertes Werk. Schritt für Schritt will es die Hörer
(und später die Leser) mit den Grundlagen christlichen Glaubens und
christlicher Lebensführung bekannt machen. Um dem Leser einen
Eindruck davon zu vermitteln und ihm die Möglichkeit zu geben,
bei Zitaten und Belegen deren Ort innerhalb des Gesamtwerkes zu
bestimmen, stelle ich (statt einer Übersetzung) eine Zusammenfassung
der Homilien an den Anfang. Bei den Homilien über das Glaubensbekenntnis, denen in einer Arbeit über Theodor und das Nicänum
das größere Interesse gilt, folge ich genau dem Gedankengang und
der Argumentation, während ich für die hinteren Homilien nur kurz
angebe, worum es in den Abschnitten geht.

Homilie 1

Die künftige Herrlichkeit. Die Sakramente und das Glaubensbekenntnis.
Auslegung des 1. Artikels. Glaube als Erkenntnisprinzip. Der Glaube
an den einen Gott und die Vielgötterei.

---

[9] Über die Frage, wann im Verlaufe der Fasten- und Osterzeit die Homilien,
insbesondere die mystagogischen, gehalten wurden, s. V.-S. Janeras, *En quels jours
furent prononcés les homélies catéchétiques de Théodore de Mopsueste?* in: *Mémorial
Mgr Gabriel Khouri-Sarkis (1898–1968).* Löwen 1968, 121–133.

Die himmlischen Mysterien, über die Theodor zu seinen Katechumenen reden will, sind über alle Beschreibungen und menschlichen Gedanken erhaben. Gott wollte sie aber von Anbeginn der Welt offenbar machen und hat uns die Möglichkeit gegeben, von ihnen zu sprechen und uns Schritt für Schritt ihnen zu nahen. Durch die Ökonomie Christi[10] hat er das Neue Testament festgesetzt, d.h. er hat das Alte, Tod, Verderbnis und Veränderlichkeit, abgeschafft und an dessen Stelle das Leben der neuen Kreatur gesetzt, Unsterblichkeit und Unveränderlichkeit. Durch die Auferstehung von den Toten hoffen wir, einst nach dem Ebenbild seines Sohnes erneuert zu werden (1–3).

Die Mysterien[11] sind uns überliefert, damit wir uns durch sie wie durch Abbilder den kommenden Gütern nahen. Auf diese Weise können wir an diese Güter glauben, obwohl sie weit über unsere Natur erhaben sind, und können unser Leben in dieser Welt schon entsprechend dem Wandel in der neuen Welt ordnen. Durch die Sakramente sind wir von der göttlichen Gnade berufen und im Himmel aufgeschrieben. Die, die sich berufen lassen, werden unsterblich und unveränderlich, werden Freie statt Knechte, sind im Himmel statt auf der Erde, und ihr Haupt ist Christus und nicht mehr Adam. Adam ist wegen seines Ungehorsams aus dem Paradies vertrieben worden, und wir sind die Erben seiner Natur und Bestrafung. Doch durch die Teilhabe an den Mysterien steigen wir zu Christus in den Himmel auf (4f.).

Solange wir noch auf Erden weilen und eine veränderliche Natur haben, ist ein Rückfall aus dieser Verheißung möglich, durch den wir wie Adam der Güter verlustig gingen. Um dem zu steuern, legen wir bei unserer Taufe vor Christus ein Bekenntnis ab, das wir gut behalten müssen. In den kurzen Worten dieses Bekenntnisses haben uns die seligen Väter[12] einen Schatz überliefert. Die Worte sind leicht zu behalten und haben doch verborgene Kraft. Sie offenbaren nämlich den Sinn, der in den Sakramenten verborgen ist. Wer die Größe der Güter und den Sinn des Bekenntnisses und der Taufe verstanden hat, wird das Glaubensbekenntnis bewahren[13] (6f.).

Nun soll das Glaubensbekenntnis, eins nach dem anderen, ausgelegt werden. Es beginnt: "*Ich glaube an den einen Gott, den allmächtigen Vater, den Schöpfer aller sichtbaren und unsichtbaren Dinge.*"[14] Die Lehre der Gottesfurcht besteht im Bekenntnis zu unsichtbaren und unaussprechlichen Dingen. Darum bedarf es des Glaubens, der das Unsichtbare, die göttliche Natur, für das Bewußtsein sichtbar macht und das noch nicht Sichtbare und Vorhandene, die Auferstehung und die kommenden Güter, vergegenwärtigt. All das ist ja für die, deren Glauben nicht gesund ist, unsichtbar, denn wie nur gesunde Augen

---

[10] D.h. den Lebenslauf Jesu Christi von der Geburt bis zur Auferstehung und seine erlösende Wirkung. Bruns übersetzt: "Heilswirken". Zur Sache vgl. unten 3.5.2.

[11] Aus dem Zusammenhang ist ersichtlich, daß Theodor mit Mysterien jetzt nicht mehr die kommende Herrlichkeit bezeichnet, sondern die Sakramente.

[12] Zur Frage, wer diese Väter sind, vgl. unten 2.2.2.

[13] Vgl. dazu unten 1.5.2.

[14] Zum Wortlaut des Glaubensbekenntnisses vgl. unten 2.1.

das Sichtbare sehen können, so nur der gesunde Glaube das Unsichtbare. Im Glauben erkennen wir Gott und das, was er geschaffen hat; aber die fern vom Glauben sind, versinken in Irrtümern. Die Kirche wird "Säule und Fundament" genannt (1.Tim 3,15), weil sie gesund im Glauben und fest in der Gottesfurcht ist. Die anderen sind außerhalb des Glaubens und irren deshalb von der Wahrheit ab: Die Heiden glauben nicht an die Schöpfung aus dem Nichts und haben sich allerlei Lügengeschichten über Gott ausgedacht, die Juden glauben nicht an Gottes Sohn, und die Häretiker nennen sich zu Unrecht nach Christus (so glauben etwa die Arianer und Eunomianer wie die Juden nicht, daß Gott der Sohn von der Natur Gottes des Vaters, ist). Ist der Glaube fern, so wird der Irrtum groß; ist er aber nah, so ist auch die Erkenntnis da. Denn durch den Glauben erkennen wir, daß Gott da ist und die Welt aus Nichts geschaffen hat, durch den Glauben erkennen wir die kommende Auferstehung der Toten, durch den Glauben erkennen wir, daß der Sohn und der Heilige Geist von der Natur Gottes des Vaters sind und durch den Glauben zweifeln wir nicht an der Predigt von der Ökonomie Christi. Darum haben die Väter zu Recht als Fundament an den Anfang den Glauben gesetzt[15] (8–12).

Mit dem Bekenntnis zu "*dem einen Gott, dem allmächtigen Vater*" haben die Väter die ganze Lehre der Gottesfurcht in wenige Worte zusammengefaßt; an den Katechumenen ist es, sich die Worte einzuprägen und fest bei dieser göttlichen Lehre zu bleiben. Das Bekenntnis zum einen Gott entfernt uns vom Heiden- und Judentum, stimmt aber mit der Lehre des Alten Testamentes genau überein. Die Worte des Neuen Testamentes über Christus sind im Alten Testament als Prophetie enthalten, die jedoch in Gleichnissen und Zeichen redet; die Juden erwarten deshalb einen Menschen als Messias und glauben nicht an die Gottheit des eingeborenen Sohnes. Dem heidnischen Polytheismus wiederum ist diese Lehre in allem entgegengesetzt, denn sie lehrt, daß es nicht viele und verschiedene Naturen der Gottheit gibt, sondern eine einzige; diese ist Gott, die Natur, die von Ewigkeit da ist und die Ursache von allem ist. Außer ihr gibt es nichts, was von Ewigkeit da ist und die Ursache von allem ist, gibt es also keinen Gott, sondern nur Geschöpfe. Gott allein kann aus Nichts alles machen. Die Einzigkeit Gottes bezeugen Dtn 6,4; Jer 10,11. Was nicht wie Gott von Ewigkeit da ist, ist Geschöpf und ist in Wahrheit gar nicht da, sondern wurde aus Nichts gemacht. Die göttliche Natur ist über die Schöpfung erhaben. Diese Lehren zerstören den Irrtum des Heidentums, das viele Götter mit verschiedenen Eigenschaften kennt. Das Alte Testament lehrt uns durch die Propheten, die im Heiligen Geist geredet haben, daß es die Götter der Heiden nicht gibt. Die nämlich sind neu, und was neu ist, ist nicht Gott, sondern Geschöpf. Die göttliche Natur aber ist eine und nicht viele, sie ist von Ewigkeit da und bedarf zu ihrem Dasein keines anderen, sondern ist selbst Ursache von allem. Die Kreaturen sind ihrem Schöpfer, dessen Willen und Macht allein sie ihr Dasein verdanken, zu Dank verpflichtet. Das alles haben die Väter

---

[15] Vgl. dazu unten 3.2.

in das Wort *"Ich glaube an den einen Gott"* zusammengefaßt. Wir stimmen ihnen und den Propheten bei, denn es gibt nur eine göttliche Natur, die von Ewigkeit da ist und die Ursache von allem ist, und nicht zahlreiche und verschiedene, wie die Heiden sagen[16] (13–17).

Homilie 2

Auslegung des 1. Artikels. Durch Christus wird der Glaube an den einen Gott entfaltet zur Lehre von den Hypostasen Gottes. Gott als Vater des Sohnes und als Schöpfer der Geschöpfe.

Wir haben gesehen und aus den Schriften der Propheten gelernt, wie durch den Glauben an den einen Gott der ganze Irrtum der Vielgötterei beendet wird, denn es gibt nur eine göttliche Natur, die von Ewigkeit da ist und Ursache von allem ist und die zu Recht Gott und Herr genannt wird. Die Geschöpfe aber sind davon weit entfernt; sie sind nicht von Ewigkeit da und sind nach ihrer Natur nicht Herr und Gott (1).

Haben schon die Propheten dergestalt gelehrt, daß es nur einen Gott gebe (Dtn 6,4), so kam doch die volle Lehre erst von Christus, der seinen Jüngern aufgetragen hat, alle Völker zu unterweisen und im Namen des Vaters, des Sohnes und des Heiligen Geistes zu taufen (Matth 28,19). Diese drei Hypostasen sind nämlich die göttliche Natur, von der die Propheten geredet haben. Christus trug seinen Jüngern also auf, die Völker vom Irrtum des Heidentums, daß es viele Götter mit verschiedenen Eigenschaften gebe, zur Gottesfurcht zu führen und zur Erkenntnis, daß es eine göttliche Natur gibt, die von Anfang an da ist und die Ursache von allem ist und in drei Hypostasen erkannt wird. Christus wußte, daß Sohn und Heiliger Geist wie der Vater von der einen göttlichen Natur sind; denn sonst hätte er ja seinen Jüngern aufgetragen, die Völker vom Irrtum statt zur wahren Gottesfurcht zu erneuter Vielgötterei zu führen. Jede der Hypostasen ist in Wahrheit Gott; ihre göttliche Natur aber ist eine, die Natur, die von Ewigkeit da ist und die Ursache von allem ist[17] (2f.).

Die Überlieferung Christi (scil. der Taufbefehl Matth 28,19) stimmt mit der Lehre der Propheten darin überein, daß sie der Vielgötterei entgegengesetzt ist. Aber während die Propheten nur gelehrt haben, was die göttliche Natur ist, hat Christus die vollständige Lehre der Hypostasen gelehrt. So auch die Väter: Sie setzten an den Anfang den Glauben an den einen Gott entsprechend der Lehre des Alten Testamentes gegen die Vielgötterei, dann überlieferten sie die Erkenntnis der Hypostasen entsprechend der Lehre Christi. Es hätte auch genügt, wenn sie einfach "Im Namen des Vaters, des Sohnes und des Heiligen Geistes" gesagt hätten, aber sie machten viele Worte, um die Häretiker zurückzuweisen.[18] Nach den Worten über

---

[16] Vgl. dazu unten 3.3.2.
[17] Vgl. dazu unten 3.3.2.; 3.7.1.1.
[18] Vgl. dazu unten 1.5.2.

Gott gingen sie also weiter zu den Hypostasen und redeten über jede von
ihnen für sich, zuerst über den Vater, aus dem Sohn und Heiliger Geist
sind. Der ist in Wahrheit Vater und ist allein Vater. Jede Hypostase ist
Gott, also auch der Vater. Geschöpfe sind niemals gleich, wenn sie geschaffen
sind, Väter, sondern können erst später Väter werden, so z.B. auch Adam.
Gott jedoch bedarf alles dessen, was nötig ist, damit ein Geschöpf Vater
wird, nicht, auch keiner Zeit; wie er von Ewigkeit da ist, so ist er auch
von Ewigkeit Vater. Der Sohn war nicht erst von einem Zeitpunkt an bei
ihm, sondern von Ewigkeit. Wenn Christus seinen Jüngern auftrug: "Unter-
weist sie im Namen des Vaters", leidet es keinen Zweifel, wen er mit "Vater"
meint, nämlich Gott; Gott aber ist der, der von Ewigkeit ist, gemäß der
Lehre der Propheten. Der, der ewig ist, kann aber nicht erst zu einem
Zeitpunkt Vater geworden sein; das zeigt auch, daß er einfach "Vater"
genannt wird. Es heißen zwar auch andere "Vater", aber er allein ist der
wahre Vater, weil er von Ewigkeit da ist und auch von Ewigkeit Vater ist.
Er heißt ja auch "der, der da ist" (Ex 3,14 LXX), weil er in Wahrheit da
ist, während die Geschöpfe aus Nichts gemacht sind. Wenn er "Vater"
heißt, ist es genauso: Er gleicht uns Geschöpfen in unserem Vatersein nicht,
weil er nicht erst zu einem Zeitpunkt Vater wurde. Wenn wir also "Vater"
hören, sollen wir an diesen wahren Vater denken, dessen Sohn von Ewigkeit
bei ihm ist (4–9).

Außer Vater ist er noch "*Schöpfer aller sichtbaren und unsichtbaren Dinge*". Der
Unterschied zwischen beidem, Vater und Schöpfer, ist der: Er ist Vater des
Sohnes und Schöpfer der Kreaturen. Vater ist er von dem, der aus ihm
geboren ist, Schöpfer aber ist er von den Naturen, die außerhalb seiner durch
seinen Willen aus Nichts geschaffen sind. Die Kreaturen entstanden später,
aber der Sohn ist von Anfang an aus ihm und mit ihm. "*Vater*" heißt er
ohne Zusatz, weil zum Vater notwendig ein Sohn gehört, zu "*Schöpfer*" aber
ist "*aller sichtbaren und unsichtbaren Dinge*" hinzugefügt. Der Sohn ist aus seiner
Natur; von den Kreaturen aber sind zwar manche sichtbar und manche
unsichtbar, aber allen ist gemeinsam, daß sie aus Nichts geworden sind, als
ihr Schöpfer es wollte. Die Geschöpfe sind zum Lobpreis des Schöpfers
verpflichtet (Ps 148,1–5). Gott ist nicht, weil er Vater ist, auch Schöpfer
oder, weil er Schöpfer ist, auch Vater, denn er ist nicht dessen Schöpfer,
dessen Vater er ist, und nicht deren Vater, deren Schöpfer er ist. Vater ist
er des eingeborenen Sohnes, der aus ihm geboren ist und ewig bei ihm ist
und aus seiner Natur ist, Schöpfer aber von dem, was, entfernt von seiner
Substanz (ʾîṯûṯâ – οὐσία), durch seinen Willen aus Nichts zum Dasein gebracht
wurde. Wenn Gott aber Vater der Menschen genannt wird, dann nicht
deshalb, weil er sie gemacht hat, sondern Vater ist er nur von den Menschen,
die ihm nah und vertraut sind (Jes 1,2; Ex 4,22). Gott ist also Vater seines einzigen, wahren Sohnes, der von seiner Natur ist, und ist Schöpfer
von allem, was aus Nichts gemacht ist. Auch bei uns Menschen ist ja Vater
und Schöpfer nicht dasselbe: Väter sind wir von denen, die aus unserer
Natur geboren sind, Schöpfer aber von dem, was außerhalb unserer gemacht
ist, z.B. Häusern und Schiffen. Ebenso ist Gott der Vater des eingeborenen Sohnes, der aus seiner Natur geboren ist, Schöpfer aber von allem,
was aus Nichts geschaffen ist. Er bedurfte keines Materials zur Schöpfung.

Weil wir nach dem Bilde Gottes gemacht sind, können wir, ausgehend davon, wie die Dinge sich bei uns verhalten, diese auf Gott übertragen, jedoch so, daß Gott weit über unsere Schwächen erhaben ist.[19] So ist es auch mit dem Unterschied zwischen Vater und Schöpfer: Gott braucht natürlich für seine schöpferische Tätigkeit nicht wie wir Material und hat keine Mühe, sondern erschafft seine Geschöpfe aus Nichts, und um Vater zu werden, bedarf er keiner Frau und keiner Zeit zwischen Zeugung und Geburt; wir mit unserer sterblichen Natur sind dagegen bei allem, was wir tun, bald erschöpft. Dennoch ist es bei Gott wie bei uns: Vater ist er des Sohnes, dessen Vater er in Wahrheit nach der Natur ist; er ist aber von Ewigkeit Vater, denn seine Natur, durch die er Vater ist, ist von Ewigkeit. Als Schöpfer aber hat Gott, wie wir, alles mit Weisheit und Kunst gemacht; nur, daß bei ihm zwischen seinem Willensentschluß und dem Entstehen der Geschöpfe keine Zeit vergeht. Das also ist der von den Vätern überlieferte Glaube, den die Katechumenen gegenüber der Irrlehre festhalten sollen (10–19).

Homilie 3

Auslegung des 2. Artikels. Die Lehre von den drei Hypostasen der Gottheit ist nicht polytheistisch. Christus als eingeborener und erstgeborener Sohn. Arius und das Nicänum. Der Sohn als das Wort des Vaters.

Nach dem Bekenntnis zum Vater geht es weiter: *"Und an den einen Herrn Jesus Christus, Gottes eingeborenen Sohn, den Erstgeborenen der ganzen Schöpfung".* Das Bekenntnis zu den drei göttlichen Hypostasen stößt uns nicht in den Irrtum der Vielgötterei zurück, da es nur eine göttliche Natur der Hypostasen gibt. Das bezeugt auch Paulus (1.Kor 8,4–6), der von einem Gott redet, aber auch von Vater und Sohn, und sogar die Menschwerdung des Herrn zu unserer Erlösung mit einschließt. Er nennt den Sohn "Herr", um zu lehren, daß der Sohn von der göttlichen Natur Gottes des Vaters ist. Nicht, daß der Vater nicht auch Herr und der Sohn nicht auch Gott wäre, denn wer Herr ist, ist auch Gott und umgekehrt, und nur die göttliche Natur wird in Wahrheit Herr und Gott genannt. Paulus redet hier also von zwei Hypostasen und einer göttlichen Natur, die in Wahrheit Herr und Gott ist (1–3).

Die Väter schlossen auch die menschliche Natur, die zu unserer Erlösung angenommen war, in ihr Bekenntnis ein, als sie sagten: *"Und an den einen Herrn Jesus Christus"*; denn "Jesus" ist der Name jenes Menschen, und "Christus" zeigt seine Salbung mit dem Heiligen Geist. Die menschliche Natur ist Gott durch ihre genaue Verbindung mit der göttlichen Natur. Wie Paulus lehrten die Väter zuerst etwas über die göttliche Natur und

---

[19] Vgl. dazu unten 3.3.3.

dann über die Menschengestalt, die sie angenommen hat. Die göttliche
Natur wird in der Menschengestalt erkannt und gepredigt (1.Tim 3,16; Joh
1,14). *"An den einen Herrn Jesus Christus"* heißt: Wir bekennen einen Herrn,
der von göttlicher Natur ist und dem in Wahrheit die Bezeichnung "Herr"
und "Gott" gebührt. Über Gott das Wort sagten sie noch: *"durch den alles
entstand"*. Dieser eine Herr, von der göttlichen Natur Gottes des Vaters, hat
zu unserer Erlösung den Menschen Jesus angezogen, der mit dem Heiligen
Geist gesalbt und darin vollendet und gerechtfertigt wurde (4f.).

Mit *"Gottes eingeborenen Sohn, den Erstgeborenen der ganzen Schöpfung"* (vgl. Joh
1,14.18; Kol 1,15) zeigten die Väter die beiden Naturen im einen πρόσωπον
des Sohnes und ihre Unterschiedenheit. Dies hatte auch schon Paulus gelehrt
(Röm 9,5): Der nach dem Fleisch aus dem Hause Davids ist, ist ja nicht
nach der Natur Gott über alles, sondern es sind zwei Naturen gemeint; er
zeigt aber auch die Ehre, die der, der aus dem Hause Davids war und
von Gott angenommen wurde, hatte. So auch hier: es kann ja nicht eine
Natur eingeboren (μονογενής) und erstgeboren (πρωτότοκος) sein, denn erstgeboren ist, wer der Erstgeborene vieler Brüder ist, eingeboren aber, wer
keine Brüder hat. Die Schrift redet vom eingeborenen Sohn (Joh 1,14.18),
um zu zeigen, daß er allein aus der Natur des Vaters geboren ist und allein
Sohn ist und von Ewigkeit nicht vom Vater getrennt ist. (Einen leiblichen
Schoß (Joh 1,18) hat Gott selbstverständlich nicht.) *"Erstgeboren"* aber wird
Christus genannt wegen der vielen Brüder, die mit ihm an der Adoption
teilhaben (Röm 8,29). Hätte er keine Brüder, wäre er nicht der Erstgeborene.
"Erstgeboren" ist er, weil er als Erster durch die Auferstehung zu einem neuen
Leben verwandelt wurde und auch alle Kreaturen erneuert und in einen
besseren Zustand gebracht hat. Er erneuert jedes Geschöpf mit der Erneuerung, die er ihm aus Gnaden gibt und mit der er als Erster zum neuen
Leben geführt und über alle Geschöpfe erhoben wurde.[20] Mit *"eingeboren"*
und *"erstgeboren"* zeigten die Väter sowohl Unterscheidung als auch Verbindung
der beiden Naturen. Sie sagten zuerst *"eingeboren"* und dann *"erstgeboren"*,
um zuerst die "Gestalt Gottes" zu lehren und dann die "Knechtsgestalt"
(Phil 2,7), die um unserer Erlösung willen aus Barmherzigkeit angenommen worden ist. So lehrten sie den Unterschied der Naturen, aber auch,
daß der Sohn einer sei wegen der genauen Verbindung der Naturen, die
durch den göttlichen Willen besteht. Danach redeten sie wieder von der
göttlichen Natur und sagten: *"der aus dem Vater geboren ist vor allen Zeiten und
nicht gemacht"* (6–10).

Zur Bezeichnung der göttlichen Natur des Sohnes hätte auch schon das
"eingeboren" ausgereicht, weil es zeigt, daß er allein der Sohn ist, der aus
dem Vater geboren und aus seiner Natur ist. Die sonst Söhne genannt werden (Ps 82,6; Jes 1,2), sind aus Gnaden der Adoption gewürdigt und mit
Gott vertraut geworden. Anders der eingeborene Sohn: Weil er aus der
Natur des Vaters geboren ist, wird er Sohn genannt und ist das auch.
Leider bleiben die Häretiker unbelehrbar. Als Erster sagte Arius, der Sohn

---

[20] Vgl. dazu unten 3.6.1.1.

sei ein Geschöpf und sei aus Nichts gemacht, was eine völlig neue Lehre, vom allgemeinen Denken und vom Naturgesetz weit entfernt, war. Denn was gemacht ist, kann ja nicht wahrer Sohn sein, und wiederum kann der wahre Sohn kein Geschöpf sein. Zur Abtuung dieser Häresie und ihrer Nachfolgerin, der Lehre der Eunomianer, wurde von den seligen Vätern in Nicäa in Bithynien die heilige Synode veranstaltet und das Glaubensbekenntnis verfaßt.[21] Darin fügten sie noch *"geboren und nicht gemacht"* ein, obwohl sich das schon aus dem Naturgesetz, dem allgemeinen Denken und der Schrift ergeben hätte. Der Sohn, wollten sie sagen, heißt nicht mit geborgtem Namen "Sohn" wie die, die aus Gnaden und wegen ihrer Vertrautheit mit Gott Söhne Gottes heißen, sondern ist allein der wahre Sohn, der ewig aus dem Vater geboren ist und von Ewigkeit da ist. Kein Geschöpf war vor allen Zeiten da, sondern nur der, der von Ewigkeit ist; wie der Vater von Ewigkeit ist, ist der Sohn von Ewigkeit aus ihm (Joh 1,1). Der Sohn entstand nicht erst später, denn ein Späterer ist nicht der Erste und ist nicht am Anfang da. Der Sohn war am Anfang aus Gott und ist von Ewigkeit und vor allen Zeiten mit Gott (11–13).

Um zu zeigen, daß der Sohn mit Gott und aus Gott war und nicht getrennt von Gott, nannte der Evangelist ihn "Wort" (Joh 1,1). Daraus soll man lernen, daß er nicht aus einem anderen da ist als aus dem, mit dem er von Ewigkeit ist und der von Ewigkeit ist. Ebenso ist auch das Wort bei und in einer vernünftigen Seele, und die vernünftige Seele wird durch das Wort erkannt. Das Wort geht aus der Seele aus, erscheint aus ihr und in ihr, ist allezeit mit ihr und wird in ihr erkannt. Ebenso ist der Sohn von Ewigkeit aus, bei und in dem Vater und wird von Ewigkeit mit ihm erkannt. Er war von Ewigkeit und von Anfang an da und nicht erst danach (Joh 1,1), wie das Wort allezeit bei, aus und mit der Seele ist. Allerdings hat das Wort der Seele keine eigene Hypostase, sondern gehört zur Hypostase der Seele. Damit wir nun anhand dieses Beispieles nicht auch denken, der Sohn sei ohne Hypostase oder sei der Natur seines Vaters fremd, fügte der Evangelist hinzu: "Gott war das Wort." D.h. der Sohn war nach der Natur und der Substanz nichts anderes und nicht außerhalb dessen, aus dem er war, sondern ist Gott bei dem, der Gott ist.[22] Die seligen Väter fügten noch hinzu: *"aus ihm geboren vor allen Zeiten"*, was besagt, daß er von Ewigkeit und von Anfang an aus ihm und mit ihm war, und *"nicht gemacht"* (14f.).

Homilie 4

Auslegung des zweiten Artikels. Der Sohn ist kein Geschöpf, sondern wahrer Gott. Der Sohn als Schöpfer.

---

[21] Vgl. zur Einführung der Väter von Nicäa und des Nicänums an dieser Stelle unten 2.2.2.
[22] Vgl. dazu unten 3.7.1.1.

Theodor war stehengeblieben bei *"der aus dem Vater geboren ist vor allen Zeiten und nicht gemacht"* und möchte dort mit seiner Katechese fortfahren. Die Väter wollten zum Ausdruck bringen, daß der Sohn in Wahrheit Sohn ist und nicht, wie die Häretiker sagen, Sohn mit geborgtem Namen, so wie die, die aus Gnaden Söhne genannt werden. Der Sohn ist von der Natur des Vaters und ist von Ewigkeit aus ihm und mit ihm. Es kann auch nichts zwischen Vater und Sohn geben. Denn Gott ist über alles erhaben, also auch über die Zeit; er ist von Ewigkeit da. Wenn nun Gott der Vater von Ewigkeit da ist und der Sohn Gott ist, ist auch er von Ewigkeit da. Der, der von Ewigkeit da ist, ist aus dem, der von Ewigkeit da ist, und es gibt nichts zwischen Gott und Gott. Schon das Wort *"eingeboren"* wäre hinreichend gewesen; die Väter fügten auch hinzu: *"der aus ihm geboren ist vor allen Zeiten und nicht gemacht"*. Die Gottlosen nennen den Sohn ein Geschöpf, aber davon wenden wir uns ab. Denn er ist entweder Sohn, d.h. aus dem Vater, oder er ist Geschöpf, d.h. außerhalb seiner und nicht aus ihm. Das lehren ja auch die Naturgesetze: Söhne nennen wir die, die aus uns geboren sind, aber Werke das, was außerhalb unserer gemacht ist. Bei Gott gibt es viele Werke, aber nur einen Sohn, den Eingeborenen. Die Geschöpfe sind untereinander ganz verschieden, und manche wurden zuerst geschaffen und manche später nach der Ähnlichkeit der früheren. Der Sohn aber ist von Ewigkeit aus und mit dem Vater; er hätte, wäre er erst später entstanden, gar nicht nach der Ähnlichkeit dessen, der von Ewigkeit ist, entstehen können. Denn zwischen dem, was ewig ist, und dem, was einen Anfang hat, ist ein großer Unterschied. Denn wessen Dasein einen Anfang hatte, dessen Dasein ist begrenzt; Zeit ohne Ende gab es vor seiner Entstehung. So ist also das, was von Ewigkeit ist, von dem, was anfing zu sein, als es noch nicht da war, unendlich weit entfernt. Weil der Sohn nun von Ewigkeit da ist, gibt es keinen anderen Sohn wie er. Er ist allein der Sohn aus dem Vater. Mit dieser Lehre wollten die Väter uns von der Gottlosigkeit der Häretiker fernhalten, die den Sohn Geschöpf nennen. Der Sohn ist aber aus der Natur des Vaters, während die Geschöpfe außerhalb seiner aus Nichts, geschaffen sind (1–7).

Die Väter fügten hinzu: *"wahrer Gott aus dem wahren Gott"*. Denn was sollte der, der aus der Natur des Vaters ist, anderes sein als eben das, was der Vater ist, nämlich wahrer Gott? Es stimmt auch mit dem Evangelium (Joh 1,1) überein. Dort steht zwar nicht "wahrer", aber es ist mit gemeint, denn es sind dort ja nicht wie in Ps 82,6 Menschen gemeint, die zwar Götter genannt werden, aber nach der Natur nicht Götter, sondern Sterbliche sind. Nur Gott und Gott das Wort, das bei ihm ist, sind auch das nach der Natur, was sie genannt werden.[23] Und was heißt Gott nach der Natur, wenn nicht wahrer Gott? Nichts ist ja wahrer als was man nach der Natur ist. Die Bezeichnung "Gott" gibt es noch bei den Teufeln, die sie sich angemaßt haben, und bei den Menschen, die aus Ehre und Gnade so genannt werden (Ps 82,6). Der Sohn aber ist wie der Vater nach der Natur Gott.

---

[23] Vgl. dazu unten 3.3.3.

Zwar ist nichts so wahr wie das, was einer nach seiner Natur ist, und nichts wahrer als wahr, Aber die Häretiker mit ihrer neuen "Weisheit" sagen, der Sohn sei zwar wahrer Gott, aber nicht in dem Maße wie Gott sein Vater. Aber wenn Vater und Sohn nach der Natur Gott sind, wie kann dann von ihnen einer höher und einer niedriger sein? Unsere Väter folgten den Schriften mit ihrer Lehre, der Sohn sei Gott; das *"wahr"* aber fügten sie gegen die Häretiker hinzu (8–12).

Wie der Vater zur Abschaffung der Vielgötterei als Gott bekannt wurde, so auch der Sohn, wobei wir bekennen, daß Vater und Sohn ein Gott sind. Die Väter fügten daher hinzu: *"eines Wesens mit dem Vater"*. Dieses Wort (scil. das ὁμοούσιος) steht zwar nicht in der Schrift, sein Sinn jedoch ist durchaus biblisch und ist identisch mit dem Sinn von *"wahrer Gott aus dem wahren Gott"* und *"der geboren ist vor allen Zeiten und nicht gemacht"*. Ist er nämlich aus ihm geboren und wahrer Sohn aus dem Vater, dann ist er auch aus der Natur des Vaters und *"eines Wesens mit dem Vater"*. Und ist er *"wahrer Gott aus dem wahren Gott"*, ist er auch wesenseins mit dem, der in Wahrheit nach der Natur Gott ist. Der Sinn von *"eines Wesens mit dem Vater"* ist auch in der Schrift vorhanden (Joh 1,1; 10,30.27f.29). Christus sagt in Joh 10, er und der Vater hätten eine Kraft und eine Macht, die über alles erhaben sei; die Juden nannten ihn deshalb Gotteslästerer, weil sie an ihm nur das Sichtbare und nicht die göttliche Natur sahen. Die Wesenseinheit bezeugen auch Joh 14,9.11; Matth 11,27. Die Häretiker behaupten indessen, die Substanz des Sohnes sei eine andere als die des Vaters. (Dann freilich gäbe es gar keinen Sohn, denn ein wahrer Sohn ist immer wesenseins mit dem, dessen Sohn er ist.) Die Väter taten also recht daran, zur Zurückweisung der Häretiker dieses kurze Wort festzusetzen, das zwar so in der Schrift nicht steht, aber unter vielen Worten verborgen doch dort ist; hat doch auch schon Paulus zur Zurückweisung seiner Gegner auf Worte weiser Griechen zurückgegriffen (Apg 17,28; Tit 1,12)[24] (13–17).

Danach sagten sie: *"durch den die Welten gegründet wurden und alles entstand"*. Wie sie beim Vater erst *"Vater"* und dann *"Schöpfer"* sagten, so auch beim Sohn, denn der Sohn ist wie der Vater Schöpfer. Ebenso nennt auch das Evangelium ihn zuerst Gott und dann Schöpfer (Joh 1,1.3). Weil durch ihn die Welten geschaffen sind, ist er Schöpfer jeder Kreatur und ist vor allen Zeiten da; und weil er von Ewigkeit da ist und nicht anfing, dazusein, ist er Schöpfer der Welten. Das sagte auch Paulus (Hebr 1,2). – Das ist es, was die Väter über die Gottheit des Eingeborenen lehrten, in Übereinstimmung mit der Schrift, zur Mahnung an die Gottesfürchtigen und zur Zurückweisung der Häretiker (18f.).

---

[24] Vgl. dazu unten 1.4.2.

Homilie 5

Auslegung des 2. Artikels. Die Ökonomie[25] der Menschheit Christi: Menschwerdung. Irrtümer der Gnostiker, Arianer und Apollinaristen. Christi Erlösungstat.

Die Väter wollten die Menschengestalt, die Gott der Sohn angenommen hat, nicht mit Schweigen übergehen, haben wir doch durch sie die Kenntnis der göttlichen Natur des Eingeborenen. Beide Naturen hatten sie schon mit *"der eine Herr Jesus Christus"* und mit *"eingeborener Sohn, der Erstgeborene der ganzen Schöpfung"* gelehrt. Sie waren dann mit der Lehre über die Gottheit des Eingeborenen fortgefahren, er sei allein aus dem Vater geboren, sei nicht wie die anderen Menschen aus Gnaden und mit geborgtem Namen Sohn, sei vor aller Zeit und von Ewigkeit da und nicht erst später und sei eben das, was der ist, der ihn geboren hat; so wiesen sie im Bekenntnis die Häretiker, die den Sohn Geschöpf nennen zurück. Dann sprachen sie auch über die Menschwerdung des Herrn zu uns: *"der für uns Menschen und zu unserer Erlösung vom Himmel herabkam und Fleisch wurde und Mensch wurde"* (1f.).

Zuerst gaben die Väter die Ursache dieser Erniedrigung an: *"für uns Menschen"*, und ihr Ziel: *"zu unserer Erlösung"*. Den Menschen, die verloren und dem Bösen überliefert waren, gab Christus Leben und erlöste sie; dazu *"kam er vom Himmel herab"*. Unter dem Herabkommen vom Himmel muß man sich nun keinen Wechsel von einem Ort zum anderen vorstellen, denn die göttliche Natur ist unkörperlich, an keinem Orte eingeschlossen und überall und bewegt sich nicht von Ort zu Ort. (Der Evangelist sagt auch von Christus gleichzeitig, er sei in der Welt gewesen und sei in die Welt gelkommen (Joh 1,10f.) und bezeichnet mit "er kam in die Welt" die Ökonomie dessen, der immer in der Welt ist.) Wenn die Schrift vom Herabkommen Gottes redet, meint sie die Selbsterniedrigung, die Gott sich aus Erbarmen und zu unserer Erlösung auferlegt (so z.B. auch in Ps 18,10). Die seligen Väter bezeichneten mit dem Herabkommen vom Himmel die Ökonomie der Menschheit Christi. Christus erniedrigte sich und wurde um unserer Erlösung willen Mensch, zeigte sich, nahm alles auf sich, was zur menschlichen Natur gehört, wurde versucht, vollendete die menschliche Natur durch seine Kraft und erlitt nach dem menschlichen Naturgesetz den Tod; die göttliche Natur war aber bei ihm, erlöste ihn aus Tod und Hölle und erhob ihn über alles, gemäß ihrer Verheißung, den Tempel in drei Tagen wieder aufzubauen (Joh 2,19). Sie hatte sich auch bei seinem Tode nicht von ihm entfernt, ließ ihn auferstehen, machte ihn unsterblich und unveränderlich und ließ ihn zum Himmel auffahren, wo er zur Rechten Gottes sitzt, über allen Engeln thronend (Eph 1,10f.) und von der ganzen Schöpfung wegen seiner genauen Verbindung mit Gott dem Wort angebetet wird (3–6).

"Der Fleisch wurde und Mensch wurde." Von denen, die nur das Sichtbare

---

[25] Zum Begriff "Ökonomie" vgl. oben die Zusammenfassung von Homilie 1.

wahrnahmen, wurde Christus sogar für einen *bloßen* Menschen gehalten (Joh 10,33). Daß er Mensch wurde, bezeugt auch Paulus (Phil 2,7; Röm 8,33; 1.Tim 3,16); "Menschengestalt" und "Mensch" bedeuten hier dasselbe. Die Menschwerdung lehrten die Väter also übereinstimmend mit der Schrift und gegen die Spaltungen und Häresien (7).

Die Gnostiker (Markioniten, Manichäer und Valentinianer) behaupten nämlich, der Herr habe weder Seele noch Leib angenommen, sondern sein Menschsein sei nur eine Erscheinung gewesen wie die Visionen der Propheten oder die drei Männer bei Abraham[26] (8).

Arianer und Eunomianer wiederum sagen, Christus habe einen Leib, aber keine Seele angenommen; deren Ort nämlich habe die Natur der Gottheit eingenommen. Dann hätte also die Gottheit die Größe ihrer Natur abgelegt, wäre in einen Leib eingeschlossen worden und hätte getan, was die Seele zur Erhaltung des Leibes tut. Dann hätte es Christus weder gehungert noch gedürstet noch wäre er je müde gewesen, weil all dies dem Leib durch die Schwäche der Seele widerfährt. (Die Seele nämlich versorgt den Leib, kann ihm dabei aber nach dem Naturgesetz nur geben, was sie hat; fehlt dem Leib etwas zu seiner Erhaltung, was sie ihm nicht geben kann, so muß sie ihn wider Willen verlassen, und der Mensch stirbt.)[27] Hätte nun bei Christus die Gottheit den Platz der Seele eingenommen, dann hätte sie dem Leib alles geben können, so daß ihm nichts gefehlt hätte. Die Gottheit hätte dann nicht nur den Platz der Seele eingenommen, sondern auch den des Leibes, und letzten Endes hätten doch jene gnostischen Häretiker recht, für die der Sohn nur einen Scheinmenschen angenommen hat; die allmächtige Gottheit habe ja, so die Gnostiker, den Augen wie ein Mensch erscheinen können.[28] Wenn die Gottheit aber so allmächtig ist, warum hätte sie dann zur Erlösung überhaupt die menschliche Natur oder auch nur einen seelenlosen Leib annehmen sollen, da sie doch auch alles ohne das gekonnt hätte? Gott aber wollte den gefallenen Menschen, Leib und Seele, anziehen und zu sich erstehen lassen, auf daß wie durch einen Menschen der Tod, so auch durch einen die Auferstehung komme (Röm 5,12.15; 1.Kor 15,21f.). Dazu mußte er nicht nur einen Leib, sondern auch eine Seele annehmen, um nicht nur den Tod des Leibes aufzuheben, sondern auch den der Seele, die Sünde. Die Sünde mußte sogar zuvörderst aufgehoben werden, denn aus ihr kommen Tod und Sterblichkeit, und ohne sie hat der Tod keinen Eintritt mehr. Die Sünde hat aber ihre Macht aus dem Willen der Seele; auch bei Adam gehorchte die Seele und nicht der Leib dem Teufel.[29] Christus mußte also nicht nur einen Leib, sondern auch eine Seele annehmen, ja sogar zuerst eine Seele und dann ihretwegen den Leib. Denn wenn von der Sünde der Tod kommt und der die Verderbnis des Leibes ist, mußte zuerst die Sünde aufgehoben werden und dann mit ihr

---

[26] Vgl. dazu unten 1.4.1.
[27] Vgl. dazu unten 3.4.2.
[28] Vgl. dazu unten 1.4.4.
[29] Vgl. dazu unten 3.4.3.

der Tod. Christus hätte also zuerst auch nur eine Seele annehmen und
unveränderlich machen können; durch die Unveränderlichkeit der Seele
wären wir der Sünde entkommen, und unsere Leiber wären nicht mehr
Tod und Verderbnis unterworfen. Hätte nun die Seele allein durch die
Bewegungen des Leibes (die leiblichen Begierden) gesündigt, wäre es vielleicht hinreichend gewesen, daß der Herr nur einen Leib angenommen
hätte; dem ist aber nicht so, sondern die Übel, die aus den Sünden der
Seele kommen, sind zahlreich und häßlich, insbesondere der Hochmut. Die
Seele bedurfte also großer Pflege, um von den Sünden und auch den
Bewegungen des Leibes, die ihr widerstehen, befreit zu werden. Die Sünden,
die Paulus aufzählt (Röm 1,18–31), kommen zumeist aus der Seele und
nicht aus den Bewegungen des Leibes. Der Herr nahm also eine Seele an,
um sie von Sünde zu erlösen und zur Unveränderlichkeit zu bringen, durch
die sie auch über die Bewegungen des Leibes herrscht. So wird auch der
Leib nicht mehr mit dem Tode bestraft und wird unsterblich. Das bezeugt
auch Paulus (Röm 8,1)[30] (9–14).

Daher ist die Behauptung, Christus habe keine Seele angenommen, unsin-
nig; noch unsinniger aber ist es, zu behaupten, er habe keinen Geist
(*madd'â* – νοῦς) angenommen, denn dann hätte er zwar eine Seele angenommen, aber keine Menschen-, sondern eine Tierseele, die nicht erkenntnisfähig ist und keine eigene Hypostase und keinen Bestand nach dem Tode
hat. Von der Tierseele nimmt man ja an, sie sei das Blut und vergehe mit
dem Ausgießen des Blutes (vgl. Gen 9,4; Lev 17,11; Dtn 12,23); zu Lebzeiten
des Tieres aber sei sie in der Hypostase und den Bewegungen des Tieres.
Die Menschenseele hat hingegen eine eigene Hypostase und ist dem Leib
überlegen, denn der Leib ist sterblich; er hat sein Leben von der Seele, er
stirbt und löst sich auf, wenn die Seele von ihm weicht. Die Seele dagegen ist unsterblich, bleibt in ihrer Hypostase (d.h. existiert für sich) und
kann auch von Menschen keinen Schaden leiden (Matth 10,28). Die Tierseele
ist stumm und hat keine eigene Hypostase, die Menschenseele aber ist
unsterblich und erkenntnisfähig.[31] Wer wollte also so unverständig sein, zu
sagen, es könne eine Menschenseele ohne Erkenntnis (*îda'tâ* – νοῦς oder
γνῶσις) und Wort (*mellṯâ* – λόγος) geben (was Christi Seele ja nach dieser
Behauptung wäre)? Nach dem Naturgesetz ist es unmöglich, daß eine
unsterbliche Natur nicht erkenntnisfähig (*yaddû'tânâ* – νοερός) und vernünftig (*mlîlâ* – λογικός), sondern stumm ist (15f.).

Die Väter sagten: "*der Fleisch wurde und Mensch wurde*", damit wir glauben, daß es ein vollständiger Mensch war, in dem Gott das Wort wohnte,
ein Mensch aus Leib und erkenntnisfähiger Seele. Ein Mensch, der Adam
glich, der die Sünde in die Welt gebracht hat, hat die Sünde abgetan und
den Tod aufgehoben. Durch die Sünde hatte der Satan die Macht über
den Tod inne. Während wir, unter der Sünde geknechtet, keine Hoffnung
auf Erlösung hatten, behielt Gottes Gnade jenen Menschen, den Gott angezogen hatte, von der Sünde frei. Der Satan brachte dennoch den Tod über

---

[30] Vgl. dazu unten 3.6.1.2.
[31] Vgl. dazu unten 3.3.2.; 3.4.2.

ihn, und Christus nahm ihn auf sich. Doch er zeigte Gott seine Sündlosigkeit. So wurde die ungerechte Strafe aufgehoben, Christus erstand auf und machte dann alle Menschen zu Teilhabern seiner Herrlichkeit. Seinen Prozeß gegen den Satan und dessen Sturz hatte er vorhergesagt (Joh 14,30; 12,31f.).[32] Die Väter sagten: *"der Fleisch wurde"*, um zu zeigen, daß er einen vollständigen Menschen angenommen hat, keinen Scheinmenschen, einen Menschen aus Leib und unsterblicher, erkenntnisfähiger Seele. Der war durch den Geist gerechtfertigt und makellos (1.Tim 3,16; Hebr 9,14). Als er gemäß dem Naturgesetz gestorben war, erstand er, weil er sündlos war, wieder auf durch die Kraft des Heiligen Geistes, bekam ein neues Leben, wo der Wille der Seele unveränderlich und der Leib unsterblich und unverderblich ist, und machte uns Menschen zu dessen Teilhabern. Als Angeld davon gab er uns den Anfang des Geistes, damit wir an das Zukünftige glauben und nicht zweifeln (2.Kor 1,21f.). Wir erwarten, durch die Auferstehung unsterblich zu werden, wenn die Sünde keinen Zugang mehr zu uns hat. Das bezeugt auch Paulus (1.Kor 15,53–56). Wenn wir dann unsterblich und unveränderlich sind, können wir nicht mehr sündigen und brauchen kein Gesetz mehr. Gott hat uns den Sieg gegeben (1.Kor 15,57) über das, was uns entgegenstand, Sünde und Tod, indem er den Herrn Jesus anzog, durch die Auferstehung zum neuen Leben brachte und uns Teilhabe an ihm gab (17–21).

Homilie 6

Auslegung des zweiten Artikels. Die Ökonomie Christi: Geburt. Christi Leben als Vorbild unseres Lebens. Kreuzigung und Auferstehung.

Da Häretiker sowieso unbelehrbar sind, braucht man über das Vorige nicht noch mehr Worte zu machen. Die Väter fuhren fort: *"geboren von Maria, der Jungfrau, und gekreuzigt unter Pontius Pilatus"*. Sie hätten noch vieles erzählen können, was dazwischen geschah: daß er in Windeln gewickelt und in eine Krippe gelegt wurde (Luk 2,7), daß er unter das Gesetz getan war (Gal 4,4), sich taufen ließ und den Wandel des Evangeliums zeigte. Er hielt das Gesetz der Natur, weil er ja unsere Natur korrigieren wollte, und das Gesetz Moses, um für uns dem Gesetzgeber die Schuld zu erstatten.[33] Er ließ sich taufen, um das Vorbild (*tûpsâ* – τύπος)[34] für unsere Taufe zu geben, zeigte mit seinem Wandel den Wandel des Evangeliums und wurde gekreuzigt, um den Tod zu besiegen und das neue Leben zu zeigen. Die Väter mußten sich indessen kurz fassen und nannten nur Beginn und Ende der Ökonomie Christi, um dazwischen im Geiste den Rest eizuschließen.[35] Mit

---

[32] Vgl. dazu unten 3.5.4.; 3.6.1.1.
[33] Vgl. dazu unten 3.5.3.; 3.6.1.1.
[34] Bruns übersetzt "Sinnbild", was die Bedeutung hier aber nicht trifft.
[35] Vgl. dazu unten 1.3.1.

der Geburt aus Maria ist natürlich nicht die göttliche Natur gemeint, die ewig aus dem Vater geboren ist. Die Väter lehrten wie die Schrift zwar verschieden von den beiden Naturen, lehrten dabei aber doch die Einheit des πρόσωπον wegen der genauen Verbindung, ohne die der, der angenommen war, nur ein bloßer Mensch wie wir gewesen wäre. Ebenso macht es ja auch Paulus (Röm 9,5): Der aus den Juden nach dem Fleisch und der Gott über alles sind natürlich zwei, und doch wird von ihnen wegen der genauen Verbindung, durch die die Menschengestalt erhöht wurde und angebetet wird, wie über Einen geredet. Ebenso unterscheidet Paulus in Phil 2,6–11 Gottes- und Knechtsgestalt. Letztere wurde als Mensch erfunden, sie starb auch, wurde auferweckt und erhöht, so daß alle sie anbeten. (Der göttlichen Natur gebührt die Anbetung dagegen ja schon von ihrer Natur her.) Dennoch bezieht Paulus hier die göttliche Natur mit ein, wenn er sagt, Christus werde angebetet, was ja mehr ist, als einem Menschen zukommt, damit diese Sache auch geglaubt wird. Er redet von beiden Naturen wie von Einer, lehrt damit die genaue Verbindung zwischen ihnen und zeigt, daß die menschliche Natur alle Ehre von der göttlichen Natur empfangen hat. Auch die Väter, um zu ihnen zurückzukommen, lehrten zuerst über die Gottheit des Eingeborenen (*"aus dem Vater geboren vor aller Zeit"*, *"geboren und nicht gemacht"*, *"wahrer Gott"*, wesenseins) und gingen dann zur Ökonomie seiner Menschheit über (*"der für uns Menschen und zu unserer Erlösung vom Himmel herabkam und Fleisch wurde und Mensch wurde"*), sagten all das aber, wie die Schrift, über Einen. Nicht, daß Gott diese menschlichen Dinge widerfahren wären; sondern die Väter sagten sie auch über Gott wegen des genauen Zusammenhangs zwischen den Naturen und damit das, was der menschlichen Natur nach ihrer Passion Herrliches getan wurde, was aber über die menschliche Natur erhaben ist, glaubwürdig sei[36] (1–7).

Vieles, wie gesagt, ist Christus gemäß dem menschlichen Naturgesetz geschehen: Er wurde nach seiner Geburt in Windeln gewickelt und in eine Krippe gelegt, wurde nach dem Gesetz beschnitten (Luk 2,21), ging zum Tempel hinauf (Luk 2,42), wuchs an Gestalt, Weisheit und Gnade (Luk 2,40.52) und erfüllte genau die ganze Gerechtigkeit des Gesetzes. Dann ließ er sich taufen, um uns damit das Neue Testament wie in einem Vorbild (τύπος) zu überliefern, wurde versucht, betete und vollbrachte, kurz gesagt, die ganze Lebensweise des Evangeliums mit viel Mühe. Zum Schluß wurde er gekreuzigt und hob den Tod mit seiner Auferstehung auf. Von dem allen setzten die Väter den Anfang und den Schluß ins Bekenntnis und schlossen, was dazwischen liegt, mit ein. Daß eine Frau Christus geboren hat, bezeugt auch der Apostel (Gal 4,4f.), um zu zeigen, daß er dem menschlichen Naturgesetz unterworfen war und daß er dem Gesetzgeber für uns die Schuld erstattet und uns das Leben erworben hat. Weil er nämlich wie einer von uns geworden war und eine gemeinsame Natur mit uns hatte, konnte er die Schuld auch für das ganze Menschengeschlecht erstatten, erlöste uns so von der Knechtschaft und brachte uns zur Freiheit. Doch

---

[36] Vgl. dazu unten 1.3.1.; 3.7.2.3.

zurück zu seiner Geburt: Daß er nicht von einem Mann gezeugt, sondern vom Heiligen Geist im Schoß seiner Mutter geformt war, ist zwar außerhalb des menschlichen Naturgesetzes, doch nach dem menschlichen Naturgesetz wurde er von der weiblichen Natur geformt und geboren (Gal 4,4). Er fällt mit der Besonderheit seiner Erzeugung nicht aus der menschlichen Natur heraus, denn wenn eines (scil. seine Erzeugung) auf neue Art geschieht, ein anderes (scil. seine Geburt) aber nach dem Gesetz der Natur, so macht das noch keine Entfremdung von der Natur aus. Auch Eva war ja ohne alle Zeugung aus Adams Rippe gemacht worden und so von allen Menschen verschieden, hatte aber trotzdem mit Adam, aus dem sie gemacht worden war, eine gemeinsame Natur. So auch bei Christus, der auf neue Art erzeugt worden ist: Er war aus der Natur Marias und hatte dadurch an der menschlichen Natur teil, wie auch Paulus bezeugt (Hebr 2,5f.16).[37] Einen Menschen aus Abrahams Geschlecht hat Gott angenommen und mit ihm die Ökonomie vollbracht, indem er ihn auferstehen ließ, unsterblich und unveränderlich machte und ihn zum Erstling und Erneuerer aller Kreatur machte. Obwohl er ohne männliches Zutun nur vom Heiligen Geist im Mutterschoß geformt wurde, wurde er doch nach dem menschlichen Naturgesetz vom Weibe geboren und wuchs auf. Er erfüllte auch die Gebote des Gesetzes, erstattete dem Gesetzgeber unsere Schuld und brachte über alle Menschen den Segen, den das Gesetz denen, die es erfüllen, verheißt (8–10).

Dann ließ er sich taufen, um den Wandel des Evangeliums in einer Ordnung zu überliefern, wurde getötet und hob den Tod auf. Nun hätte Gott ihn auch gleich unsterblich und unveränderlich machen können, wie er es dann nach der Auferstehung war. Weil er jedoch auch uns, die wir an Christi Natur teilhaben, unsterblich und unveränderlich machen wollte, machte er ihn zum Erstling. So überlieferte Christus, der dem menschlichen Naturgesetz unterworfen und den Geboten des Gesetzes gehorsam war, den Wandel des Evangeliums, damit wir durch diesen Wandel schon in unserem Leben hier mit ihm Gemeinschaft haben und unser Leben führen gemäß unserem Glauben und unserer Hoffnung auf das Künftige. Zu diesem Zweck ließ Christus sich taufen, gab damit das Vorbild für unsere Taufe, wurde vom Gesetz befreit, erwählte sich Jünger und setzte für sie den Wandel des Evangeliums fest, der seiner Lehre entspricht, dem Gesetz aber entgegengesetzt ist. In unserer Taufe ist schon das Abbild der kommenden Welt sichtbar; denn in der Taufe sterben und auferstehen wir im Abbild mit Christus und ordnen unser Leben von nun an nach den Gesetzen Christi in der Hoffnung auf die Güter und die Gemeinschaft mit Christus, die wir mit der Auferstehung bekommen. Da Christus nach seiner Auferstehung nicht schon allen Menschen, Lebenden und Toten, sein neues Leben gegeben hat, sondern die alte Welt noch Bestand hat, bekommen die Menschen das neue Leben zuerst in der Hoffnung und im Glauben. Christus also erfüllte die Schuld des Gesetzes, ließ sich taufen und zeigte den neuen

---

[37] Vgl. dazu unten 3.5.3.

Wandel, den des Evangeliums, der das Vorbild der zukünftigen Welt ist, damit wir, die wir glauben und getauft sind, nach seinen Geboten leben. Auch Paulus sagt, daß wir in der Taufe die Lehre des neuen Wandels bekommen haben, der das Vorbild der kommenden Welt ist (Röm 6,17). Wir bemühen uns, soweit wir können, nach diesem Wandel und nicht nach dem Gesetz zu leben und uns von Sünde fernzuhalten. In der Taufe sind wir im Abbild mit Christus gestorben und auferstanden (Röm 6,3f.), sind dem Gesetz gestorben (Röm 7,4) und vom Wandel dieser Welt befreit und sind zum neuen Leben gekommen und Glied am Leibe Christi geworden[38] (11–13).

Danach starb Christus am Kreuz; nicht verborgen, sondern öffentlich, weil seine Auferstehung aller Kreatur gepredigt werden sollte. Er erstand auf, fuhr zum Himmel auf, sitzt zur Rechten Gottes und ist Bürge, daß wir an seiner Auferstehung teilhaben (Eph 2,5–7). Damit wir an diese verheißenen Güter, die über unsere Natur erhaben sind, auch glauben, gab er uns das Angeld des Heiligen Geistes, von dem auch Petrus geredet hat (Apg 2,33). Denn diese Dinge sollen durch die Kraft des Geistes an uns getan werden (1.Kor 15,44). Von dieser Art also ist die Ökonomie des Herrn Christus, die die Väter überlieferten, indem sie Anfang und Ende ins Glaubensbekenntnis setzten (14f.).

Homilie 7

Auslegung des 2. Artikels. Die Ökonomie Christi: Tod und Auferstehung. Himmelfahrt als Vorbild unserer Himmelfahrt. Wiederkunft zum Gericht.

Nun redet Theodor schon den dritten Tag über die Ökonomie Christi; er zieht diesen Teil in die Länge, damit die Zuhörer alles auch schön behalten. Christi Ökonomie, um das noch einmal zu wiederholen, wurde "*für uns Menschen und zu unserer Erlösung*" vollbracht. Christus erniedrigte sich und wurde Mensch (nicht nur ein Scheinmensch), um die Natur, die er annahm, zu vollenden, und litt alles gemäß dem menschlichen Naturgesetz. Die Väter schlossen im Bekenntnis die Ökonomie zwischen Anfang und Ende ein. Damit man nun nicht etwa denkt, die Passion sei nur zum Schein geschehen (denn Christi Tod ist ja die notwendige Voraussetzung seiner Auferstehung, die den Tod aufhob), fügten die Väter noch "*begraben*" hinzu. Damit lehrten sie, daß er in Wahrheit gestorben ist.[39] Nach seinem Tode wurde sein Leib, gemäß dem Gesetz der menschlichen Natur, begraben. So sagte es auch Paulus (1.Kor 15,3f.), um Christi Tod zu bekräftigen und

---

[38] Vgl. dazu unten 3.6.2.2.; 3.6.2.4.

[39] Theodor wendet sich hier wieder gegen die Anhänger des Doketismus, die sagen, Christus sei nur zum Schein Mensch geworden und bloß scheinbar gestorben. Vgl. unten 1.4.1.

danach seine Auferstehung zu predigen. Die Väter also sagten: *"begraben"*,
um zu zeigen, daß Christus wirklich tot war, und fuhren dann, wie Paulus,
fort: *"und auferstanden am dritten Tage nach den Schriften"*. Die Auferstehung ist
die Vollendung der Ökonomie Christi und zugleich der Anfang alles dessen, was der Schöpfung geschehen soll: Tod, Verderbnis, Leidenschaften,
Veränderlichkeit, die Macht des Satans und der Dämonen und die Gängelung
durch das Gesetz verschwinden; statt dessen kommt das neue, unverderb-
liche und unveränderliche Leben. Wenn es nun keine Auferstehung gäbe,
hätte auch Christus nicht auferstehen können (1.Kor 15,13f.), weil sein Leib
aus der menschlichen Natur ist; bekennen wir aber Christi Auferstehung,
so folgt daraus, daß es in Wahrheit doch Auferstehung gibt. Ohne Christi
Auferstehung herrschten noch Tod und Sünde und wären Glauben und
Predigt vergebens (1.Kor 15,16f.) (1–5).

Zu Recht sagten die Väter also, er sei auferstanden, und fuhren dann
fort: *"aufgefahren in den Himmel"*. Wie nämlich die Schrift von Adam sagt,
Gott habe ihn gemacht, und hinzufügt, wie und woher, und wohin er ihn
gesetzt hat, so fügten sie zur Auferstehung die Himmelfahrt hinzu, wie
(nämlich in einer unsterblichen Natur) und wo (nämlich im Himmel) Christus
nun ist. Lukas berichtet am Ende des Evangeliums und am Anfang der
Apostelgeschichte von der Himmelfahrt. Christus ist nicht nur in der
Auferstehung unser Erstling, sondern auch in der Himmelfahrt; auch wir
werden auffahren und dort bei Christus sein. Paulus bezeugt, daß Christus
vom Himmel kommen und uns verwandeln und in den Himmel aufnehmen wird (1.Thess 4,16f.; Phil 3,20f.; 2.Kor 5,1). In diesem Leben sind wir
noch fern vom Herrn und den verheißenen Gütern (2.Kor 5,6f.). Wir haben
sie erst im Glauben empfangen, aber wir warten mit Zuversicht darauf,
den sterblichen Leib auszuziehen, durch die Auferstehung unsterblich und
unveränderlich zu werden und beim Herrn zu sein. Diesen Ort der Freiheit
und Freude nennt Paulus auch das himmlische Jerusalem (Gal 4,27). Die
Schrift und die Väter redeten also von Christi Himmelfahrt, damit wir
hoffen, die Güter, in denen Christus der Erstling war, auch zu genießen,
Güter, die er durch die Verbindung mit Gott dem Wort bekommen hatte
und die er uns verheißen hat.[40] Die Väter fügten hinzu: *"er sitzt zur Rechten
Gottes"*; damit zeigten sie einerseits die Größe und Ehre, die jener Mensch
von der Gemeinschaft mit Gott dem Wort hatte, das ihn angezogen hatte,
andererseits die Güter, die wir durch die Teilhabe an ihm haben werden
(Eph 2,5f.) (6–10).

Danach sagten die Väter: *"und wird wiederkommen, zu richten die Lebenden
und die Toten"*, um über sein zweites Kommen zu lehren, bei dem wir
Gemeinschaft mit ihm bekommen. Vom Gericht redeten sie, damit wir uns
fürchten und uns für die kommenden Güter bereit machen. Die, die dann
tot sind, werden auferweckt werden, und alle Menschen werden unsterblich gemacht werden. Sie werden geprüft und nach ihren Taten gerichtet
werden, seien sie gut oder schlecht. Davon redet auch Paulus (1.Kor 15,51f.;

---

[40] Vgl. dazu unten 3.6.1.l.; 3.6.1.2.

1.Thess 4,15–17). Die Verwandlung zu unsterblicher Natur wird in einem Augenblick geschehen. All das sagten die Väter zur Warnung und Vorbereitung auf die künftige Verantwortung. Daß der Mensch, der für uns angenommen wurde, Lebende und Tote richten wird, sagten sie, um die Ehre des Tempels Gottes des Wortes zu zeigen und um uns Furcht vor dem Gericht einzuflößen. Christus hat die Ehre, Richter der Lebenden und der Toten zu sein, und hat Macht über den Tod (Joh 10,18); er besiegte den Tod durch seine Sündlosigkeit und gab allen Menschen die Aufhebung des Todes. Er war durch die Kraft des Heiligen Geistes makellos, nahm aber den Kreuzestod auf sich, um uns den Genuß der kommenden Güter zu geben. Darum sollen wir Christus nicht verachten, sondern in seiner Liebe bleiben und nach seinen Geboten leben. Das "*wieder*" sagten sie, um die Verbindung der Naturen zu zeigen und zu zeigen, daß der Mensch die Ehre von der göttlichen Natur hatte. Der, der kommt, ist ja nicht die göttliche, sondern die menschliche Natur, die sich von Ort zu Ort fortbewegt (Apg 1,11); nur paßt das "*wieder*" nicht auf den Menschen, denn nicht er, sondern die Gottheit war ja das erste Mal vom Himmel herabgekommen, wenn auch nicht im Wechsel von Ort zu Ort, sondern durch Erniedrigung und Fürsorge (s.o. *Hom.cat.* 5,4). "*Wieder*" heißt also: Die Gottheit kam das erste Mal durch den Menschen Jesus Christus, und das zweite Mal wird sie zum Gericht in ihm wiederkommen, wegen der unaussprechlichen Verbindung zwischen den Naturen.[41] Dies bezeugt auch Paulus (Tit 2,13). Die unsichtbare Gottheit wird kommen und sich allen Menschen sichtbar in dem Menschen, durch den sie uns schon zum neuen Leben gebracht hat, offenbaren. Daß Gott die Welt durch den Menschen Jesus richtet, sagt auch Paulus (2.Tim 4,1) (11–15).

Homilie 8

Zusammenfassung der Zwei-Naturen-Lehre.[42]

Die Väter haben, gemäß der Lehre der Schrift, ein doppeltes Wort über den Herrn Christus überliefert: Er sei nicht nur Gott und nicht nur Mensch, sondern beides nach der Natur (*bakyânâ* – φύσει oder κατὰ φύσιν).[43] Gott das Wort ist der, der angenommen hat, und der Mensch die Knechtsgestalt, die angenommen ist. Beide sollen nicht vertauscht werden. Der, der angenommen hat, ist nach der Natur eben das, was Gott der Vater ist, der, der angenommen wurde, aber das, was Abraham und David sind. Auch Christus hat den Pharisäern zugegeben, daß der Christus ein Sohn Davids sei (Matth 22,42). Diese hatten, gemäß den Worten der Propheten, den Christus als bloßen Menschen aus dem Hause Davids erwartet und wußten

---

[41] Vgl. dazu unten 3.7.2.3.
[42] Vgl. dazu unten 3.7.2.
[43] Vgl. dazu unten 3.2.1.

nicht, daß Gottes eingeborener Sohn in ihm wohnt, die Ökonomie zu unserer Erlösung vollbringt, ihn mit sich verbindet und ihn über alle Kreatur erhebt. Christus machte die Pharisäer also zeichenhaft auf die Gottheit in ihm aufmerksam; dies allerdings überstieg ihre Auffassung, und auch die Jünger erkannten erst nach der Auferstehung die göttliche Natur, die in Christus wohnte. Christus ist nach der einen Natur Sohn Davids, nach der anderen Davids Herr (1–4).

Man muß also beide Naturen unterscheiden: die, die angenommen wurde, die Knechtsgestalt, den Tempel, und die, die angenommen hat, den Tempel bewohnt und vollendet. Beide Naturen werden auch in Jesu Wort über den Tempel seines Leibes, (Joh 2,19) unterschieden. Die göttliche Natur hat die Macht, den Tempel gemäß seiner Natur leiden und sterben zu lassen und ihn vor Verderbnis zu bewahren und unsterblich und unveränderlich auferstehen zu lassen. So zeigte Christus also die Trennung zwischen beiden Naturen. Gott das Wort aber wohnt nicht nur manchmal in seinem Tempel, sondern ist nie von ihm getrennt und hat eine unaussprechliche Verbindung mit ihm. Dieser litt, als es nötig war, jenes befreite ihn davon und machte ihn unsterblich und unveränderlich. Paulus bezeugt, daß Gott einem Menschen die Welt untertan gemacht hat, Christus, der gelitten hat, starb und erhöht wurde (Hebr 2,5–8). Die göttliche Natur ließ die menschliche sterben, trennte sich dabei von ihr, war ihr aber doch nahe und vollendete sie zur Erlösung der vielen, die daran teilhaben, indem sie die menschliche Natur unsterblich und unveränderlich machte (5–9).

So lehrt uns die Schrift den Unterschied der Naturen: die göttliche ist die, die angenommen hat, und die menschliche die, die angenommen wurde. Aber auch die Verbindung zwischen den Naturen, die in Ewigkeit nicht aufgelöst wird, lehrt sie uns, und zwar nicht nur, wenn sie von jeder Natur das jeweils ihr Eigene lehrt, sondern besonders, wenn sie das, was einer Natur eigen ist, beiden Naturen zuordnet, so als hätte auch die jeweils andere es. So etwa in Röm 9,5: Wer "nach dem Fleisch aus den Juden" ist, kann nicht "Gott über alles" sein und umgekehrt, aber Paulus redet hier trotzdem wie über Einen. Ebenso Joh 6,62: Der "Menschensohn" (d.h. die menschliche Natur) war natürlich nicht am Anfang im Himmel. Christus sagte das hier aber, weil man nicht glauben wollte, daß sein Leib unsterbliches Leben geben kann, und er, um zu zeigen, daß sein Leib das doch kann, die genaue Verbindung der Naturen zeigen wollte. Ebenso auch Joh 3,13: Eigentlich sind es zwei, einer fährt zum Himmel auf, der andere ist herabgefahren (im übertragenen Sinne, vgl. *Hom.cat.* 5,4), bleibt dabei im Himmel und läßt auffahren. Und so redet die Schrift immer, wenn sie das, was der menschlichen Natur geschah, auch über die göttliche Natur sagt, damit wir das, was von der menschlichen Natur berichtet wird und was über die Natur der Menschen erhaben ist, auch glauben, weil wir sehen, daß sie es an der menschlichen Natur getan hat, und damit wir darauf hoffen, daß sie dasselbe auch an uns tun wird (10–12).

So lernen wir aus der Schrift einerseits die Trennung der Naturen: Gott, der eingeborene Sohn, ist der, der angenommen hat, der Mensch, die Knechtsgestalt aber der, der angenommen wurde; Gott nahm ihn dem gan-

zen Menschengeschlecht zugute an, der Mensch aber macht uns zu Teil-
habenden an seinen Gütern. Andererseits aber lernen wir die untrennbare
Verbindung. Weder hebt die Trennung die Verbindung noch die Verbindung
die Trennung auf, sondern beide Naturen bleiben jeweils in ihrer Substanz,
und ihre Verbindung ist untrennbar, denn der Angenommene hat an der
Ehre und Herrlichkeit dessen, der angenommen hat, teil (13).

Denn weil wir von zwei Naturen reden, müssen wir nicht auch von zwei
Herren oder Söhnen reden. Denn bei den Dingen, die in etwas zwei sind
und in etwas eines, hebt weder die Verbindung, daß sie eins sind, die
Trennung der Wesen[44] auf, noch hindert es die Trennung der Wesen, daß
sie eins sind: so z.B. Christus und der Vater (Joh 10,30) oder Mann und
Weib (Gen 2,24). So sind sie auch hier zwei nach der Natur, denn es
besteht ein großer Unterschied zwischen den Naturen, aber einer nach der
Verbindung; denn die Anbetung ist untrennbar, die der Tempel wegen dessen, der ihn angenommen hat und in ihm wohnt, bekommt. All das, wovon
zwei gesagt wird, wird so bezeichnet, wenn beides voneinander in dem,
was mit der Zwei bezeichnet wird, nicht verschieden ist. So redet die Schrift
von vier verschiedenen Tieren (Dan 7,3–7), die jedes nach seiner Natur
ein Tier sind und deshalb vier sind; ebenso vom Zeugnis zweier Männer
(Joh 8,16), wo einer ist, was der andere auch ist, und von zwei Herren,
denen man nicht dienen kann (Matth 6,24). So auch hier: Wäre jede der
beiden Naturen Sohn und Herr, könnte man nach der Zahl der Personen
von zwei Söhnen und zwei Herren reden. Da jedoch nur der eine nach
der Natur Sohn und Herr ist, der andere das aber nur durch seine Verbindung
mit dem Ersten, Gott dem Wort, ist, bekennen wir, daß der Sohn einer
ist. Sohn und Herr ist also zunächst der, der beides nach der Natur ist;
wegen der untrennbaren Verbindung übertragen wir das aber auf seinen
Tempel und glauben, daß er auch Sohn und Herr ist. Wenn also die Schrift
die angenommene Knechtsgestalt Sohn und Herr nennt (z.B. Röm 9,5), so
wegen ihrer genauen Verbindung mit dem, der sie angenommen hat, dem
wahren Sohn, und nicht aus sich selbst (14–16).

Nach dem Taufbefehl des Herrn (Matth 28,19) nennen wir die göttliche
Natur "Vater" und die göttliche Natur aus dem Vater "Heiliger Geist", und
wir bezeichnen die göttliche Natur des Eingeborenen als Sohn. Mit der so
erkannten göttlichen Natur verbinden wir auch den angenommenen Menschen,
durch den wir die Erkenntnis über die göttliche Natur bekommen haben
und in dem Gott das Wort, das ihn angenommen hat, samt dem Vater
und dem Heiligen Geist ist. Auch Vater und Heiliger Geist wohnten in
dem angenommenen Menschen (Joh 14,10; 1,32), denn die drei sind voneinander untrennbar (Joh 17,21; 1.Kor 2,11); Vater und Sohn wollen ja
sogar in Menschen wohnen (Joh 14,23.21). Mit "Vater, Sohn und Heiliger
Geist" meinen wir also die göttliche Natur, über die wir unterwiesen und
auf die wir getauft werden, und mit "Sohn" die göttliche Natur des Eingeborenen, aber auch den angenommenen Menschen, in dem Gott das

---

[44] Wörtlich: Naturen (*Hom.cat.* 8,14). Vgl. unten 3.3.1.

Wort erkannt und gepredigt wird und von dem, weil die Dreieinigkeit unteilbar ist, auch Vater und Heiliger Geist nicht fern sind (17f.).

Homilie 9

Auslegung des 3. Artikels. Erweiterung des Nicänums. Evidenz der Gottheit des Heiligen Geistes.

Nach Vater und Sohn will Theodor jetzt über den Heiligen Geist reden. In Nicäa sagte man einfach: "Und an den Heiligen Geist", und hielt das für hinreichend. Die volle Lehre über den Heiligen Geist haben erst Spätere formuliert, zuerst eine westliche Synode und dann eine östliche, die der westlichen zustimmte.[45] Diese Späteren setzten jedoch nur den Glauben von Nicäa fort. Die Väter von Nicäa hatten mit der arianischen Häresie zu tun gehabt und hatten zur Festigung des wahren kirchlichen Glaubens zwar viel über den Sohn geredet, aber nicht über den Geist, weil die Häretiker den Streit um ihn noch nicht begonnen hatten. Für sie war es genug gewesen, den Geist, gemäß dem Taufbefehl Christi (Matth 28,19), einfach ins Glaubensbekenntnis zu setzen. Wer den Geist nicht mit Vater und Sohn bekennt, kann nicht gottesfürchtig sein (1f.).

Daß die Väter von Nicäa, die kein Geschöpf ins Glaubensbekenntnis aufgenommen haben, den Heiligen Geist zusammen mit Vater und Sohn dorthin gesetzt haben, zeigt schon, daß der Geist von der ungeschaffenen Natur ist, die von Ewigkeit ist, die Ursache von allem ist und der von den Geschöpfen Anbetung gebührt. Sie folgten darin dem Taufbefehl des Herrn; der hätte seinen Jüngern ja auch nicht aufgetragen, die Völker zur Verehrung eines Geschöpfes anzuleiten, denn dann hätten die ja nur den alten Irrtum der Vielgötterei durch einen neuen ersetzt. Statt dessen trug er auf, nicht die falschen Götter, sondern die eine wahre Natur anzubeten, die allein nach der Natur Herr und Gott ist. Auch wir nennen bei der Taufe den Heiligen Geist ja deshalb, weil wir wissen, daß seine Kraft uns die himmlischen Güter verleihen kann. Wenn es im Taufbefehl "im Namen" heißt, so bedeutet das, daß die, die genannt werden, und die Anrufung ihrer Namen die Ursache aller Güter, die wir erwarten und für die wir getauft werden, sind. Ebenso verhält es sich auch sonst in der Schrift, wenn es heißt: "im Namen" (z.B. Apg 3,6; Jes 27,13 u.ö.). Der Geist ist also von der göttlichen Natur, die die für die Taufe verheißenen Güter geben kann. Hätte Christus im Bekenntnis neben der ungeschaffenen Natur auch etwas Geschaffenes überliefern wollen (was ja der Fall wäre, wenn der Geist ein Geschöpf wäre), dann hätte er konsequenterweise auch alle anderen Geschöpfe nennen müssen. Aber es ist klar, daß er uns nur die Namen der göttlichen Natur überliefert hat; wir sollen die Güter nur von ihr erwarten. Nach Christi Taufbefehl ist der Geist also eine Natur mit Vater und Sohn, und

---

[45] Vgl. dazu unten 2.2.2.; 2.2.3.

die Väter folgten dem, als sie sagten: "Und an den Heiligen Geist." Weil damals der Streit um den Heiligen Geist von den Häretikern noch nicht entfacht war, hielten sie das für hinreichend und bestimmten den Geist nur mit dem Wort "heilig" näher; für Menschen mit gutem Willen sind diese Bestimmungen und die Überlieferung des Herrn (der Taufbefehl) auch wirklich hinreichend, denn schon daß er im Bekenntnis steht, zeigt, daß der Geist von der göttlichen Natur Gottes des Vaters ist[46] (3–7).

Auch die Bezeichnung "Geist" allein genügt, um die Natur des Heiligen Geistes zu zeigen. Die Schrift nun nennt auch sonst Dinge Geist, die eine feinere Natur als die sichtbaren Dinge haben und von unseren Sinnen nicht wahrgenommen werden, z.B. Engel (Ps 104,4), unsere Seele (Ps 146,4) oder die Luft (Ps 147,18). Trotzdem deutet die Bezeichnung "Geist" auf die göttliche Natur, die unkörperlich und unbegrenzt ist und nach dem Zeugnis der Schrift in Wahrheit Geist ist. Christus sagte der Samariterin ja, Gott sei Geist und werde in Geist und Wahrheit angebetet (Joh 4,24), weil er unkörperlich und nicht an einem Ort eingeschlossen ist und deshalb überall angebetet werden kann. Wie es vieles gibt, von dem man sagt, es sei da, der Name "der da ist" aber allein Gott gebührt (Ex 3,14 LXX), der nicht zuerst nicht da war und dann doch, sondern von Ewigkeit und allezeit da ist, so wird zwar auch vieles Geist genannt, aber diese Benennung gebührt trotzdem eigentlich nur der göttlichen Natur, die unkörperlich und unendlich ist. Wenn die Schrift "Geist"[47] nun nur nach dem allgemeinen Gebrauch sagte und die Hörer im Unklaren ließe, wen sie damit meint, weil auch sonst vieles so genannt wird (ebenso wie auch bei "der da ist" nicht klar wäre, was gemeint ist, weil es vieles gibt, was da ist), dann bedürfte dieser Allgemeinbegriff noch einer näheren Bestimmung, die anzeigt, was so bezeichnet wird. Bei Gott jedoch bedarf es dessen nicht, denn wenn wir ihn einfach "der, der da ist" oder "Geist" nennen, zeigen wir dadurch, daß er allein in Wahrheit da ist und Geist ist. Wer also ist der Heilige Geist in der Formel "im Namen des Vaters, des Sohnes und des Heiligen Geistes"? Das ist doch wohl eindeutig, denn die Schrift nennt nur einen so und nennt auch nur einen zusammen mit Vater und Sohn; nur ihn kann Christus gemeint haben. Die sonstigen Geister werden zwar unter dem Allgemeinbegriff "Geist" gefaßt, aber die Bezeichnung ist trotzdem nur der göttlichen Natur angemessen, die in Wahrheit unkörperlich und unbegrenzt ist. Darum wird allein der Heilige Geist mit Vater und Sohn so genannt. Ebenso gibt es auch viele Väter, aber wenn wir "Vater" hören, verstehen wir, daß der wahre Vater gemeint ist, und wenn wir "Sohn" hören, daß der eine wahre Sohn aus dem Vater gemeint ist. So ist auch der Heilige Geist keiner der sonstigen sogenannten Geister, sondern der, dem in Wahrheit dieser Name gebührt, der unkörperlich und unendlich ist und mit Vater und Sohn in einer göttlichen Natur bekannt wird[48] (8–12).

---

[46] Vgl. dazu unten 1.4.3.; 1.5.2.
[47] Im Text (*Hom.cat.* 9,11) steht "Heiliger Geist", aber nach dem Zusammenhang muß es an dieser Stelle nur "Geist" heißen.
[48] Vgl. dazu und zum folgenden Absatz unten 3.3.3.

So wie mit "Geist" ist es auch mit "heilig": Vieles wird im allgemeinen Sinne heilig genannt, weil es von Gott Heiligkeit bekommen hat, aber in Wahrheit heilig ist nur die göttliche Natur (Ps 111,9; Jes 6,3), die Natur, die unveränderlich ist und nicht von woanders Heiligkeit empfängt, sondern allein sie geben kann, wem sie will. Daher nennt die Schrift denjenigen "Heiliger Geist", der in Taufe und Unterweisung mit Vater und Sohn bekannt wird, weil diese Bezeichnung nur der göttlichen Natur gebührt (13).

Denn die Natur des Vaters, Sohnes und Heiligen Geistes ist eine. Für die, die guten Willen haben, genügt es, daß der Heilige Geist in Christi Taufbefehl und im Glaubensbekenntnis steht, um seine Natur zu erkennen. Wegen derer Aber, die schlechten Willens sind und die den Geist teils Geschöpf und Knecht nennen, teils das zwar nicht wagen, ihn aber auch nicht Gott nennen wollen, versammelten sich die Lehrer der Kirche aus der ganzen Schöpfung, die Nachfolger der nicänischen Väter, und schrieben gegen die Häretiker ein Bekenntnis, gerade so, wie jene es gegen Arius getan hatten.[49] Ihnen schien es völliger Wahnsinn zu sein, den ein Geschöpf und einen Knecht zu nennen, dessen Nennung uns in der Taufe von Sünde und Verderben befreit und uns erneuert, denn ein Knecht kann nicht erneuern; mangelnder Verstand aber schien ihnen das Zögern, ihn Gott zu nennen, zu sein. Denn wer Geschöpf ist, ist auch Knecht, und wer Knecht ist, ist auch Geschöpf, wer aber weder dies noch das ist, ist in Wahrheit Gott. Der nun, von dem wir glauben, daß seine Anrufung mit Vater und Sohn bei der Taufe uns erneuert und befreit, kann kein Knecht sein (das wäre Lästerung), sondern muß Gott sein, weil keine andere Natur schaffen, erneuern und befreien kann[50] (14f.).

Die seligen Väter lehrten also zu Recht, daß der Heilige Geist mit Vater und Sohn göttliche Natur sei, und ihre Nachfolger fügten noch einige Worte zur Bekräftigung der kirchlichen Wahrheit hinzu. Sie sagten: *"Und an den einen Heiligen Geist"*.[51] Dieses *"den einen Geist"* bedeutet nichts anderes als das, was die nicänischen Väter geschrieben hatten, und stimmt auch mit der Schrift überein (1.Kor 12,13; Eph 4,5.4.6; 1.Kor 12,4–6). Die Geschöpfe sind zahlreich und verschieden; ihnen gegenüber steht die eine göttliche Natur, die allein nicht gemacht ist und Ursache von allem ist. Deswegen ist der Vater einer, der Sohn ist einer und der Heilige Geist ist einer; er wird "Geist" genannt, weil er unkörperlich und unendlich ist, und "heilig", weil er allein nach seiner Natur heilig und unveränderlich ist und Heiligkeit gibt, wem er will. Paulus mahnte die Epheser zur Einigkeit im Geist (Eph 4,3f.), weil sie von dem einen Geist geboren sind, um ein Leib Christi zu sein in der Hoffnung auf Gemeinschaft mit Christus in der kommenden Welt. In der Taufe sind wir in der Kraft des Heiligen Geistes zu dieser Hoffnung berufen und haben das Angeld des Geistes empfangen. Im folgenden (Eph 4,5) redet Paulus von dem einen Geist, aber auch von dem

---

[49] Vgl. dazu unten 2.2.4.
[50] Vgl. dazu unten 1.4.2.
[51] Vgl. dazu unten 2.2.4.

einen Glauben und der einen Taufe, weil die göttliche Natur, an die wir
glauben und auf die wir getauft sind, eine ist. Der Heilige Geist ist einer,
ebenso wie Vater und Sohn jeder einer sind und die göttliche Natur eine
ist; die Geschöpfe aber sind zahlreich und verschieden nach ihrer Natur
und schulden der göttlichen Natur Ehrerbietung (16–18).

Homilie 10

Auslegung des 3. Artikels. Heiliger Geist. Taufe. Kirche. Ewiges
Leben. Abschluß der Auslegung des Glaubensbekenntnisses.

Wie gesagt, hat der Heilige Geist die Größe und Ehre, mit Vater und Sohn
im Taufbekenntnis bekannt zu werden; er wird allein "Heiliger Geist"
genannt, eine Bezeichnung, die die Schrift der göttlichen Natur vorbehält,
und er wird auch "ein Geist" genannt. Wegen der Bosheit der Häretiker
ließ man es nicht beim Taufbefehl und dem Nicänum sein Bewenden haben,
die an sich ausgereicht hätten, sondern fügte (wie es vorher die Väter von
Nicäa mit ihren Bestimmungen über den eingeborenen Sohn getan hatten)
noch etwas hinzu, um die Lehre der Gottesfurcht zu bekräftigen (1f.):
"Und an den einen Heiligen Geist". Unser Herr verhieß seinen Jüngern vor
seiner Passion die Gabe des Heiligen Geistes, der ihnen die zukünftigen
Güter geben werde. Er ermahnte sie, bei seinen Geboten zu bleiben (Joh
14,15f.), und nannte den Geist: *"Geist der Wahrheit"*. Denn der Geist gibt
in Wahrheit alles und ist selbst unveränderlich und kann himmlische Güter
geben, die unvergänglich und unveränderlich sind. Lüge ist nämlich das,
was keinen Bestand hat, Wahrheit aber das, was Bestand hat. (Darum kann
man nach Ps 116,11 auch das vergängliche menschliche Dasein insgesamt
Lüge nennen, während Gott, der allein unvergängliche Güter geben kann,
auch "Gott der Wahrheit" heißt (Ps 30,6 LXX).) Wegen der Wahrheit der
Güter, die uns der Heilige Geist in der kommenden Welt gibt, die unvergänglich und unveränderlich sind und die allein die göttliche Natur, die
selbst ewig und unveränderlich ist (während Geschöpfe höchstens aus der
Gnade des Schöpfers Bestand haben können), geben kann, nannte unser
Herr ihn: *"Geist der Wahrheit"*. Der Geist ist über die Schöpfung erhaben,
und diese kann ihn weder empfangen noch verstehen (Joh 14,17a), wenn
er seine Erkenntnis nicht aus eigenem Willen offenbart; er wird von denen
erkannt, denen er seine Gaben gibt und bei denen er wohnt, damit sie
nicht aus den Gütern herausfallen (Joh 14,17b) (3–6).
Die Väter fügten weiter hinzu: *"der aus dem Vater ausgeht"*, was ebenfalls
der Lehre Jesu an seine Jünger entnommen ist (Joh 15,26), als er über die
Gabe des Geistes nach seiner Himmelfahrt redete. Die Gabe des Geistes,
die er auch "Tröster" nennt und die belehren, trösten und vor Versuchung
bewahren soll, ist nicht die Natur des Heiligen Geistes selbst, die überall
ist. Das Wort *"Geist der Wahrheit"* zeigt die Größe der Natur des Heiligen
Geistes und die Größe der Güter, die er geben kann, und das *"der aus dem
Vater ausgeht"* zeigt, daß der Geist allein beim Vater ist und von ihm ebenso

wenig zu scheiden ist, wie von einern Menschen zu seinen Lebzeiten sein Geist (d.h. seine Seele) zu scheiden ist. Der Geist ist wie eine Quelle in Gott, die immer in ihm ist, und teilt seine Gaben aus, wem er will (Joh 7,38f.). Der Geist, der "nicht da war" und den Jüngern gegeben werden sollte, ist natürlich nicht die Hypostase oder Natur des Heiligen Geistes, die von Ewigkeit da ist, sondern die Gabe des Geistes, die über die Apostel ausgegossen wurde.[52] Wenn der Heilige Geist *"aus dem Vater ausgeht"*, heißt das, daß er ewig und untrennbar beim Vater ist und aus ihm die Gaben fließen wie ein Fluß aus einer Quelle. Die Quelle dieses Flusses, Vater und Geist, ist voneinander untrennbar. Der Geist teilt seine Gaben dem Maß des Glaubens der Empfänger entsprechend aus. Da er ewig aus dem Vater ausgeht und bei ihm ist, kann er keine andere Natur als der Vater haben (7–10).

Die Väter fügten hinzu: *"den lebenschaffenden Geist"*; auch das zeigt, daß der Heilige Geist Gott ist. Daß die Gabe des Geistes lebendig macht, sagte auch der Herr (Joh 4,14; 7,38). Paulus wiederum bezeugt, daß Christus vom Heiligen Geist bei seiner Auferstehung an seinem Leib unsterblich gemacht wurde (2.Kor 3,6; 1.Kor 15,45; Röm 1,4; 8,11), was auch Christus selbst sagt (Joh 6,63). Leben schaffen kann aber nur die Natur, die von Ewigkeit ist und die Ursache von allem ist und aus Nichts etwas machen kann. Daß Gott unsterblich machen kann, kann man an den Geschöpfen sehen, die schon jetzt unsterblich sind (scil. Engeln und Seelen); er selbst sagt, daß er lebendig machen kann (Dtn 32,39) (11f.).

Mit all dem zeigten die Väter, daß der Heilige Geist von der göttlichen Natur Gottes des Vaters ist. Deswegen wird er mit Vater und Sohn in der Unterweisung und in der Taufe geglaubt, denn jeder wird im Namen des Vaters, des Sohnes und des Heiligen Geistes getauft, gemäß der Lehre der Väter und der Überlieferung des Herrn. Das Glaubensbekenntnis der Väter ist ja nichts anderes als eine Erklärung des Taufbefehls (Matth 28,19). Aus dem Taufbefehl Christi, der die Völker ja nicht von einer Vielgötterei zur nächsten führen lassen wollte, geht klar hervor, daß die göttliche Natur eine ist, die von Ewigkeit ist und die Ursache von allem ist, Vater, Sohn und Geist, nicht gemacht, die aber alles machen kann und in Wahrheit der Herr und Gott ist, dem diese Benennung und Ehre geschuldet wird (13).

Zu dieser Unterweisung über die eine göttliche Natur fügte der Herr als Versiegelung die Taufe hinzu; sie ist zum Genuß und zum Angeld der kommenden Güter gegeben. Bei der Taufe werden die Namen der einen göttlichen Natur genannt; von diesen Namen erwarten wir die Erneuerung und die wahre Freiheit[53] (14).

Weiter heißt es im Bekenntnis: *"die eine katholische Kirche"*. Durch die Taufe sind wir Glied am großen Leib der Kirche. Paulus (Eph 4,4) meinte mit "Kirche" nicht das Gebäude, sondern die Versammlung der Gläubigen, die Gott recht fürchten und von Christi Ankunft bis zum Ende der Welt und

---

[52] Vgl. dazu unten 3.7.1.2.
[53] Vgl. dazu unten 3.6.2.4.

seiner Wiederkunft überall auf der Welt an ihn glauben und denen er verheißen hat, bei ihnen zu sein (Matth 28,20). Der Fels, auf dem die Kirche gegründet und für ihre Feinde unüberwindbar ist (Matth 16,18), ist der Glaube und das Bekenntnis. Die Engel bewundern die tiefe Weisheit Gottes, der alle Menschen zur Gottesfurcht versammelt und durch die Wiedergeburt der Taufe zu einem Leib Christi gemacht hat, damit sie die kommende Welt und ihre Güter erwarten (Eph 3,10f.). Paulus nennt die Kirche "Leib Christi". Sie hat durch die Taufe in dieser Welt im Abbild schon Teilhabe an Christus bekommen; in der kommenden Welt aber wird unser niedriger Leib in Wirklichkeit verwandelt werden in das Ebenbild seines herrlichen Leibes (Phil 3,21). Wie wir jetzt Adams Leib sind und Adam an Gestalt gleichen, so werden wir Leib Christi genannt werden, weil wir die Herrlichkeit seiner Gestalt empfangen werden. Auch sonst nennt Paulus die Kirche Leib Christi (Kol 1,24). Die Gläubigen sind ein Leib in einer Kraft des Heiligen Geistes, berufen zu einer Hoffnung auf das Zukünftige (1.Kor 12,27; Joh 17,21f.). Christus, sagt, wie er mit dem Vater eins sei, so sollten auch die Jünger und die, die durch sie glauben würden, eins sein in der Gestalt seiner Herrlichkeit durch die kommenden Güter, durch die sie erst mit ihm verbunden und dann mit der göttlichen Natur vertraut würden. In der Taufe, in der wir mit Christus sterben und auferstehen, haben wir das Vorbild dieser Güter. Wir sind durch die Taufe Glieder der Kirche, der Versammlung der Glaubenden, die durch die Taufe Leib Christi heißen und Heiligkeit und Hoffnung auf Unsterblichkeit und Unveränderlichkeit bekommen haben. Die Kirche ist allumfassend, weil an jedem Ort Menschen das glauben und das himmlische Leben erwarten. Paulus (Hebr 12,23) nennt die Glieder der Kirche "Erstgeborene", weil sie die wunderbare Adoption, die in der Erwählung am Anfang begründet ist, empfangen werden, die auch nicht wie die Adoption der Juden wieder geändert werden kann, sondern in Unsterblichkeit und Unveränderlichkeit besteht. "Eingeschriebene im Himmel" nennt er sie aber, weil sie dort wohnen werden. Die Kirche heißt "heilig" wegen der Heiligkeit und Unveränderlichkeit, die sie vom Heiligen Geist bekommen wird, "*katholisch*" wegen derer, die allezeit und allerorten glauben, und "*eine*", weil alle, die an Christus glauben und die kommenden Güter empfahen, die eine heilige Kirche sind[54] (15–19).

Um den Nutzen dieses Glaubensbekenntnisses zu zeigen, fügten die Väter "*Vergebung der Sünden*" hinzu, d.h. aber: die vollkommene Abschaffung aller Sünden (Matth 26,26.28; Joh 1,29). Diese wird in der kommenden Welt geschehen, wenn wir, durch die Auferstehung unsterblich und unveränderlich, nicht mehr sündigen können (1.Kor 15,16f.)[55] (20).

Weiter heißt es: "*Auferstehung des Fleisches und das ewige Leben*". Wir werden dann den Genuß der ewigen Güter bekommen, dann wird die Sünde abgeschafft sein, wir werden eine heilige katholische Kirche werden, eine unaussprechliche Heiligkeit empfangen, unsterblich und unveränderlich werden

---

[54] Vgl. dazu unten 3.6.2.5.
[55] Vgl. dazu unten 3.6.1.2.

und allezeit bei Christus sein (1.Kor 15,54-56). Mit Tod, Sünde und Verderbnis wird auch das Gesetz abgetan werden, dessen wir als Heilige, Unsterbliche und Unveränderliche nicht mehr bedürfen (21).

Resümee der zehntägigen Auslegung: Die Väter überlieferten uns mit diesem Glaubensbekenntnis, gemäß dem Taufbefehl des Herrn, den Glauben an die eine göttliche Natur, Vater, Sohn und Heiligen Geist, die von Ewigkeit ist und die Ursache von allem ist und der die Bezeichnung Herr und Gott und die Anbetung gebührt. Sodann lehrten sie auch, der Überlieferung des Herrn gemäß, das Bekenntnis der Taufe "im Namen des Vaters, des Sohnes und des Heiligen Geistes": Wir nennen bei der Taufe ja keine andere Natur als die, die den Geschöpfen alle Güter geben kann. Dazu fügten sie noch das Bekenntnis zu den kommenden Gütern hinzu, damit wir erkennen, was für Güter aus der Unterweisung, daß Vater, Sohn und Heiliger Geist eine göttliche Natur sind, und dem Glauben daran kommen, Güter, die wir bei der Wiedergeburt der Taufe bekommen und die himmlisch und unvergänglich sind. Die Katechumenen müssen nun dieses Bekenntnis fleißig und ohne Veränderung bewahren (22f.).

Homilie 11

Auslegung des Vaterunsers.

Zum rechten Glauben muß das rechte Tun hinzukommen. Das Gebet ist eine solche Lehre für das richtige Handeln nach Gottes Geboten. Das Vaterunser. Gott erhört die, die das Gute erwählt haben (1-6). Die Anrede. Das Leben unter dem Gesetz und das Leben nach dem Geist sind einander diametral entgegengesetzt.[56] Gott ist durch die Adoption, die er uns aus Gnaden gibt, der Vater unser aller (7-9). 1. Bitte. Wir sollen so handeln, daß Gott für unsere Taten gelobt wird (Matth 5,16) (10). 2. und 3. Bitte. Wer zum Himmelreich berufen ist, soll dementsprechend leben, soweit das hier auf Erden möglich ist (11-13). 4. Bitte. Die, die ihr Leben nach dem Himmel ausrichten, bedürfen dennoch für das Leben hier des täglichen Brotes, d.h. der Nahrung und der Kleidung (14). 5. Bitte. Vergebung gibt es für die, die nicht willentlich sündigen, und für die, die vergeben (14-16). 6. und 7. Bitte. Wir bitten um Bewährung in Anfechtungen. Menschen sollen einander kein Ärgernis geben. Der Satan versucht mit viel List, uns vom Tun des Guten abzubringen (17f.). Das Vaterunser enthält Christi Lehre über die sittliche Vollkommenheit. Rechtgläubigkeit und rechtes Tun gehören zusammen (18f.).

---

[56] Vgl. dazu unten 3.5.1.; 3.6.2.2.

Homilie 12

Über die Taufe.

Einleitung (1). Die Sakramente zeigen Unsichtbares und Unaussprechliches an und müssen erklärt werden. Die Sakramente des Alten Testament sind nur Schatten, die des Neuen Testaments aber Bilder, die das Kommende schon erkennen lassen (Hebr 8,5).[57] Taufe und Eucharistie geben Anteil am Leben und an der Verherrlichung Christi (2–7). Heilsgeschichtliche Begründung: Adam ist gefallen, aber Christus besiegte den Teufel. Wir sollen die Güter, die Christus bekam, auch genießen (8–10). Die Kirche ist die irdische Gestalt des himmlischen Jerusalems[58] (11–13). Einschreibung (Anmeldung) in der Kirche (14–17). Satans altes Anrecht auf den Menschen wurde durch durch Christi Ökonomie gestürzt. Exorzismus (18–25). Meditation des Glaubensbekenntnisses und seine Rezitation (*redditio symboli*) vor dem Bischof (25–27).

Homilie 13

Über die Taufe.

Zusammenfassung: Einschreibung in der Kirche, Exorzismus und Rezitation des Glaubensbekenntnisses (1). Die Täuflinge nehmen wie beim Exorzismus wieder eine bittende Haltung ein, denn sie bitten Gott demütig um Erlösung. Gott will uns aus Erbarmen von der Knechtung durch Satan befreien. Absage (Abrenuntiation) an den Satan, seine Engel und seinen Dienst (2–16). Bekleidung mit dem neuen Gewand. Die Bezeichnung mit Öl ist das Zeichen der Erwählung zum himmlischen Dienst (17–20).

Homilie 14

Über die Taufe.[59]

Zusammenfassung: Die Bezeichnung mit Öl (1). Die Taufe ist unsere Wiedergeburt (Joh 3,3–8) (2–4). Die Taufe ist unser Sterben und Auferstehen mit Christus (Röm 6,3f.) (5f.). Die Taufe gibt den Anfang des Geistes und verleiht die Adoption durch Gott (6f.). Ablegen des Gewandes. Ölung (8). Hinabsteigen in das Wasser. Die Wasserweihe macht das Wasser zum Mutterschoß für die Wiedergeburt. Der Taufakt. Anrufung des Vaters, des Sohnes und des Heiligen Geistes (9–20). Wie der Herr, der Glaube, Gott und der Geist

---

[57] Vgl. dazu unten 3.5.1.; 3.6.2.3.
[58] Vgl. dazu unten 3.6.2.5.
[59] Vgl. dazu unten 3.6.2.4.

je einer sind, so ist auch die Taufe eine (Eph 4,4–6). Christus ist der Erstling unserer Taufe, der Erste, dem die Güter der Taufe verliehen wurden (21–25). Heraufsteigen aus dem Wasser. Bekleidung mit dem neuen Gewand. Bezeichnung auf der Stirn (26f.). Zusammenfassung: Die Taufe als Wiedergeburt (28).

Homilie 15

Über die Eucharistie.[60]

Nach der neuen Geburt durch die Taufe sollen wir auch neue Nahrung bekommen. Nahrung kommt immer von dort, woraus die Geburt war, also in diesem Falle aus dem Tode Christi (1–8). Die Elemente der Eucharistie sind Leib und Blut Christi (9–14). Die Eucharistie als Opferdarbringung. Der Opferkult des Alten Testaments war ein bloßer Schatten; der des Neuen Testaments (scil. die Eucharistie) ist das Vorbild (τύπος) der kommenden Herrlichkeit[61] (15–19). Die Eucharistie ist das Bild der Passion Christi und des himmlischen Gottesdienstes (20–29). Gebet des Priesters (30–38). Friedensgruß und heiliger Kuß (39–43). Darbringung des Opfers (44f.).

Homilie 16

Über die Eucharistie.

Rückblick (1). Opferdarbringung. Das Sanctus ist der himmlische Lobpreis der Dreieinigkeit. Anamnese. Epiklese. Gebet. Einsetzung (2–20). Gebet. Kommunion (21–29). Nachwort: Wir sollen uns bemühen, daß unser Lebenswandel nicht des Empfangs des Sakramentes unwürdig sei (30–33). Sünde und Buße. Wer schwer gesündigt hat, soll sich vom Sakrament fernhalten. Der Priester muß sich dieser Leute annehmen und sie gemäß der kirchlichen Disziplin, der Weisheit und dem Wort des Herrn (Matth 18,15–18) trösten, bessern und wieder aufnehmen. Schluß (34–44).

1.3. Stil und katechetische Methode Theodors

1.3.1. Stil

Photius, der zu seiner Zeit umstrittene Patriarch von Konstantinopel und feinsinnige Kenner und Liebhaber der patristischen Literatur, fand zu Theodors Stil keine allzu freundlichen Worte:

---

[60] Vgl. dazu unten 3.6.2.6.
[61] Vgl. dazu unten 3.6.2.3.

Er [scil. Theodor] ist, was seinen Stil betrifft, weder glänzend noch besonders deutlich . . . Er sagt das Meiste mehrmals und scheint irgendwie ohne Anmut und widerwärtig zu sein.[62]

Er ist undeutlich, obwohl er keine ungebräuchlichen Redewendungen verwendet. Aber dadurch, daß er äußerst lang ausgedehnte Phrasen und dicht aufeinanderfolgende Einschübe verwendet, durch die der Verstand von den vorliegenden Dingen sehr weit weggeführt wird, daß er an deklinierten Formen der Hauptwörter und an Partizipien überquillt, daß er dasselbe oft, aber ohne Ordnung, wiederkehren läßt und daß die Wiederholungen noch mehr als die Erörterungen selbst (was immer völlig ohne Methode geschieht) mit Umständen angefüllt sind, durch solcherlei Dinge bringt er in seine Schriften eine nicht geringe Dunkelheit.[63]

Der Leser wird schon anhand der Inhaltsangabe von Homilie 1–10 einen Eindruck von der Art der katechetischen Unterweisung Theodors gewonnen haben. Einerseits ist die Sorgfalt beeindruckend, die Theodor auf die Korrektheit seines Ausdrucks und überhaupt auf seine Gedanken verwendet. Andererseits erscheint der Stil über weite Strecken langatmig und redundant; lange Exkurse bereiten Mühe, den roten Faden zu behalten, und sich durch das gesamte Werk hindurch ziehende Wiederholungen überbieten die Aufforderung des Mephistopheles, es dreimal zu sagen, bei weitem.

An Langatmigkeit unübertrefflich sind wohl die Ausführungen über den Unterschied zwischen Vater und Schöpfer,[64] im syrischen Manuskript an die sechs Seiten, die über das bereits in Abschnitt 2,10 Gesagte hinaus erst in 2,16 wieder einen neuen Gedanken bringen. Ein anderes Beispiel sind die damit z.T. parallel gehenden Erklärungen, derselbe könne nicht gleichzeitig einziger und erster Sohn sein.[65]

Unter den Exkursen ist der imposanteste zweifellos einer in der sechsten Homilie: Auf das "geboren von der Jungfrau Maria" hin führt Theodor sehr lang und breit (im Manuskript fünf Seiten) aus, wie im Bekenntnis und in der Schrift das, was nur zu einer der Naturen Christi gehört, von beiden ausgesagt wird;[66] ihren eigentlichen Platz haben diese Ausführungen jedoch erst in der achten Homilie, wo sie, wenn auch kürzer und z.T. anhand anderer Bibelstellen,

---

[62] *Bibl.* cod. 38 (Henry I 23), zu Theodors Genesiskommentar.
[63] *Bibl.* cod. 177 (Henry II 181), zu der Schrift "*Contra defensores peccati originalis*".
[64] *Hom.cat.* 2,10–18.
[65] *Hom.cat.* 3,10–16.
[66] *Hom.cat.* 6,3–7.

dann auch noch einmal kommen.[67] Anlaß für diesen großen Exkurs in Homilie 6 und Vorgriff auf Homilie 8 ist übrigens – *nota bene* – eben das Problem, das in Theodors Todesjahr zum Ausbruch des Nestorianischen Streites geführt hat und letztlich zu Theodors Verurteilung, nämlich die Frage, ob die Jungfrau Maria Gottgebärerin sei. Derartige exkursartige Vorgriffe sind übrigens gar nicht selten: Am Ende der fünften Homilie wird z.B. im Vorgriff auf die sechste Homilie schon einmal das Wichtigste aus dem Geschick Christi und der Erlösung dargestellt, um zu zeigen, daß er ein vollständiger Mensch sein mußte.[68] Die Aufzählung ließe sich beliebig vermehren. Weitere Exkurse handeln von der Bedeutung einzelner Schriftstellen, so etwa dem Sinn von Gal 4,4b.5: "unter das Gesetz getan, um die unter dem Gesetz loszukaufen, damit wir die Adoption bekommen",[69] oder von der Bedeutung bestimmter Wörter in der Schrift, z.B. der des Wortes "Schoß".[70]

Was nun die Wiederholungen betrifft, so gibt es neben den schon erwähnten Vorgriffen einige Gedanken, die sich wie Leitmotive durch das ganze katechetische Werk ziehen: die Betonung des Unterschiedes zwischen Gott und Welt, Schöpfer und Geschaffenem, Ewigem und Zeitlichem, die Verbindung von Sünde und Tod, die Beschreibung der kommenden Güter als Unsterblichkeit und Unveränderlichkeit und die Darlegung, diese Güter würden uns als Wirkliches erst bei unserer Auferstehung zuteil werden, jetzt aber hätten wir sie wie im Angeld im Glauben, in der Hoffnung und im Vorbild (τύπος). Auch anderes wird oft wiederholt, etwa der Eingeborene Sohn sei nach der Natur und nicht durch Adoption oder mit geborgtem Namen Sohn Gottes[71] und die Taufe sei ein Sterben und Auferstehen mit Christus.[72]

---

[67] *Hom.cat.* 8,10–12.

[68] *Hom.cat.* 5,17–21.

[69] *Hom.cat.* 6,9f.

[70] *Hom.cat.* 3,8. Vgl. auch 5,4: Was bedeutet "Herabkommen Gottes"? 5,7: Was heißt "Menschengestalt" oder "Gestalt des Fleisches"? 7,1: Die Schrift meint, wenn sie "Kreuz" sagt, die ganze Ökonomie Christi. 9,4: Was heißt "im Namen" in der Schrift? 10,4f.: Die Bedeutung von "Wahrheit" und "Lüge" in der Schrift. 15,13: Das Alte Testament nennt Wein oft "Blut". Solche Untersuchungen zum biblischen Sprachgebrauch sind auch sonst typisch für Theodor, vgl. *De inc.* (Sachau 45,1–48,4 (28–30); 89,6–12 (55)); In *Ioh.* I 1,18 (CSCO 115, 39,5–12); In *Rom.* 7,5 (*NTA* 15, 124,20–125,11). Vgl. dazu auch R. Bultmann, *Die Exegese Theodors von Mopsuestia* (Habil. Marburg 1912). Stuttgart 1994: 48f.

[71] *Hom.cat.* 3,11.13; 4,1.10f.; 5,1.

[72] *Hom.cat.* 6,12f.; 10,19; 12,7; 13,14; 14,5f.25; 15,6.

Die große Menge an Exkursen und Wiederholungen ist durch zweierlei zu erklären, einerseits durch die katechetische Aufgabe und andererseits durch Theodors persönlichen Stil. Was das erste angeht, so ist z.B. an Augustin zu erinnern, der sich in seiner Anleitung zum katechetischen Unterricht um Trostworte für Katecheten bemüht, die es langsam satt haben, immer wieder das Gleiche sagen zu müssen.[73] Der Katechet wird dabei natürlich das am meisten wiederholen, was er seinen Hörern besonders einprägen will. Was wiederum den persönlichen Stil Theodors angeht, so kann man in den Schriftkommentaren beobachten, daß Theodor zu jedem Vers, zu dem es wieder paßt, noch einmal wiederholt, was er, wer weiß, wie oft, schon zu den Versen vorher gesagt hat. So redet er im Kommentar zu den kleinen Paulusbriefen allein über 30mal davon, wir würden unsterbliches Leben (*immortalem vitam*) bekommen, und nicht viel seltener spricht er von Aufhebung der Sünde und vom Ende der Gesetzesobservanz. Im Kommentar zum Römerbrief sagt er bei der Auslegung: des 6.–8. Kapitels elfmal, die menschliche Neigung zur Sünde komme aus der Sterblichkeit, und mit der Sterblichkeit werde auch die Sünde abgeschafft werden, und im Johanneskommentar merkt er zehnmal an, Christus sei zur Zeit seines Erdenlebens für einen bloßen Menschen gehalten worden.

Auch abgesehen von dieser Neigung zu Wiederholungen und Exkursen wirken Theodors Ausführungen oft spröde und trocken, insbesondere, wenn sie mit den Taufkatechesen von Theodors Freund und früherem Mitschüler Johannes Chrysostomus verglichen werden. Nun sind beider Werke nur bedingt vergleichbar, denn Chrysostomus legt das Symbol nicht aus, und Theodor äußert sich kaum zu Fragen der praktischen Lebensführung. (Daß er das nicht tut, auch nicht in der der Ethik gewidmeten Homilie über das Vaterunser, spricht freilich auch für sich.) Aber auch da, wo Theodor zur Erklärung des Symbols Beispiele aus dem Leben oder dem alltäglichen Sprachgebrauch hätte anführen können, greift er lieber auf die Schrift und ihren Sprachgebrauch zurück.[74] Statt einer großen Beschreibung der Schöpfung und ihrer Schönheit und Zweckmäßigkeit, wie Cyrill von Jerusalem sie bietet,[75] zitiert Theodor einfach den 148. Psalm.[76]

---

[73] *De cat.rud.* XII 17.1.
[74] Z.B. in *Hom.cat.* 8,14–16; 9,8.13. Anders immerhin in 2,14.
[75] *Cat.* 9,5–16.
[76] *Hom.cat.* 2,11.

Daß Theodor gleichwohl rhetorisch ausgebildet war, wird am gelegentlichen Gebrauch rhetorischer Stilmittel deutlich. So stellt Theodor zuweilen *rhetorische Fragen.*[77] Um der größeren Eindrücklichkeit willen kann er sich der *Anapher* bedienen:

> Denn durch den Glauben erkennen wir, daß Gott existiert und er der Schöpfer von allem ist und aus Nichts alles geschaffen hat, durch ihn verstehen wir, daß auch die, die gestorben und verdorben sind, wieder zum Leben und zur Wiederherstellung kommen, wenn der Schöpfer es will. Durch den Glauben nämlich haben wir erkannt, daß der Vater einen Sohn hat, der aus seiner Natur geboren ist und Gott ist wie er. Durch den Glauben haben wir über den Heiligen Geist angenommen, daß er aus der Natur Gottes des Vaters ist und allezeit mit dem Vater und dem Sohn da ist. Durch den Glauben ist es uns gewiß und wir zweifeln nicht an der Predigt von der Ökonomie Christi, die in der Welt geschehen ist.[78]

Gelegentlich zählt Theodor in einer langen *Reihe* auf, welche Güter die Täuflinge erwarten oder welche Übel durch die Ökonomie aufgehoben sind:

> ... daß durch sie der Tod aufgelöst ist und das Verderben verdorben ist und die Leidenschaften zerstört sind und die Veränderlichkeit verschwunden ist und die Bewegungen der Sünde erloschen sind und die Macht des Satans abgetan ist und der Zwang durch die Dämonen aufgelöst ist und die Gängelung durch das Gesetz vergangen ist.[79]

Die achte Homilie gliedert Theodor mit Hilfe eines *Refrains.* Die Homilie, in der Theodor nach der Auslegung des zweiten Artikels in Homilie 3–7 noch einmal seine Gedanken zur Zwei-Naturen-Christologie vorführt, wird damit eingeleitet, Christus sei sowohl Gott als auch Mensch nach der Natur, und Gott sei der, der angenommen habe, der Mensch aber die Knechtsgestalt, die angenommen worden sei, und weder sei der, der angenommen habe, der, der angenommen worden sei, noch der, der angenommen worden sei, auch der, der angenommen habe.[80] Diesen – dann freilich etwas kürzer gefaßten –

---

[77] Z.B. *Hom.cat.* 1,2.3.; 4,8.10.12.
[78] *Hom.cat.* 1,12. Das Stück ist von Hebr 11,3–31 inspiriert, daher sollte man *bhaymânûtâ* nicht wie Bruns mit "im Glauben" übersetzen. – Anaphern finden sich noch in der 13. Homilie zur Erklärung der Abrenuntiationsformel: Engel des Satans (13,8f.) und Dienst des Satans (13,10).
[79] *Hom.cat.* 7,4. Vgl. ferner 1,4; 14,7.25.
[80] *Hom.cat.* 8,1.

Abschnitt wiederholt Theodor in der Homilie noch mehrfach,[81] und zwar immer bei der Eröffnung eines neuen Gedankenganges. So wird in dieser Homilie der Wortlaut des Symbols als Gliederungsmittel durch einen Refrain ersetzt.

Eine in den katechetischen Homilien besonders viel verwendete rhetorische Figur ist die *Antithese*:

> Denn der Sohn ist ganz verschieden von einem Geschöpf. Ist er näm-
> lich der Sohn, ist er kein Geschöpf, und ist er ein Geschöpf, ist er
> nicht der Sohn. Ist er nämlich der Sohn, ist er aus ihm [scil. dem
> Vater] und ist nicht außerhalb seiner. Ist er aber ein Geschöpf, ist er
> außerhalb seiner. Und ist er der Sohn, ist er aus ihm und wie er. Ist
> er aber ein Geschöpf, ist er außerhalb seiner und nicht aus ihm und
> nicht wie er.[82]

Ähnlich setzt Theodor Gott und Nicht-Gott,[83] den Ersten und den Späteren[84] und den, der angenommen hat, und den, der angenom-men wurde,[85] einander entgegen und legt dar, daß, wer ein Geschöpf sei, auch ein Knecht sei, und wer ein Knecht sei, auch ein Geschöpf sei, wer aber weder dies noch das sei, Gott sei,[86] und daß, wer Herr sei, auch Gott und Geist sei, wer Gott sei, auch Herr und Geist, und wer Geist sei, auch Herr und Gott.[87]

Bei der rhetorischen Argumentation ist Theodors wichtigste Stütze die Schrift. Er beweist, daß die Väter beim Verfassen des Symbols der Schrift folgten[88] und daß manche ihrer Redeweisen aus der Schrift kommen.[89] Er führt die Schrift auch an, um seine Rede auszuschmük-ken[90] oder um manches zu illustrieren und zu veranschaulichen.[91] Die Verse der Schrift und ihre Auslegung sind oft so etwas wie das Fleisch, mit dem der Katechet das Gerippe des Symbols füllt. Gelegentlich zitiert Theodor die Schrift vielleicht auch einfach aus Freude an den Assoziationen, die ihm kommen; zu "gekreuzigt unter Pontius Pilatus" merkt er z.B. gleich an, übrigens habe Paulus das

---

[81] *Hom.cat.* 8,5.10.13.
[82] *Hom.cat.* 4,3; vgl. 3,12.
[83] *Hom.cat.* 1,14.
[84] *Hom.cat.* 3,13.
[85] *Hom.cat.* 8,1.
[86] *Hom.cat.* 9,15.
[87] *Hom.cat.* 14,21.
[88] *Hom.cat.* 1,15; 3,6.8; 4,8.14.16; 5,20f.; 8,18 u.ö.
[89] *Hom.cat.* 4,17; 5,4; 7,1.6; 10,4f.
[90] *Hom.cat.* 1,1–3.
[91] *Hom.cat.* 2,11; 5,13.

Wort vom Kreuz "Kraft Gottes" genannt, und zitiert 1.Kor 1,18 und 2.Kor 13,4.[92]

Aber Theodor argumentiert nicht nur mit der Schrift. In Homilie 3 sagt er, daß Christus kein Geschöpf sei, wie die Arianer behaupten, sei schon vom Naturgesetz, vom allgemeinen Denken und von der Lehre der heiligen Schriften her für jedermann evident und offensichtlich:[93] Nach dem Naturgesetz sei ja ein Sohn immer von der Natur seines Vaters;[94] wenn die Häretiker dann wiederum sagten, der Sohn sei zwar nach der Natur Gott, aber eben nicht so wie der Vater, sondern geringer, so sei das widersprüchlich und schlicht absurd.[95] In der vierten Homilie führt Theodor dann zum Beweis für die Wesensgleichheit des Sohnes mit dem Vater den Grundsatz an, daß Gleiches nur durch Gleiches erkannt werde, Vater und Sohn aber nach dem Zeugnis der Schrift (Matth 11,27) einander erkennten.[96] Es sind also, abgesehen von der Schrift, Naturerkenntnis und allgemeine Evidenz, aber auch Logik, die Theodor insbesondere zu apologetischen und polemischen Zwecken anwendet. Nicht selten führt er den zu Unterweisenden logische Schlußfolgerungen vor (wenn auch nicht so schöne wie im Lehrbuch mit Obersatz, Untersatz und Schluß): Gott ist über alles erhaben; also ist er über die Zeit erhaben und ist von Ewigkeit da. Wenn Gott der Vater von Ewigkeit da ist und Gott der Sohn Gott ist, ist auch der Sohn von Ewigkeit da: der, der von Ewigkeit da ist, aus dem, der von Ewigkeit da ist.[97] Auch die Schlußfolgerung aus soteriologischen Erfordernissen wendet Theodor an, und zwar zum Beweis für die volle Menschheit und den Tod Christi sowie für die Gottheit des Heiligen Geistes.[98] An einer Stelle mutet er seinen Zuhörern schließlich die aristotelische Unterscheidung zwischen *genus* und *differentia specifica* zu.[99] So möchte Theodor, der gegen die Philosophie und ihre Gotteslehre eine herzliche Abneigung hat,[100] dennoch auf das Rüstzeug aristotelischer Logik und Definition nicht verzichten.

---

[92] *Hom.cat.* 6,3.
[93] *Hom.cat.* 3,13; vgl. 3,12.
[94] *Hom.cat.* 4,4.17.
[95] *Hom.cat.* 4,11.
[96] *Hom.cat.* 4,16.
[97] *Hom.cat.* 4,2. Vgl. z.B. 1,16; 2,1.3; 5,4; 9,3.
[98] *Hom.cat.* 5,10–14.17; 7,1; 9,15; 10,6.
[99] *Hom.cat.* 9,15. Ähnlich De inc. (Sachau 56,7–57,10 (35)).
[100] *Hom.cat.* 13,8. Anders als etwa Gregor von Nyssa (*Or.cat.magn.* prol. 4–8) kennt Theodor in der Gottes- und Trinitätslehre auch keinen philosophischen Anknüpfungspunkt.

Im Gang der Erörterung folgt Theodor keinem argumentativen oder rhetorischen Schema; seine Gedanken gehen nicht zielstrebig voran, sie tasten sich eher vorwärts oder machen kreisende Bewegungen. Auch die Folge von positiver Darstellung und Abweisung häretischer Standpunkte hat keine feste Ordnung.[101] Wie in seinen Schriftkommentaren geht er "Vers für Vers" voran – Stückchen für Stückchen, wie er selbst manchmal sagt.[102] Das Bekenntnis hat für Theodor zwar nicht die gleiche Dignität wie die Schrift,[103] aber die Auslegung, die Schritt für Schritt vorangeht, nur nach dem historischen Sinn fragt und überall das theologische System im Auge behält und, wo nötig, entfaltet, ist der Schriftauslegung ähnlich. Daß die Auslegung des Bekenntnisses sich dabei in Erklärungen zu den Einzelabschnitten ohne Verbindung untereinander verliert, verhindert Theodor dadurch, daß er vom Anfang bis zum Ende mit einer gewissen Monotonie immer wieder auf die Systematik hinweist, die die Väter in das Bekenntnis gelegt haben, eine Systematik, die es zusammenhält und zu einem Ganzen macht.

An den Anfang setzten die Väter das "Ich glaube", weil der Glaube, der das Unsichtbare sieht, Anfang und Fundament der Gottesfurcht ist und ohne Glaube nichts als Irrtum bleibt. Ferner führen nach Röm 10,10 Glaube und Bekenntnis zum ewigen Leben.[104] Sodann lehrten die Väter, dem vorläufigen Offenbarungs- und Erkenntnisstand des Alten Testaments entsprechend, die Einheit Gottes und verwarfen den Irrtum der Vielgötterei.[105] Christus übernahm und überbot die alttestamentliche Lehre von der Einheit Gottes, indem er durch seinen Taufbefehl offenbarte, daß der eine Gott in drei Hypostasen erkannt wird;[106] die Väter schlossen sich dem an und lehrten nach der Einheit Gottes die Hypostasen, zuerst den Vater.[107] Den Anfang des zweiten Artikels bauten sie wie den ersten Artikel auf: dem "ein Gott" entspricht "ein Herr", dem "Vater" entspricht "eingeborener Sohn", und dem "Schöpfer aller Dinge" entspricht "Erstgeborener der ganzen Schöpfung".[108] Schon mit dem Namen "Herr Jesus Christus" lehrten die Väter die beiden Naturen:[109] "Herr" bezeichnet die göttliche Natur,[110] "Jesus" ist der

---

[101] Photius hat also keineswegs unrecht, wenn er Theodor mangelnde Ordnung und Konfusion vorwirft (*Bibl.* cod. 177 (Henry II 181), zu der Schrift "*Contra defensores peccati originalis*").

[102] *Hom.cat.* 1,17; 3,15; 5,1; 7,1.

[103] Vgl. dazu unten 1.5.2.

[104] *Hom.cat.* 1,8.12; 2,1.

[105] *Hom.cat.* 1,14.17; 2,1; 3,1.

[106] *Hom.cat.* 2,2–4.

[107] *Hom.cat.* 2,5.

[108] *Hom.cat.* 3,1.

[109] *Hom.cat.* 5,1.

[110] *Hom.cat.* 3,1–3.

Name des Menschen, und "Christus" weist auf die Salbung mit dem Heiligen
Geist hin.[111] Mit der Doppelbezeichnung "eingeboren" und "erstgeboren"
zeigten die Väter ebenfalls die zwei Naturen, zuerst die göttliche und dann
die menschliche.[112] Die Väter fuhren dann erst einmal mit Bestimmungen
zur göttlichen Natur fort,[113] in denen sie zur Abweisung der Häresie immer
neu formulierten, was "eingeborener Sohn" bedeutet,[114] und zuletzt den
Sohn, wie zuvor den Vater auch, Schöpfer nannten.[115] Danach redeten sie
wieder über die menschliche Natur und ihre Ökonomie,[116] jedoch so, daß
sie, um die Einheit der Person zu zeigen, das, was während dieser Ökonomie
geschah, auch der göttlichen Natur zuordneten.[117] Dieser Unterabschnitt
über die Ökonomie ist ebenfalls wohlgeordnet: Erst wird über Ursache und
Zweck der Ökonomie geredet,[118] dann über das Erbarmen und die Selbsterniedrigung Gottes[119] und die Art, in der sich dieses Erbarmen verwirk-
lichte, nämlich die Menschwerdung;[120] die eigentlichen Geschehnisse faßten
die Väter zusammen, indem sie den Anfang (die Geburt) und das Ende
(das Kreuz) der Ökonomie ins Bekenntnis setzten.[121] Der ganze zweite Artikel
ist also dreiteilig aufgebaut; jeder Teil führt von der göttlichen Natur Christi
zur menschlichen Natur und ihrer Ökonomie. Teil 1 ("ein Herr Jesus
Christus") und Teil 2 ("Gottes eingeborener Sohn, der Erstgeborene der
ganzen Schöpfung") sind so etwas wie die einleitende Zusammenfassung
dessen, was dann in Teil 3 entfaltet wird. So kommt es, daß in Homilie
3, die mit dem Anfang des zweiten Artikels auch dessen Teil 1 und 2 enthält, im Kleinen schon eine Auslegung dieses Artikels samt Darlegung der
Zwei-Naturen-Lehre steht. Als auch die Ausführungen zum Heiligen Geist
zu Ende sind, redet Theodor von der Taufe, die der Herr in seiner Überlieferung als Versiegelung der Unterweisung über den dreieinigen Gott
geboten hat.[122] Wie ein Appendix folgen darauf die letzten Punkte des
Glaubensbekenntnisses.[123] Abschließend sagt Theodor, das Bekenntnis sei
gemäß der Überlieferung Christi sowohl Glaubens- als auch Taufbekenntnis,
schließlich aber (womit der Schluß des Bekenntnisses gemeint ist) auch
Bekenntnis zu den Gütern, die dieser Unterweisung und dieser Taufe verheißen sind.[124]

---

[111] *Hom.cat.* 3,5.
[112] *Hom.cat.* 3,6f.10; 5,1.
[113] *Hom.cat.* 3,10; 5,1.
[114] *Hom.cat.* 3,11; 4,3.8.13; 10,1.
[115] *Hom.cat.* 4,18.
[116] *Hom.cat.* 5,2; 6,7.
[117] *Hom.cat.* 6,3.
[118] *Hom.cat.* 5,3; 7,1.
[119] *Hom.cat.* 5,4–6; 7,1.
[120] *Hom.cat.* 5,7; 7,1.
[121] *Hom.cat.* 6,2f.8f.; 7,1.
[122] *Hom.cat.* 10,14.
[123] *Hom.cat.* 10,15–25.
[124] *Hom.cat.* 10,22.

1.3.2. *Katechetische Methode*

Theodor erreicht durch das ständige Rekurrieren auf die Systematik des Glaubensbekenntnisses bei der Auslegung trotz allen Wiederholungen und Exkursen eine große Dichte und Geschlossenheit. Zur Geschlossenheit trägt auch bei, daß Theodors theologische Konzeption das Ganze beherrscht und überall präsent ist. Die theologische Durchdringung ist das Reizvolle und Interessante an Theodors Auslegung des Symbols, sie entschädigt für manche Wiederholung und Abschweifung. Im Gang der Auslegung ist die theologische Konzeption so etwas wie die Mitte, die aus verschiedenen Perspektiven immer neu betrachtet wird. Was in diese Konzeption nicht paßt, wird weitgehend übergangen, so insbesondere die Eschatologie, die fast vollständig auf die Lehre von der Verwandlung der Gläubigen zum neuen Leben reduziert ist.[125] Die Katechese will eben nicht einfach eine Auflistung von Glaubenswahrheiten oder eine apologetische und polemische Verteidigung kirchlicher Lehren sein, sondern eine Erklärung des Glaubens, in dem die Hörer getauft werden sollen. Die Täuflinge sollen nicht nur hören und sich dem unterordnen, was der Glaube der Kirche ist, sondern auch *verstehen*. Das ist das Ziel von Theodors katechetischem Unterricht.

> Wir waren genötigt, viele Worte zu gebrauchen, damit ihr den ganzen Sinn ihres [scil. der Väter] Wortes auch versteht,

sagt Theodor einmal.[126] Sie sollen verstehen, was es heißt, auf den dreieinigen Gott getauft zu werden, verstehen, was christlicher Lebenswandel ist, und in den mystagogischen Homilien verstehen, was die liturgischen Handlungen bei Taufe und Messe bedeuten und was in ihnen Geheimnisvolles geschieht.[127] Was den Katechumenen vorgetragen wird, ist klar und jedermann einsichtig; es überzeugt durch innere Evidenz, nicht durch äußeren Zwang. "Es ist offenbar", "es ist klar", "es ist gewiß", heißt es auf fast jeder Seite.[128] Das Bekenntnis

---

[125] In *Hom.cat.* 7,11–15; 10,21 wird das Pflichtprogramm Eschatologie abgehandelt. Man vergleiche damit etwa das große Gewicht der Eschatologie bei Cyrill von Jerusalem (*Cat.* 4,15; 15; 18).

[126] *Hom.cat.* 6,1.

[127] Vgl. G. Touton, La méthode catéchétique de St Cyrille de Jérusalem comparée à celles de St Augustin et de Thédore de Mopsueste. *POC* 1 (1951), 265–285: 282; A. Lourmel, Théodore de Mopsueste, catéchète. *EtFr N.S.* 18 (1968), 65–80: 69. 79.

[128] *galyâ* – es ist offenbar: *Hom.cat.* 1,2; 3,7; 4,11.16; 5,11; 6,6; 7,5; 9,3; 10,10; 11,8; 12,4; 14,2; 15,15; 16,25 u.ö.; *îdî'â* – es ist gewiß: 2,3; 4,6; 5,12; 6,3; 8,3; 9,6;

hat die Aufgabe, die Christen an Gott und an ihren Glauben und ihre Hoffnung zu erinnern, um sie vor dem Rückfall zu bewahren, und diese Aufgabe erfüllt es dann, wenn es verstanden wird.[129] Theodors Trockenheit, sein mangelnder rhetorischer Glanz ergeben sich daraus, daß es ihm auf Verständlichkeit, Klarheit und Evidenz ankommt. Er folgt da dem Motto aus Goethes Faust: "Es trägt Vernunft und rechter Sinn/Mit wenig Kunst sich selber vor." Eine weitere Folge dieses Grundanliegens Theodors ist es, daß die apologetische und polemische Zurückweisung von Gegnern gegenüber positiven Ausführungen und Erklärungen stark zurücktritt. Dies unterscheidet Theodor als Katecheten von Cyrill von Jerusalem, der seine Schüler für den Streit mit Heiden, Samaritern, Juden und Häretikern mit einem Arsenal von Argumenten ausrüsten will[130] und oft einfach biblische Beweise für die Glaubenssätze sammelt,[131] aber auch von Gregor von Nyssa, der sich viel Mühe mit der Verteidigung von Glaubenslehren, etwa der Lehre von der Trinität und der vom Ursprung des Bösen, gegen philosophische Einwände macht.[132]

Innerhalb des katechetischen Werkes gibt es nun aber ein deutliches Gefälle: Die beschriebene Ausrichtung auf den Verstand ist in den Teilen, die sich mit dogmatischen Themen befassen, weitaus mehr zu finden als in denen, die von den Mysterien handeln. In der ersten Homilie wird dies besonders deutlich: Theodor eröffnet sie, indem er mit Begeisterung und hinreißendem Schwung über das redet, was kein Auge gesehen und kein Ohr gehört hat, die herrlichen Geheimnisse, die Gott bereitet hat.[133] Im Folgenden – Theodor kommt auf die Sakramente, dann auf die Aufgabe des Symbols zu

---

10,10; 11,15; 14,2; 15,17; 16,16 u.ö.; *galyâ dîdîʿâ* – es ist offenbar, daß gewiß ist: 2,16; *îdîʿâ wgalyâ* – es ist gewiß und offenbar: 3,2.13; *galyâ wîdîʿâ* – es ist offenbar und gewiß: 5,13; 7,5; 10,12f.; *pšîqâ* – es ist klar: 6,11; 9,14; *dnîhâ* – deutlich: 4,17; *îdîʿâ wadnîhâ* – gewiß und deutlich: 3,11; 9,2; *galyâ wadnîhâ* – offenbar und deutlich: 9,3; *galyâʾît* – offensichtlich 2,1f.; 3,1; 4,14; 5,12; 6,2.5; 7,1.14f.; 8,3; 9,3.14.16; 10,4; 12,18; 13,8; 14,7; 15,2; 16,12 u.ö.

[129] *Hom.cat.* 1,7.13.

[130] *Procat.* 10; vgl. z.B. *Cat.* 12,27–33; 13,37. Anders Johannes Chrysostomus, der seinen Täuflingen rät, sich mit Häretikern lieber auf keine Diskussion einzulassen (*Cat.bapt.* 3/1,24).

[131] Z.B. *Cat.* 10,8f.; 12,2–4.8–12.17–24; 13,3–17.23–32; 14,2–30; 16,25–32. Nicht ganz verständlich, auch in Hinblick auf Cyrills Ketzerpolemik (*Cat.* 6,12–36), ist mir, wie Georges Touton (La méthode 272f.) Theodor als grimmigen Polemiker darstellt, Cyrill aber als sanftes Gemüt, das Häretiker nur zur größeren Klarheit der katholischen Lehre bekämpft.

[132] *Or.cat.magn.* 1–8.

[133] *Hom.cat.* 1,1–3.

sprechen – wird die Rede zunehmend nüchterner.[134] Nüchternheit gewinnt danach mit der Auslegung des ersten Artikels die Oberhand und behält sie bis zum Ende der Homilien über das Symbol und zur Homilie über das Vaterunser. In den mystagogischen Homilien ändert sich das aber wieder. Eine gewisse Neigung zur Redundanz und zu Exkursen gibt es zwar immer noch,[135] aber Theodor, nun nicht mehr an Worte und Gedanken des Symbols gebunden, wird in der Darstellung freier und bringt zur Erklärung der Riten bei Taufe und Eucharistie auch Parallelen aus dem weltlichen Leben[136] und eigenständige kurze Abrisse der Heilsgeschichte.[137] Sein Stil wird wieder leidenschaftlicher, seine Sprache reicher an Bildern. War er in den Homilien zum Glaubensbekenntnis um das mehr intellektuelle Verständnis der Glaubenslehren bemüht, so möchte er nun den Täuflingen die Geheimnisse und tiefen Wahrheiten, die in und hinter den sakramentalen Handlungen liegen, einprägen: Bei den Exorzismen findet der Prozeß Satans mit Gott um einen Menschen, den beide für sich beanspruchen, statt.[138] Die Taufe ist eine neue Geburt, und das Taufwasser ist wie ein Ofen, aus dem wir als gebrannte irdene Gefäße hervorgehen.[139] In der eucharistischen Liturgie erkennen wir mit heiligem, ehrfürchtigem Schaudern Christus und seine Engel den himmlischen Gottesdienst vollziehen,[140] ja, wir erleben den Urtyp dieser Liturgie, die Passion und Auferstehung Christi, noch einmal.[141] Christus selbst begegnet uns im eucharistischen Brot, grüßt uns, offenbart uns seine Auferstehung und gibt uns das Angeld der kommenden Güter.[142] Diese Speise ist hochheilig und gebührt nicht

---

[134] *Hom.cat.* 1,4–7.

[135] So z.B. *Hom.cat.* 14,9–13.21–25.

[136] *Hom.cat.* 12,14–17.27.

[137] *Hom.cat.* 12,6.8–10.18–22; 13,6; 14,1.5. 11f.14; ebenso auch schon 1,4f. Diese heilsgeschichtlichen Abrisse und Gegenüberstellungen des Zustands unter Adam und unter Christus finden sich in Theodors Werken auch sonst zahlreich, oft im Zusammenhang der Taufe: *In Matth.* 3,15–17 (*TU* 61, 101, Fgm. 14,2–21); *In Ioh.* II 3,29 (CSCO 115, 78,19–79,5); IV 10,31 (ebd. 214,22–215,8); VI 17,21 (ebd. 319,24–320,22); *In Rom.* 7,4 (*NTA* 15, 124,7–16); *In Gal.* 3,27f. (Swete I 57,1–8). Vgl. ferner ohne Zusammenhang der Taufe *In Ioh.* VI 17,11 (CSCO 115, 313,12–314,10); *In Rom.* 5,13 (NTA 15, 119,12–26); *In I.Cor.* 11,3 (ebd. 187,8–14); 15,45–47 (ebd. 195,11–20); *In Eph.* 1,22f. (Swete, I 140,9–15); *C.def.pecc.orig.* III (*ACO* I 5, 175,30–176,7).

[138] *Hom.cat.* 12,18–25; 13,1.

[139] *Hom.cat.* 14,9–13.

[140] *Hom.cat.* 15,21–24.

[141] *Hom.cat.* 15,25–29.

[142] *Hom.cat.* 16,20.

jedermann, sondern nur den Wiedergeborenen;[143] wegen ihrer Größe und Würde soll sie mit viel Furcht und großer Liebe empfangen werden.[144] Feierlich stellt Theodor fest:

> Du hast die Bezeichnung [i.e. die Salbung vor der Taufe] empfangen, das Zeichen, daß du zu einem unaussprechlichen Dienst auserwählt bist. Zum Himmel bist du nunmehr berufen,[145]

und ebenso später:

> Von dieser Art ist jene Wiedergeburt, die wir durch die Taufe bekommen, der ihr euch jetzt nahen werdet; wir erwarten, daß wir von ihr weitergehen werden zu der wirklichen furchtbaren Geburt, ich sage aber: zur Auferstehung,[146]

und wiederum:

> Ein allgemeines Opfer ist geschlachtet und eine allgemeine Opfergabe dargebracht für alle, nicht nur die Nahen, sondern auch die Fernen, soweit sie im Glauben Gemeinschaft [mit uns] haben und zur Kirche Gottes gezählt wurden und ihr Leben in ihr vollendet haben.[147]

1.3.3. *Hörer und Leser der Homilien*

Wer waren nun aber Theodors Zuhörer? Theodor redet zu ihnen mit Wärme und Freundlichkeit, nennt sie "ihr Lieben"[148] und sagt am Schluß jeder Homilie in väterlichem Ton, nun sei es aber genug für heute, nun sei es Zeit für ein Loblied auf den dreieinigen Gott. Er erinnert die Hörer an die lange Zeit, die sie sich von der Welt getrennt gehalten haben. Die Zeit jetzt, da ihnen die Geheimnisse überliefert werden sollten, sei für sie voller Furcht; sie bereiteten sich mit Fleiß darauf vor.[149] Gregor von Nyssa und Augustin empfahlen dem Katecheten, sich auf ihre Hörer einzustellen. Man müsse nach

---

[143] *Hom.cat.* 16,22.
[144] *Hom.cat.* 16,28. Vgl. dazu insgesamt auch J. Quasten, The Liturgical Mysticism of Theodore of Mopsuestia. *TS* 15 (1954), 431–439. Von "furchtbaren Geheimnissen" spricht Theodor auch am Anfang der ersten Homilie (1,2.4.6). Rudolf Abramowski schrieb zu den Homilien über die Taufe, sie seien in ihrer rhetorischen Wucht und eindrucksvollen Einfachheit wohl das Beste, was Theodor geschrieben habe (Neue Schriften Theodors von Mopsuestia. *ZNW* 33 (1934), 66–84: 82).
[145] *Hom.cat.* 13,19.
[146] *Hom.cat.* 14,28.
[147] *Hom.cat.* 15,44.
[148] *Hom.cat.* 2,1.19; 4,1.19; 5,1 u.ö.
[149] *Hom.cat.* 1,13.

den Motiven fragen, die sie zur Taufe führten, um hier anzuknüp-
fen und bei denen, die nicht um der Sache selbst willen gekommen
seien, doch Lust und Freude an den geistlichen Lehren zu erwecken.[150]
Auch müsse die Katechese verschieden gestaltet werden, je nachdem, was die Kandidaten vorher gewesen seien, ob Heiden, Atheisten,
Juden oder Angehörige einer Häresie oder Sekte, ferner nach Bildungs-
stand, Geschlecht, Nationalität, Alter, sozialer Schicht usw.[151] Ob
Theodor solche Ratschläge beherzigt hat, wissen wir nicht; er geht
in den Homilien jedenfalls nicht darauf ein. Theodor mutet seinen
Hörern nicht selten komplizierte und wenig anschauliche Gedanken-
gänge, logische Schlußfolgerungen und dergleichen mehr zu. Geir
Hellemo meint daher, seine Hörer kämen wohl aus gebildeten und
begüterten Kreisen.[152] Das ist jedoch nicht zwingend. Durch die häufige Wiederholung des Wesentlichen ermöglicht Theodor es selbst in
der (wohl anspruchsvollsten) achten Homilie auch dem, der seine Argumente und Schlußfolgerungen nicht in allem verstehen kann, doch
etwas zu lernen, das Wichtigste mitzubekommen und, wenn der Anschluß verpaßt ist, wieder einzusteigen. Insofern könnte man Theodor
sogar dafür loben, daß er den Gebildeten und Intellektuellen unter
seinen Hörern nichts schuldig bleibt, den weniger Gebildeten aber
durch viel Redundanz das Wesentliche einprägt. Leider wissen wir
nicht, wann und wo Theodor seine Homilien gehalten hat, ob in
Antiochia, in Tarsus oder in Mopsuestia.[153] War er bereits ein berühm-
ter Theologe und Kanzelredner, so mag man ihm gestattet haben,
vielleicht gar von ihm erwartet haben, daß er auch einmal über die
Köpfe seiner Hörer hinwegpredigte.

Das "Buch an die Täuflinge", wie die katechetischen Homilien auch
genannt werden, macht überall den Eindruck eines lebendigen Vor-
trages. Anhand der in unserer syrischen Version nicht verifizierba-
ren Fragmente haben wir festgestellt, daß Theodors Homilien wohl
bereits in bearbeiteter Form auf uns gekommen sind.[154] Ihr Charakter
als mündliche Rede ist dabei aber nicht verlorengegangen. Wenn
Theodor etwa am Ende der dritten Homilie sagt, hier sei noch vieles
zu sagen, aber für heute wolle er erst einmal Schluß machen, und

---

[150] Augustin, *De cat.rud.* V 9; vgl. auch Cyrill von Jerusalem, *Procat.* 4f.
[151] Gregor von Nyssa, *Or.cat.magn.* prol.; Augustin, *De cat.rud.* XV 23.
[152] *Adventus Domini.* SVigChr 5. Leiden 1989: 202.
[153] Vgl. dazu unten 3.8.
[154] Vgl. oben 0.3.3.

dann zu Beginn der vierten Homilie fortfährt, die Hörer möchten sich doch erinnern, wo er stehengeblieben sei, so hat wohl tatsächlich der Blick auf den Stand der Sonne, auf die Aufmerksamkeit und auf sein Konzept (falls er ein solches schriftlich vor sich hatte) es Theodor ratsam erscheinen lassen, hier den Einschnitt zu machen. Die zehnte Homilie wiederum muß er ein wenig in die Länge ziehen, nachdem er in Homilie 9 nicht über "Und an den einen Heiligen Geist" hinausgekommen war. Die letzten Punkte des Bekenntnisses werden schließlich im Eilverfahren verhandelt.[155] Ein anderes Mal bedauert Theodor, über das Thema (es handelt sich um die volle Menschheit Christi) nicht noch mehr sprechen zu können, obwohl er noch viel zu sagen wüßte, und tröstet sich, für die Gutwilligen sei das bisher Gesagte genug, und bei den Häretikern nützten auch noch so viele Worte nichts.[156]

Einer der Zuhörer Theodors wird mitgeschrieben haben (so wie bei den Katechesen Cyrills)[157] und die sechzehn Predigten zu dem "Buch an die Täuflinge" gemacht haben, jenem großen Katechismus über Glauben, Sitte und Mysterien, als der Theodors katechetisches Werk schnell berühmt wurde. Daß diese Niederschrift mit Theodors Billigung erfolgte und bald veröffentlicht wurde, kann man daran sehen, daß Theodor bereits in seiner "*Disputatio cum Macedonianis*" auf sie verweisen kann.[158]

Als Leser des "Buches an die Täuflinge" werden wir uns Gebildete vorzustellen haben, vielleicht theologisch interessierte Laien, auf jeden Fall Kleriker, die in ihm sowohl ein dogmatisches und theologisches Handbuch hatten als auch einen Leitfaden für den katechetischen Unterricht.

1.4. Theodor der Polemiker

1.4.1. *Häretiker, Heiden und Juden*

Theodor genoß zu seiner Zeit großes Ansehen als Bollwerk der Orthodoxie.[159] In die theologischen Streitigkeiten seiner Epoche griff

---

[155] *Hom.cat.* 10,20f.
[156] *Hom.cat.* 6,1.
[157] Vgl. P. Bruns, *Den Menschen mit dem Himmel verbinden.* CSCO 549. Löwen 1995: 35.
[158] *Disp. cum Mac.* 6.
[159] S.o. 0.2.2.

er selbst tatkräftig ein: Mit "*Contra Eunomium*" und der *Disputatio cum Macedonianis* beteiligte Theodor sich an der Schlußphase des trinitarischen Streites. Die Christologie behandelten "*De incarnatione*", noch einmal "*Contra Eunomium*" und schließlich "*Contra Apollinarem*". "*Adversus allegoricos*" befaßte sich offenbar in Auseinandersetzung mit dem origenistischen Erbe mit Fragen der Hermeneutik. Im Alter schrieb Theodor noch ein Werk gegen die abendländische Erbsündenlehre, "*Contra defensores peccati originalis*". Die genannten Werke sind bis auf die Disputation mit den Makedonianern sämtlich verloren. Von "*De incarnatione*", der am meisten zitierten Schrift Theodors, sind umfangreiche Fragmente erhalten,[160] weniger umfangreiche von der 30 Jahre später verfaßten Schrift "*Contra Apollinarium*",[161] vom Spätwerk gegen die Erbsündenlehre,[162] von "*Contra Eunomium*"[163] und von "*Adversus allegoricos*".[164]

Zu den vornehmlichen Aufgaben des Katecheten gehört es, die im Glauben Unerfahrenen vor dem Gift der Häresie zu bewahren. Die Worte, die Theodor in den katechetischen Homilien über die Häretiker findet, sind denn auch nicht schonend: Häretiker sind bösartig und unbelehrbar,[165] töricht[166] und ohne Glauben;[167] was sie lehren, ist

---

[160] Lagarde 100–106; Sachau 45–93 (28–57); Swete II 290–312. Vgl. dazu M. Richard, La tradition des fragments du traité Περὶ τῆς ἐνανθρωπήσεως de Théodore de Mopsueste. *Muséon* 56 (1943), 55–75; L. Abramowski, Die Reste der syrischen Übersetzung von Theodor von Mopsuestia, De incarnatione, in Add. 14.669, in: *A Festschrift for Dr. Sebastian Brock*. Aram 5 (1993), 23–32. Bei Richard, La tradition 63 Zeile 2f. lies "*la fin du c. 63* [statt *62*] *(L. VIII) et le début du c. 64* [statt *63*] *(L.IX); . . .*" Ebd. Zeile 4 lies "*un passage du c. 73* [statt *66*] *(L.XI); . . .*" Seite 73 unter 19. – lies *LXIII* (statt *LXXI*).

[161] Sachau 97 (60); Swete II 312–322. Zur Abfassungszeit vgl. Theodors Angabe in *C.Apoll.* I (Facundus, *Pro def.* X 1,20).

[162] Swete II 332–337.

[163] Swete II 322f.; L. Abramowski, Ein unbekanntes Zitat aus "Contra Eunomium" des Theodor von Mopsuestia. *Muséon* 71 (1958), 97–104; R.P. Vaggione, Some Neglected Fragments of Theodore of Mopsuestia's Contra Eunomium. *JThS N.F.* 31 (1980), 403–470.

[164] Facundus, *Pro def.* III 6,13f.; X 1,29. Vielleicht ist eine in der syrischen Überlieferung des Psalmen-Kommentars erhaltene kurze Abhandlung über die Metaphern der Bibel und die allegorische Exegese im Heidentum, bei Philo und bei Origenes (CSCO 435, 1–14) eine Zusammenfassung dieses Werkes, vgl. L. van Rompay, *Théodore de Mopsueste, Fragments syriaques du Commentaire des Psaumes (Psaume 118 et Psaumes 138–148) traduits.* CSCO 436. Löwen 1982: XXXVII–XLVII; D.T. Runia, *Philo in Early Christian Literature.* CRI III 3. Assen 1993: 265. 269.

[165] *Hom.cat.* 3, 11; 4,9.12; 6,1; 9,14; 10,1f.

[166] *Hom.cat.* 13,11.

[167] *Hom.cat.* 1,9f.12.

neu[168] und widerspricht der Logik und allen Erfahrungen.[169] Als der
Teufel nämlich gesehen hatte, daß die Vielgötterei durch Christi
Predigt überwunden war, hat er als Ersatz für sie zum Verderben
der Menschen die Häresien erfunden.[170] So sagt Theodor:

> Engel des Satans sind die Führer der Häresien, alle die, die, fern von
> der Gottesfurcht, nach dem Kommen Christi, unseres Herrn, sich etwas
> im Namen Christi ausgedacht und in die Welt gebracht haben.[171]

An solchen Giftmischern kennt Theodor zunächst einmal die Gnostiker.
Er benennt sie nach Markion, Mani und Valentin und wirft ihnen
in der Christologie Doketismus und in der Schöpfungslehre die
Behauptung einer anderen Ursache als Gott für die sichtbare Welt
vor.[172] Auch Paul von Samosata wird nicht geschont:

> Er sagte, Christus, unser Herr, sei ein bloßer Mensch, und leugnete
> die Hypostase der Gottheit des Eingeborenen vor den Zeiten.[173]

Sie alle sind schon mindestens 100 Jahre tot und sind kaum reale
Gegner Theodors, stehen auch nicht für häretische Bewegungen, mit
denen Theodor es direkt zu tun hätte, sondern sind Begriffe in der
dogmatischen Wissenschaft geworden. Bei der Widerlegung der
Christologie des Arianismus kann Theodor z.B. darauf hinweisen,
daß die Art, wie die Arianer Christi göttliche Natur (die laut Arius
freilich keine solche ist) in seine menschliche Natur einbinden, konsequenterweise zum gnostischen Doketismus führt.[174]

Sowohl Heiden als auch Juden, die Theodor bei der Erläuterung
des Glaubens an einen Gott in den beiden ersten Homilien kurz
zurückweist und deren Treiben er in Homilie 13 bei der Auslegung
der Abrenuntiationsformel scharf attackiert, hat es neben Theodors
Gemeinde gegeben. Doch die apologetische Auseinandersetzung mit
ihnen zeigt, daß auch sie für Theodor eher gedachte als wirkliche
Gegner sind. Die Gefahr, die er für die Katechumenen von dieser

---

[168] *Hom.cat.* 3,12; 4,11; 5,16. Theodor kann im Rahmen seiner heilsgeschichtlichen Theologie dem Begriff des Neuen auch einen günstigen Sinn geben, vgl. besonders *Hom.cat.* 1,3.
[169] *Hom.cat.* 3,12; 4,11.17; 9,15.
[170] *Hom.cat.* 13,11.
[171] *Hom.cat.* 13,8.
[172] *Hom.cat.* 5,8f.; 7,1f.; 13,8.
[173] *Hom.cat.* 13,8.
[174] *Hom.cat.* 5,9.

Seite fürchtet, kommt weniger von ihren Einwänden gegen die christliche Lehre als von ihren Umtrieben (besonders bei den Heiden).

1.4.2. *Arianismus*

Interessanter sind Theodors Nachrichten über den Arianismus. Das Ende dieses Streites hatte er als junger Theologe noch miterlebt.

Die Arianer freilich gab es zu jener Zeit als einheitliche dogmatische oder kirchenpolitische Partei schon gar nicht mehr. Aus dem alexandrinischen Presbyter Arius, der in Christus das oberste Geschöpf sah und das Wesen der Gottheit, das Ungewordensein (ἀγεννησία) allein dem Vater vorbehielt[175] und darüber mit seinem Bischof Alexander in Streit geraten war, war zwar nach dem Konzil von Nicäa 325 eine große und kirchenpolitisch mächtige Partei unter dem Bischof Euseb von Nikomedien hervorgegangen, die im Osten ihre Gegner wie Athanasius, Marcell von Ancyra und Eustathius von Antiochien von ihren Stühlen vertreiben konnte. Doch seit den 50er Jahren des vierten Jahrhunderts zerfiel die Partei in mehrere Fraktionen, die sich lediglich darin einig waren, daß Gott Vater und der Sohn nicht eines Wesens (ὁμοούσιος) seien, wie es das Konzil von Nicäa definiert hatte. Neben die Partei der Neuarianer Aetius und Eunomius, die den Sohn als dem Vater unähnlich (ἀνόμοιος) bezeichneten (Anhomöer), traten die von den Kaisern Konstantius II. und Valens bevorzugten Homöer, die das Wesen des Vaters und des Sohnes für einander ähnlich (ὅμοιος) hielten und eine Vorliebe für Definitionen hatten, die besonders dehnbar waren und die jeder in seiner Weise auslegen konnte. Die Homöusianer schließlich nannten Vater und Sohn einander wesensähnlich (ὁμοιούσιος), mieden aber das nicänische ὁμοούσιος, weil es ihnen den Unterschied zwischen Vater und Sohn zu verwischen schien. Doch sie schlossen sich seit der Synode von Alexandria 362 immer mehr mit den Anhängern des Nicänums zusammen und hatten so maßgeblichen Anteil am Sieg der orthodoxen Partei im Arianischen Streit.[176]

Das meiste, was Theodor über den Arianischen Streit berichtet, hat schon den Charakter von Schulbuchwissen: Arius und sein Kumpan Eunomius lehrten, Gott der Sohn sei ein Geschöpf und sei aus Nichts erschaffen worden;[177] seine Substanz sei eine andere als die des Vaters.[178]

---

[175] A.M. Ritter, Art. Arianismus, in: *TRE* 3. Berlin (West), 692–719: 699–703. Zur neueren Forschung vgl. ders., Arius redivivus? *ThR* N.F. 55 (1990), 153–187.

[176] Vgl. Baus-Ewig, Die Reichskirche 1 17–78; Ritter, Arianismus 706–713; G.C. Stead, Art. Homousios, in: *RAC* 16. Stuttgart 1994, 364–433: 401–418.

[177] *Hom.cat.* 3,12; 4,3.7; 5,1f.; 9,2; 13,8.

[178] *Hom.cat.* 4,17.

Wegen dieser Häresie habe Konstantin der Große die Synode von Nicäa veranstaltet.[179]

Doch Theodor hat über den Arianismus auch einiges Detailwissen: So sei nach arianischer Lehre Christus nicht nach der Natur Sohn Gottes, sondern werde aus Gnaden so genannt, weil er nämlich zum Sohn adoptiert worden sei.[180] In der Tat lehrten die Arianer, Christus werde μετοχῇ χάριτος Sohn und Gott genannt, denn er sei nach seiner Erschaffung zum Sohn adoptiert worden, und zwar als Belohnung im Voraus für seine Tugend in der Präexistenz und im Erdenleben.[181] Mit einem Wort: Christus sei nicht nach der Natur (φύσει), sondern durch Setzung (θέσει) Sohn Gottes.[182] Theodor geht es hier freilich weniger um exaktes Wissen zur Ketzergeschichte als um die rechte Unterscheidung dessen, was für Christi göttliche Natur gilt, von dem, was für Christus den Menschen und alle anderen Menschen gilt.

Korrekt ist auch, was von der Christologie der Arianer berichtet wird: Sie sagten, der Logos habe einen seelenlosen Leib angenommen.[183] So heißt es im Glaubensbekenntnis des Arianers Eudoxius:

> Wir glauben an den einen Sohn ... den Fleischgewordenen, nicht Menschgewordenen. Er nahm nämlich keine menschliche Seele an, sondern wurde Fleisch, auf daß Gott sich uns Menschen durch das Fleisch wie durch einen Vorhang offenbare; nicht zwei Naturen, weil er kein vollkommener Mensch war, sondern statt der Seele Gott im Fleisch, insgesamt eine Natur gemäß der Zusammensetzung, leidensfähig um der Ökonomie willen.[184]

Schließlich weiß Theodor noch zu berichten, die Arianer nennten Christus zwar Gott nach seiner Natur, jedoch sei er nicht wie Gott der Vater, sondern Gott auf einer niedrigeren Stufe.[185] Diese arianische Wandelbarkeit und Inkonsequenz, Christus Geschöpf und Gott

---

[179] *Hom.cat.* 3,12; 9,2.
[180] *Hom.cat.* 4,9; 13,8.
[181] Alexander von Alexandrien, *Ep.ad Alex.Const.* (Theodoret, *Hist.eccl.* I 4,12); Athanasius, *Or.c.Ar.* I 5f.9.37; *De sent.Dion.* 23,1; *De synod.* 15,3; *Ep.ad episc.Aeg.et Lib.* 12. Vgl. R. Lorenz, *Arius judaizans?* FKDG 31. Göttingen 1979: 122–135.
[182] *Hom.cat.* 3,11; vgl. Alexander von Alexandrien, *Ep.ad Alex.Const.* (Theodoret, *Hist.eccl.* I 4,13.29.31); Athanasius, *De sent.Dion.* 23,1; Cyrill von Jerusalem, *Cat.* 11,7. Vgl. Lorenz, *Arius* 77f.
[183] *Hom.cat.* 5,9.
[184] *BSGR* § 191; vgl. auch Eustathius, *De an.c.Ar.* fgm. 15; *Or.c.Ar.* fgm. 41.47; die 2. sirmische Formel von 357 (*BSGR* § 161); Epiphanius, *Panar.* 69,19,7; 69,48; Pseudo-Athanasius, *C.Apoll.* I 15; II 3. Vgl. Lorenz, *Arius* 211–215.
[185] *Hom.cat.* 4,11. Vgl. 13,8: Sie nennten die Substanz des Sohnes Kreatur, sagten aber trotzdem, sie hielten ihn für Gott nach seiner Natur.

zu nennen, offenbar in Anknüpfung an den origenistischen Subor-
dinatianismus mit seiner Unterscheidung mehrerer ontologischer Stufen
innerhalb Gottes,[186] hat auch Athanasius beklagt.[187]

Bei der Widerlegung alles dessen greift Theodor oft auf Argumente
aus dem Arianischen Streit zurück. Die Arianer, besonders ihre stets
auf möglichst nichtssagende und dehnbare Definitionen und Begriffe
bedachte Fraktion der Homöer, lehnten das nicänische ὁμοούσιος
mit der Begründung ab, daß es unbiblisch sei.[188] Athanasius wurde
nicht müde, das ὁμοούσιος gegen diesen Vorwurf in Schutz zu nehmen: Das Wort stehe zwar so in der Tat nicht in der Schrift, aber
sein Sinn sei durchaus, schriftgemäß.[189] Ebenso argumentiert auch
Theodor, wenn er bei der Auslegung des zweiten Artikels das ὁμοούσιος
behandelt und beweist, daß es, unter vielen Stellen verborgen, dem
Sinne nach doch in der Schrift steht.[190] Den Vorwurf, er lehre mehrere Götter, weist Theodor zurück.[191] Selbst beruft er sich auf Joh
10,30; 14,9, so wie einst Athanasius.[192] Recht abgedroschen schon
ist es, wenn er den Arianern bescheinigt, sie krankten an den Torheiten
der Juden (weil sie nicht an die Gottheit des eingeborenen Sohnes
glaubten)[193] und der Heiden (weil sie den Sohn für ein wenn auch
inferiores göttliches Wesen neben dem Vater hielten).[194] Auch sonst
gibt es Parallelen zwischen Theodors Homilien und der antiarianischen Literatur: So zeige bereits die Bezeichnung Gottes als Vater,

---

[186] Vgl. Origenes, *In Ioh.* II 2,17; *C.Cels.* V 39; Euseb, *De eccl.theol.* II 14,3f.;
17,1–3.
[187] *Ep.ad Afr.* 5; vgl. auch Epiphanius, *Panar.* 62,8,1.
[188] Vgl. die 2. sirmische Formel von 357 (*BSGR* § 161), die 4. sirmische Formel
von 359 (ebd. § 163) und die Formeln von Nike (ebd. § 165) und Seleukia (ebd.
§ 166), ferner Gregor von Nazianz, *Or.* 21,22.
[189] *Or.c.Ar.* I 30; *De decr.Nic.synod.* 1,1; *De sent.Dion.* 18,2; *Ep.ad Afr.* 6.
[190] *Hom.cat.* 4,14–17.
[191] *Hom.cat.* 3,2.
[192] *Hom.cat.* 4,14.16; vgl. *Or.c.Ar.* III 3.5.10.17.55.67. Die besagten Bibelstellen
waren um 200 von den Modalisten angeführt worden, vgl. Tertullian, *Adv.Prax.* 20,1;
Pseudo-Hippolyt, *C.Noet.* 7; Epiphanius, *Panar.* 62,2,3. Die doppelte Stellung von
Joh 10,30 im ausgehenden 4. Jahrhundert, einerseits als Argument gegen den
Arianismus, andererseits, als ein den Monarchianern zu entwindender Schriftbeweis,
läßt sich gut bei Epiphanius, *Panar.* 62,4,3–7 sehen.
[193] *Hom.cat.* 1,11; 13,8; vgl. Athanasius, *Or.c.Ar.* I 38; II 17; III 27f.; *De decr.Nic.synod.*
2,1; die 1. sirmische Formel von 351 anath. 11 (*BSGR* § 160); Gregor von Nazianz,
Or. 2,37; Gregor von Nyssa, *C.Eun.* III 7,8; *Ep.* 3,8; Ambrosius, *De inc.dom.sacr.* 2,9.
[194] *Hom.cat.* 13,8; vgl. Athanasius, *Or.c.Ar.* III 16; *Ep.ad Adelph.* 3; Pseudo-Athanasius,
Or.c.Ar. IV 10; Gregor von Nazianz, *Or.* 2,37.

daß es auch einen Sohn geben müsse.[195] Zwischen Gott als Vater
(scil. des eingeborenen Sohnes) und Gott als Schöpfer sei streng zu
unterscheiden.[196] Der Sohn sei eben nicht aus Nichts erschaffen worden.[197] Gott sei immer Vater gewesen, und der Sohn sei weder zeitlich später als er noch habe er überhaupt einen zeitlichen Anfang.[198]
Schließlich müsse der Sohn auch das sein, was der Vater ist, nämlich Gott, denn Söhne und Väter hätten ja immer eine gemeinsame
Natur oder Substanz, wie man an Mensch und Tier sehen könne.[199]
Interessant ist insbesondere Theodors Auslegung von "der Erstgeborene
der ganzen Schöpfung".[200] Dieser hymnische Name Christi aus dem
Kolosserbrief wurde traditionell auf den Logos gedeutet.[201] Die Arianer
fanden darin einen Beweis dafür, daß Christus das erste der Geschöpfe
und nicht Gott von Ewigkeit sei.[202] Manche wiesen das zwar zurück,
hielten aber doch daran fest, mit dem Erstgeborenen sei der Logos
gemeint.[203] Theodor aber, zu dessen Taufsymbol dieser Satz gehört,
schließt sich an die Auslegung des Athanasius und Marcellus[204] an:
Christus ist als Mensch der Erstgeborene aller Kreaturen, denn er
wurde als erster Mensch zum neuen, unsterblichen Leben verwandelt.

1.4.3. *Pneumatomachen*

Die Pneumatomachen waren eine in sich uneinheitliche Bewegung.
Gemeinsam war ihnen, daß sie zurückschraken vor der Bezeichnung
des Heiligen Geistes als Gott. Sie traten zuerst in Ägypten unter der
Bezeichnung "Tropiker" auf. Athanasius schrieb über sie die Briefe
an den Bischof Serapion von Thmuis. Diese Briefe an Serapion beka-

---

[195] *Hom.cat.* 2,10; vgl. Athanasius, *Or.c.Ar.* III 6.
[196] *Hom.cat.* 2,10–19; vgl. Athanasius, *Or.c.Ar.* I 29.
[197] *Hom.cat.* 3,12; 5,1; vgl. Athanasius, *Or.c.Ar.* I 24–29.
[198] *Hom.cat.* 2,7–9.16; 4,2.5f.; vgl. Athanasius, *Or.c.Ar.* I 9.11.14.27; III 66; *Ep.ad Serap.* I 16. Vgl. auch die das Urnicänum abschließenden Anathematismen.
[199] *Hom.cat.* 4,17; vgl. Athanasius, *Ep.ad Serap.* II 6; *De synod.* 41,5–7; 42,1f.; 51,1.6f.
[200] *Hom.cat.* 3,6–10.
[201] Justin, *Dial.* 84,2; Theophil von Antiochien, *Ad Autol.* II 22; Clemens von Alexandrien, *Exc.ex Theod.* 19,4; Origenes, *De princ.* II 6,1; IV 4,1; *Comm.in Ioh.* XXVIII 18 (14),159; Novatian, *De trin.* 21,4. Tertullian sagte, der Logos sei zugleich eingeborener und erstgeborener Sohn (*Adv.Prax.* 7,1), was Theodor ja gerade als logisch unmöglich bestritten.
[202] Athanasius, *Or.c.Ar.* II 62f.; III 9; Basilius, *Adv.Eun.* II 23; Gregor von Nyssa, *C.Eun.* III 2,48; Apollinaris, *Fid.sec.part.* 1; Ambrosius, *De fid.* I 7,48.
[203] Pseudo-Basilius, *Adv.Eun.* IV (MPG 29, 701 BC); Ambrosius, *De fid.* I 7,48.
[204] Athanasius, *Or.c.Ar.* II 62; III 9; *Tom.ad Ant.* 7; Euseb, *C. Marcell.* II 3,6f.

men später in der Auseinandersetzung mit den Pneumatomachen programmatische Bedeutung.

Theodor weiß, daß es unter den Pneumatomachen (einen Ketzernamen hat er nicht für sie) verschiedene Gruppen gibt: Die einen nennten den Heiligen Geist offen ein Geschöpf und einen Knecht, während die anderen nicht so weit gingen, ihn allerdings auch nicht Gott nennen wollten.[205] Dies stimmt mit unseren Kenntnissen über die Pneumatomachen durchaus überein. Zur ersten Gruppe gehören die Tropiker des Athanasius[206] und, wenn der Kirchengeschichte Theodorets hier Glauben zu schenken ist, auch der homöusianische Bischof Macedonius von Konstantinopel, von dem die Pneumatomachen den Namen "Makedonianer" bekommen sollten.[207] Der Führer der kleinasiatischen Pneumatomachen, Eustathius von Sebaste, wollte den Heiligen Geist dagegen weder Gott noch Geschöpf nennen.[208] Hier war übrigens auch der große Basilius sehr vorsichtig und zurückhaltend.[209] Weiter verbreitet als die Bezeichnung als Geschöpf war die Bezeichnung des Heiligen Geistes als Knecht.[210]

Folgende Argumente bietet Theodor gegen diese "Bosheit und Ungerechtigkeit"[211] auf: 1. Der Heilige Geist wird im Taufbefehl und im Bekenntnis der Väter zusammen mit Vater und Sohn genannt; wenn also der Herr und die Väter keinen Polytheismus lehren oder Geschöpfe zu Glaubensgegenständen erheben wollten, muß der Heilige Geist mit Vater und Sohn ein Gott sein.[212] Dieses Argument führte schon vor dem Beginn der Kontroverse mit den Pneumatomachen Cyrill von Jerusalem in seinen Katechesen an, um die Gottheit des Geistes zu beweisen.[213] Im Streit mit den Pneumatomachen war es weit verbreitet. Athanasius nannte es gegenüber den Tropikern, und die Kappadozier beriefen sich mit Vorliebe darauf.[214] 2. Der Heilige

---

[205] *Hom.cat.* 9,14f. Diese beiden Gruppen nennt auch Cyrill von Alexandrien (*De s.trin.dial.* VII 631e–632c).

[206] Athanasius, *Ep.ad Serap.* I 2.10.15.30 u.ö.

[207] *Hist.eccl.* II 6,2.

[208] Socrates, *Hist.eccl.* II 45,6. Ähnlich dachten auch andere Pneumatomachen, vgl. Pseudo-Athanasius, *Dial.c.Mac.* I 15.20.

[209] Vgl. Gregor von Nazianz, *Ep.* 58,7f.; *Or.* 43,68.

[210] Athanasius, *Ep.ad Serap.* I 1; Basilius, *De spir.s.* XIX 59; Gregor von Nazianz, *Or.* 41,5; Epiphanius, *Ancor.* prooem. Ep.Pallad. 2; Pseudo-Athanasius, *Dial.c.Mac.* I 16; Cyrill von Alexandrien, *De s.trin.dial.* VII 645c–e.

[211] Vgl. *Hom.cat.* 9,14.

[212] *Hom.cat.* 2,3; 9,2f.5f.12.14; 10,13.

[213] *Cat.* 16,4.19.

[214] Athanasius, *Ep.ad Serap.* I 28; Basilius, *De spir.s.* X 24; XXVII 68 u.ö.; *Ep.*

Geist kann, wenn wir von ihm Erlösung und Erneuerung erwarten, kein Geschöpf sein.[215] Auch dieses Argument war verbreitet.[216] Der zusammenhang mit Argument 1 ist deutlich: Daß der Heilige Geist mit Vater und Sohn im Bekenntnis und bei der Taufe genannt wird, zeigt eben, daß von ihm Erlösung und Erneuerung zu erwarten ist. 3. Die Bezeichnungen "Geist" und "heilig" kommen nur der Gottheit zu, die allein nach ihrer Natur Geist und heilig ist.[217] 4. Der zweiten Gruppe der Pneumatomachen ist noch zu sagen, daß die Annahme eines Mitteldinges zwischen Gott und Geschöpf und zwischen Herr und Knecht ein Denkfehler ist. Wenn der Geist kein Geschöpf und kein Knecht ist – was er ja, wenn anders von ihm Erlösung zu erwarten ist, gar nicht sein kann –, ist er notwendig Gott.[218] Theodor denkt hier offenbar wieder an Eustathius, der mit dem Gedanken spielte, der Heilige Geist könne ein Mittelding zwischen Herr und Knecht sein, nämlich Freier.[219]

1.4.4. *Christologische Häresie*

Der Name Theodors wird vor allem mit der Christologie in Verbindung gebracht. Hier weiß Theodor besonders gut über die Standpunkte seiner Gegner bescheid. Er unterscheidet – wie auch in *"De incarnatione"*[220] – unter den Irrlehren die arianische Lehre, nach der Gott der Sohn (bzw. das oberste Geschöpf) einen seelenlosen Leib angenommen und in dem Menschen selbst den Ort der Seele ausgefüllt habe,[221] von der "noch schwachsinnigeren" Lehre, der Sohn

---

52,4; 125,3; 159,2; 251,4; Gregor von Nazianz, *Or.* 31,28; Gregor von Nyssa, *C.Eun.* I 314; *Or.cat.magn.* 39,2; Amphilochius, *Ep.synod.* 3; Epiphanius, *Ancor.* 7,1; 8,5–7; Pseudo-Basilius, *Adv.Eun.* V (MPG 29, 717C–720A); Johannes Chrysostomus, *Cat.bapt.* 3/1,23. Eustathius hielt dem 1.Tim 5,21 entgegen: Dort würden neben Vater und Sohn die Engel genannt, die man konsequenterweise dann auch in die göttliche Substanz aufnehmen müßte (vgl. Basilius, *De spir.s.* XIII 29).

[215] *Hom.cat.* 9,3.5f.15; 10,6.

[216] Athanasius, *Ep.ad Serap.* I 23f.; III 3; Basilius, *De spir.s.* XIII 29; Gregor von Nyssa, *Or.cat.magn.* 39,4.7; Damasus, *Fgm.* "Ea gratia" (E. Schwartz, Über die Sammlung des Cod. Veronensis LX. *ZNW* 35 (1936), 1–23: 21,21f.). Man berief sich auch auf die Wirkung des Heiligen Geistes bei der Schöpfung: Athanasius, *Ep.ad Serap.* III 5; Basilius, *De spir.s.* XVI 38; Damasus, *Fgm.* "Ea gratia" (Schwartz, Über die Sammlung 21,16–22).

[217] *Hom.cat.* 9,8–13; vgl. *Disp.cum Mac.* 4f.22. Vgl. auch unten 3.3.3.

[218] *Hom.cat.* 9,15; ähnlich Gregor von Nazianz, *Or.* 31,6.

[219] Vgl. Basilius, *De spir.s.* XX 51.

[220] *De inc.* 43 (Sachau 62,4–10 (37f.)).

[221] *Hom.cat.* 5,9. Vgl. oben 1.4.2.

habe einen Leib und die den Leib belebende Seele angenommen, jedoch keinen Geist (νοῦς), sondern habe des letzteren Funktion selbst wahrgenommen.[222] Wer der Verfechter dieser unsinnigen Lehre sei, sagt Theodor später noch ausdrücklich: Apollinaris.[223]

Auch hier führt Theodor Argumente an, die in der damaligen Debatte gängig waren: 1. Der unwandelbare Logos kann nicht als Seele oder Geist in einen wandelbaren menschlichen Leib gesperrt werden. Er hätte den Leib verschlungen; Christus hätte keine menschliche Entwicklung durchmachen können, ihn hätte nicht gehungert und gedürstet, er hätte nicht gelitten, was doch die Schrift alles von ihm bezeugt. Oder aber der Logos hätte veränderlich und sterblich werden müssen, wäre also nicht Gott geblieben.[224] So hatte schon Eustathius von Antiochien gegen die Christologie der Arianer argumentiert;[225] diese freilich hatten gerade aus der Leidensfähigkeit und Veränderlichkeit der Logos-Seele Christi geschlossen, daß Christus eben nicht Gott sein könne.[226] 2. Ebenso wenig wie Christus Gott sein könnte, da sich die Gottheit nicht in einen Menschen zwingen lasse, wäre auch Christus ein Mensch; denn ein Wesen, das eine Seele ohne Geist (νοῦς) hat, ist kein Mensch, sondern ein Tier.[227] 3. Hätte der Logos keine Seele oder keinen Geist angenommen, wären diese, die doch der Erlösung ebenso wie der Leib, ja noch mehr, bedürfen, unerlöst geblieben.[228] Voraussetzung dieses Arguments ist der ursprünglich gnostische Satz, daß, was nicht angenommen sei, nicht erlöst werden könne.[229]

---

[222] *Hom.cat.* 5,15.

[223] *Hom.cat.* 13,9. Vgl. Apollinaris, *Dem.de div.inc.* fgm. 22.75.

[224] *Hom.cat.* 5,9; vgl. Gregor von Nyssa, *Antirrh.* (GNO III 1, 133,13–24; 136,18–30; 167,1–168,11; 194,28–195,14 u.ö.) und Ambrosius, *De inc.dom.sacr.* 4,24; 6,63; 7,72, deren Erörterungen stark an die Polemik gegen die "patripassianischen" Modalisten seit 200 erinnern, ferner Athanasius, *Ep.ad Epictet.* 2.4.6; Epiphanius, *Panar.* 77,25,2; 26,1–7; Pseudo-Athanasius, *C.Apoll.* I 4f. Theodor führt dieses Argument noch in *De inc.* 42f. (Sachau 62,1–63,8 (37f.)) und *C.Apoll.* III (ACO IV 1, 45,27–46,15) an.

[225] *Or.c.Ar.* fgm. 41.47.

[226] Vgl. Eustathius, *De an.c.Ar.* fgm. 15; *Or.c.Ar.* fgm. 46; Athanasius, *Or.c.Ar.* III 26.

[227] *Hom.cat.* 5,15f.; vgl. Gregor von Nazianz, *Ep.* 101,4f.; Gregor von Nyssa, *Antirrh.* (GNO III 1, 177,9–22; 208,3–9); Theodor von Mopsuestia, *De inc.* 43 (Sachau 62, 10f. (38)).

[228] *Hom.cat.* 5,10–14; 13,8. Vgl. Athanasius *Tom.ad Ant.* 7; Gregor von Nazianz, *Ep.* 101,33–35; Epiphanius, *Ancor.* 75,8; Damasus, *Fgm. "Ea gratia"* (Schwartz, Über die Sammlung 21,12–15); *Fgm. "Illud sane"* (ebd. 22,6–18); Pseudo-Athanasius, *C.Apoll.* I 17.19; II 15; Ambrosius, *De inc.dom.sacr.* 7,68; Theodor von Mopsuestia, *De inc.* 38 (Lagarde 102,21–103,4).

[229] Irenäus, *Adv.haer.* I 6,1; V 14,1f.; Tertullian, *De carn.Christ.* 10; Origenes, *Disp.cum*

Theodor greift die arianische und apollinaristische Christologie indessen nicht nur an, er pariert auch viele (freilich ungenannte) Attacken der Apollinaristen, vielleicht in Auseinandersetzung mit deren Propaganda in seiner Gemeinde. Er sei nicht gezwungen, weil er zwei vollkommene Naturen in Christus lehre, auch zwei Söhne Gottes oder zwei Herren zu lehren, sagt Theodor in der achten Homilie.[230] Eben das war der bevorzugte Vorwurf des Apollinaris und seiner Freunde gegen die Antiochener.

> Wenn Gott sich mit einem Menschen verbände, ein vollständiger mit einem vollständigen, wären es zwei; einer wäre nach der Natur Gottes Sohn, der andere dadurch, daß er eingesetzt ist,

sagt Apollinaris,[231] und Theodor schreibt in der dogmatisch-polemischen Schrift "*De incarnatione*":

> Doch sie machen Worte wider uns, daß wir, wenn wir von zwei Vollkommenen sprächen, auf jeden Fall auch sagten, es gebe zwei Söhne.[232]

Auch Theodors Lehrer Diodor mußte sich gegen diesen Vorwurf verteidigen.[233] Wenn Apollinaris weiter gegen die Vertreter der Zwei-Naturen-Lehre schreibt:

> Denn notwendig beten die, die von zwei Naturen reden, die eine an, beten die andere aber nicht an und werden auf die göttliche getauft, werden aber auf die menschliche nicht getauft,[234]

so setzt Theodor dem entgegen, daß auch der menschlichen Natur Christi Anbetung gebühre, nämlich durch ihren Zusammenhang mit der Gottheit.[235] Theodor wendet sich mit letzterem zugleich gegen Apollinaris' Satz, ein Mensch, zu dem seine Gegner Christus ja machten, dürfe weder angebetet noch als Richter erwartet werden.[236] Auch

---

Heracl. 7; Gregor von Nazianz, *Ep.* 101,32. Vgl. A. Grillmeier S.J., Art. Quod non assumptum – non salvatum, in: *LThK*² 8. Freiburg 1963, 954–956.

[230] *Hom.cat.* 8,14f.

[231] *Dem.de div.inc.* fgm. 81; vgl. *Ad Jovian.* 1.3.

[232] *De inc.* XII (Swete II 303,24–27; *ACO* IV 1, 79,16f.); vgl. XI 73 (Sachau 80,16–18 (50)); *C.Apoll.* I (Facundus, *Pro def.* X 1,23).

[233] *Fgm.* 26; 42. Wenn Gregor von Nazianz (*Or.* 37,2; *Ep.* 101, 18; 102,4) und der *Tomus Damasi* (can. 6 (*EOMJA* I 2,1, 286,51–53)) sich gegen die Lehre, es gebe zwei Söhne, wenden, denken sie dabei aber nicht unbedingt an Diodor und die Antiochener, vgl. unten 2.2.3.

[234] *Ep.ad Dion.* I 6; vgl. *De fid.et inc.* 6; *Fgm.* 9.

[235] *Hom.cat.* 5,6; 6,4.6; 8,14; 16,27f.

[236] *Recapit.* 28. Theodor erwartet den Menschen Christus als Richter, vgl. *Hom.cat.* 7,13–15.

daß Theodor zu Phil 2,6f. schreibt, "Menschengestalt annehmen"
und "in der Erscheinung eines Menschen erfunden werden" heiße
nichts anderes als Mensch werden,[237] geschieht in Auseinandersetzung
mit den Apollinaristen, die diese Stelle offenbar im doketischen Sinne
auffaßten.[238] Überhaupt muß Theodor Christi wahre Menschheit und
seine Rede davon als schriftgemäß verteidigen,[239] war er doch ihretwegen massiven Anfeindungen und Verdächtigungen ausgesetzt. In
"*De incarnatione*" etwa schreibt er:

> Wenn ihnen also scheint, wir müßten, da wir Christus einen Menschen
> nennen, richtig "Menschenverehrer" genannt werden, so hat das, bevor
> wir es gesagt haben, die Schrift alle Menschen gelehrt, denen sie es
> [ja] nicht verwehrt hat, [Christus] einen Menschen zu nennen, so wie
> wir oben zeigten, daß Christus an den meisten Stellen mit diesem
> Namen genannt wird. "Aber die", sagen sie, "die sagen, Christus sei
> ein *bloßer* Mensch, müssen Menschenverehrer genannt werden." Schon
> das ist eine offene Lüge, wenn anders sie das behaupten wollen! Denn
> niemand hat uns je das sagen hören, und ich glaube, daß auch sie es
> nicht offen unternehmen können, so offen zu lügen.[240]

Schließlich steht auch da die christologische Kontroverse im Hintergrund, wo Theodor gleich einen langen Exkurs einschiebt, um
darzulegen, daß nicht die göttliche Natur von Maria geboren ist,
auch, wenn sich das Bekenntnis so anhört.[241] Nicht erst Cyrill von
Alexandrien, schon Apollinaris fühlte sich berufen, in dieser Frage
die kirchliche Tradition und die Ehre der heiligen Mutter Gottes zu
verteidigen.[242] Theodor aber bleibt bei seiner Auffassung. Er bezieht
das "Herabsteigen vom Himmel" des Symbols auch nicht auf die
menschliche, sondern nur auf die göttliche Natur.[243] Apollinaris sagte
gegen eine solche Trennung zwischen dem, der vom Himmel gekommen ist, und dem, der von der Jungfrau geboren wurde, er halte es

---

[237] *Hom.cat.* 5,7.
[238] Vgl. Gregor von Nazianz, *Ep.* 102,15.
[239] *Hom.cat.* 8,2f.
[240] *De inc.* VI 54 (Facundus, *Pro def.* IX 3,21f.); vgl. X 66 (Lagarde 105,28–106,3);
XII (Swete II 304,11–27; *ACO* IV 1, 62,9–13; Facundus, *Pro def.* IX 3,34); XIII
(Facundus, *Pro def.* III 2,13).
[241] *Hom.cat.* 6,3–7. Vgl. oben 1.3.1. Zu Theodors Stellung in der θεοτόκος–Frage
vgl. noch *De inc.* XV (Swete II 310,10–21; *ACO* IV 1, 61,6–10; 80,4f.9–16); *C.Apoll.*
III (*ACO* IV 1, 44,2–45,7). Ähnlich wie Theodor schrieben schon die Väter der
Antiochenischen Schule zu diesem Thema, vgl. Eustathius, *Or.in illud: Dom.creav.me*
fgm. 18.23; Diodor, *Fgm.* 4f.; 11–13; 22; 28; 45.
[242] *De fid.et inc.* 5f.9; *Dem.de div.inc.* fgm. 49.
[243] *Hom.cat.* 5,4; 7,14; 8,11f.

mit der Schrift, die nur einen Herrn kenne, und auf diesen einen sei sowohl das Herabsteigen als auch die Geburt zu beziehen.[244] In der Polemik war daher die Behauptung beliebt, Apollinaris lehre, Christi Fleisch existiere schon von Ewigkeit und sei vom Himmel herabgekommen.[245]

1.4.5. *Orthodoxie*

Theodor hat, wie wir sahen, viele seiner Argumente gegen die Häresien mit seinen Zeitgenossen gemeinsam. Daß er unter den Kontroversen seiner Zeit am meisten in die christologische verwickelt ist, zeigt er auch als Katechet. Einerseits ist der Streit um die Christologie vielleicht bis in Theodors Gemeinde gelangt, so daß Theodor allen Anlaß hatte, auf die Gegenargumente einzugehen, um die Katechumenen vor dem Gift der Häresie zu bewahren. Andererseits mag Theodor auch von selbst in einen polemischen Ton fallen, wenn er dies Thema behandelt, bei dem er vielleicht mehr als sonst ein Zeitgenosse Hiebe austeilte und einsteckte.

Die Orthodoxie seiner Zeit, auch das geht aus den Homilien hervor, sah indessen noch im Arianismus die Häresie schlechthin und verstand sich selbst als den Gegensatz dazu. "Arianismus" und "Arianer" ist dann einfach die Sammelbezeichnung für alles geworden, was nicht der eigenen rechtgläubigen Position entspricht. Theodor kann sich auf die Verfolgung durch die Arianer als Aufweis seiner Rechtgläubigkeit berufen.[246] Mit "Häresie", "Häretiker" oder "Gottlosigkeit" meint er oft einfach die Arianer.[247] Wenn Apollinaris seine Ketzerei "unter dem Schein der Orthodoxie" lehrt,[248] so ist damit Apollinaris' Antiarianismus gemeint; daß derselbe Apollinaris in der Christologie gefährliche Nähe zum Arianismus hat, kommt Theodor natürlich nicht ungelegen. Was Theodor nun aber über den Arianismus

---

[244] *Ep.ad Dion.* I 4f.
[245] Athanasius, *Ep.ad Epictet.* 2; Gregor von Nazianz, *Ep.* 101,31; Gregor von Nyssa, *Antirrh.* (GNO III 1, 148,1–16 u.ö.); *Or.cat.magn.* 27,3; Pseudo-Athanasius, *C.Apoll.* I 2; Ambrosius, *De inc.dom.sacr.* 6,50; Epiphanius, *Panar.* 77,4,6.
[246] *De inc.* VI 54 (Facundus, *Pro def.* IX 3,23); ähnlich z.B. die Synode von Konstantinopel 382 (Theodoret, *Hist.eccl.* V 9,1–5).
[247] *Hom.cat.* 3,10f.15; 4,17.11f.; 5,2 u.ö.; vgl. *In Ioh.* VI 14,28 (CSCO 115, 278,23–27); *In Phil.* 2,10f. (Swete I 223,12–225,3).
[248] *Hom.cat.* 13,9.

berichtet, entspricht kaum mehr dem damals aktuellen Stand der Diskussion. Er hätte dazu sicher etwas schreiben können, hat er doch mit seinem "*Contra Eunomium*" selbst in den Streit eingegriffen. Jedoch wird Eunomius zwar gelegentlich erwähnt,[249] aber auf die scharfsinnigen Lehren dieses Neuarianers[250] geht Theodor nirgends ein. Statt dessen stellt er die alten Positionen des Arianismus und Argumente aus der Zeit des Athanasius einander gegenüber.

> Arius, Eunomius und wie die Ketzer alle heißen, sind für ihn [scil. Theodor], obwohl sie zum Teil noch seine Zeitgenossen waren, keine Menschen, sondern Lehrbegriffe (wie etwa 1100 Jahre später in der Augustana).[251]

Diese alten Argumente haben in jener Zeit offenbar schon einen klassischen Rang bekommen; sie sind so etwas wie die bewährten Waffen der Orthodoxie, die Feldzeichen, die man schon deshalb nicht aus der Hand legt, weil man mit ihnen etwas von der eigenen Identität verlöre. Was wäre schon eine Rechtgläubigkeit, die der Feuerprobe, aus der sie hervorgegangen ist, vergäße? Für den katechetischen Unterricht heißt das aber: Der Antiarianismus, wie er sich im Nicänum und im Einzelnen in den Schriften des Athanasius und seiner Freunde klassischen Ausdruck gefunden hat, gehört als ein unentbehrlicher Bestandteil des christlichen Glaubens an den dreieinigen Gott und des orthodoxen Selbstverständnisses, auch wenn die Zeit ihn schon überholt hat, zu dem, was jeder Christ glauben und bekennen muß. Es geht um keine konkrete oder aktuelle Auseinandersetzung, die Theodors Gemeinde erschüttert und in der besonders die Katechumenen auf der rechten Bahn gehalten werden müssen,[252] sondern um die Verpflichtung auf Bekenntnisse und Traditionen der Kirche.

Theodor kannte seine antiarianischen Klassiker offenbar – ob aus erster Hand, ist aber unklar. Vielleicht hat er sie in seiner Studienzeit in Diodors Asketerium gelesen. Wir haben gesehen, daß es viele Gemeinsamkeiten zwischen Theodors Homilien und den Schriften des Athanasius, besonders den Reden gegen die Arianer, gibt. Das

[249] *Hom.cat.* 1,11; 3,12; 5,9; 13,8.
[250] Vgl. Ritter, Art. Eunomius, in: *TRE* 10. Berlin (West) 1982, 525–528.
[251] R. Abramowski, Neue Schriften 74.
[252] Daß etwa Theodor deshalb so lange die Schriftgemäßheit des ὁμοούσιος behandelt (vgl. oben 1.4.2.), weil die Debatte noch die Gemüter seiner Gemeinde erschütterte (so Bruns, *Den Menschen* 55), halte ich für ganz unwahrscheinlich.

Hauptargument des Athanasius in seinen Reden, nur als Gott habe Christus uns erlösen können,[253] nennt Theodor aber nicht. Die Entscheidung, ob direkte Abhängigkeit vorliegt, wird dadurch erschwert, daß von den antiarianischen Schriften des Antiocheners Eustathius, aus denen Theodor ebenfalls viel entnommen haben kann, fast nichts erhalten ist.

1.5. Das Glaubensbekenntnis im katechetischen Unterricht

1.5.1. *Bekenntnis und Taufe*

Die Alte Kirche war seit dem apostolischen Zeitalter sehr produktiv im Formulieren von Bekenntnissen und Glaubensformeln. Schon im Neuen Testament findet sich eine Fülle von Bekenntnisformeln,[254] und ebenso in den Apostolischen Vätern.[255] Solche Formeln wurden aus verschiedenen Anlässen gebildet. Die frühkatholischen Väter, Irenäus, Tertullian und andere, kannten z.B. eine Glaubensregel (κανὼν τῆς ἀληθείας – *regula fidei*), ein je nach Anlaß noch recht frei formuliertes Bekenntnis, die Essenz des christlichen Glaubens und der kirchlichen Verkündigung, und beriefen sich im Streit mit den Häretikern auf diese Regel.[256] Während es feste kirchliche Lehrbekenntnisse, die die Bischöfe auf bestimmte dogmatische Formeln verpflichten, erst seit dem Konzil von Nicäa 325 gibt,[257] lassen sich Formeln mit festgelegtem Wortlaut zuerst um 200 nachweisen, und zwar im Taufgottesdienst. In Hippolyts *Traditio apostolica*, die aus dieser Zeit kommt, werden beim Vollzug der Taufe dem Täufling drei Tauffragen gestellt:

> Glaubst du an Gott, den allmächtigen Vater? Glaubst du an Christus Jesus, den Sohn Gottes, der geboren ist vom Heiligen Geist und Maria, der Jungfrau, und gekreuzigt ist unter Pontius Pilatus und gestorben und begraben ist und am dritten Tage lebendig von den Toten auferstand und in den Himmel auffuhr und zur Rechten des Vaters sitzt und kommen wird, die Lebenden und die Toten zu richten? Glaubst du an den Heiligen Geist, die heilige Kirche und die Auferstehung des Fleisches?

---

[253] *Or.c.Ar.* II 67 u.ö.
[254] Z.B. Röm 1,3f.; 4,25; 1.Kor 8,6; 15,3–5.
[255] Z.B. *1.Clem* 46,6; *IgnEph* 7,2; *IgnTrall* 9,1f.; *PolPhil* 2,1; *HermMand* I 1.
[256] Vgl. die Zusammenstellung *BSGR* §§ 5–16.
[257] Vgl. A. de Halleux, La réception du symbole oecuménique, de Nicée à Chalcédoine. *EThL* 61 (1985), 5–47: 10.

Der Täuflig muß jeweils mit "Ich glaube" antworten und wird einmal untergetaucht.[258] Das uns heute geläufige deklaratorische Glaubensbekenntnis, das mit "Ich glaube" oder "Wir glauben" eröffnet wird, kommt dagegen ursprünglich nicht aus dem Taufgottesdienst selbst, sondern aus dem ihr vorausgehenden katechetischen Unterricht und ist das auswendigzulernende Kompendium der christlichen Lehre. Durch die *redditio symboli* vor der Taufe[259] fand das deklaratorische Bekenntnis seit dem vierten Jahrhundert Eingang in die Taufliturgie.[260] Im vierten Jahrhundert, in der Zeit des Streites um die Trinität, war die Taufe der Sitz im Leben des trinitarischen Bekenntnisses und der Trinitätslehre überhaupt. Gregor von Nyssa etwa schreibt:

> Wir werden nun, wie wir es empfangen haben [d.h. wie es uns überliefert ist], auf den Vater, den Sohn und den Heiligen Geist getauft. Wir glauben aber, wie wir getauft sind, denn der Glaube muß mit dem Bekenntnis [ὁμολογία] übereinstimmen. Wir meinen aber, wie wir glauben, denn die Meinung hat nicht die Natur, mit dem Glauben zu kämpfen, sondern an was wir glauben, das ist auch unsere Meinung. Weil nun der Glaube an den Vater, den Sohn und den Heiligen Geist ist, aufeinander aber Glaube, Meinung, Taufe folgen, deswegen wird auch die Meinung über den Vater, den Sohn und den Heiligen Geist nicht geschieden.[261]

Das Glaubensbekenntnis steht in Theodors katechetischem Unterricht in engstem Zusammenhang mit der Taufe. Theodor nennt das Glaubensbekenntnis *haymânûtâ* – πίστις – Glaube,[262] aber auch *taudîtâ* – ὁμολογία – Bekenntnis,[263] *taudîtâ dhaymânûtâ* – ὁμολογία τῆς πίστεως – Glaubensbekenntnis[264] oder *syâmâ dhaymânûtâ* – ἔκθεσις πίστεως – Darlegung des Glaubens.[265] In der ersten Homilie führt Theodor es ein, nachdem er von der Herrlichkeit der kommenden

---

[258] *Trad.apostol.* 21.

[259] Vgl. oben 1.1.

[260] Vgl. dazu insgesamt J.N.D. Kelly, *Altchristliche Glaubensbekenntnisse.* 3. Aufl. Göttingen 1972: 36–102. 205–211; A.M. Ritter, Art. Glaubensbekenntnis(se) V., in: *TRE* 13. Berlin (West) 1984, 399–412; K. Beyschlag, *Grundriß der Dogmengeschichte.* l./2. Aufl. Darmstadt 1987ff.: I 91–95; R. Staats, *Das Glaubensbekenntnis von Nizäa-Konstantinopel.* Darmstadt 1996: 121–158.

[261] Ep. 24,8f.; vgl. Athanasius, *Ep.ad Serap.* I 30; Apollinaris, *Fid.sec.part.* 9; Basilius, *De spir.s.* X 24.26; XXVII 68; *Ep.* 125,3; 159,2; 251,4; Gregor von Nyssa, *Ref.conf.Eun.* 14f.; Amphilochius, *Ep.synod.* 3.

[262] *Hom.cat.* 1,12; 2,4; 3,12; 6,1–3; 9,14.16; 10,23; 12,25.27 u.ö.

[263] *Hom.cat.* 1,6–8; 2,14; 6,15; 9,2f.; 10,16; 16,36.

[264] *Hom.cat.* 1,14; 2,4f.; 3,1; 5,2; 9,3.7; 10,20.22f.; 12,1.

[265] *Hom.cat.* 5,7; 11,19.

Güter und von der Einschreibung im Himmel durch die Sakramente
gehandelt hat: Damit es uns nicht so geht wie Adam, der aus der
Verheißung wieder herausgefallen ist, legen wir bei der Taufe ein
Bekenntnis ab, das den Sinn und den Zweck der Taufe zeigt. Wer
die Worte des Bekenntnisses behält und ihren Sinn versteht, wird
den überlieferten Glauben bewahren und die kommende Herrlichkeit
erlangen.[266] Dieser Eröffnung folgt dann Theodors zehntägige, tief-
gründige Auslegung des Bekenntnisses. Bei der Taufe werde der
dreieinige Gott bekannt als die Ursache der in ihr verliehenen Güter,
heißt es noch einmal in der neunten Homilie.[267] Das Bekenntnis
steht also im Dienst der Taufe: Wer an ihr teilnehmen will, muß
wissen, was das Bekenntnis lehrt.[268] Die Taufe ihrerseits versiegelt
das Bekenntnis und die Unterweisung über den dreieinigen Gott und
führt zum Genuß der künftigen Güter.[269] Die Aufnahme in die Kirche,
die in der Taufe geschieht, hat zur Voraussetzung, daß man die verheißenen Güter und ihre Ursache, den dreieinigen Gott und die
Erlösung durch Christus, kennt und daran glaubt, und dieser Glaube
hat wiederum kein anderes Ziel als die Aufnahme in die Gemeinschaft
derer, an denen das Wirklichkeit wird, was im Symbol bekannt wird.
Die Ablegung des Bekenntnisses bei der Taufe nennt Theodor daher
auch einen Vertrag mit Gott,[270] ein Motiv, das sich auch in anderen Katechesen findet, insbesondere in denen des Petrus Chrysologus,
Bischofs von Ravenna († 450). Dort heißt es z.B.:

> Bezeichnet [d.h. bekreuzigt] euch! Diesen Vertrag der Hoffnung, diese
> Lehre des Heils, dieses Symbol des Lebens, dieses Unterpfand [*cautio*]
> des Glaubens behalte der Sinn und bewahre das Gedächtnis![271]

Im Verlaufe der Homilien über das Bekenntnis freilich verliert Theodor
über weite Strecken dessen Ausrichtung auf die Taufe aus den Augen,
wie er auch in den Homilien zur Taufe (12–14) nicht noch einmal
an die zehntägige Erklärung des Symbols erinnert.

---

[266] *Hom.cat.* 1,6f.; vgl. 12,25f.

[267] *Hom.cat.* 9,3.

[268] *Hom.cat.* 1,17.

[269] *Hom.cat.* 10,14; vgl. Basilius, *Adv.Eun.* III 5. Davon zu unterscheiden ist die in
der Alten Kirche häufige Bezeichnung der Taufe als Versiegelung des Täuflings
selbst (z.B. *Hom.cat.* 13,20, hier allerdings nicht von der Taufe selbst, sondern von
der ihr vorausgehenden Bezeichnung mit Öl. Viele Belege bei G.W.H. Lampe, *A
Patristic Greek Lexicon.* Oxford 1961: 1356).

[270] *Hom.cat.* 12,27.

[271] *Serm.* 59,18; vgl. 57,16; 58,2; 59,1; 60,18; 62,3f.; ferner Johannes Chrysostomus,
Cat.bapt. 2/3,4.

1.5.2. *Bekenntnis und apostolische Überlieferung*

Welche Autorität hat nun das Bekenntnis in Theodors katechetischen Homilien? Die lateinische Kirche des Westens führte ihr Taufsymbol gern bis auf die Apostel zurück und verlieh ihm dadurch ihre Autorität. So berichten Ambrosius und Rufin zu Beginn ihrer Auslegung des "Apostolischen" Glaubensbekenntnisses, das Symbol sei das Ergebnis einer Übereinkunft zwischen den Aposteln, die sich nach des Herrn Himmelfahrt ja angeschickt hätten, in alle Welt zu gehen und zu predigen, sich zuvor aber noch auf eine gemeinsame Norm ihrer Predigt hätten verständigen wollen.[272] Andere westliche Väter wie Augustin hatten indessen eine eher pragmatische Erklärung für die Herkunft des Symbols: Es sei einfach eine Zusammenstellung der wichtigsten Inhalte der Heiligen Schrift zu pädagogischen und didaktischen Zwecken.[273] Doch die Tradition von der apostolischen Herkunft des Symbols reicht weit zurück. Bereits die frühkatholischen Väter berichten, Christus habe den Aposteln eine *regula fidei* überliefert, die die dann ihrerseits den Lehrern der Kirche weitergegeben hätten; die katholische Glaubensregel habe daher ein höheres Alter als alle Häresien.[274] Bei Theodor aber finden wir von solcher Würde des Symbols nichts. Väter haben es verfaßt, selige Männer und Lehrer der Kirche; die Dignität apostolischer Überlieferung kommt ihrem Werk jedoch nicht zu. Theodor betont statt dessen in einem fort, daß das Bekenntnis der Väter nach Inhalt und Redeweise mit der Schrift übereinstimmt:

> Sie gebrauchten diese Worte nicht aus ihrem eigenen Willen, sondern aus der Lehre der heiligen Schriften.[275]

Ist jene Tradition von der apostolischen *regula fidei* Theodor also völlig fremd? Keineswegs! Auch er kennt eine solche Quintessenz der

---

[272] Ambrosius, *Expl.symb.* 2; Rufin, *Expos.symb.* 2. Besonders schön und ausführlich wird diese Legende bei Pseudo-Augustin, *Serm.* 240,1 erzählt: Danach hat jeder Apostel einen Satz zum gemeinsamen Werk, dem Apostolicum, beigetragen. Vgl. auch Kelly, *Altchristliche Glaubensbekenntnisse* 9–14.

[273] Augustin, *De symb.ad catech.* 1,1; *Sem.* 212,2; Johannes Cassian, *De inc.dom.* VI 4,2; Pseudo-Augustin, *Serm.* 214,1. Ähnlich sah das auch Cyrill von Jerusalem (*Cat.* 5,12f.).

[274] Irenäus, *Adv.haer.* I 10,1; Tertullian, *De praescr.haer.* 13; 21; *Adv.Prax.* 2,1–3; Origenes, *De princ.* I prooem. 2–4; IV 2,2.

[275] *Hom.cat.* 3,6; vgl. 3,1; 4,8f.12.17; 5,1; 6,1–3.7; 7,2f.; 8,1; 9,1; 11,1. Vgl. auch unten 1.5.4.

Verkündigung aus der Urzeit der Kirche, sozusagen die Keimzelle aller Glaubenssätze; aber diese ist nicht das Taufsymbol, sondern Christi Taufbefehl an seine Jünger: "Geht hin, macht zu Jüngern alle Völker und tauft sie auf den Namen des Vaters, des Sohnes und des Heiligen Geistes!" Theodor nennt den Taufbefehl meistens einfach die "Überlieferung (mašlmânûṯâ – παράδοσις) unseres Herrn".[276] Παράδοσις – *traditio*, mit diesem Wort wird seit den Anfängen der Kirche der Bestand an kanonischer, unbedingt bindender und ursprünglicher Überlieferung bezeichnet,[277] gerade auch solcher neben der Schrift.[278] Παράδοσις, das ist für Theodor Christi kirchengründendes Testament an seine Jünger: die Einsetzung der Eucharistie[279] und eben vor allem der trinitarische Taufbefehl, der Dogma und Taufe enthält.[280]

Zu dieser Auffassung Theodors vom Taufbefehl Matth 28,19 gibt es zahlreiche Parallelen aus der griechischen Kirche, so daß man hier vielleicht von einer Art Pendant zum Apostolicum der lateinischen Kirche sprechen kann. Einige Beispiele: Euseb von Cäsarea schreibt in seiner "Kirchlichen Theologie" im Abschnitt über den Tröster Heiligen Geist:

> Daher wird dieser [scil. der Tröster Geist] allein von der heiligen und dreifachseligen Dreiheit erfaßt, da [auch] der Heiland nicht anders seinen Aposteln aufgetragen hat, das Mysterium seiner Wiedergeburt allen, die von den Völkern an ihn glauben, zu überliefern, als sie zu taufen "auf den Namen des Vaters, des Sohnes und des Heiligen Geistes".[281]

Das Glaubensbekenntnis des Arius und seines Freundes, des Diakons Euzoius, an Kaiser Konstantin wird beschlossen mit den Worten:

> Diesen Glauben haben wir aus den heiligen Evangelien empfangen, da der Herr zu seinen Jüngern sprach: "Geht hin, macht zu Jüngern alle Völker und tauft sie auf den Namen des Vaters, des Sohnes und des Heiligen Geistes!"[282]

---

[276] *Hom.cat.* 2,4; 3,1; 8,17; 9,2f.6.12; 10,22; 11,1; 12,1; 14,14 u.ö.

[277] 1.Kor 11,2.23; 15,3; 2.Thess 2,15; 3,6; Jud 3; 2.Petr 2,21; *1.Clem* 7,2; *Pol* 7,2; *Diogn* 11,6.

[278] Tertullian, *De praescr.haer.* 28,3; *De cor.* 4,1; Euseb, *C. Marcell.* I 1,36; Basilius, *De spir.s.* VII 16; XXVII 66; Johannes Chrysostomus, *In II.Thess.hom.* 4,2; Augustin, *De bapt.* II 7,12. Vgl. dazu J. Beumer S.J., Die mündliche Überlieferung als Glaubensquelle. *HDG* I 4. Freiburg 1962.

[279] *Hom.cat.* 15,7; 16,10.16.

[280] S.o., außerdem *Hom.cat.* 14,12, wo die Taufe παράδοσις genannt wird. Außerhalb der katechetischen Homilien *In Agg.* 2,2–5 (GOF.B 1, 311,8–16); *Disp.cum Mac.* 6; *In Matth.* 1,18 (*TU* 61, 97, Fgm. 4,1–21); *In Gen.* 1,26 (Sachau 21,3–22,2 (13f.)).

[281] *De eccl.theol.* III 5,21f.

[282] *BSGR* § 187.

Bei Athanasius lesen wir:

> Laßt uns dennoch auch überdies [noch] die Überlieferung, die von
> Anfang an war, und die Lehre und den Glauben der katholischen
> Kirche sehen, die der Herr gegeben hat, die Apostel aber verkündigt
> und die Väter bewahrt haben. Darin nämlich ist die Kirche gegrün-
> det, und wer herausfällt aus ihnen, kann weder Christ sein noch genannt
> werden . . . Und daß das [scil. die Trinitätslehre] der Glaube der Kirche
> ist, sollten sie daran erkennen, daß der Herr, als er die Apostel aus-
> sandte, ihnen auftrug, der Kirche den Grundstein zu legen, indem er
> sagte: "Geht hin, macht zu Jüngern alle Völker und tauft sie auf den
> Namen des Vaters, des Sohnes und des Heiligen Geistes!" Die Apostel
> aber gingen hin und lehrten so; und das ist die Verkündigung in der
> ganzen Kirche unter dem Himmel.[283]

In seinem Synodalbrief schreibt Amphilochius:

> Was ist nun die Vollendung unseres Glaubens? Die Überlieferung unse-
> res Herrn, die er nach der Auferstehung von den Toten seinen heili-
> gen Jüngern geboten hat, indem er auftrug: "Geht hin, macht zu
> Jüngern alle Völker und tauft sie auf den Namen des Vaters, des
> Sohnes und des Heiligen Geistes!" Es ist klar, daß wir dieses Gebot
> nicht nur empfangen haben, um so zu taufen, sondern auch, um so
> zu unterweisen.[284]

Basilius wiederum schreibt:

> Unbeweglich und unantastbar muß man die Ordnung bewahren, die
> wir von der Stimme des Herrn selbst empfangen haben: "Geht hin,
> macht zu Jüngern alle Völker und tauft sie auf den Namen des Vaters,
> des Sohnes und des Heiligen Geistes!"[285]

Von den "seligen Vätern" sagt Theodor häufig, sie hätten das Glaubensbekenntnis überliefert (παραδιδόναι);[286] doch das Glaubensbekenntnis selbst nennt er nur zweimal παράδοσις,[287] auffällig selten.
Theodor unterscheidet zwischen dem von den Vätern Überlieferten
und der Überlieferung Christi oder, anders ausgedrückt, zwischen
dem Überliefern als Weitergabe des Glaubens innerhalb der Kirche
und der die Kirche begründenden Paradosis. Ähnlich ist bei Athanasius
die Unterscheidung seines Glaubensbekenntnisses, des Nicänums, von

---

[283] *Ep.ad Serap.* I 28; vgl. III 6; IV 5; *Ep.encycl.* 1,8f.
[284] *Ep.synod.* 3.
[285] *Ep.* 125,3; vgl. 251,4; *De spir.s.* XVIII 44. Ähnlich auch Basilius' Bruder Gregor
von Nyssa (*Ref.conf.Eun.* 1–6.18.20) und Didymus (*De trin.* III 2,55).
[286] *Hom.cat.* 1,7.12; 2,19; 5,1; 6,1.3; 7,1.3; 8,1; 9,1.14; 10,22 u.ö.
[287] *Hom.cat.* 8,1; 10,1.

der Paradosis.[288] Weder denkt sich Theodor sein Glaubensbekenntnis
einfach als Paradosis,[289] noch kann man mit Peter Bruns sagen, für
Theodor habe die kirchliche *regula fidei* und die Tradition der in apostolischer Sukzession stehenden Bischöfe starkes Gewicht, obwohl er
andererseits nur die Schrift als eigenständige Offenbarungsquelle aner-
kenne.[290] Paradosis bedeutet bei Theodor nicht dasselbe wie in der
tridentinischen Formel "Schrift und Tradition"; es, handelt sich nicht
um die mündliche Offenbarungsquelle neben der Schrift oder um
die lehramtlichen Entscheidungen der Kirche, sondern um Christi
Taufbefehl und Einsetzung der Eucharistie als Inbegriff des apostolischen, kirchengründenden Kerygmas.

Was ist dann aber bei Theodor das Glaubensbekenntnis der Väter?
Es ist eine Erläuterung jener Überlieferung Christi an seine Jünger.

> Die Worte des Glaubens [d.h. des Glaubensbekenntnisses] sind nichts
> anderes als die Erklärung und der Sinn der Worte der Überlieferung
> unseres Herrn.[291]

Zu welchem Zweck diese Erklärung? Zur Widerlegung der Häretiker,
zur Warnung jedes Christen vor Irrlehre[292] und zum Schutz des
kirchlichen Glaubens.[293]

---

[288] Athanasius beruft sich oft auf die Überlieferung (*Ep.ad Serap.* I 30; IV 5; *Ep.ad
Epictet.* 2), und zwar auf die Überlieferung der Väter (*Ep. encycl.* 1,8; *De decr.Nic.syn.*
3,3; 4,3; *De synod.* 7,1; 14,1; 47,4; *Ep. ad Serap.* I 33) oder die Überlieferung der
Apostel (*Ep. ad Epictet.* 6) oder die Überlieferung der Apostel, die die Väter bewahrt
und weitergegeben haben (*Hist.Ar.* 36,1; *De synod.* 54,3; *Ep.ad Serap.* I 28; *Ep.ad Epictet.*
6); das Nicänum habe definiert, was von den Zeugen von Anfang an überliefert
worden sei (*De decr.Nic.syn.* 27,4). Obwohl Athanasius die Synodalen von Nicäa mit
dem gleichen Begriff wie die Wahrer der Überlieferung bezeichnet, nämlich "Väter",
nennt er das Nicänum nie Paradosis und die Tätigkeit der Väter von Nicäa nur
einmal "überliefern" (*Ep.ad Afr.* 1). Theodor hat letzteres oft getan, vielleicht, weil
sein Abstand zu Nicäa schon größer war. Das Glaubensbekenntnis von Nicäa ist
bei Athanasius also ein Zeuge für die Paradosis, aber nicht selbst Paradosis. Wenn
Hermann Josef Sieben schreibt, die Konzilsidee bei Athanasius beruhe auf dem
Traditionsgedanken (*Die Konzilsidee der Alten Kirche.* KonGe. U 1. Paderborn 1979:
31. 48. 223), so mag das noch angehen. Falsch ist aber die Behauptung, das Nicänum
sei bei Athanasius immer mehr zum Inbegriff der Paradosis schlechthin und seine
Verfasser zu den Vätern schlechthin geworden (ebd. 39–43. 48. 58. 62f.).
[289] So Sieben, *Die Konzilsidee* 225, der darüber hinaus von der falschen Voraussetzung
ausgeht, Theodor halte sein Glaubensbekenntnis für das Ergebnis einer Konzilsdefinition, vgl. unten 2.2.2. Eher trifft es zu, daß Theodor sich zwischen einer
Rechtfertigung des Symbols durch die Schrift, einem Bekenntnis zum Symbol und
der Argumentation aufgrund des Symbols bewegt (ebd. 214).
[290] *Den Menschen* 17. 58f. 118f. 205.
[291] *Hom.cat.* 10,13.
[292] *Hom.cat.* 10,1.
[293] *Hom.cat.* 9,2.

Es wäre ihnen möglich und ein leichtes gewesen, kurz das Wort unseres Herrn zu sagen: "Im Namen des Vaters, des Sohnes und des
Heiligen Geistes." Weil sie aber gegen die Lehre, die die Häretiker
haben, diesen Glauben [d.h. dieses Glaubensbekenntnis] schreiben ließen, haben sie zur Zerstörung des Irrtums und zur Lehre der Kirche
diesen Glauben möglichst kurz, [aber] mit mehr Worten als die Überlieferung unseres Herrn gelehrt, die [scil. die Worte] mit ihrem Sinn
die zurückweisen, die gegen den wahren Glauben sind.[294]

Besonders gegen die gottlosen Arianer,[295] aber auch gegen Pneumatomachen[296] und doketische Gnostiker[297] machten die Väter alle diese
Worte, die in Anbetracht der Evidenz des Taufbefehls eigentlich
überflüssig wären. Ein Glaubensbekenntnis wird also immer aus einem
bestimmten Anlaß formuliert, in einer bestimmten Zeit und einer
bestimmten Gefährdung des Glaubens. Die Väter zogen dazu Worte
der heiligen Schrift heran,[298] aber, wo es nötig war, auch solche, die
nicht nach dem Wortlaut, sondern nur nach dem Sinn in ihr stehen.[299] Ansonsten wird Theodor nicht müde, die Übereinstimmung
des Bekenntnisses mit der "Überlieferung unseres Herrn" zu betonen.[300] Das von den Vätern Überlieferte hat die Aufgabe, die Paradosis
zu schützen und weiterzugeben. Der enge Zusammenhang zwischen
Taufe und Bekenntnis, den wir oben festgestellt haben, kommt eben
nicht nur daher, daß das Bekenntnis zur Taufe gehört, weil es bei
ihr abgelegt wird und sie erklärt; er ist schon darin gesetzt, daß beides zugleich in Christi Taufbefehl, der Urüberlieferung der Kirche,
begründet ist.[301] Wer also den Neuzutaufenden das Bekenntnis der
Väter weitergibt und auslegt, tut damit eben das, was Christus seinen Jüngern zum Abschied geboten hat.

1.5.3. *Das Nicänum*

Die Väter, auf die Theodor sein Taufsymbol, die antihäretische Erklärung des Taufbefehles Christi, oder wenigstens Teile davon, zurückführt,
sind aber niemand anders als die Väter von Nicäa.[302]

---

[294] *Hom.cat.* 2,4; vgl. 5,7.
[295] *Hom.cat.* 3,12; 4,3.9.12.17; 5,9; 9,2.
[296] *Hom.cat.* 9,1; 10,2.
[297] *Hom.cat.* 5,8f.; 7,1f.
[298] *Hom.cat.* 3,6 u.ö. Vgl. oben.
[299] *Hom.cat.* 4,17.
[300] *Hom.cat.* 3,1; 4,3; 9,2f.6f.14; 10,13.22; 11,1; 12,1.
[301] *Hom.cat.* 10,13f.
[302] Vgl. unten 2.2.2.

Das Nicänum, Bekenntnis der Synode von Nicäa im Jahre 325, des späte-
ren ersten ökumenischen Konzils, war auf der Grundlage traditioneller
Glaubens- und Symbolformeln formuliert, die um einige antiarianische
Worte, allen voran das ὁμοούσιος τῷ πατρί, und um Anathematismen am
Schluß erweitert worden waren;[303] bald nach seiner feierlichen Verkündigung
war es jedoch augenscheinlich in Vergessenheit geraten. Vielleicht war das
Bekenntnis, das der Kaiser auf dem Konzil zum Zweck der Verurteilung
des Arius und zur Befriedung des Kirchenstreites noch mit großer Mehrheit hatte durchsetzen können, für die Konzilsteilnehmer doch nur eine
Kompromißformel, die zwar erträglich war, mit der man sich aber sonst
nicht recht anfreunden mochte, deren Aufgabe mit der Verurteilung des
Arius jedenfalls als erledigt galt.[304] Die Partei des Euseb von Nikomedien,
die nach Nicäa ihr Haupt erhob, hätte sich selbst jedenfalls kaum als arianisch bezeichnet.

Die zwei Jahrzehnte zwischen 341 und 360 waren im Osten die Zeit der
Synodalbekenntnisse. An ihrem Beginn stand das antiochenische Kirchweihkonzil von 341 mit seinen Formeln – es stellte sich gegen eine römische Synode im Jahr 340, die sich für die im Osten verstoßenen Bischöfe
Athanasius und Marcell von Ancyra erklärt hatte –, an ihrem Ende die
Synoden von Rimini, Seleukia und Konstantinopel 359/60. Die verschiedenen Parteien des Streites machten auf ihren Synoden immer neue Versuche,
gültige Glaubensformeln aufzustellen.[305] Im Westen war das Nicänum bis
in die späten 50er Jahre unbekannt geblieben. Man war zwar durch den
Exilsaufenthalt des Athanasius und Marcell mit dem Arianischen Streit
bekannt geworden und hatte sich auf die Seite der Exilierten gestellt, hielt
aber (statt des unverständlichen ὁμοούσιος) die Formel Marcells μία ὑπόστασις – una substantia für die authentische nicänische Lehre und definierte dies
auch so im Jahr 342 auf der Synode von Serdica, die von den Kaisern als
Reichssynode einberufen worden war, aber bald von den Bischöfen des
Ostens boykottiert wurde.[306] Die eigentliche Bedeutung und der Wortlaut
des Nicänums wurden im Westen erst bekannt, seit der Bischof Hilarius
von Poitiers aus seinem Exil im Osten heimgekehrt war, also seit ca. 358.[307]

---

[303] Vgl. Kelly, *Altchristliche Glaubensbekenntnisse* 211–251; Stead, Homousios 409–412;
H.C. Brennecke, Art. Nicäa. Ökumenische Synoden. I., in: *TRE* 14. Berlin 1994,
429–441: 433f.

[304] Vgl. dazu Kelly, *Altchristliche Glaubensbekenntnisse* 251–259; Stead, Homousios
412–419.

[305] *BSGR* §§ 153–167; Kelly, *Altchristliche Glaubensbekenntnisse* 260–293. Zu den verschiedenen Parteien, Homöern, Anhomöern und Homöusianern, vgl. oben 1.4.2.

[306] *BSGR* § 157; J. Ulrich, *Die Anfänge der abendländischen Rezeption des Nizänums*.
PTS 39. Berlin 1994: 52.

[307] Vgl. dazu Jörg Ulrichs Dissertation "*Die Anfänge der abendländischen Rezeption des
Nizänums*". Ulrich widerlegt zunächst die These, die nicänische Formel von der
Wesenseinheit von Vater und Sohn sei westlichen Ursprungs, untersucht dann Konzil
und Formel von Serdika 342 und macht acht Einzelstudien zu frühen Zeugen für
das Nicänum im Westen von Ossius von Cordoba, dem theologischen Berater Kaiser

Konstantius II. (337 Kaiser des Ostens, 353 des Gesamtreiches, † 361)
wollte den auch für die Einheit seines Reiches gefährlichen Streit mit der
Durchsetzung der homöischen Formel beendigen, der Sohn sei dem Vater
ähnlich (ὅμοιος). 353/55 zwang er den Westen auf den Synoden von Arles
und Mailand zur Verurteilung des Athanasius, und 359 veranstaltete er das
Doppelkonzil von Rimini (für den Westen) und Seleukia (für den Osten)
und erreichte hier wie dort (nicht ohne den Einsatz von Zwangsmitteln)
die Unterzeichnung einer homöischen Formel durch die Bischöfe. Im Jahr
360 wurden die Beschlüsse von Rimini und Seleukia einer Synode in
Konstantinopel vorgelegt und von ihr ratifiziert. Sie stellte ein homöisches
Bekenntnis auf und verbot das Abfassen weiterer Synodalbekenntnisse. Damit
hatten die Homöer auf der ganzen Linie gesiegt. Der Friede dauerte jedoch
nur bis zum Tode des Kaisers im folgenden Jahr. Sein dem Christentum
herzlich abgeneigter Nachfolger Julian (der "Abtrünnige") verkündete allgemeine Toleranz gegen alle Bekenntnisse und ließ die Verbannten zurück-
kehren. So konnten die nicht-homöischen Parteien sich reorganisieren.

Schon seit den 50er Jahren, als das Formulieren neuer Synodalsymbole
noch in vollem Gange war, hatte Athanasius das Bekenntnis von 325 in
seinen Schriften "*De decretis Nicaenae synodi*" und "*De sententia Dionysii episcopi
Alexandriae*" aus seiner Vergessenheit befreit und es mit seinem Plädoyer für
die Rückkehr zu ihm wieder zum Gegenstand der Diskussion gemacht.
Gegen das nicänische ὁμοούσιος wurde eingewendet, daß es unbiblisch sei[308]
und daß es die Unterschiedenheit von Vater und Sohn nicht klar zum
Ausdruck bringe, daß es mithin die sabellianische Häresie befördere. Als
aber mit dem Tode Konstantius' II. der Zwang zum homöischen Bekenntnis
aufgehört hatte, wandten sich die Gegner des Arianismus und später der
homöischen Kirchenpolitik des Valens (364–378) wieder verstärkt der alten
Formel von 325 zu als zu dem probaten Mittel, alle Spaltungen zu über-
winden und Eintracht zu stiften. 363 bekannte sich eine Synode der
Homöusianer zum (in der Frage des ὁμοούσιος freilich "richtig", d.h. nicht
sabellianisch, auszulegenden) Nicänum,[309] und 366 wechselten drei orientalische Bischöfe, unter ihnen Eustathius von Sebaste, mit Liberius von Rom
Briefe, in denen sie das Einvernehmen zwischen Ost und West in der
Zustimmung zum Nicänum und der Ablehnung der nur durch Zwang und
Betrug zustandegekommenen Beschlüsse von Rimini (359) beschworen.[310]
Vorausgegangen war die alexandrinische Synode von 362 unter Athanasius,
die zur Schaffung einer breiten antiarianischen Basis unter dem Nicänum
insbesondere den Homöusianern in der Interpretation des ὁμοούσιος weit
entgegengekommen war. Athanasius hatte erkannt, daß die Mehrheit der
östlichen Bischöfe nicht homöisch oder anhomöisch, sondern homöusianisch
war und für das Nicänum gewonnen werden konnte, wenn man klar stellte,

---

Konstantins, über Liberius von Rom, Hilarius und andere bis zur *Epistula ad Afros*
des Athanasius.

[308] Vgl. oben 1.4.2.

[309] Socrates, *Hist.eccl.* III 25,10–18; Sozomenus, *Hist.eccl.* VI 4,7–10.

[310] Socrates, *Hist.eccl.* IV 12. Vgl. Ulrich, *Die Anfänge* 236–241.

daß das ὁμοούσιος nicht sabellianisch die Identität von Vater und Sohn lehren wollte. Die Jungnicäner, Vorkämpfer für den nicänischen Glauben seit den 60er Jahren, allen voran die drei großen Kappadozier, Gregor von Nazianz, Basilius von Cäsarea und Gregor von Nyssa, leisteten den entscheidenden Beitrag dazu, als sie zwischen den bis dahin identisch gebrauchten Begriffen Substanz (οὐσία) und Hypostase (ὑπόστασις) differenzierten: Gott sei eine Substanz oder Natur, aber Vater, Sohn und Heiliger Geist seien nicht dreimal derselbe, sondern seien verschiedene Hypostasen dieser Substanz. Damit war der nicänischen Lehre von der Wesens- oder Substanzeinheit von Vater und Sohn der Schein des Sabellianismus genommen.

In den 60er Jahren des vierten Jahrhunderts begann der Siegeslauf des Nicänums. Die für den Sieg der orthodoxen Partei entscheidende Synode von Alexandria 362 verkündete die Suffizienz des Nicänums, gegen die arianischen und arianisierenden Formeln, aber auch gegen die "altnicänische" Formel μία ὑπόστασις von Serdica 342, vielmehr sei sowohl die Rede von einer als auch von drei Hypostasen mit dem Nicänum vereinbar.[311] Vielfach schloß man sich nun dem Lob des Athanasius an, das Nicänum sei das rechte Mittel zur Überwindung aller Häresie und zur Bewahrung des Glaubens.[312]

> Denn was in Nicäa von den Vätern bekannt worden ist, hat Kraft. Es ist nämlich richtig und genügt, um jede höchst gottlose Häresie umzuwerfen, und zwar insbesondere die arianische, die übel gegen das Wort Gottes redet und notwendig [auch] gegen seinen Heiligen Geist frevelt.[313]

Keine Synode sei wie die von Nicäa gewesen, und keine Formel sei so hoch zu achten wie das Nicänum, schon gar nicht die zahllosen kurzlebigen Produkte der arianischen Synoden.[314]

> Die heilige Synode von Nicäa, die wahrhaft katholische und apostolische Synode, erkennen wir an, und den damals von den Vätern aufgestellten Glauben bewahren wir unverändert, und ich bete, daß er für immer unversehrt bleibe,

---

[311] Athanasius, *Tom.ad.Antioch.* 3–9. Vgl. A. de Halleux, Pour une profession commune de la foi selon l'esprit des Pères. *RTL* 15 (1984), 275–296: 280–282; La réception 16–19.

[312] Zur Stellung des Athanasius zu Konzil und Formel von Nicäa vgl. Sieben, *Die Konzilsidee* 25–67; vgl. jedoch oben 1.5.2. zu Siebens These, für Athanasius sei der Glaube von Nicäa der Inbegriff der Paradosis.

[313] Athanasius, *Ep.ad Maxim.* 5; vgl. *Ep.ad Epictet.* 1; Liberius, *Ep.* (Socrates, *Hist.eccl.* IV 12,28–30); Basilius, *Ep.* 52,1; 159,1; Damasus, *Fgm. "Confidimus"* (Schwartz, Über die Sammlung 19,18–23); Ambrosius, *De fid.* I prol. 5; III 15,125.

[314] Athanasius, *Ep.ad episc.Aeg.et Lib.* 6; *De synod.* 32,4; *Ep.ad Epictet.* 1; Basilius, *Ep.* 125,1; Gregor von Nazianz, *Ep.* 102,1; Ambrosius, *De fid.* I prol. 5; III 15,128.

schreibt Amphilochius.[315] Auch andere werden aufgefordert, am Nicänum festzuhalten und nicht von ihm abzuweichen;[316] Änderungen und Verfälschungen seien nicht zu dulden.[317]

> Daher fordere ich Euch auf: Haltet in den Händen den von den Vätern in Nicäa verfaßten Glauben, verteidigt ihn mit viel Eifer und mit der Zuversicht im Herrn und werdet den Leuten, wo auch immer sie sind, ein Beispiel, indem Ihr zeigt, daß jetzt der Streit gegen die Häresie und für die Wahrheit da ist und die Listen des Feindes mannigfaltig sind,

schreibt Athanasius an seine Suffragane.[318] Im von jeher kaum arianischen Westen setzt seit 374 Ambrosius, der neue Metropolit von Mailand, die Geltung des Nicänums durch, besonders in Illyrien, wo die Arianer noch recht zahlreich sind.[319] Für ihn hängt Wohl und Wehe eines Gemeinwesens in erster Linie davon ab, ob der reine Glaube bewahrt wird.[320] Die Kirchenpolitik des Kaisers Theodosius schließlich hat sich seit 381 (im Gegensatz zur homöischen Politik der Kaiser Konstantius II. und Valens) die Einheit der Christen des Reiches unter dem nicänischen Glauben zum Ziel gesetzt.[321]

Argumente für das Nicänum sind seine Schriftgemäßheit[322] und seine Übereinstimmung mit dem in Christi Taufbefehl überlieferten und in der Taufe bekannten Glauben an den dreieinigen Gott[323] und, kurz gesagt, mit der von den Vätern ererbten Überlieferung.[324] Athanasius schreibt den Bischöfen seines Sprengels:

> Eifert alle für den Herrn! Und ein jeglicher halte fest am Glauben, der von den Vätern gekommen ist, den auch die, die in Nicäa zusammengekommen waren, in Erinnerung gerufen haben, als sie [scil. ihr Glaubensbekenntnis] schrieben! Keiner nehme die auf, die gegen ihn [scil. den Glauben von Nicäa] versuchen, Neues aufzustellen![325]

---

[315] *Ep.* synod. 2.

[316] Athanasius, *Ep.ad episc.Aeg.et Lib.* 8; Basilius, *Ep.* 113; 128,2; Damasus, *Fgm. "Confidimus"* (Schwartz, Über die Sammlung 20,11–13); Gregor von Nyssa, *Ep.* 3,26.

[317] Basilius, *Ep.* 263; Damasus, *Fgm. "Non nobis"* (Schwartz, Über die Sammlung 22,29f.).

[318] *Ep.ad episc.Aeg.et Lib.* 21.

[319] Vgl. Lietzmann, *Geschichte* IV 47–58.

[320] *De fid.* II 16,139–141; *De spir.s.* I prol. 17; *Ep.* LXXII (17), 1f.

[321] *Cod.Theodos.* XVI 5,6 (10.1.381).

[322] Athanasius, *Ep.ad Epictet.* 1.

[323] Vgl. den Synodalbrief von Konstantinopel 382 (Theodoret, *Hist.eccl.* V 9,11).

[324] Gregor von Nyssa, *Ep.* 3,25f.; Epiphanius, *Ancor.* 118,5–8.14.

[325] *Ep.ad episc.Aeg.et Lib.* 8.

Schließlich wird auch noch das "hohe" Alter des Nicänums angeführt,[326] und Basilius kann sogar schreiben:

> Was den Glauben angeht, so nehmen wir weder einen neuen an, der von anderen geschrieben wäre, noch wagen wir es selbst, Erzeugnisse unserer Überlieferung zu überliefern, um die Worte der Frömmigkeit nicht menschlich zu machen.[327]

Aus dem Zeugnis für die apostolische Überlieferung und für den Glauben der Väter und ihrer Stütze gegen die Häresie ist dort schon etwas geworden, was selbst heilige und göttliche Überlieferung zu sein beansprucht.

Dabei hatte sich nun aber noch eine Schwierigkeit ergeben. Athanasius hatte in seiner Schrift "*De synodis*" in einer Zeit, da, fast jede Synode ein neues Symbol verabschiedete, noch rhetorisch fragen können, warum man denn überhaupt neue Glaubensformeln aufstellen wolle, wenn doch keine neuen Häresien da seien.[328] Nun waren aber neue Häresien aufgetreten, die des Apollinaris und die der Pneumatomachen. Sollte man zum Glauben von Nicäa also ihretwegen etwas hinzufügen? War er nicht vollkommen?[329] Athanasius hatte an Epiktet noch geschrieben:

> Der auf ihr [scil. der Synode von Nicäa] von den Vätern gemäß der heiligen Schrift bekannte Glaube ist hinreichend, alle Gottlosigkeit umzukippen, den frommen Glauben an Christus aber aufrechtzuerhalten.[330]

Sollte das nicht mehr gelten? Basilius war gegen Ergänzungen skeptisch:

> Wir haben nun schon unseren geliebten Brüdern geschrieben ... zu dem, was von ihnen geschrieben worden war, daß wir nichts zum Glauben von Nicäa hinzufügen können, auch nichts sehr Kurzes, außer einer Verherrlichung [δοξολογία] des Heiligen Geistes, weil unsere Väter dieses Teils nur im Vorübergehen gedacht hatten; die Untersuchung darüber war ja damals noch nicht bewegt worden. Die Dogmen aber, die jenem Glauben [scil. dem Nicänum] über die Menschwerdung des Herrn, die tiefer ist als all unser Erfassen, angewebt werden, haben wir weder geprüft noch angenommen; denn wir wissen, daß, sobald

---

[326] Basilius, *Ep.* 140,2; Synodalbrief von 382 (Theodoret, *Hist.eccl.* V 9,11).

[327] *Ep.* 140,2. Zu Basilius und seiner Berufung auf das Nicänum auch gegen Altnicäner und Pneumatomachen vgl. noch Sieben, *Die Konzilsidee* 207f.; de Halleux, *La réception* 20–23.

[328] *De synod.* 6,1.

[329] Athanasius, *Tom.ad Ant.* 5. Der *Tomus ad Antiochenos* (9) warnt auch vor Forschung über das Nicänum hinaus.

[330] *Ep.ad Epictet.* 1.

wir einmal die Einfachheit des Glaubens verwirren, wir kein Ende der
Worte [mehr] finden werden, da [Rede und] Gegenrede uns immer
weiter fortführen, und wir die Herzen der Einfältigen mit dem Einführen
von Fremdem verstören.[331]

Indessen, schon die alexandrinische Synode von 362 nannte laut dem
Bericht des Athanasius als Bedingung für Frieden und Eintracht
neben dem Nicänum die Verfluchung der Pneumatomachen, Sabellianer, Pauls von Samosata und der Gnostiker und ließ in ihrem Brief
noch eine Erörterung des christologischen Problems folgen.[332] Epiphanius fügte 374 in seinen "Ancoratus" wegen der vielen neuen
Häresien seit 325 nach dem Nicänum[333] noch eine weitere, eigene
Glaubensformel hinzu, der das Nicänum als Gerüst zugrundeliegt
und die, vor allem zur Inkarnation und zum Heiligen Geist, einige,
z.T. längere Einschübe enthält.[334] Insbesondere die Pneumatomachen stellten ein Problem dar, denn etliche unter ihnen erkannten
das Nicänum an und sahen in ihrer Lehre durchaus nichts ihm Wi-
dersprechendes.[335] Daß das Nicänum unzureichend geworden wäre,
sprach natürlich niemand aus, aber die Jungnicäner sahen sich genö-
tigt, die nicänischen Väter für den allzu kurz geratenen dritten Artikel
zu entschuldigen: Die Pneumatomachen habe es damals eben noch
nicht gegeben.[336]

1.5.4. *Das Nicänum als Taufsymbol*

Theodor nun ist der Katechet unter den Zeugen des Nicänums in
seiner Zeit. Seine Auffassung vom Bekenntnis der Väter steht in der
Spannung zwischen der ursprünglichen Funktion des Symbols in
Katechese und Taufe und seiner Aufgabe als antihäretische Lehrformel

---

[331] *Ep.* 258,2.

[332] *Tom.ad Ant.* 3.7.

[333] In *Ancor.* 118,9–13 stand ursprünglich nicht das NC, sondern das Urnicänum,
vgl. Schwartz, Das Nicaenum und das Constantinopolitanum auf der Synode von
Chalcedon. *ZNW* 25 (1926), 38–88: 85–88; B.M. Weischer, Die ursprünglich niki-
ische Form des ersten Glaubenssymbols des Epiphanius von Salamis. *ThPh* 53 (1978),
407–414.

[334] *Ancor.* 119,1–12.

[335] Athanasius, *Ep.ad Serap.* I 2; *Tom.ad Ant.* 3; *Ep.ad Jovin.* (Theodoret, *Hist.eccl.*
IV 3,7); Epiphanius, *Panar.* 74,14,4; *Tomus Damasi* can. 23 (*EOMIA* I 2,1,
291,127–292,132); Theodor von Mopsuestia, *De inc.* (Sachau 90,9–12 (55f.)).

[336] Basilius, *Ep.* 125,3; 140,2; 258,2; Gregor von Nazianz, *Ep.* 102,2; Amphilochius,
Ep.synod. 2f.; Theodor von Mopsuestia, *Hom.cat.* 9,2.7.14.

seit dem Konzil von Nicäa.[337] Das Taufsymbol ist nunmehr eben
auch die antiarianische Formel von Nicäa, und die Formel der gro-
ßen und heiligen Synode von Nicäa ist das Symbol, auf das die
Katechumenen getauft werden sollen. Theodor ist auch der Einzige,
von dem uns eine katechetische Auslegung des Nicänums erhalten
ist. Daß das Nicänum (wenn auch sicher nicht in ursprünglicher
Form)[338] im vierten Jahrhundert schon zu katechetischen Zwecken
Verwendung fand, zeigen außer ihm auch Epiphanius und Johannes
Chrysostomus.[339] Bei Cyrill von Jerusalem und in den Apostolischen
Konstitutionen gibt es dagegen noch Unterricht ohne nicänische
Vokabeln, und des Jungnicäners Gregors von Nyssa Anweisung zum
katechetischen Unterricht kommt völlig ohne Glaubensbekenntnis
aus. Für die erste Hälfte des fünften Jahrhunderts bezeugen das
Antiochenum, Theodoret und die Väter von Chalcedon, daß nicä-
nische Symbole als Taufsymbole verwendet wurden.[340]

Für Theodor also ist das Nicänum in der Form, die er verwendet,[341] zunächst einmal einfach der einem Teile seines zu erteilen-
den katechetischen Unterrichtes vorgegebene Stoff; seine Auslegung
ist wie ein großer Einschub in die Erklärung der Sakramente[342] eingeschlossen. Theodor teilt die Hochachtung der Jungnicäner vor den
Vätern von Nicäa und dem Nicänum als wirksamem Mittel, die
Häretiker zu widerlegen und den kirchlichen Glauben zu bewahren.
Auch den Katechumenen möchte er etwas vom Geist des Nicänums,
seiner Klarheit in Aufbau und Inhalt, mitgeben.[343]

Auf den katechetischen Bereich beschränkt sich Theodors Zeugnis für das Nicänum dann aber auch. Schon in den hinteren Homilien erwähnt er das Bekenntnis zwar gelegentlich noch,[344] doch auf
seinen Wortlaut oder seine Lehre geht er dort ebensowenig ein
wie bereits in der der Zusammenfassung der Zwei-Naturen-Lehre
gewidmeten achten Homilie. Auch aus seinen sonstigen Schriften,

---

[337] Vgl. oben 1.5.1.
[338] Vgl. Kelly, *Altchristliche Glaubensbekenntnisse* 340.
[339] Epiphanius, *Ancor.* 118,8; Johannes Chrysostomus, *Cat.bapt.* 3/1,21.
[340] *BSGR* § 130; Theodoret, *Ep.* 146 (SC 111, 178); *Quod unicus filius* (MPG 83,
1437A); *ACO* II 1,2, 79,27f.
[341] Er sagt selbst, daß es nicht die ursprüngliche Form des Nicänums sei und
daß der Artikel über den Heiligen Geist erweitert worden sei. Ausdrücklich nicänisch nennt er nur wenige Stücke. Wir werden dem in 2.2.2.–2.2.4. nachgehen.
[342] *Hom.cat.* 1,1–6 und *Hom.cat.* 12–16.
[343] Vgl. oben 1.3.1.; 1.3.2.
[344] *Hom.cat.* 11,1; 12,1.25–28.

soweit sie denn erhalten sind, ist mir keine Stelle bekannt, an der Theodor das Nicänum oder ein anderes Glaubensbekenntnis erwähnte oder zitierte.[345] In den zahlreichen theologischen Auseinandersetzungen, in die Theodor im Laufe seines Lebens verwickelt war, hat er sich nicht auf das Nicänum berufen. In der neunten Homilie beweist Theodor nicht die Gottheit des Heiligen Geistes aus der *fides Nicaena*,[346] sondern er zeigt, daß die Gottheit des Geistes schon von Christi Taufbefehl gelehrt worden war und auch das nicht ergänzte Nicänum schon die Gottheit des Geistes enthielt. Er möchte also nicht das Nicänum als unfehlbare Instanz gegen die Pneumatomachen ins Feld führen, sondern das Umicänum gegen den Vorwurf der Unvollständigkeit verteidigen bzw. den Pneumatomachen entreißen.[347] Und in der fünften Homilie führt Theodor gegen die arianische und apollinaristische Christologie zwar ein Stück aus dem Nicänum an: "der Fleisch wurde und Mensch wurde",[348] doch hat das auch in seiner Argumentation keine beweisende Funktion, ja, das Stück ist im Grunde nicht mehr als das Stichwort für den Katecheten, über die verschiedenen Irrtümer bezüglich der Menschwerdung des Herrn zu reden.[349] Erst recht findet sich dort nirgends eine Spur davon, das Nicänum habe über die Inkarnation und gegen die Lehre des Apollinaris erweitert werden müssen; diese Tradition über das Nicäno-Constantinopolitanum (NC) in bezug auf das Stück "aus dem Heiligen Geist und der Jungfrau Maria"[350] hat in Theodors Auslegung des Symbols keinen Anhaltspunkt. Daß Theodor aber von einer christologischen Ausrichtung des Nicänums oder einer Ergänzung dazu nichts weiß, ist umso auffälliger, als er einerseits weiß, daß Arius und Eunomius eine nicht nur trinitarische, sondern auch christologische Häresie vertraten,[351] also bereits die antiarianischen Väter von Nicäa eigentlich allen Grund gehabt hätten, auch diesen Teil des Arianismus mit einer klaren Definition zu verdammen, und als andererseits Apollinaris sich für seine Sache sehr wohl auf das Nicänum

---

[345] Man könnte allenfalls *Disp.cum Mac.* 3f. nennen, wo die Rede ist vom Heiligen Geist, der mit Vater und Sohn genannt wird. Hier stehen offenbar Matth 28,19 und das Taufbekenntnis im Hintergrund, aber ausgeführt wird das nicht.

[346] So Sieben, *Die Konzilsidee* 212.

[347] Vgl. dazu auch oben 1.5.3.

[348] *Hom.cat.* 5,19.

[349] *Hom.cat.* 5,7.

[350] S. unten 4.3.

[351] *Hom.cat.* 5,9.

berief,[352] und zwar insbesondere auf das ὁμοούσιος[353] und auf das ἐξ οὐρανοῦ καταβάντα καὶ σαρκωθέντα καὶ ἐνανθρωπήσαντα.[354] Als Waffe für den aktuellen dogmatischen Kampf hatte Theodor das Nicänum also offenbar nicht im Gebrauch.

Was dagegen die katechetische Aufgabe angeht, so zeigt sich Theodor von der vorzüglichen Eignung des Bekenntnisses überzeugt, den Glauben unter Verwerfung der Häresien gemäß der Überlieferung des Herrn und den heiligen Schriften zu vermitteln. Das Bekenntnis ist kurz, daher leicht zu lernen[355] und soll sorgfältig bewahrt und behalten werden[356] – ähnlich reden auch andere Katecheten über ihr Glaubensbekenntnis.[357] Es ist in ihm mehr verborgen, als man beim ersten Hören meint; um die ganze Kraft dieses von den Vätern überlieferten Schatzes freizusetzen, bedarf es der Auslegung.[358]

Wir sahen, daß Theodor bei der Auslegung des Symbols, wie in seinen Schriftkommentaren, Vers für Vers vorangeht, viel wiederholt und die Hauptpunkte seines Systems aus immer wieder neuen Gesichtspunkten betrachtet. Er zeigt, wie das Bekenntnis aus dem Urdogma der Kirche, dem Taufbefehl Christi, und aus der Schrift geschöpft ist und wie sein Aufbau wohldurchdacht und systematisch ist. Es hat die Kraft, den Häretikern das Maul zu stopfen und den Glauben der Kirche zu bewahren, wie schon Athanasius und seine Erben sagten.[359] Im Unterricht dient es als Leitfaden; es ist so etwas wie ein Skelett, das ausgefüllt werden muß, dem Ganzen aber auch Stütze und Zusammenhalt gewährt.

Ziel des Unterrichtes ist, daß die Katechumenen die Glaubenslehren nicht nur lernen, sondern auch verstehen. Eben dazu ist das Glaubensbekenntnis das richtige Hilfsmittel: Was ein Christenmensch wissen muß, was den Glauben, der zu den kommenden Gütern führt, ausmacht, ist in ihm zusammengefaßt. Alles, was Theodor sagt, dient

---

[352] Apollinaris, *Dem.de div.inc.* fgm. 15; Athanasius, *Ep.ad Epictet.* 3; Ambrosius, *De inc.dom.sacr.* 6,52. Die Berufung auf das Nicänum in Apollinaris, *De fid.et inc.* 9 ist textgeschichtlich sekundär, vgl. Lietzmann, *Apollinaris* 137.

[353] *Dem.de div.inc.* fgm. 39; *Fgm.* 153.

[354] *Dem.de div.inc.* fgm. 24.63.

[355] *Hom.cat.* 1,7.13; 4,17; 6,2; 7,3.

[356] *Hom.cat.* 8,1; 10,23; 12,15.

[357] Cyrill von Jerusalem, *Cat.* 5,12f.; Ambrosius, *Expl.symb.* 2; Augustin, *De symb.ad catech.* 1,1; *Serm.* 212,1f.; 213,1.9; *Ench.ad Laur.* II 7; XXX 114; Niceta, *Instr.ad compet.* V 3,20.35; Pseudo-Augustin, *Serm.* 214,1; 215,1.

[358] *Hom.cat.* 1,7.

[359] Vgl. oben 1.3.1.; 1.3.2.; 1.4.2.; 1.4.3.

der größtmöglichen Verständlichkeit dessen, was das Bekenntnis lehrt. Das Bekenntnis kann und soll ja in seiner Klarheit und Kürze von vorne bis hinten verstanden werden. Wunderbar an ihm ist nur, mit welcher Vollkommenheit es seinen Zweck erfüllt.[360]

Daß Theodor sich in seinen theologischen Auseinandersetzungen nicht auf das Symbol beruft, mag daran liegen, daß es für ihn keine Autorität aus sich und in sich hat, sondern solche nur als rechte Auslegung der Schrift und der Überlieferung Christi besitzt, Theodor im dogmatischen Streit aber lieber gleich "*ad fontes*" geht. Daß er das Symbol aber bevorzugt als Katechet verwendet, ist leicht einzusehen: Das Bekenntnis war von den Vätern zusammengestellt worden, um den Glauben der Kirche wirksam gegen die Häresie zu schützen; welcher Glaube bedarf des Schutzes und der Leitung aber mehr als der der Neuzutaufenden?

> Sie [scil. die Verfasser des verlängerten 3. Artikels] bekräftigten die wahre Lehre der Kirche, die man denen, die sich der heiligen Taufe nahten, beibringen mußte.[361]

Das Bekenntnis der Väter ist nichts anderes als eine Erklärung der "Überlieferung des Herrn", jenes trinitarischen Grunddogmas der Kirche; worauf aber zielte die "Überlieferung" sonst als auf Katechese und Taufe? Im katechetichen Unterricht also und nicht im dogmatischen Streit hat das Erbe der Väter seinen eigentlichen Ort.

---

[360] *Hom.cat.* 1,13.
[361] *Hom.cat.* 9,16.

2. DAS TAUFSYMBOL THEODORS VON MOPSUESTIA

2.1. REKONSTRUKTION DES WORTLAUTES

Weder Theodor in seinen Homilien noch die syrische Handschrift zitieren das von Theodor ausgelegte Taufsymbol im Ganzen, und so sind wir zu seiner Rekonstruktion auf das angewiesen, was Theodor im Verlaufe seiner Homilien zitiert. Die Rekonstruktion wird indessen dadurch erleichtert, daß Theodor in der Regel zu Beginn der Auslegung eines Stückes dieses Stück einmal ganz zitiert. Diese ersten Zitierungen haben für die Rekonstruktion das größte Gewicht. Im Verlaufe der Auslegung eines solchen Stückes führt Theodor den Symboltext oft noch wiederholt an, dann jedoch zuweilen mit kleinen Veränderungen, z.B. in der Wortstellung, oder so, daß er das Stück an die Konstruktion des Satzes, den er sagt, anpaßt, wie das denn in freier Rede notwendig geschieht.

2.1.1. *Der syrische Text*

Wie Theodors Homilien, so war auch sein Taufsymbol ursprünglich griechisch abgefaßt und wurde dann ins Syrische übersetzt. Wir müssen bei unserer Rekonstruktion den umgekehrten Weg gehen, müssen mithin analytisch vorgehen und mit der Rekonstruktion des syrischen Textes anfangen.

Der beste Weg zur Gewinnung des syrischen Textes ist es, sich an die Zitierungen zu Beginn der Auslegung eines Stückes zu halten. Ich notiere in der Anmerkung die Fundstelle und alle anderen Stellen, wo Theodor das genannte Stück des Symbols oder einen Teil davon zitiert, außerdem Wortlaut und Stelle bei abweichenden Zitierungen. Die Zeilen sind jeweils so lang, wie sie Theodor zu Beginn der Auslegung eines neuen Stückes zitiert. Im Anschluß an den syrischen Text bringe ich für den des Syrischen unkundigen Leser eine deutsche Übersetzung.

Ich gebe als Text den reinen Konsonantentext der Handschrift an. S͑jâmê und andere Punkte setze ich über bzw. unter die Buchstaben. In der Anmerkung bringe ich dann den vokalisierten Text.

mhymn 'n' bḥd 'lh' 'b' 'ḥyd kl 'bwd' dklhyn hlyn dmtḥzÿn wdl' mtḥzÿn.[1]
wbḥd mry' yšw' mšyḥ' brh d'lh' yḥydy' bwkr' dklhyn brÿt'.[2]
hw dmn 'b' 'tyld qdm klhwn 'lm̈' wl' 't'bd[3]
'lh' šryr' dmn 'lh' šryr'[4]
dbr kyn' hw d'bwhy[5]
hw dbydh 'ttqnw 'lm̈' w'tbry klmdm.[6]
hw dmṭltn bnÿnš' wmṭl pwrqnn nḥt mn šmy' w'tgšm whw' brnš'[7]
hw d'tyld mn mrym btwlt' w'zdqp bÿwmy pnṭyws pylṭws[8]
d'tqbr[9]
wltlt' ywmÿn qm 'ykn' d'mrw ktb̈'[10]
wslq lšmy' wytb mn ymyn' d'lh'[11]

---

[1] *Hom.cat.* 1,8. Vokalisiert: *mhaymennâ bḥaḏ 'allâhâ 'aḇâ 'aḥîḏ kul 'âḇôḏâ ḏḵulhên hâlên dmeṯḥzîn waḏlâ meṯḥzîn.* Vgl. *mhymn 'n' bḥd 'lh'* (*mhaymennâ bḥaḏ 'allâhâ*) 1,17; *mhymn 'n' bḥd 'lh' 'b'* (*mhaymennâ bḥaḏ 'allâhâ 'aḇâ*) 2,4.10; *mhymn 'n' bḥd 'lh' 'b' 'ḥyd kl* (*mhaymennâ bḥaḏ 'allâhâ 'aḇâ 'aḥîḏ kul*) 1,8.13.14. Zu *'bwd' dklhyn hlyn dmtḥzÿn wdl' mtḥzÿn* (*'âḇôḏâ ḏḵulhên hâlên dmeṯḥzîn waḏlâ meṯḥzîn*) die Variante *'bwd' dklhyn hnyn* (*'âḇôḏâ ḏḵulhên hânên*) usw. 2,10.11 und die Abkürzung *'bwd' dkl* (*'âḇôḏâ ḏḵul*) 3,1; 4,18.

[2] *Hom.cat.* 3,1.4. Vokalisiert: *wabḥaḏ mâryâ yešû' mšîḥâ breh dallâhâ îḥîḏâyâ bûḵrâ ḏḵulhên brîte.* Vgl. *wbḥd mry' yšw' mšyḥ'* (*wabḥaḏ mâryâ yešû' mšîḥâ*) 3,4.5; 5,1. Zu *brh d'lh' yḥydy' bwkr' dklhyn brÿt'* (*breh dallâhâ îḥîḏâyâ bûḵrâ ḏḵulhên brîte*) die Abkürzung *br' yḥydy' bwkr' dklhyn brÿt'* (*brâ îḥîḏâyâ bûḵrâ ḏḵulhên brîte*) 3,6.7.10; 5,1.

[3] *Hom.cat.* 3,11. Vokalisiert: *hau dmen 'aḇâ 'eṯîleḏ qḏâm kulhôn 'âlme wlâ 'eṯ'beḏ.* Vgl. *mn 'b' 'tyld* (*men 'aḇâ 'eṯîleḏ*) 4,18; *mn 'b' 'tyld qdm klhwn 'lm̈'* (*men 'aḇâ 'eṯîleḏ qḏâm kulhôn 'âlme*) 4,3; *wl' 't'bd* (*wlâ 'eṯ'beḏ*) ebd. Dieser Abschnitt wird besonders oft frei zitiert: *'tyld mn 'b' qdm klhwn 'lm̈'* (*'eṯîleḏ men 'aḇâ qḏâm kulhôn 'âlme*) 6,3; *'tyld mnh qdm klhwn 'lm̈'* (*'eṯîleḏ menneh qḏâm kulhôn 'âlme*) 3,15; *mnh 'tyld qdm klhwn 'lm̈'* (*menneh 'eṯîleḏ qḏâm kulhôn 'âlme*) 4,3; *mnh 'tyld qdm klhwn 'lm̈' wl' 't'bd* (*menneh 'eṯîleḏ qḏâm kulhôn 'âlme wlâ 'eṯ'beḏ*) 4,13; 10,1; *'tyld wl' 't'bd* (*'eṯîleḏ wlâ 'eṯ'beḏ*) 3,13 (vgl. das γεννηθέντα οὐ ποιηθέντα des Nicänums). Insbesondere wird das *mn 'b'* (*men 'aḇâ*) in 4,1f. dreimal durch *mn 'bwhy* (*men 'aḇû*) ersetzt; diese Lesart hat auch das Nestorianum (vgl. unten 2.2.1.).

[4] *Hom.cat.* 4,8.12.13.19; 5,1; 10,1. Vokalisiert: *'allâhâ šarrîrâ dmen 'allâhâ šarrîrâ.*

[5] *Hom.cat.* 4,13.14.19. Vokalisiert: *dḇar kyânâu daḇû.* Ohne *hw (-u)* 4,13; 5,1; 10,1.

[6] *Hom.cat.* 4,18. Vokalisiert: *hau daḇyaddeh 'eṯtaqqan 'âlme weṯḇrî kulmeddem.* Ohne *hw (hau)* 4,19.

[7] *Hom.cat.* 5,2. Vokalisiert: *hau dmeṭṭulâṯan bnaynâšâ wmeṭṭul pûrqânan nḥeṭ men šmayyâ weṯgaššam wahwâ barnâšâ.* Ohne *hw (hau)* 6,1.7. Vgl. *mṭltn bnÿnš' wmṭl pwrqnn* (*meṭṭulâṯan bnaynâšâ wmeṭṭul pûrqânan*) 5,3; 7,1; *mṭltn bnÿnš' wmṭl pwrqnn nḥt mn šmy'* (*meṭṭulâṯan bnaynâšâ wmeṭṭul pûrqânan nḥeṭ men šmayyâ*) 5,5; *nḥt mn šmy'* (*nḥeṭ men šmayyâ*) 5,3; 7,1; *'tgšm whw' brnš'* (*'eṯgaššam wahwâ barnâšâ*) 5,7.8.17; *hw' brnš'* (*hwâ barnâšâ*) 7,1.

[8] *Hom.cat.* 6,2.15; 7,1. Vokalisiert: *hau deṯîleḏ men maryam bṯûltâ wezdqef byaumay pânṭîâus pîlaṭâus.* Ohne *hw (hau)* 6,1. Vgl. *'tyld mn mrym btwlt'* (*'eṯîleḏ men maryam bṯûltâ*) 6,9; *'zdqp bÿwmy pnṭyws pylṭws* (*'ezdqef byaumay pânṭîâus pîlâṭâus*) 7,2; *hw dmn mrym 'tyld w'zdqp bÿwmy pnṭyws pylṭws* (*hau dmen maryam 'eṯîleḏ wezdqef byaumay pânṭîâus pîlâṭâus*) 6,9.

[9] *Hom.cat.* 7,2.3. Vokalisiert: *deṯqḇar.*

[10] *Hom.cat.* 7,3. Vokalisiert: *waltâṯâ yaumîn qâm 'aykannâ demar kṯâḇe.* Vgl. *qm ltlt' ywmÿn* (*qâm lṯâlâṯâ yaumîn*) 7,10. In 6,6; 7,6 dagegen heißt es: *wqm mn byt mÿt'* (*wqâm men bêṯ mîte*), was dem westlichen καὶ ἀναστάντα ἐκ νεκρῶν – *et resurrexit a mortuis* entspricht.

[11] *Hom.cat.* 6,6.14. Vokalisiert: *wasleq lašmayyâ wîṯeḇ men yammînâ dallâhâ.* Vgl. *slq lšmy'* (*sleq lašmayyâ*) 7,6.10; *ytb mn ymyn' d'lh'* (*îṯeḇ men yammînâ dallâhâ*) 7,10.

wtwb ʿtyd lm't' lmdn ḥÿ' wmÿt'.[12]
wbḥd rwḥ' dqwdš'[13]
rwḥ' dšrr'[14]
hw dmn 'b' npq[15]
rwḥ' mḥyn'.[16]
ḥd' ʿdt' qtwlyq'[17]
šwbqn' dḥṭh'[18]
lqymt' dpgr' wlḥÿ' dl'lm.[19]

Ich glaube an den einen Gott, den allmächtigern Vater, den Schöpfer aller dieser Dinge, der sichtbaren und der unsichtbaren.

Und an den einen Herrn Jesus Christus, Gottes eingeborenen Sohn, den Erstgeborenen aller Kreaturen,

jenen, der aus dem Vater geboren ist vor allen Zeiten und nicht gemacht ist,

wahrer Gott vom wahren Gott,

der von der Natur seines Vaters ist,

jenen, durch den die Welten gegründet wurden und alles erschaffen wurde,

jenen, der für uns Menschen und zu unserer Erlösung vom Himmel herabkam und Körper wurde und Mensch wurde,

jenen, der geboren wurde von Maria, der Jungfrau, und gekreuzigt wurde in den Tagen des Pontius Pilatus,

der begraben wurde

und nach drei Tagen auferstand, wie die Schriften sagten,

und in den Himmel auffuhr und sich zur Rechten Gottes gesetzt hat und wiederkommen wird, zu richten die Lebenden und die Toten.

Und an den einen Heiligen Geist (wörtlich: Geist der Heiligkeit),

den Geist der Wahrheit,

jenen, der aus dem Vater ausgeht,

den lebenschaffenden Geist,

die eine katholische Kirche,

Nachlaß der Sünden,

die Auferstehung des Leibes und das ewige Leben.

Der syrische Text ist vor mir nur von Peter Bruns rekonstruiert worden.[20] Seine Rekonstruktion hat von der meinigen folgende Abweichungen:

---

[12] *Hom.cat.* 7,11. Vokalisiert: *wṭûb ʿtîd lmeṭâ lamdân ḥayye wmîte.* Vgl. *'t' lmdn hÿ' wmÿt' ('âte lamdân ḥayye wmîte)* 7,14.

[13] *Hom.cat.* 9,16; 10,3. Vokalisiert: *wabḥad rûḥâ dqûḏšâ.*

[14] Vokalisiert: *rûḥâ dašrârâ.* Dies ist das einzige Stück des Symbols, das Theodor nicht als solches zitiert. Vgl. unten.

[15] *Hom.cat.* 10,7. Vokalisiert: *hau dmen 'aḇâ nâfeq.*

[16] *Hom.cat.* 10,11. Vokalisiert: *rûḥâ maḥyânâ.*

[17] *Hom.cat.* 10,15. Vokalisiert: *ḥḏâ ʿeḏtâ qâṭûlîqâ.*

[18] *Hom.cat.* 10,20f. Vokalisiert: *šûḇqânâ daḥṭâhe.*

[19] *Hom.cat.* 10,21. Vokalisiert: *laqyâmtâ dfagrâ walḥayye dalʿâlam.*

[20] *Den Menschen mit dem Himmel verbinden.* CSCO 549. Löwen 1995: 61f.

Im ersten Artikel läßt Bruns das Demonstrativpronomen *hlyn* (*hâlên*) hinter *dklhyn* (*dkulhên*) aus. Es ist aber an der entscheidenden Stelle in Homilie 1,8 klar bezeugt. Während Bruns' Lesart nirgends so steht, wird das *hlyn* (*hâlên*), wie wir sahen, in Homilie 2,10f. durch *hnyn* (*hânên*) ersetzt ("aller *jener* Dinge").

Im zweiten Artikel fügt Bruns nach *wl' t'bd* (*wlâ 'eṯ'bed*) in Klammern hinzu: *'lh' mn 'lh'* (*'allâhâ men 'allâhâ* – "Gott von Gott"). Wie die Klammern zeigen, ist er selbst skeptisch, und das zu Recht, denn Theodor zitiert diese Worte nirgends als sein Symbol. Er nennt sie in Homilie 1,11 und 4,2 (allerdings so, daß vor dem *mn* (*men*) ein *d* steht), aber, wie gesagt, nicht als Stück seines Symbols. – In der folgenden Zeile (*'lh' šryr' dmn 'lh' šryr'* (*'allâhâ šarrîrâ dmen 'allâhâ šarrîrâ* – "wahrer Gott vom wahren Gott") läßt Bruns wieder das (einhellig bezeugte) Partikel *d* vor *mn* (*men*) aus. – In der Zeile danach (*br kyn' hw d'bwhy* (*bar kyânâu daḇû*)) läßt Bruns das enklitische Personalpronomen *hw* (*-u*), das als Kopula dient, aus. Theodor zitiert das Stück, wie wir gesehen haben, auch wirklich so, das erste Mal aber mit *hw* (*-u*). – Zu Beginn der Zeile über Christi Geburt und Kreuzigung läßt Bruns das *hw d* (*hau d* "jenen, der") aus, das aber die erste und eine weitere Zitierung so bezeugt. – Die folgende Zeile heißt nach Bruns *w'tqbr* (*weṯqḇar* – "und wurde begraben"); sie wird aber beide Male eindeutig als *d'tqbr* (*deṯqḇar* – "der begraben wurde") zitiert. – Die Zeile danach hat bei Bruns einen ganz anderen Wortlaut als bei mir: *wqm (mn byt mÿt') ltlt' ywmÿn 'ykn' d'mrw ktb'* (*wqâm (men bêṯ mîṯê) laṯlâṯâ yaumîn 'aykannâ demar kṯâḇe* – "und erstand auf (von den Toten) nach drei Tagen, wie die Schriften sagten"). Das Problem bei dieser Zeile ist, daß sie nur einmal genau zitiert wird, nämlich in Homilie 7,3 zu Beginn ihrer Erklärung. Bruns aber folgt in der Wortstellung der Zitierung in 7,10 und fügt hinter *wqm* (*wqâm*) in Klammern das *mn byt mÿt'* (*men bêṯ mîṯê*) aus 6,6; 7,6 hinzu (6,6 ist ein Vorgriff und noch nicht die erste Zitierung). In 6,6; 7,6.10 zitiert Theodor das Symbol jedoch offenbar nicht wörtlich.

Im dritten Artikel setzt Bruns die Zeile *rwh' dšrr'* (*rûḥâ dašrârâ* – "Geist der Wahrheit") in Klammern. Wir sagten, daß Theodor diese Zeile in der Tat nicht als Stück des Symbols zitiert. Giuseppe Luigi Dossetti und Luise Abramowski haben jedoch überzeugend gezeigt, daß diese Worte zum Symbol dazugehören.[21] Theodor legt nämlich

---

[21] G.L. Dossetti, *Il simbolo di Nicea e di Constantinopoli*. TRSR 2. Rom 1967: 278 Anm. 1; L. Abramowski, Was hat das Nicaeno-Constantinopolitanum (C) mit dem Konzil von Konstantinopel zu tun? *ThPh* 67 (1992), 481–513: 511f.

in Homilie 10,3–6 unter wiederholter Zitierung aus dem Johannes-
evangelium das Wort "Geist der Wahrheit" aus und fährt in 10,7 fort:

> So sagten auch unsere Väter über den Heiligen Geist dies Wort [scil.
> "Geist der Wahrheit"], wie sie es von unserem Herrn empfangen hat-
> ten, und fügten auch [noch] ein weiteres hinzu: . . .

Der Wortlaut des Nestorianums untermauert die These, daß Theodors
Symbol hier "Geist der Wahrheit" las, noch zusätzlich.[22] Man kann
die Klammern um *rwḥ' dšrr'* (*rûḥâ dašrârâ*) also ruhig weglassen. – In
der folgenden Zeile macht Bruns, wieder in Klammern, einen Zusatz
und liest: *hw dmn (kyn' d)'b' npq* (*hau dmen (kyânâ d) 'aḇâ nâfeq* – "jenen,
der aus dem (der Natur des) Vater(s) ausgeht"). Die erste und einzige
Zitierung der Zeile in Homilie 10,7 enthält das Wort "Natur" jedoch
nicht. Nur in Homilie 10,10, wo kein direktes Zitat vorliegt, heißt es:

> Unsere seligen Väter sagten, als sie nun dies Wort unseres Herrn [scil.
> Joh 15,26] erklärten, daß er aus der Natur des Vaters ausgeht und
> von Ewigkeit aus ihm ausgeht und von Ewigkeit im Vater war und
> nicht erst danach entstanden ist.

Das *kyn' d* (*kyânâ d*) hat also sicher nicht zum Symbol gehört. – In
der Zeile über die Kirche ergänzt Bruns nach *qtwlyq'* (*qâṯûlîqâ* –
"katholisch") noch *qdyšt'* (*qaddîštâ* – "heilig"). Die erste und einzige
Zitierung dieser Zeile in Homilie 10,15 enthält das Wort "heilig"
jedoch nicht; das gibt für mich den Ausschlag. Dafür, daß auch das
Wort "heilig" ins Symbol gehört, spricht ein Satz aus Homilie 10,19:

> "Heilig" nannten sie nun die Kirche wegen der Heiligkeit und Unver-
> änderlichkeit, die sie vom Heiligen Geist empfangen wird,

und einer aus Homilie 10,21:

> Wir werden eine heilige, katholische Kirche sein.

Doch warum hätte Theodor das Symbol in 10,15 lückenhaft zitieren
sollen? Eine plausiblere Erklärung für das "heilig" in 10,19.21 als
seine Herleitung aus dem Symbol ist es, daß das Wort aus der in
10,19 zitierten Formel "Ich glaube und bin getauft im Namen des
Vaters, des Sohnes und des Heiligen Geistes in einer katholischen,
heiligen Kirche" eingedrungen ist.

---

[22] Vgl. unten 2.2.1.

2.1.2. *Der griechische Text*

Wir schreiten nun zur Rekonstruktion des griechischen Textes. Dabei müssen wir, wie gesagt, analytisch vorgehen und anhand der Version das Original erschließen. Zu bedenken ist dabei, daß eine Übertragung von der griechischen in die syrische Sprache und umgekehrt durch die unterschiedlichen Begriffe, die unterschiedliche Struktur und das unterschiedliche Sprachdenken beider Sprachen schwieriger ist als etwa Übersetzungen zwischen Griechisch und Latein. Sie wird in unserem Falle jedoch dadurch erleichtert, daß wir in den Symbolen der griechischen Kirche zahlreiche Paralleltexte haben.

Anders als beim syrischen Text, haben sich an der Rekonstruktion des griechischen Textes schon viele versucht: Adolf Rücker,[23] Anton Baumstark,[24] Robert Devreesse,[25] Rudolf Abramowski,[26] Joseph Lebon,[27] Luise Abramowski[28] und Peter Bruns.[29] Der Übersichtlichkeit halber notiere ich die Abweichungen dieser Rekonstruktionen von der meinigen in einem kritischen Apparat. Dort steht add für addit/addunt, om für omittit/omittunt und txt für die von mir gewählte Lesart. Steht ein Name in Klammern, so ist die entsprechende Variante nur ein Vorschlag des oder der Betreffenden. Es folgt dann eine deutsche Übersetzung des griechischen Textes und eine Diskussion der Varianten.

---

[23] *Ritus baptismi et missae, quem desripsit Theodorus ep. Mopsuestenus in sermonibus cateheticis.* OTHE.L 2. Münster 1933: 43f.

[24] A. Mingana, Woodbrooke Studies. *OrChr* 8 (1933), 95–99: 99 (in Auseinandersetzung mit Rücker).

[25] Les instructions catéchétiques de Théodore de Mopsueste. *RevSR* 13 (1933), 425–436: 426f.; Essai sur Théodore de Mopsueste. *StT* 141. Vatikanstadt 1948: 103 Anm. 3.

[26] Neue Schriften Theodors von Mopsuestia. *ZNW* 33 (1934), 66–84: 72f.

[27] Les anciens symboles dans la définition de Chalcédoine. *RHE* 32 (1936), 809–876: 836. Ihm folgen Johannes Quasten (*Patrology* III. Utrecht 1960: 419f.), John Norman Davidson Kelly (*Altchristliche Glaubensbekenntnisse*. 3. Aufl. Göttingen 1972: 187f.), Denzinger-Hünermanns *Enchiridion* (37. Aufl. Freiburg 1991: Nr. 51) und Reinhart Staats (*Das Glaubensbekenntnis von Nizäa-Konstantinopel*. Darmstadt 1996: 172).

[28] Was hat das 513. Ihr folgt, wo nicht anders angegeben, Volker Drecoll (Wie nizänisch ist das Nicaeno-Constantinopolitanum? *ZKG* 107 (1996), 1–18: 10–12).

[29] *Theodor von Mopsuestia, Katechetische Homilien* I. FC 17,1. Freiburg 1994: 26; *Den Menschen* 62. Beide Fassungen weichen gelegentlich voneinander ab. – In der Hahnschen *Bibliothek der Symbole* befindet sich keine Rekonstruktion dieses Symbols, wie Bruns das behauptet (*Den Menschen* 61 Anm. 34). An den angegebenen Stellen ist nicht Theodors Symbol zu finden, sondern das Nestorianum und die auf den Konzilien von 431 und 553 verdammte und später Theodor zugeschriebene Bekenntnisformel. Doch läßt sich von einem 1897 erschienenen Buch auch nicht billig erwarten, darin Texte zu finden, die erst seit 1932 bekannt sind.

Πιστεύω[a] εἰς ἕνα θεόν[b], πατέρα παντοκράτορα, [d]πάντων[c] ὁρατῶν τε καὶ ἀοράτων ποιητήν[d].

Καὶ εἰς ἕνα κύριον Ἰησοῦν Χριστόν, τὸν[e] [f]υἱὸν τοῦ θεοῦ[f] τὸν[g] μονογενῆ, τὸν[h] πρωτότοκον πάσης κτίσεως, τὸν ἐκ τοῦ πατρὸς[i] γεννηθέντα πρὸ πάντων τῶν αἰώνων καὶ[j] οὐ ποιηθέντα[k], θεὸν ἀληθινὸν [l]ἐκ θεοῦ ἀληθινοῦ[l], ὁμοούσιον τῷ πατρί[m], δι᾽ οὗ οἱ αἰῶνες κατηρτίσθησαν[n] καὶ [o]τὰ πάντα ἐγένετο[o], τὸν δι᾽ ἡμᾶς τοὺς ἀνθρώπους καὶ διὰ τὴν ἡμετέραν σωτηρίαν κατελθόντα ἐκ τῶν οὐρανῶν, καὶ[p] σαρκωθέντα καὶ ἐνανθρωπήσαντα[q], γεννηθέντα[r] ἐκ Μαρίας τῆς παρθένου, καὶ σταυρωθέντα ἐπὶ[s] Ποντίου Πιλάτου[t], ταφέντα[u], καὶ ἀναστάντα[v] τῇ τρίτῃ ἡμέρᾳ κατὰ τὰς γραφάς[w], καὶ[x] ἀνελθόντα εἰς τοὺς οὐρανούς, καὶ[y] καθεζόμενον [z]ἐν δεξιᾷ[z] τοῦ θεοῦ[a], καὶ πάλιν ἐρχόμενον[b] κρῖναι [c]ζῶντας καὶ νεκρούς[c].

Καὶ εἰς ἓν πνεῦμα ἅγιον, [d]πνεῦμα τῆς αληθείας[d], τὸ ἐκ τοῦ πατρὸς ἐκπορευόμενον, [f]πνεῦμα ζωοποιόν[fg], μίαν[h] [i]ἐκκλησίαν καθολικήν[i], ἄφεσιν[j] ἁμαρτιῶν, [k]ἀνάστασιν σαρκὸς[k] καὶ ζωὴν[l] αἰώνιον.

a: πιστεύομεν Lebon. – b: om Lebon (Quasten, Kelly, Denzinger und Staats folgen ihm hier nicht). – c: τὸν τῶν ἁπάντων Rücker. – d-d: τὸν ποιητὴν (δημιουργὸν) πάντων ὁρατῶν τε καὶ ἀοράτων Baumstark; κτίστην ἁπάντων ὁρατῶν τε καὶ ἀοράτων Devreesse.

e: om (R. Abramowski). – f-f: τοῦ θεοῦ υἱὸν Rücker. – g: om (R. Abramowski). – h: om R. Abramowski. – i: add αὐτοῦ Lebon; L. Abramowski (Drecoll folgt ihr hier nicht); (Bruns, *Den Menschen*). – j: γεννηθέντα (R. Abramowski); om (R. Abramowski); Lebon; L. Abramowski; Bruns; txt Rücker; Baumstark; Devreesse. – k: add θεὸν ἐκ θεοῦ Bruns, *Theodor* I; (*Den Menschen*). – l-l: om Bruns, *Theodor* I. – m: add αὐτοῦ Lebon; Bruns, *Den Menschen*. – n: ἐκτίσθησαν R. Abramowski. – o-o: ἐποιήθη τὰ πάντα R. Abramowski. – p: om Devreesse; R. Abramowski. – q: ἄνθρωπον γενόμενον Rücker; Baumstark; Devreesse; Lebon; L. Abramowski; ἄνθρωπον γινόμενον R. Abramowski; txt Bruns. – r: καὶ γεννηθέντα Rücker; Baumstark; Devreesse; R. Abramowski. – s: ἐν ἡμέραις R. Abramowski; ἐπὶ (ταῖς ἡμέραις τοῦ) Bruns, *Den Menschen*. – t: Πειλάτου Rücker; Baumstark. – u: καὶ ταφέντα Rücker; Baumstark; Devreesse; R. Abramowski. – v: add ἐκ νεκρῶν (Bruns). – w: add ἐκ νεκρῶν Rücker. – x: om Lebon; L. Abramowski; Bruns. – y: om Lebon; L. Abramowski; Bruns. – z-z: ἐκ δεξιῶν Rücker; Baumstark; Devreesse; Lebon; L. Abramowski; Bruns; txt R. Abramowski. – a: πατρός Devreesse; Drecoll. – b: ἐλευσόμενον Devreesse. – c-c: νεκροὺς καὶ ζῶντας Rücker; Devreesse.

d-d: om Rücker; Baumstark; Devreesse; R. Abramowski; Lebon; (Bruns); txt L. Abramowski; (Bruns). – e: add τῆς φύσεως Bruns, *Theodor* I; (*Den Menschen*). – f-f: om Devreesse; τὸ ζωοποιόν R. Abramowski. – g: add ἓν βάπτισμα (R. Abramowski); add (ὁμολογοῦμεν) ἓν βάπτισμα Lebon; add ὁμολογοῦμεν ἓν βάπτισμα (Bruns). – h: καὶ (εἰς) μίαν Rücker; Baumstark; καὶ εἰς μίαν Devreesse; (εἰς) μίαν R. Abramowski. – i-i: ἁγίαν καθολικὴν ἐκκλησίαν Rücker; Baumstark; (ἁγίαν) καθολικὴν ἐκκλσίαν R. Abramowski; ἁγίαν ἐκκλησίαν καθολικήν Lebon; Bruns ἐκκλησίαν ἁγίαν καθολικήν L. Abramowski; txt Devreesse. – j: εἰς ἄφεσιν (Rücker); (Baumstark); Devreesse; (R. Abramowski). – k-k: καὶ ἀνάστασιν σωμάτων Rücker; καὶ τὴν σαρκὸς ἀνάστασιν Baumstark; καὶ ἀνάστασιν νεκρῶν Devreesse; σαρκὸς ἀνάστασιν R. Abramowski; ἀνάστασιν σώματος (L. Abramowski) (ohne Drecoll); (σώματος) σαρκὸς ἀνάστασιν Bruns; txt Lebon; (L. Abramowski); Drecoll. – l: τὴν ζωὴν Baumstark.

Ich glaube an den einen Gott, den allmächtigen Vater, den Schöpfer aller sichtbaren und unsichtbaren Dinge.

Und an den einen Herrn Jesus Christus, Gottes eingeborenen Sohn, den Erstgeborenen der ganzen Schöpfung, der aus dem Vater geboren ist vor allen Zeiten und nicht gemacht, wahrer Gott aus dem wahren Gott, eines Wesens mit dem Vater, durch den die Welten gegründet wurden und alles entstand, der für uns Menschen und zu unserer Erlösung vom Himmel herabkam und Fleisch wurde und Mensch wurde, geboren von Maria, der Jungfrau, und gekreuzigt unter Pontius Pilatus, begraben und auferstanden am dritten Tage nach den Schriften, aufgefahren in den Himmel, er sitzt zur Rechten Gottes und wird wiederkommen, zu richten die Lebenden und die Toten.

Und an den einen Heiligen Geist, den Geist der Wahrheit, der aus dem Vater ausgeht, den lebenschaffenden Geist, die eine katholische Kirche, Vergebung der Sünden, Auferstehung des Fleisches und das ewige Leben.

Lebon läßt das Symbol mit "Wir glauben" statt "Ich glaube" eröffnet werden, analog zum Nicänum, Nicäno-Constantinopolitanum (NC) und den meisten anderen morgenländischen Symbolen. Theodor zitiert den Anfang jedoch stets als "Ich glaube"; so ist (gegen Lebon) der Singular vorzuziehen. – Die Auslassung von θεόν durch Lebon ist sicher ein Versehen. – Im ersten Artikel gibt es insgesamt (abgesehen vom ersten Wort, das hier im Singular, dort im Plural steht) keinen Anhaltspunkt für eine Abweichung vom Wortlaut des Nicänums. Die Varianten, die Rücker, Baumstark und Devreesse bieten, haben die Wahrscheinlichkeit gegen sich. Zu den Vorschlägen, ʿ*ᵃbôdâ* mit δημιουργός oder κτίστης zu übersetzen, ist ferner zu sagen, daß in unserem Text die Wurzel *ʿbad* dem ποιεῖν entspricht, ʿ*ᵃbôdâ* also genau ποιητής wiedergibt.

Auch zu Beginn des zweiten Artikels besteht (gegen Rücker und R. Abramowski) kein Grund für Abweichungen vom Text des Nicänums. – Der Satz τὸν πρωτότοκον πάσης κτίσεως ist ein Zitat aus Kol 1,15. Das Wort κτίσις muß daher, anders als in der syrischen Version, die mit der Peschitta den Plural hat, im Singular stehen. Das

τὸν wird von R. Abramowski ausgelassen. Solche Detailfragen wie
das Setzen eines Artikels oder eines καί lassen sich oft nicht sicher
entscheiden. Hier habe ich das τὸν beibehalten, weil es die Konstruktion besser fortsetzt. Das Zeugnis der anderen Symbole, die diesen
Satz enthalten, ist nicht eindeutig.[30] – Der Zusatz αὐτοῦ hinter ἐκ
τοῦ πατρὸς gibt das Possesivsuffix wieder, das, wie wir sahen, in
Homilie 4,1f. im syrischen Text dreimal dem 'abâ angefügt ist. Daß
wir uns hier (gegen Lebon und L. Abramowski) gegen das αὐτοῦ
entschieden haben, hat folgende Gründe: 1. Das entscheidende erste
Zitat dieser Zeile (Homilie 3,11) hat im Syrischen kein Suffix. 2. Das
Nicänum und das NC haben den Zusatz αὐτοῦ nicht. 3. Das syrische
Possesivsuffix, selbst wenn es im syrischen Text stünde, hat weniger
Gewicht als das griechische αὐτοῦ und braucht im Griechischen keine
Entsprechung zu haben, sondern kann zur stilistischen Glättung
hinzugefügt werden. Eine syrisch-monophysitische Übersetzung des
NC kann z.B. gegen Ende des zweiten Artikels lesen: "Er sitzt zur
Rechten *seines* Vaters".[31] – Die Auslassung des καὶ vor οὐ ποιηθέντα
(R. Abramowski, Lebon, L. Abramowski, Bruns) ist eine Anpassung
an den Text des Nicänums und des NC. Im syrischen Text heißt
es *wlâ* ("und nicht"), so haben wir hier καί eingefügt. Es ist allerdings nicht ausgeschlossen, daß das "und" aus stilistischen Gründen
und nicht aus der Vorlage in den syrischen Text gelangt ist. Ganz
unwahrscheinlich, da ohne Anhaltspunkt, ist dagegen R. Abramowskis
Vorschlag, wie im Nicänum und im NC vor οὐ ποιηθέντα das γεννηθέντα zu wiederholen. – Zu Bruns' Vorschlag, θεὸν ἐκ θεοῦ hinzuzufü-
gen, haben wir bei der Besprechung des syrischen Textes das Nötige
gesagt. Das Auslassen von ἐκ θεοῦ ἀληθινοῦ durch Bruns ist sicher
ein Versehen. – Ohne Zweifel steht das syrische *bar kyânâ* ("von der
Natur", wörtlich: "ein Exemplar der Natur") für das schwer über-
setzbare griechische ὁμοούσιος. Die Begriffe Substanz/Wesen und
Natur sind im Syrischen noch mehr identisch als sie es schon in der
griechischen Terminologie der Trinitätslehre sind. Das syrische *bar
kyânâ* schließt zugleich die sabellianische Deutung des ὁμοούσιος aus,
wonach der Sohn derselbe wie der Vater wäre. Seit der Revision
der alten syrischen Version des Nicänums wurde das ὁμοούσιος etwas

---

[30] Das Symbol Eusebs von Cäsarea (*BSGR* § 188) läßt es weg, doch haben auch
die vorhergehenden Glieder keinen Artikel. Das zweite Symbol der antiochenischen
Kirchweihsynode von 341, das sog. Symbol Lukians (ebd. § 154), enthält es.
[31] C.P. Caspari, *Ungedruckte, unbeachtete und wenig beachtete Quellen zur Geschichte des
Taufsymbols und der Glaubensregel* I. Christiania 1866: 101.

genauer mit *bar iṯûṯâ* wiedergegeben.[32] Anhand der griechischen
Paralleltexte, z.B. des Nicänums, ist es wenig wahrscheinlich, daß
das Possesivsuffix nach *'aḇâ* im Griechischen eine Entsprechung hatte
(gegen Lebon). – Das syrische *'eṭṭaqqan* gibt sicher nicht κτίζειν wieder
(gegen R. Abramowski), denn dies wird in unserem Text mit *brâ*
übersetzt. Vielmehr ist durch den Vers Hebr 11,3, auf den der Satz
anspielt, und durch die Parallelen in anderen Symbolen[33] sicher, daß
καταρτίζεσθαι übersetzt werden soll. – Das καὶ vor σαρκωθέντα wird
von Devreesse und R. Abramowski gestrichen. Es steht jedoch im
syrischen Text und wird auch vom Nicänum bezeugt. *'eṯgaššam* steht
für das griechische σαρκωθέντα, obwohl nicht *gûšmâ*, sondern *besrâ*
das syrische Äquivalent zu σάρξ ist. Seit etwa 500 setzte sich für
σαρκωθέντα die genauere Übersetzung *'eṯbassar* durch.[34] – Daß alle
bisherigen Rekonstrukteure außer Bruns das *hwâ barnâšâ* die Übersetzung von ἄνθρωπον γενόμενον bzw. γινόμενον sein ließen, liegt wohl
daran, daß Casparis griechische Übersetzung des mit Theodors Symbol
eng verwandten, ebenfalls syrischen Nestorianums hier ἄνθρωπον
γενόμενον liest.[35] Zwar ist *hwâ barnâšâ* die wörtliche Übersetzung von
ἄνθρωπον γενόμενον, aber es leidet keinen Zweifel, daß hier wie im
Nestorianum, der älteren syrischen Version des Nicänums folgend,
einfach das nicänische ἐνανθρωπήσαντα, das auch viele andere Symbole
enthalten, übersetzt werden soll. Erst seit der Neuübersetzung des
Philoxenus wurde ἐνανθρωπήσαντα wörtlich mit *'eṯbarnaš* übersetzt.[36]
Hingegen liest sonst nur die zweite Formel der antiochenischen
Kirchweihsynode 341, das sog. Bekenntnis Lukians, ἄνθρωπον γενόμενον.[37] – Ein καί vor γεννηθέντα wird weder vom syrischen Text
noch vom Nicänum gestützt (gegen Rücker, Baumstark, Devreesse
und R. Abramowski). – Das syrische *byaumay* soll sicher nur das ἐπὶ
aus der Formel ἐπὶ Ποντίου Πιλάτου wiedergeben und nicht ἐν ἡμέραις
oder ἐπὶ ταῖς ἡμέραις (gegen R. Abramowski und Bruns). Andernfalls
wäre der Status emphaticus und nicht der Status constructus gewählt

---

[32] Vgl. A. de Halleux, La philoxénienne du symbole, in: *Symposium syriacum 1976.*
OCA 205. Rom 1978, 295–315: 301f. 306–315; Le symbole des évêques perses au
synode de Séleucie-Ctésiphon, in: *Erkenntnisse und Meinungen* II. GOF.S 17. Wiesbaden
1978, 161–190: 179.

[33] Vgl. das Bekenntnis von Laodicea (*BSGR* § 131) und die vierte sirmische Formel
von 359 (ebd. § 163).

[34] Vgl. de Halleux, La philoxénienne du symbole 302–315; Le symbole 179.

[35] Caspari, *Ungedruckte . . . Quellen* I 118; *BSGR* § 132.

[36] Vgl. de Halleux, La philoxénienne du symbole 302–315; Le symbole 179.

[37] *BSGR* § 154.

worden. – Nach dem syrischen Text ist vor ταφέντα kein καί zu setzen (gegen Rücker, Baumstark, Devreesse und R. Abramowski). – Der Artikel von der Auferstehung hat im Syrischen eine auffällige Wortstellung: Das "am dritten Tage" (wörtlich: "nach drei Tagen") wird hier, ähnlich wie in westlichen Symbolen, vorgezogen. Griechisch hieße das: καὶ τῇ τρίτῃ ἡμέρᾳ ἀναστάντα usw. Ich habe trotzdem die in griechischen Symbolen übliche Wortstellung beibehalten. Der Zusatz ἐκ νεκρῶν (Rücker, Bruns) erklärt sich aus Homilie 6,6; 7,6 (vgl. oben die Besprechung des syrischen Textes). Das griechische "nach den Schriften" wird syrisch mit "wie die Schriften sagten" wiedergegeben. – Vor ἀνελθόντα und καθεζόμενον habe ich, dem syrischen Text gehorchend, jeweils ein καὶ gesetzt. Ob das syrische w ("und") im Griechischen eine Entsprechung hatte, läßt sich oft nicht sicher entscheiden.[38] – Für das "zur Rechten" habe ich (mit R. Abramowski, gegen alle anderen) wegen des Wortlautes des Romanums und des NC das griechische ἐν δεξιᾷ statt ἐκ δεξιῶν gewählt. Ungewöhnlich, aber eindeutig (gegen Devreesse und Drecoll; bei letzterem wohl ein Versehen) ist es, daß das Symbol nicht "zur Rechten des Vaters" liest, sondern "zur Rechten Gottes". Mir sind keine Parallelen dazu bekannt. – Das ʿîd lmeṭâ steht eher für ἐρχόμενον (so lesen z.B. Nicänum und NC) als für ἐλευσόμενον (gegen Devreesse). – Rücker und Devreesse kehren die Reihenfolge von Lebenden und Toten um und folgen darin dem Nestorianum. Theodor redet bei der Zitierung des Symbols in Homilie 7,11 und auch in 7,14 jedoch eindeutig von Lebenden und Toten, nicht von Toten und Lebenden. In 7,11 ist zwar auch zweimal die Rede von Toten und Lebenden, jedoch nur, wenn das Symbol nicht direkt zitiert wird. Vielleicht hat dort der Wortlaut des Nestorianums den Übersetzer oder Abschreiber beeinflußt.[39]

Über das πνεῦμα τῆς ἀληθείας (syrisch rûḥâ dašrârâ) und Bruns' Zusatz τῆς φύσεως (syrisch kyânâ d) habe ich bei der Besprechung des syrischen Textes das Nötige gesagt. – Devreesse läßt πνεῦμα ζωοποιόν wohl nur aus Versehen aus. R. Abramowskis Lesart τὸ ζωοποιόν nähert sich dem NC, hat aber den syrischen Text gegen sich. – R. Abramowski, Lebon und Bruns haben einen kurzen Artikel über die Taufe eingefügt. (In Bruns' syrischem Text findet sich jedoch nichts davon.) Der Anlaß dafür ist ein Mißverständnis in der

---

[38] Vgl. Lebon, Les anciens symboles 836 Anm. 2.
[39] Vgl. de Halleux, La philoxénienne du symbole 298.

Deutung von Homilie 10,14f. Dort sagt Theodor zum Abschluß der Definition über den Heiligen Geist, wir würden auf den Vater, den Sohn und den Heiligen Geist getauft, dem Taufbefehl Christi entsprechend. Die Väter hätten dem Bekenntnis der Taufe noch das Bekenntnis des Glaubens an die Kirche hinzugefügt. Mit dem Bekenntnis der Taufe ist hier eben das trinitarische Bekenntnis gemeint und kein Glaubensartikel über die Taufe (der von Theodor ja auch nirgends zitiert wird).[40] – Für ein καί oder ein εἰς zu Beginn des Artikels über die Kirche gibt es im syrischen Text keinen Anhaltspunkt (gegen Rücker, Baumstark, Devreesse und R. Abramowski). Daß der Zusatz ἁγίαν (syrisch *qaddîštâ*) im Artikel über die Kirche abzulehnen ist, haben wir oben bei der Besprechung des syrischen Textes gezeigt (gegen alle außer Devreesse). – Für ein εἰς vor ἄφεσιν gibt es im syrischen Text kein Indiz (gegen Rücker, Baumstark, Devreesse und R. Abramowski). – Für welches griechische Wort das *l* vor *qyamtâ* und *hayye* steht, ist unklar. *pagrâ* ist gewöhnlich die Übersetzung von σῶμα. Auszuschließen sind die Vorschläge σωμάτων (Rücker) und νεκρῶν (Devreesse), da *pagrâ* nicht im Plural steht. Den Ausschlag zugunsten von σαρκὸς und nicht σώματος gibt für mich das altrömische Symbol. Theodors Symbol folgt diesem Bekenntnistext im Artikel über Sündenvergebung, Totenauferstehung und ewiges Leben genau und Wort für Wort (diesen Befund werden wir im Abschnitt 2.2.4. genauer untersuchen), daher wird auch bei der Entscheidung über σαρκὸς oder σώματος die Lesart des Romanums, σαρκὸς, vorzuziehen sein.[41]

2.2. HERKUNFT UND BEDEUTUNG

2.2.1. *Nestorianum, Antiochenum und Laodicenum*

Ohne große Schwierigkeiten läßt sich dieses Symbol als ein morgenländisches Bekenntnis bestimmen, das charakteristische Vokabeln des Nicänums[42] und des Nicäno-Constantinopolitanums (NC)[43] enthält. Seine

---

[40] Vgl. L. Abramowski, Was hat das 510f.

[41] Vgl. zu dem Problem auch Baumstark, A. Mingana 99 und L. Abramowski, Was hat das 511, die einige Beispiele dafür nennen, daß σάρξ mit *pagrâ* übersetzt werden kann.

[42] Vgl.: καὶ οὐ ποιηθέντα, θεὸν ἀληθινὸν ἐκ θεοῦ ἀληθινοῦ, ὁμοούσιον τῷ πατρί. δι᾿ ἡμᾶς τοὺς ἀνθρώπους καὶ διὰ τὴν ἡμετέραν σωτηρίαν.

[43] Vgl.: ἐπὶ Ποντίου Πιλάτου (dazu R. Staats, Pontius Pilatus im Bekenntnis der

nächsten Verwandten sind das Taufsymbol der Nestorianer, das Nestorianum,[44] und das nur fragmentarisch erhaltene Antiochenum.[45]

Der Vergleich zwischen Theodors Symbol und dem ebenfalls syrisch erhaltenen, von Carl Paul Caspari herausgegebenen und ins Griechische übersetzten *Nestorianum* zeigt, daß Theodors Symbol die Grundlage des nestorianischen Taufsymboles ist: Theodors Symbol liegt im Nestorianum in einer überarbeiteten Fassung vor, wobei die Überarbeitung im Wesentlichen in der Ergänzung durch Stücke des NC besteht. Dieses doch offen zutage liegende Verhältnis zwischen Theodors Symbol, dem NC und dem Nestorianum ist m.W. in der Forschung noch nicht gesehen worden, und zwar wohl deshalb, weil meist als selbstverständlich angenommen wurde, bereits Theodors Symbol sei vom NC abhängig.[46]

Im ersten und beginnenden zweiten Artikel sind Theodors Symbol und das Nestorianum identisch, abgesehen lediglich von kleinen Unterschieden im syrischen Wortlaut, die weder für den griechischen Text noch für den Sinn etwas bedeuten. Allerdings beginnt das Nestorianum wie die meisten östlichen Symbole nicht mit "Ich glaube", sondern "Wir glauben". Das Nestorianum liest im ersten Artikel statt *hâlên* ("dieser Dinge") *'aylên* ("welcher Dinge"); Theodors Symbol wird indessen selbst, wie wir sahen, zweimal nicht mit *hâlên*, sondern mit *hânên* ("jener Dinge") zitiert. – Im zweiten Artikel heißt es im Nestorianum statt *men 'aba 'etîled* ("aus dem Vater geboren") *men 'abû 'etîled* ("aus *seinem* Vater geboren"), doch das Possessivsuffix hat im Syrischen wenig Gewicht, und Theodors Symbol wird hier auch dreimal mit *'abû* zitiert. – Die ὁμοούσιος-Formel wird im Nestorianum nicht wie in Theodors Symbol als Relativsatz angeschlossen, sondern (wie das vorhergehende "wahrer Gott aus dem wahren Gott") als Apposition. – Die folgende Zeile beginnt im Nestorianum nicht wie in Theodors Symbol mit *hau* ("jenen"), was aber keinen Bedeutungsunterschied macht. Ebensowenig macht es einen Unterschied, daß das Nestorianum das *byaddeh* ("durch ihn", wörtlich: "durch seine Hand") in den Plural setzt. – Der erste wirkliche Unterschied ist die Ergänzung von *men rûhâ dqûdšâ* (ἐκ πνεύματος ἁγίου) nach *'etgaššam*

---

frühen Kirche. *ZThK* 84 (1987), 493–513: 507f.). κατὰ τὰς γραφάς. τὸ ἐκ τοῦ πατρὸς ἐκπορευόμενον, πνεῦμα ζωοποιόν.

[44] Caspari, *Ungedruckte . . . Quellen* I 116–119; *BSGR* § 132.
[45] Caspari, *Ungedruckte . . . Quellen* I 73–99; *BSGR* § 130.
[46] Vgl. unten 2.2.4.

(σαρκωθέντα) durch das Nestorianum. Diese Ergänzung folgt dem NC. – Ganz eigenartig ist die Ergänzung des Nestorianums nach *wahwâ barnâšâ* (καὶ ἐνανθρωπήσαντα): Es folgt *we̲ṯbṯen* (καὶ συλληφθέντα), das nicht aus dem NC kommt und auch in keinem der anderen östlichen Symbole eine Parallele hat. – Das Folgende konstruiert das Nestorianum nicht wie Theodors Symbol als einen mit *hau d* ("jenen, der") eingeleiteten neuen Relativsatz, sondern es setzt einfach den angefangenen Relativsatz fort. Einen Bedeutungsunterschied macht das nicht. – Das Nestorianum fügt noch *wḥaš* (καὶ παθόντα) ein, dem Nicänum und dem NC folgend, jedoch an anderer Stelle als das NC, nämlich vor und nicht nach der Kreuzigung unter Pontius Pilatus. – Das "begraben" wird im Nestorianum wieder einfach mit "und" angeschlossen statt durch einen neuen Relativsatz. – Der Satz über die Auferstehung unterscheidet sich von Theodors Symbol zum einen durch die Wortstellung, da das Nestorianum das *qâm* (ἀναστάντα) voranstellt – diese Reihenfolge hat z.B. auch das NC –, und zum anderen dadurch, daß das κατὰ τὰς γραφάς im Nestorianum etwas kürzer mit *'a̲k da̲kṯîḇ* ("wie geschrieben steht") wiedergegeben wird. – Statt "zur Rechten Gottes" liest das Nestorianum "zur Rechten des Vaters" und folgt hier wieder dem NC, aber auch praktisch allen anderen Symbolen, die diesen Satz enthalten. Das Possessivsuffix braucht im Griechischen keine Entsprechung zu haben; so heißt es in einer syrisch-monophysitischen Übersetzung des NC, wo einfach τοῦ πατρός steht, ebenfalls *da̲ḇû* ("seines Vaters").[47] – Am Schluß des zweiten Artikels dreht das Nestorianum die Reihenfolge von Lebenden und Toten um und nennt die Toten zuerst.[48] Diese Lesart läßt sich nicht durch das NC erklären. Mir ist nur eine Parallele dazu bekannt, nämlich das Symbol des Konzils von Seleukia-Ktesiphon (410) nach den syrischen Kanonessammlungen.[49] – Die wörtliche Übereinstimmung zwischen Theodors Symbol und dem Nestorianum im Artikel über den Heiligen Geist ist auffällig: Hier haben beide Symbole den gleichen Wortlaut, stehen aber sonst allein da. – Im Artikel über die Kirche ergänzt das Nestorianum, dem NC folgend, *qaddîštâ wašlîḥâytâ* (ἁγίαν καὶ ἀποστολικήν). Darauf folgt im Nestorianum wie im NC der (in Theodors Symbol fehlende) Artikel von der Taufe, in den dann das Bekenntnis zur Sündenvergebung eingeschlossen ist. – Das

---

[47] Caspari, *Ungedruckte . . . Quellen* I 101.
[48] Vgl. dazu Caspari, *Ungedruckte . . . Quellen* I 127 Anm. 17.
[49] Vgl. unten 4.1.

dfagrâ (σαρκὸς) zur Näherbestimmung der Auferstehung steht im Nestorianum im Plural und soll wohl das νεκρῶν des NC wiedergeben.

Insgesamt also stellt sich das Taufbekenntnis der Nestorianer als eine Überarbeitung von Theodors Symbol dar, und zwar insbesondere durch Stücke aus dem NC. Theodors Symbol ist vollständig in ihm enthalten. Die geringfügigen Unterschiede, die hier und da in der syrischen Konstruktion zwischen beiden Symbolen bestehen, lassen vermuten, daß der griechische Text von Theodors Symbol die Vorlage des Nestorianums war und auch dieses ursprünglich griechisch war, daß aber nach der insgesamt großen Übereinstimmung in der syrischen Terminologie doch beide syrischen Versionen aus einer Schule kommen.

Das *Antiochenum* wiederum wurde ebenfalls von Caspari rekonstruiert, und zwar aufgrund von Zitaten in zwei Schriften gegen Nestorius, der *Contestatio* des Euseb, später Bischof von Doryläum, und der Schrift des Johannes Cassian "*De incarnatione domini contra Nestorium*".[50] Auf diese Weise lassen sich der erste und zweite Artikel rekonstruieren. Für das Ende des dritten Artikels zog Caspari ein Zitat aus Johannes Chrysostomus' 40. Homilie zum 1. Korintherbrief heran. Luise Abramowski nun behauptet, das Symbol Theodors sei nichts anderes als eben dieses Antiochenum in vollständigem Zustand.[51] Ich vermag dieser bestechenden These der großen Gelehrten hingegen nicht zu folgen, und zwar aus drei Gründen:

1. Die Symbole des vierten Jahrhunderts wiesen beim Anfang des dritten Artikels, dem Artikel über den Heiligen Geist, die größte Mannigfaltigkeit und die meisten Unterschiede untereinander auf. Wir sahen, daß die Übereinstimmung zwischen Theodors Symbol und dem Nestorianum hier besonders auffällig ist. Im Antiochenum aber ist von diesem Stück gar nichts mehr erhalten, und so entfällt ein wichtiges Indiz.

2. Euseb hatte seine *Contestatio* in den Westen, nach Rom, geschickt und so den Fall Nestorius dort bekannt gemacht. Cassian baute sein theologisches Gutachten zu dem Fall auf diese *Contestatio* auf. Das Antiochenum, das er zitiert, kann er indessen nicht nur aus ihr gekannt haben, denn er führt auch Worte an, die die *Contestatio* nicht zitiert. Die plausibelste Erklärung dafür hat Eduard Schwartz gegeben:

---

[50] *ACO* I 1,1, 102; *De inc.dom.* VI 3,2; 4,2; 6–10 passim.
[51] Was hat das 503–508.

Cassian hat seine zusätzlichen Informationen daher bezogen, daß
Euseb der *Contestatio* noch eine vollständige Abschrift des (in der
Contestatio unvollständig zitierten) Antiochenums beigelegt habe, die
er, Cassian, habe einsehen können.[52] Nun lesen beide, Euseb und
Cassian, im zweiten Artikel übereinstimmend: τὸν δι᾽ ἡμᾶς καθελθόντα
καὶ γεννηθέντα ἐκ Μαρίας usw., kürzen also, verglichen mit Theodors
Symbol, den Text erheblich. Es fehlt τοὺς ἀνθρώπους καὶ διὰ τὴν ἡμετέραν σωτηρίαν und ἐκ τῶν οὐρανῶν καὶ σαρκωθέντα καὶ ἐνανθρωπήσαντα.
Um dennoch ihre These von der Identität beider Symbole aufrecht-
zuerhalten, muß Abramowski sich mit der Konstruktion helfen, das
von Euseb der *Contestatio* beigelegte und von Cassian eingesehene
Antiochenum sei nicht vollständig, sondern von Euseb bereits zurecht-
gestutzt gewesen.

   3. Carl Paul Caspari hat anhand der Hinweise in der Schrift "*Fides
secundum partem*" des Apollinaris von Laodicea ein weiteres Symbol
rekonstruiert, das Symbol von Laodicäa in Syrien.[53] Dieses *Laodicenum*
ist wie das Antiochenum nicht vollständig erhalten, doch soweit beide
Symbole erhalten sind, sind sie im Wesentlichen identisch.[54] Im
Laodicenum nun findet sich ebenfalls keine Spur der im Antiochenum
gegenüber Theodors Symbol gekürzten Stücke (vgl. oben Punkt 2.).
Ferner bestätigt das Laodicenum zwei Abweichungen des Antiochenums gegenüber Theodors Symbol, die Abramowski zu geringfügig
schienen, um sie zu berücksichtigen: zu Beginn des zweiten Artikels
τὸν υἱὸν αὐτοῦ statt τὸν υἱὸν τοῦ θεοῦ und am Anfang des ersten
Artikels den Zusatz καὶ μόνον ἀληθινόν. Die letzteren Worte finden
sich auch in zahlreichen anderen Symbolen[55] und sind mehr als "*epi-
theta ornantia*".[56]

Fazit: Das Antiochenum ist mit Theodors Symbol nahe verwandt,
aber kaum identisch.

---

[52] *Konzilstudien.* Schriften der Wissenschaftlichen Gesellschaft in Straßburg 20.
Straßburg 1914: 16.
[53] *Alte und neue Quellen zur Geschichte des Taufsymbols und der Glaubensregel.* Christiania
1879: 65–146; *BSGR* § 131.
[54] Im Laodicenum wäre freilich das θεὸν ἀληθινὸν ἐκ θεοῦ ἀληθινοῦ hinter τὸν
υἱὸν αὐτοῦ τὸν μονογενῆ zu stellen. Ferner ist der Lesart παθόντα καὶ ἀποθανόντα
das σταυρωθέντα ἐπὶ Ποντίου Πιλάτου καὶ ταφέντα vorzuziehen.
[55] Vgl. das Symbol der Apostolischen Konstitutionen (*BSGR* § 129), das kappadozische Symbol nach Auxentius (ebd. § 134), die Formel der 4. sirmischen Synode
359 (ebd. § 163), die Formel von Nike 359 (ebd. § 164), das Glaubensbekenntnis
des Eudoxius (ebd. § 191) und das von Proclus von Konstantinopel ausgelegte Taufsymbol (Proclus, *Hom.* 27 IV 16.19–21.23; IX 55).
[56] So L. Abramowski, Was hat das 507.

Die nahe Verwandtschaft zu Antiochenum, Laodicenum und Nestorianum, die zu konstatieren ist, lassen ebenso wie die Person Theodors,
seines Auslegers, vermuten, daß unser Symbol aus dem syrischen Bereich kommt. Auch die beiden auffälligsten Bestandteile des Symbols,
das τὸν πρωτότοκον πάσης κτίσεως (Kol 1,15) und das δι' οὗ οἱ αἰῶνες
κατηρτίσθησαν (Hebr 11,3), weisen dorthin.[57]

2.2.2. *Theodor über die Herkunft seines Symbols*

Fragen wir nun Theodor selbst, welches Symbol er auslegt, so lautet
seine Antwort: das Symbol der Väter. "Unsere seligen Väter sagten",
"unsere seligen Väter fügten hinzu" und ähnlich heißt es allüberall.
Manchmal sagt Theodor noch etwas genauer, wer diese Väter sind:
Es sind jene, die

> auf jener wunderbaren Synode der katholischen Kirche versammelt
> waren,[58]

sie, die

> aus allen Richtungen versammelt waren und die heilige Synode in
> Nicäa, der Stadt in Bithynien, machten[59] –
>   der Freund Gottes, der selige Kaiser Konstantin, hatte sich darum
> bemüht[60] –
>   schrieben diesen Glauben [d.h. dieses Glaubensbekenntnis] zur
> Bewahrung der wahren Lehre, zur Zurückweisung der Gottlosigkeit
> des Arius und zur Widerlegung derer, die danach erschienen sind und
> nach dem Namen ihres Verführers Eunomius genannt wurden, und
> zum Abtun dieser Häresien, die von schlechten Gedanken aufgestellt
> worden sind.[61]

Demnach hätten wir in Theodors Taufsymbol nichts anderes als das
Nicänum vor uns. Daß es nicht wirklich das Nicänum ist, brauchte

---

[57] Ersteres findet sich außer im Antiochenum und im Nestorianum noch im
Symbol der Apostolischen Konstitutionen (*BSGR* § 129; vgl. auch § 9), im Bekenntnis
Eusebs von Cäsarea (ebd. § 188) und im "Symbol des Lukian", der zweiten Formel
der antiochenischen Kirchweihsynode 341 (ebd. § 154). Letzteres steht im Antiochenum,
Laodicenum und Nestorianum, außerdem in der Formel der 4. sirmischen Synode
359 (ebd. § 163).
[58] *Hom.cat.* 3,4.
[59] *Hom.cat.* 3,12.
[60] *Hom.cat.* 9,2.
[61] *Hom.cat.* 3,12.

uns nicht weiter zu beunruhigen: In der Zeit zwischen den Konzilien von Konstantinopel und Chalcedon werden im Osten gelegentlich Symbole, die nicänische Formeln wie das ὁμοούσιος und das γεννηθέντα οὐ ποιηθέντα enthalten, als Symbol von Nicäa bezeichnet.[62] Doch ist Theodor auch nicht wirklich der Meinung, das originale Nicänum auszulegen, das er übrigens, wie wir noch sehen werden, kennt. Er denkt nämlich, wenn er von den seligen Vätern redet, nicht immer an dieselben Personen. So kann er sogar das Vaterunser bzw. seine Behandlung im katechetischen Unterricht auf die seligen Väter zurückführen;[63] daß die Väter in diesem Falle nicht die Väter des Konzils von 325 sind, ist evident. Väter sind für Theodor eben so etwas wie die Urheber und Gewährsleute des kichlich Überlieferten zu allen Zeiten, und zu ihnen gehören auch die Väter von Nicäa. Auf sie führt Theodor denn auch nicht zufällig gerade und nur die Teile des Glaubensbekenntnisses zurück, die in der ersten Hälfte des 2. Artikels gegen die Arianer vom Verhältnis zwischen Gott dem Vater und Gott dem Sohn reden,[64] während er die Väter von Nicäa sonst nicht speziell nennt. Es stimmt eben *nicht*, was Jan Nowak (stellvertretend auch für viele andere) schreibt:

> Tout au long de ses homélies Théodore insiste sur le fait que le symbole de foi qu'il commente est celui de Nicée.[65]

Schon deshalb ist es falsch, wenn Hermann Josef Sieben meint, Theodor habe die Autorität der *fides Nicaena* in der klassischen Kategorie der Paradosis gedacht und habe den Terminus παραδιδόναι für den formalen Akt der Konzilsdefinition verwendet.[66] Auf eben diesem Mißverständnis beruht schließlich auch Luise Abramowskis These, Theodor habe durch die auffällig häufige Erwähnung "unserer seligen Väter"[67] gegenüber altnicänischen Konkurrenten seinen Anspruch bekräftigen wollen, selbst das wahre nicänische Erbe zu vermitteln.[68]

---

[62] Vgl. oben 1.5.4. und unten 4.2.

[63] *Hom.cat.* 11,1.19.

[64] *Hom.cat.* 10,1; vgl. 3,12f.; 4,17; 9,2.7.

[65] *La relation entre la célébration des mystères et la vie chrétienne d'après les homélies catéchétiques de Théodore de Mopsueste.* Diss. Rom 1968: 11. Vgl. z.B. Lebon, Les anciens symboles 838; Kelly, *Altchristliche Glaubensbekenntnisse* 320; Drecoll, Wie nizänisch 15f.

[66] H.J. Sieben, *Die Konzilsidee der Alten Kirche.* KonGe. U 1. Paderborn 1979: 225. Zum Verhältnis von Glaubensbekenntnis und Paradosis bei Theodor vgl. oben 1.5.2.

[67] Sie hat ungefähr 55 Fälle in Homilie 1–10 gezählt. Nach meiner Statistik sind es 75 Male in Homilie 1–10 und drei in Homilie 11 und 12.

[68] Was hat das 487f.

Doch Theodor weiß über die Herkunft seines Symbols der Väter noch mehr zu berichten als diese Erinnerung an das Konzil von Nicäa und seine Definitionen im zweiten Artikel. In der neunten Homilie, zu Beginn der Auslegung des 3. Artikels, heißt es:

> Da ist aber jetzt das Wort über den Heiligen Geist, das unsere seligen Väter, die sich von allen Enden in der Stadt Nicäa auf jener wunderbaren Synode versammelt hatten, einfach und ohne Erforschung gesagt haben: "Und an den Heiligen Geist." Sie dachten, das sei hinreichend für das Ohr jener Zeit. Die nach ihnen aber überlieferten uns die vollständige Lehre über den Heiligen Geist. Zuerst versammelten sich die westlichen Bischöfe untereinander und machten eine Synode, weil sie wegen der Verfolgung, die es auf diesem Gebiet [scil. dem Osten] durch die Arianer gab, nicht in den Osten kommen konnten. Aber danach, als die göttliche Gnade die Verfolgung abgetan hatte, nahmen auch die östlichen Bischöfe die Lehre, die von jener westlichen Synode überliefert war, an, stimmten mit ihrer [scil. der westlichen Bischöfe] Meinung überein und manifestierten mit ihrer Unterschrift die Gemeinschaft mit ihnen. Die vollkommene [d.h. vervollständigende] Ergänzung [scil. zum Nicänum] aber, die es danach [d.h. nach dem Nicänum] mit ihrer Lehre über den Heiligen Geist gab – wenn man es genau betrachten kann, hatten sie [scil. die Ergänzer] die Ursache [dafür] genommen von jenen Seligen, die sich aus der ganzen Schöpfung in der Stadt Nicäa auf jener ersten Synode versammelt hatten. Und warum uns unsere seligen Väter [noch] nicht vollständig all das über den Heiligen Geist überliefert haben, was danach gesagt wurde – der Grund dafür ist gewiß und offensichtlich: ... weil in jener Zeit die Debatte über ihn [scil. den Heiligen Geist] von den Häretikern noch nicht aufgeworfen worden war.[69]

Es lohnt sich, noch ein wenig zu verweilen, denn was Theodor uns hier mitteilt, wiegt doppelt schwer, weil es einerseits vor 451 eines der ganz seltenen Zeugnisse dafür ist, daß das Symbol von Nicäa am Ende des Arianischen Streites auf einer weiteren Synode ergänzt wurde,[70] andererseits aber Theodor zur fraglichen Zeit zwar noch

---

[69] *Hom.cat.* 9,1f.

[70] Dazu und zu den weiteren Zeugnissen s. A.M. Ritter, *Das Konzil von Konstantinopel und sein Symbol.* FKDG 15. Göttingen 1965: 151–156. 197–204; vgl. auch Staats, *Das Glaubensbekenntnis* 180–189. Ritter nennt noch ein Schreiben Flavians von Konstantinopel an Kaiser Theodosius II., in dem der Patriarch die "Ekthesis [Darlegung] der heiligen Väter, die in Nicäa und Konstantinopel zusammenkamen" erwähnt (*ACO* II 1,1, 35,10f.), wobei die Erwähnung Konstantinopels textkritisch nicht einwandfrei ist; dann Pseudo-Athanasius, *Dialogus de trinitate* III (MPG 28, 1204 AB), wo ein Makedonianer neuere Zusätze zum Nicänum beklagt; weiter das autobiographische Gedicht Gregors von Nazianz (dieser Beleg ist aber umstritten, s.u.) und schließlich eine Anzahl von Anspielungen und Zitaten in den Werken der Patriarchen von

am Anfang seiner Karriere stand, aber eben doch Zeitgenosse und vielleicht sogar Augenzeuge der Ereignisse war. Hatte man wegen des Mangels an Zeugnissen nach den Arbeiten von Fenton John Anthony Hort und Adolf von Harnack schon mit der traditionellen Auffassung abgeschlossen, das Konzil von 381 habe das Symbol von Nicäa zum "Nicäno-Constantinopolitanum" (NC) erweitert, das NC sei statt dessen nur ein zufällig im fünften Jahrhundert zu ökumenischem Rang erhobenes lokales Taufbekenntnis, und hatte sich Eduard Schwartz dann unter Berufung auf die Akten des Konzils von Chalcedon wieder für die "Echtheit" des NC ausgesprochen,[71] so kam Adolf Martin Ritter, der meinte, das NC sei die Formel für die dann gescheiterten Einigungsverhandlungen mit den Pneumatomachen auf dem Konzil von Konstantinopel gewesen,[72] angesichts, der inzwischen wiederentdeckten katechetischen Homilien Theodors zu dem Ergebnis, nun sei endlich bewiesen, daß das NC *doch* 381 auf dem Konzil von Konstantinopel verfaßt worden sei. Auf der Synode von Antiochia 379 hätten die Bischöfe des Orients einen westlichen Tomos unterschrieben und dann zwei Jahre später in Konstantinopel das nicänische Symbol zum NC erweitert.[73] Die

---

Konstantinopel und des Mönchs Dorotheus, die Stücke des NC als nicänisch zitieren. Dabei soll auch eben die Stelle aus Chrysostomus' 40. Homilie zum 1. Korintherbrief, die Carl Paul Caspari zur Rekonstruktion des Antiochenums verwendet hatte (vgl. oben 2.2.1.), nun ein freies Zitat aus dem NC sein.

[71] S. dazu A. Harnack, Art. Konstantinopolitanisches Symbol, in: *RE*³ 11. Leipzig 1902, 12–28: 16–24; R. Seeberg, *Lehrbuch der Dogmengeschichte*. 3./4. Aufl. Leipzig 1920–1933: II 142f.; E. Schwartz, Das Nicaenum und das Constantinopolitanum auf der Synode von Chalcedon. *ZNW* 25 (1926), 38–88: 38–46. 81–88; Ritter, *Das Konzil* 135–147; Kelly, *Altchristliche Glaubensbekenntnisse* 302–319.

[72] *Das Konzil* 190–197.

[73] *Das Konzil* 153–155. Ritters Hauptargument für die "Echtheit" des NC ist das autobiographische Gedicht Gregors von Nazianz (ebd. 155. 254–263). Hier wurde Ritter jedoch aus philologischen Gründen widersprochen, vgl. R. Staats, Die basilianische Verherrlichung des Heiligen Geistes auf dem Konzil zu Konstantinopel 381. *KuD* 25 (1979), 232–253: 232f.; Drecoll, Wie nicänisch 17f. Zur Diskussion um das NC vgl. noch B. Weischer, Die ursprünglich nikäische Form des ersten Glaubenssymbols im Ankyrôtos des Epiphanius von Salamis. *ThPh* 53 (1978), 407–414: 407–409; K. Beyschlag, *Grundriß der Dogmengeschichte*. 1./2. Aufl. Darmstadt 1987ff.: I 298f.; A.M. Ritter, Art. Konstantinopel, Ökumenische Synoden I., in: *TRE* 19. Berlin 1990, 518–524: 520f.; W.-D. Hauschild, Art. Nicäno-Konstantinopolitanisches Glaubensbekenntnis, in: *TRE* 24. Berlin 1994, 444–456: 447f. Neuerdings hat Volker Drecoll wieder bestritten, daß das NC auf dem Konzil von Konstantinopel aufgestellt wurde; vielmehr sei das wirklich 381 aufgestellte Glaubensbekenntnis (C) erst im Laufe der Jahrzehnte durch liturgische Zusätze zum NC erweitert worden. Das Symbol C von 381, dessen genauer Wortlaut nicht mehr zu rekonstruieren sei, habe allerdings den Auftakt dazu gegeben, daß vielerorts das um die jeweiligen lokalen

eingehendste Untersuchung zu Theodors Nachrichten kommt von
Luise Abramowski.[74] Sie möchte – im Anschluß an Reinhart Staats,
der als Erster auf die Verwandtschaft zwischen dem altrömischen
Symbol und dem NC hingewiesen und Antiochia 379 als Entste-
hungsort des NC in die Diskussion eingebracht hat[75] – ein in Rom
unter Damasus abgefaßtes, nach Antiochia verschicktes und dort
angenommenes "Romano-Nicaenum" und das NC von 381 selbst
unterscheiden.

2.2.3. *Antiochia 379 und Rom*

2.2.3.1. *Der Befund*

Wenn wir nun unsererseits Theodors Angaben über die Umstände
der Erweiterung des Symbols prüfen, so ist zunächst enttäuschend, wie
ungenau diese Angaben sind. Theodor nennt weder den Tagungsort
der westlichen noch den der östlichen Synode und sagt auch nichts
über einen Kaiser, der die östliche Synode berufen hätte. Nur eines
erfahren wir: Zur Zeit der westlichen Synode gab es im Osten eine
Verfolgung durch die Arianer, die, als die östliche Synode tagte,
aufgehört hatte. Hiermit kann nur die "Verfolgung" durch Kaiser
Valens (364–378) gemeint sein, der an die Kirchenpolitik Konstantius' II. (337–361) anknüpfte und die Kircheneinheit auf gemäßigt
arianischer, homöischer Grundlage anstrebte, wobei widerspenstigen
Bischöfen das Exil drohte. Es muß sich also um eine Synode im
Westen bis 378 und eine im Osten ab 378 handeln. In der Zeit um
378 kann jedoch bei genauerer Betrachtung von einer so herzlichen
Eintracht zwischen Okzident und Orient, wie es sie nach Theodors
Angaben gegeben zu haben scheint, gar keine Rede sein; die 70er
Jahre des vierten Jahrhunderts waren vielmehr eine Zeit beständiger
Querelen, Friedensbemühungen und Enttäuschungen zwischen dem
Westen unter Damasus von Rom und Alexandria unter Athanasius
und Petrus II. einerseits und dem Rest des Ostens unter Basilius von
Cäsarea andererseits. Man zankte sich um das Schisma in Antiochia
zwischen Paulinus und Meletius, und dazu kamen noch theologi-

---

liturgischen Wendungen erweiterte Urnicänum als Nicänum habe bezeichnet werden
können (Wie nicänisch, besonders 4–7. 16–18). Ich halte das nicht für überzeugend.
    [74] Was hat das, besonders 486–503.
    [75] S.u. 2.2.4.

sche Differenzen und Mißverständnisse, sowohl in der Trinitätslehre (Frage nach einer oder drei Hypostasen und Streit um den Heiligen Geist; auf letzteren weist Theodor freilich auch hin) als auch in der Christologie (Frage nach der Stellung zum Konzept des Apollinaris).[76] Wenn Theodors Angabe über die zwei Synoden vor bzw. nach 378 auch sicher zuverlässig ist, so werden wir in seinem Bericht über die Umstände von vornherein keine exakte Darstellung historischer Fakten erblicken dürfen, sondern eine Beschreibung, die das Typische des Vorgangs betont: Die Definition einer Synode schafft klare Verhältnisse und stiftet Frieden und Eintracht in der Kirche.

Doch folgen wir Theodor trotz allen Bedenken! Die westliche Synode bis 378 wird am ehesten eine der römischen Synoden unter Damasus sein; bei der Synode des Ostens aber handelt es sich mit großer Wahrscheinlichkeit, da beim nicht gerade romfreundlichen Konzil von Konstantinopel 381[77] weder überliefert noch gut vorstellbar ist, daß dort ein Lehrschreiben oder Glaubensbekenntnis aus dem Westen angenommen wurde, um dessen Vorläuferin,[78] die antiochenische Synode von 379 unter Meletius.

Meletius gehört zu den schillernden Gestalten der Alten Kirche. 360 zum Nachfolger des Arianers Eudoxius auf den Bischofsstuhl von Antiochia berufen, wurde er noch unter Konstantius II. († 361) abgesetzt und verbannt, wurde unter Kaiser Valens erneut verbannt und hatte sich seitdem zum Homöusianer und Jungnicäner gewandelt.[79] 378 war er, nachdem ein Edikt den verbannten Bischöfen die Heimkehr erlaubt hatte, sei es noch zu Lebzeiten des Valens, sei es erst nach dessen Katastrophe bei Adrianopel,[80] aus Armenien nach Antiochia zurückgekehrt, um sich dort zu seinen Rivalen, dem Altnicäner und Kandidaten Roms und Alexandrias Paulinus, Vitalis, dem Apollinaristen, und Dorotheus, dem Arianer und Bischof der Reichskirche, zu gesellen. Die Mehrheit der antiochenschen Gemeinde stand hinter Meletius und war ihm auch während seiner Verbannung treu geblieben, ja, verehrte ihn bereits wie einen Heiligen.[81] Die antiochenische Synode des folgenden

---

[76] Daß Damasus damals mit Antiochien eine Front gegen den Apollinarismus gebildet und im Schisma die orthodoxe Partei des Meletius unterstützt haben soll (so Bruns, *Den Menschen* 61), ist entweder ein Scherz oder ein Druckfehler.

[77] Vgl. R. Staats, Die römische Tradition im Symbol von 381 (NC) und seine Entstehung auf der Synode von Antiochien 379. *VigChr* 44 (1990), 209–221: 212f.; *Das Glaubensbekenntnis* 41.175f.

[78] Vgl. Staats, Die römische Tradition 213–216.

[79] Vgl. F. Loofs, Art. Meletius von Antiochien, in: *RE*[3] 12. Leipzig 1903, 552–558.

[80] Vgl. einerseits Rufin, *Hist.eccl.* XI 13, andererseits Socrates, *Hist.eccl.* V 2,1; 5,2; Sozomenus, *Hist.eccl.* VII 1,3; 3,1.

[81] Vgl. Johannes Chrysostomus, *De s.Melet.Ant.* 3. Auch Theodor ehrte Meletius;

Jahres[82] demonstrierte dann allen, besonders Römern und Alexandrinern, wer in Antiochia das Heft in der Hand hatte und das Vertrauen und die Anerkennung der Orientalen genoß. Dennoch suchte sie Frieden mit den Gegnern, wie wir noch sehen werden. Zwei Jahre später zeichnete Theodosius der Große den Meletius vor allen anderen Bischöfen aus: Meletius wurde nicht nur Präsident des Konzils von Konstantinopel, sondern der Kaiser lief ihm bei der Ankunft der Bischöfe in der Hauptstadt auch entgegen, fiel ihm um den Hals und küßte ihn.[83]

Von der antiochenischen Synode im Herbst 379 ist uns dank dem Schreiben der Synode von Konstantinopel 382 an eine gleichzeitig in Rom tagende Synode bekannt, daß auf ihr ein Lehrschreiben, ein Tomos, verfaßt wurde, der sich mit der Trinitätslehre und der Christologie befaßte und hier die jungnicänische Lehre verfocht, dort Apollinaris verurteilte.[84] Diesen Tomos bezeugt auch der "18. Kanon des Konzils von Konstantinopel" aus dem Kanonikon des Palladius:

> Man soll die, die die wesenseine Dreiheit [ὁμοούσιος Τρίας] nicht gemäß dem in Antiochia aufgestellten Tomos lehren [θεολογεῖν], Pneumato-machen nennen.[85]

Laut dem Synodalbrief muß der Tomos wesentlich identisch mit dem (leider ebenfalls nicht erhaltenen) Tomos von Konstantinopel 381 gewesen sein.[86]

Wenn wir so weit gekommen sind, so gibt es in der Tat ein Dokument, das das, was Theodor andeutet, in fast verblüffender

---

für ihn war er der Typ des trotz allen Schikanen durch die Arianer aufrechten und treuen Nicäners, vgl. *De inc.* VI 54 (Facundus, *Pro def.* IX 3,24) und ein weiteres Fragment aus "*De incarnatione*" (Sachau 90–93 (55–57)).

[82] Zum Datum der Synode s. Gregor von Nyssa, *De vit.s.Macr.* 15. André de Halleux wollte die Synode auf 380 datieren, hat das jedoch zurückgenommen, vgl. de Halleux, "Hypostase" et "Personne" dans la formation du dogme trinitaire. *RHE* 79 (1984), 313–369. 625–670: 640; L. Abramowski, Was hat das 485 Anm. 12.

[83] Theodoret, *Hist.eccl.* V 7,3; vgl. 6,1, wonach ein Traumgesicht des Kaisers vorausging. Zu Meletius und dem Schisma von Antiochien vgl. noch R. Devreesse, *Le Patriarcat d'Antioche depuis la paix de l'église jusqu'à la conquête Arabe.* Paris 1945: 17–38; Ritter, *Das Konzil* 53–62; B. Drewery, Art. Antiochien II., in: *TRE* 3. Berlin (West) 1978, 103–111: 109–111.

[84] Theodoret, *Hist.eccl.* V 9,11–13.

[85] C.H. Turner, Canons Attributed to the Council of Constantinople. *JThS* 15 (1914), 161–178: 167. Über die 21 "Kanones derselben heiligen Synode in Konstantinopel" des Kanonikons des Palladius, eines Teilnehmers am Konzil von Ephesus 431, und die verschlungenen Wege ihrer Überlieferung vgl. E. Schwartz, Die Kanonessammlungen der alten Reichskirche. *ZSRG.K* 25 (1936), 1–114: 22–27.

[86] Theodoret, *Hist.eccl.* V 9,13. Vgl. Staats, Die römische Tradition 215f.; *Das Glaubensbekenntnis* 109f.

Weise zu bestätigen scheint. Es ist ein Stück aus der sogenannten Sammlung des Diakons Theodosius, einer im Codex Veronensis LX erhaltenen lateinischen Sammlung von 27 Aktenstücken, bestehend aus Konzilskanones, Briefen und historischen Berichten, vermutlich aus dem Nordafrika des sechsten Jahrhunderts.[87] Das Stück Nr. 3 aus dieser Sammlung enthält nach eigenen Angaben das in den Osten gesandte Dekret einer römischen Synode, die auf kaiserlichen Erlaß tagte und an der unter dem Vorsitz des Damasus 93 Bischöfe teilnahmen.[88] Das Dekret besteht aus vier Abschnitten unterschiedlicher Länge; abschließend vermerkt der Sammler, dieser Synodalbrief sei in den Osten gesandt worden, worauf die ganze orientalische Kirche eine Synode in Antiochia abgehalten habe und ihrer Zustimmung zu der *"super exposita fides"* dadurch Ausdruck verliehen habe, daß die versammelten Bischöfe unterschrieben hätten. Es folgen sechs Unterschriften,[89] an der Spitze Meletius von Antiochien, der vorsitzende Bischof der Synode. Als sechster unterschreibt Theodors Lehrer Diodor von Tarsus, dann bricht der Sammler leider ab und beschließt das Stück damit, ebenso hätten noch weitere 146 Bischöfe unterschrieben, ihre Unterschriften seien noch heute in den Archiven der römischen Kirche einsehbar. Da haben wir also alles: eine westliche Synode, ein in den Osten geschicktes Dekret, eine östliche Synode – hier ist kein Zweifel möglich, daß es sich um die antiochenische Synode 379 unter Meletius handelt – und eine Sammlung Unterschriften, die die Gemeinschaft bekunden.

Es gibt jedoch noch ein weiteres Dokument, das mit dem, was Theodor berichtet, auffällig übereinstimmt: ein Lehrdekret aus dem Rom des ausgehenden vierten Jahrhunderts, das in verschiedenen Rezensionen überliefert ist, der sog. *Tomus Damasi*.[90] Der Tomus beginnt mit dem nicänischen Symbol, dem in einigen Handschriften zwischen dem 3. Artikel und den Anathematismen zum 2. Artikel hinzugefügt ist:

> weder Geschöpf noch Kreatur, sondern von der Substanz der Gottheit [scil. ist der Heilige Geist].

---

[87] Vgl. E. Schwartz, Über die Sammlung des Cod. Veronensis LX. *ZNW* 35 (1936), 1–23: 1–17.

[88] Kritische Ausgabe des Stücks: Schwartz, Über die Sammlung 19–23.

[89] Vielleicht ursprünglich sieben, vgl. E. Schwartz, Zur Kirchengeschichte des vierten Jahrhunderts. *ZNW* 34 (1935), 129–213: 179 Anm. 1; Über die Sammlung 23 Anm. zu Zeile 16.

[90] *EOMJA* I 2,1, 281–296.

Dann heißt es:

> Danach ein Konzil, das in der Stadt Rom gehalten worden ist von katholischen Bischöfen. Sie fügten über den Heiligen Geist hinzu:[91]

Nach diesen Vorbemerkungen folgt der eigentliche *Tomus Damasi*:

> Und weil danach dieser Irrtum hineingewachsen ist, daß einige mit gottlosem Mund zu sagen wagten, der Heilige Geist sei durch den Sohn gemacht worden:

Dann kommt eine Reihe von insgesamt 24 Kanones zu verschiedenen Themen. Der Tomus schließt mit:

> Dies also ist das Heil der Christen, daß wir an die Trias, das ist Vater, Sohn und Heiliger Geist, glauben, uns auf sie taufen lassen und ohne Zweifel glauben, daß ihr die wahre, einzige, eine Gottheit und Macht, Majestät und Substanz zu eigen ist.

Also, summa summarum, hier gibt es Übereinstimmung mit Theodor darin, daß eine westliche Synode aus gegebenem Anlaß das Nicänum in der Lehre vom Heiligen Geist ergänzt.

2.2.3.2. *Ein Aktenstück bei Theodosius Diaconus*

Sehen wir uns zunächst Dokument Nr. 1 an, das Aktenstück aus der Sammlung des Diakons Theodosius![92] Die Übereinstimmung zwi-

---

[91] Diese Einleitung haben die nach Cuthbert Hamilton Turner besten Zeugen (vgl. *EOMJA* I 2,1, 282). In einer anderen Rezension (Theodoret, *Hist.eccl.* V 11,1; ähnlich eine Gruppe lateinischer Handschriften) wird der *Tomus Damasi* eingeleitet durch: "Bekenntnis des Glaubens, das der Papst Damasus an den Bischof Paulinus in Makedonien sandte, der in Thessalonich war." Dies ist also offenbar diejenige Fassung des Tomus, die Damasus an einen Paulinus in Makedonien geschickt hat. Daß ein Dokument schon zu Anfang in verschiedenen Fassungen verbreitet wird, wird uns auch bei dem Synodalbrief "*Confidimus*" begegnen, vgl. unten 2.2.3.2. Arnobius der Jüngere (*Confl.cum Serap.* II 32) hat als Einleitung ein richtiges Briefpräskript des Damasus an Paulinus, und zwar an Paulinus von Antiochien, den Gegenspieler des Meletius. Vgl. zu den verschiedenen Rezensionen Schwartz, Zur Kirchengeschichte 189–191; P. Galtier S.J., Le "tome de Damase". *RSR* 26 (1936), 385–418. 563–578: 385–392; C. Markschies, *Ambrosius von Mailand und die Trinitätstheologie*. BHTh 90. Tübingen 1995: 146–154.

[92] Zum Folgenden vgl. E. Schwartz, Zur Geschichte des Athanasius. 2. *NGWG* 1904, 357–391: 361–377; Das Nicaenum 42f.; Zur Kirchengeschichte 163–200; Über die Sammlung 14–18; A. Harnack, *Lehrbuch der Dogmengeschichte*. 4. Aufl. Tübingen 1909/10: II 270 Anm. 2; E. Caspar, *Geschichte des Papsttums* I. Tübingen 1930: 220–233. 593–596; G. Bardy, Le concile d'Antioche. *RBén* 45 (1933), 196–213; H. Lietzmann, *Geschichte der Alten Kirche* IV. Berlin 1944: 12–21; C. Piétri, *Roma Christiana*. BEFAR 225. I. Rom 1976: 824–832; Vom homöischen Arianismus zur

schen Theodors Bericht einerseits und der Unterschriftensammlung andererseits machen es sicher, daß beide sich auf ein Ereignis, die Synode von 379, beziehen. Liegt nun aber in dem römischen *decretum* in vier Abschnitten auch jenes Dokument west-östlicher Einigkeit vor, von dem Theodor redet? Haben wir hier vielleicht sogar den verlorenen Tomos von Antiochia? Es erheben sich Bedenken dagegen, daß mit den am Schluß des *decretums* dokumentierten Unterschriften der antiochenischen Synode wirklich das unterzeichnet wird, was in der Sammlung des Theodosius Diaconus darübersteht: 1. Das römische Dekret ist weder ein Tomos noch eine *"expositio fidei"*.[93] 2. Der Inhalt der vier Abschnitte wird kaum von Meletius und seinen Anhängern gebilligt worden sein. 3. Der Abschnitt, mit dem der Sammler das Dekret und die Unterschriften verbindet,[94] weist einen syntaktischen Bruch auf, der vermuten läßt, daß hier zweierlei zusammengefügt ist, was eigentlich nicht zusammengehört.

Ad 1.: Das römische Dekret, wie gesagt aus vier Abschnitten bestehend, ist bei näherem Hinsehen gar kein solches. Der erste Abschnitt, *"Confidimus"*, ist ein an die katholischen Bischöfe der Diözese Oriens gerichteter Brief einer römischen Synode unter Damasus, die sich mit dem Fall des arianischen Mailänder Erzbischofs Auxentius befaßte[95] und um 370 stattfand.[96] Bei Theodoret und Sozomenus sowie im Florilegium des Eutyches findet sich dieses Synodalschreiben ebenfalls.[97] Die drei dem Synodalschreiben folgenden Abschnitte *"Ea gratia"*, *"Illud sane miramur"* und *"Non nobis"* werden zwar jeweils mit *"Item ex parte decreti"* eingeleitet, setzen aber weder den Brief noch überhaupt die Akten jener römischen Synode um 370 fort, sondern sind Stücke aus Briefen, die Damasus an Basilius von Cäsarea geschrieben hat als Antwort auf dessen Bitten um Hilfe aus dem Westen für den von kaiserlicher Politik und inneren Zwistigkeiten

---

neunizänischen Orthodoxie, in: *Das Entstehen der einen Christenheit*. GC 2. Freiburg 1996, 417–461: 441f. 448; A. de Halleux, Le IIe concile oecuménique. *CrSt* 3 (1982), 297–327: 316; "Hypostase" 629–636; L. Abramowski, Was hat das 490–493; Markschies, *Ambrosius* 72–77.

[93] So nennt es der Sammler am Schluß (Schwartz, Über die Sammlung 23,4.7).

[94] Schwartz, Über die Sammlung 23,4–8.

[95] Schwartz, Über die Sammlung 19,2–5.15f.

[96] Zum Streit um das genaue Datum vgl. Bardy, Le concile 198 Anm. 3; Markschies, *Ambrosius* 73.

[97] Theodoret, *Hist.eccl.* II 22,2–12; Sozomenus, *Hist.eccl.* VI 23,7–15; *ACO* II 2,1, 40,37–41,28. Bei Theodoret, Sozomenus und Eutyches ist der Brief nicht an die Diözese Orient gerichtet, sondern an die Bischöfe Illyriens.

gebeutelten Osten. Obwohl alle vier Abschnitte die damals anste-
henden Fragen behandeln,[98] ist diese Zusammenstellung von Dokumenten alles andere, aber kein Tomos.

Ad 2.: Die Erinnerung daran, wie Damasus dem Basilius bei dessen
Friedensbemühungen eine Abfuhr nach der anderen erteilt hat, wird
den in Antiochia versammelten Orientalen ebenso wenig wie die den
Streitereien im Osten Vorschub leistende Begünstigung des Paulinus
durch Rom Lust darauf bereitet haben, Dokumente aus Rom zu
unterzeichnen. Schwer denkbar aber ist es vor allem, daß sie einen
offenen Angriff gegen die Rechtmäßigkeit der Ordination ihres vor-
sitzenden Bischofs, wie ihn der Abschnitt *"Ea gratia"* enthält,[99] und
die der jungnicänischen Lehre von den drei Hypostasen widerspre-
chende Formel des Synodalbriefes *"Confidimus"* unterschrieben hätten, wonach Vater, Sohn und Heiliger Geist *"unius deitatis, unius virtutis,
unius figurae, unius . . . substantiae"* seien.[100]

Ad 3.: Eduard Schwartz hat darauf aufmerksam gemacht, daß in
dem Stück *"Haec epistola"*, das das "Dekret" mit den Unterschriften
verbindet,[101] zwischen *"Orientalis ecclesia"* und *"facta synodo"* eine Lücke
ist. Galten also die Unterschriften der Synode von 379 in Wahrheit
einem Schrifstück, das, ob mit Absicht oder nicht, hier ausgefallen
ist, am Ende gar dem wahren Tomos von Antiochia?[102]

Doch trotz diesen drei Einwänden empfiehlt es sich nicht, Spe-
kulationen über die ursprüngliche, unverfälschte Gestalt des Dekrets
von Antiochia in der Sammlung des Diakons Theodosius anzustellen,
da auf diese Weise nur Rätsel und Hypothesen über die verschlungenen Wege der Überlieferung dieser Sammlung bis zur letzten Gestalt

---

[98] Bekräftigung des nicänischen Glaubens und Zurückweisung der Formel und
des Vorgehens von Rimini 359 (Schwartz, Über die Sammlung 19,18–20,14.23–
21,12; 22–29–31); Zurückweisung des Apollinarismus ohne Namensnennung (ebd.
21,12–15.34–22,21); Bekräftigung der Gottheit des Geistes (ebd. 21,16–21; 22,31–33);
Zurückweisung der Lehre Marcells von Ancyra ohne Namensnennung (ebd. 21,1–4;
22,33–23,4); Nichtanerkennung des Meletius wegen Verstößen gegen den *ordo canonicus* bei seiner Ordination (vgl. Kanon 15 von Nicäa (*COD* 12,8–23)) ohne Namensnennung (ebd. 21,26–29).

[99] Schwartz, Über die Sammlung 21,26–29.

[100] Schwartz, Über die Sammlung 19,24f. Vgl. Bardy, Le concile 199f.; L. Abramowski, Was hat das 491f.; Markschies, *Ambrosius* 74–77.

[101] Schwartz, Über die Sammlung 23,4–8.

[102] Schwartz, Zur Geschichte 376; vgl. Das Nicaenum 43; Bardy, Le concile 201f.;
Dossetti, *Il simbolo* 108 Anm. 148. Erich Caspar (*Geschichte* I 595f.) und Luise
Abramowski (Was hat das 492f.) teilen zwar das Stück *"Haec epistola"* nicht in zwei
Teile, bestreiten aber, daß die Unterschriften sich ursprünglich auf die Dokumente
aus Rom bezogen.

entstehen. Der unter 3. dargestellte Sachverhalt läßt sich z.B. einfacher durch einen Bruch in der Satzkonstruktion erklären – der Abschnitt macht ja immer noch einen Sinn – als mit der Annahme, hier sei etwas ausgefallen. Die verschiedenen Stücke der Sammlung, so wenig sie zueinander zu passen scheinen, sind offenbar doch vom Kompilator planvoll zu einem Dossier mit einer bestimmten kirchenpolitischen Stoßrichtung zusammengestellt. Ob wir nun den Kompilator dieses in die Sammlung des Diakons Theodosius aufgenommenen Stückes im Westen oder in Antiochia lokalisieren und wie wir seine Absicht auch im Einzelnen bestimmen,[103] klar ist, daß er eine Übereinstimmung der Meletianer mit Rom dokumentieren will, die so weit geht, daß sogar Dinge, die Meletius und seinen Freunden quer gelegen haben müssen, unterzeichnet werden. Daß er dazu willkürlich verschiedene Texte zusammengestellt haben sollte, ist u.E. weniger wahrscheinlich als daß die antiochenische Synode tatsächlich die vier Abschnitte des "Dekrets" unterzeichnet hat. Das Zeugnis Theodors bestätigt, daß sie offen ihre Übereinstimmung mit dem Westen kundgetan hat.[104] Die oben unter 2. genannten Gründe wiederum dafür, daß das Dekret den Meletianern unannehmbar gewesen sei, sind nicht zwingend, denn der Abschnitt "*Ea gratia*", der auf Einhaltung des *canonicus ordo* insistiert,[105] nennt Meletius nicht persönlich,[106] und die Paraphrase des nicänischen Glaubens im Synodalbrief "*Confidimus*"[107] ist zwar nicht gerade im jungnicänischen Sinne formuliert, aber widerspricht der Formel von den drei Hypostasen auch nicht unbedingt:[108] Das Wort *substantia* läßt sich mit οὐσία wiedergeben, und *figura* war nicht der Begriff, um den man sich gestritten hätte. Wenn es im griechischen Text bei Theodoret und Sozomenus heißt, man müsse glauben, daß auch der Heilige Geist von derselben ὑπόστασις (scil. wie Vater und Sohn) sei – diese altnicänische Formulierung wäre

---

[103] Vgl. zu den verschiedenen Thesen Schwartz, Zur Geschichte 377; Über die Sammlung 15–17; L. Abramowski, Was hat das 492f.

[104] *Hom.cat.* 9,1.

[105] Schwartz, Über die Sammlung 21,26–29.

[106] "Das Mittel, allgemein ausgedrückt, Bosheiten dadurch zu parieren, daß man erklärt, derselben Meinung zu sein, ist kein schlechter Fechtertrick; selbst gegen die Warnung vor Verletzung des canonicus ordo brauchte Meletius sich nicht zu verwahren; er war ja nicht direkt von Beroea nach Antiochien transferiert, sondern hatte auf jenen Sitz freiwillig verzichtet und erst Jahre nachher den antiochenischen erhalten." (Schwartz, Zur Kirchengeschichte 200.)

[107] Schwartz, Über die Sammlung 19,23–26.

[108] Gegen Bardy, Le concile 199; L. Abramowski, Was hat das 491f.

für Jungnicäner sabellianisch –, so ist das offenbar nicht die für die
Orientalen bestimmte Fassung des Synodalbriefs, sondern die für
die Illyrer.[109] Die Unterzeichnung des Schreibens könnte dazu beigetragen haben, den römischen Verdacht, es bei den Meletianern mit
verkappten Arianern zu tun zu haben, zu entkräften.[110] In der Nr. 3
aus der Sammlung des Diakons Theodosius haben wir also ein Dokument, das, unabhängig von Theodors Bericht, bestätigt, daß die große
Synode von Antiochia 379 unter Meletius, die endlich Frieden und
Einvernehmen mit dem Westen suchte, eine Anzahl von Dokumenten
aus Rom unterzeichnete.

Ein Einwand bleibt bestehen, der Einwand Nr. 1: Das "Dekret"
aus Rom ist höchstens im weiteren Sinne ein Tomos, jedenfalls nicht
der verlorene Tomos von Antiochia 379. Wenn die Synode von 379
nach Theodors Bericht eine westliche Ergänzung des Nicänums über
den Heiligen Geist angenommen und unterschrieben hat, so ist diese
offensichtlich ebenso wie die fehlenden 146 Unterschriften nicht in
die Sammlung des Diakons Theodosius aufgenommen.

2.2.3.3. *Der* Tomus Damasi

Kann uns hier das Dokument Nr. 2, der *Tomus Damasi*, weiter-
helfen?[111] Wir haben gesehen, daß seine Notiz über die Ergänzung
des Nicänums durch eine Synode in Rom wegen des neu aufgekommenen Irrtums über den Heiligen Geist[112] genau mit dem übereinstimmt,
was Theodor von der westlichen Synode berichtet. Wir könnten hier
also die westliche Vorlage für den (leider nicht erhaltenen) Tomos
von Antiochia 379 haben.

---

[109] Ich nehme mit Schwartz, Zur Geschichte 364; Zur Kirchengeschichte 179f.;
Caspar, *Geschichte* I 593; Bardy, Le concile 198–200; F. Scheidweiler, Besitzen wir
das lateinische Original des römischen Synodalschreibens vom Jahre 371? in: *Mélanges
Isidore Lévi*. AIPh 13. Brüssel 1953, 573–586: 585f.; de Halleux, "Hypostase" 631f.;
Markschies, *Ambrosius* 72–77 an, daß der Brief "*Confidimus*" in verschiedenen Fassungen
in den Orient und nach Illyrien geschickt wurde. Anders Schwartz, Über die Sammlung 17f.: Die Adresse Illyrien (Theodoret, Sozomenus, Eutyches) sei verkehrt; Lietzmann, *Geschichte* IV 43 Anm. 1: Illyrien sei die ursprüngliche Adresse.

[110] Mit L. Abramowski, Was hat das 493.

[111] Zum Folgenden vgl. Riedel, *Die Kirchenrechtsquellen des Patriarchats Alexandrien*.
Leipzig 1900: 304–310; Schwartz, Das Nicaenum 64f.; Zur Kirchengeschichte
189–192; Caspar, *Geschichte* I 230f. 596; Galtier, Le "tome de Damase"; Dossetti,
Il simbolo 107f.; Piétri, *Roma* I 834–840; Vom homöischen Arianismus 442–444;
de Halleux, Le IIe concile 316f.; Markschies, *Ambrosius* 144–161. Vgl. auch oben
2.2.3.1.

[112] *EOMJA* I 2,1, 284,32–285,34.

Oben haben wir die Einleitung des *Tomus Damasi* genau beschrieben. Die ihr folgenden 24 Kanones lassen sich leicht in zwei Gruppen teilen: 1–8 haben die Form "*Anathematizamus*", 10–23 aber die Form "*Si quis dixerit*" bzw. "*non dixerit*" – "*haereticus est*" (oder ähnlich). Es bleiben noch Kanon 9 und Kanon 24. Kanon 9 ist kein Anathematismus, sondern eine disziplinarische Bestimmung:

> Auch die, die von einer Kirche zur anderen gewandert sind, schließen wir so lange von unserer Gemeinschaft aus, bis sie zu den Städten zurückgekehrt sind, in denen sie zuerst eingesetzt worden sind. Wenn aber jemand, wenn ein anderer ausgewandert ist, am Orte des Lebenden ordiniert ist, bleibe der, der seine Stadt verlassen hat, so lange fern von der Würde des Priestertums, bis sein Nachfolger im Herrn ruht.

Damit ist natürlich wieder kein anderer gemeint als Meletius. Kanon 24 wiederum sprengt eigentlich den Rahmen eines Kanons. Er ist eine längere Bekräftigung, daß Vater, Sohn und Heiliger Geist nicht drei Götter seien, sondern sie alle drei der eine Gott seien.

Die ersten acht Anathematismen befassen sich zunächst mit trinitarischen Irrlehren: Kanon 1 verurteilt

> die, die nicht mit allem Freimut bekennen, er [scil. der Heilige Geist] sei von einer Macht und Substanz mit Vater und Sohn,

entsprechend der Einleitung des Tomus, die die Kanones aus Anlaß der Lästerung gegen den Heiligen Geist verfaßt sein läßt. Kanon 2 verdammt die sabellianische Gleichsetzung von Vater und Sohn, Kanon 3 Arius und Eunomius, die Sohn und Geist Kreaturen nannten, und Kanon 4 die Makedonianer, die aus Arius hervorgegangen seien und sich von ihm nur durch den Namen unterschieden. Die zweite Hälfte der Reihe verdammt dann christologische Irrlehren: Photin, den Ebioniten, die, die zwei Söhne lehren, den Apollinarismus und die Lehre Marcells (beides ohne Namensnennung).

Die 15 hinteren Anathematismen haben folgenden Aufbau: Kanon 10 verurteilt einleitend die, die nicht sagen, immer sei der Vater, immer der Sohn und immer der Heilige Geist (da niemand dies vom Vater leugnen wird, also die, die Sohn und Geist für nicht gleich ewig mit dem Vater erklären). Kanon 11–15 befassen sich mit Christus, 16–19 mit dem Heiligen Geist und 20–24 mit der Trinität insgesamt. Besonders Kanon 20.21.24 legen das typisch abendländische Interesse an den Tag, die Einheit der *tres personae zu* betonen.

Inhaltlich decken sich die beiden Reihen nur teilweise. Das liegt schon daran, daß Kanon 1–8 Irrlehren verdammen, während 10–24 oft positiv die rechte Lehre bestimmen und die Abweichler dann Häretiker nennen.[113] Kanon 1 stimmt in etwa mit 16 und 20 überein; indessen nennt Kanon 16 den Heiligen Geist "*Deum verum*", was Kanon 1 nur implizit tut:

> eum cum patre et filio unius potestatis atque substantiae.

Ganz verschieden nach Form und Inhalt sind die christologischen Kanones 5–8 und 13–15. Wer in 5–8 verdammt wird, sagten wir oben: Photin (als Ebionit), die, die zwei Söhne lehren, Apollinaris und Marcell. 13–15 dagegen lauten:

> Wenn jemand sagt, daß er [scil. der Sohn], als er auf der Erde im Fleisch konstituiert war, nicht im Himmel mit dem Vater war, ist er ein Häretiker. Wenn jemand sagt, bei der Passion habe den Schmerz des Kreuzes Gott gefühlt und nicht das Fleisch mit der Seele, das Gottes Sohn Christus angezogen hatte, die Knechtsgestalt, die er für sich angenommen hatte, wie die Schrift sagt [Phil 2,7], so hat er nicht die rechte Meinung. Wenn jemand nicht sagt, daß er im Fleisch, in dem er [auch] kommen wird, zu richten die Lebenden und die Toten, zur Rechten des Vaters sitzt, ist er ein Häretiker.

In der Forschung besteht weitgehend Einigkeit darüber, daß der Tomus nicht aus einem Guß ist, sondern entweder gewachsen ist oder aus mehreren zunächst unabhängig existierenden Dokumenten zusammengestellt worden ist; umstritten ist, ob die vordere oder die hintere Reihe der Kanones die ältere sei.[114] Kanon 1–8 jedenfalls sind die eigentliche Fortsetzung des an den Anfang des Tomus Damasi gestellten Nicänums wegen der neu aufgekommenen Lästerung gegen den Heiligen Geist. Daß das Nicänum den Kanones 1–8 nicht erst sekundär vorangestellt wurde, beweist das "*Et*".[115]

---

[113] Man vergleiche etwa die gegen den Arianismus gerichteten Kanones 3 einerseits und 11.12 andererseits.

[114] Louis Duchesne (*Histoire ancienne de l'Eglise*. 1.–4. Aufl. Paris 1906–1910: II 410 Anm. 2), Gustave Bardy (Le concile 208 Anm. 2) und Christoph Markschies (*Ambrosius* 144f. 156–159) halten die Reihe Kanon 10–24 für das ältere Stück, während Erich Caspar (*Geschichte* I 230), Adolf Martin Ritter (*Das Konzil* 251 Anm. 4) und André de Halleux ("Hypostase" 322–324. 630. 635) die vordere Reihe für älter halten. Paul Galtier (Le "tome de Damase" 392–395. 578) hält den Tomus für eine Zusammenstellung der römischen Synode 382, die als Eigenes unter maßgeblicher Beteiligung des Ambrosius den Kanon 24 beigesteuert habe, äußert sich aber nicht über Alter und Herkunft von Kanon 1–23.

[115] *EOMJA* I 2,1, 284,32.

Unter den ersten acht Kanones des *Tomus Damasi* befassen sich nun aber nur 1 und 3[116] mit dem Heiligen Geist. Die eigentliche Ergänzung des Nicänums bzw. Fortführung des Satzes

> Und weil danach dieser Irrtum hineingewachsen ist, daß Einige mit gottlosem Mund zu sagen wagten, der Heilige Geist sei durch den Sohn gemacht worden:

dürfte daher in Kanon 1 vorliegen:

> Wir verdammen die, die nicht mit allem Freimut verkünden, er sei mit Vater und Sohn von einer Macht und Substanz.

Kanon 2–8 werden daran durch das *"quoque"* zu Beginn des Kanons 2 angeschlossen und verurteilen alte und neue Häresien gegen das Nicänum.

Schon ein kurz nach 400 anzusetzender lateinischer Kommentar zum Nicänum[117] setzt indessen den vollständigen *Tomus Damasi* voraus. (Der dem Thema fremde Kanon 9 wird freilich nirgends zitiert.) Die handschriftliche Überlieferung, die Kanon 9 z.T. an den Schluß des Ganzen stellt, z.T. auch mit einem Briefpäskript versieht, das den Kanon (so wie Theodorets Überlieferung den ganzen Tomus) zu einem Schreiben des Damasus an Paulinus macht, läßt vermuten, daß dieser Kanon als letzter in den Tomus aufgenommen wurde.[118]

Wenn wir nun prüfen, ob denn der *Tomus Damasi* jenes Lehrdokument sein könnte, das, vom Westen in den Osten gesandt, dort auf der Synode 379 bestätigt und unterschrieben wurde, so ist zunächst festzustellen, daß der antimeletianische Kanon 9 schwerlich dazugehört haben kann, denn hätten die Synodalen von Antiochia tatsächlich auch dieses Manifest römischer Unversöhnlichkeit gegen Meletius unterzeichnet, hätte der Kompilator der Nr. 3 in der Sammlung des Diakons Theodosius das mit Vergnügen in sein Dossier aufgenommen.[119] Aber auch die Kanones 10–24 werden nicht dabei gewesen sein, sondern nur die wirklich im Anschluß an das Nicänum als Ergänzung wegen der neuen Lästerung gegen den Heiligen Geist

---

[116] Wenn anders in Kanon 4 Homöusianer gemeint sind; vgl. unten.

[117] *EOMJA* I 2,1, 354–368.

[118] Vgl. Caspar, *Geschichte* I 596.

[119] Anders Caspar, *Geschichte* I 231, der meint, Kanon 9 sei mit in den Osten geschickt worden und sei kirchenpolitisch das Hauptstück gewesen, die offene Stellungnahme Roms gegen Meletius.

formulierten ersten acht Kanones. Auch das ist natürlich nur dann möglich, wenn dieser Teil des Tomos bis 379 verfaßt und im Osten bekannt geworden ist.

Paul Galtier meinte, der *Tomus Damasi* sei 382 auf der römischen Synode unter maßgeblicher Beteiligung des Ambrosius zusammengestellt worden und dann von Damasus an Paulinus von Antiochien nach Thessalonich geschickt worden. Doch selbst, wenn es sich wirklich so verhielt,[120] beweist das nicht, daß ein Teil des Tomus nicht schon 379 Meletius und seiner Synode vorgelegen haben kann.

Luise Abramowski ihrerseits meint, ursprünglich sei auf die Notiz des *Tomus Damasi* von einem Zusatz über den Heiligen Geist durch in Rom versammelte katholische Bischöfe[121] eine Ergänzung des Nicänums im dritten Artikel gefolgt, das "Romano-Nicaenum", die römische Vorlage des NC. Doch dieses Romano-Nicaenum habe der *Tomus Damasi* verdrängt, weil die durch seine Unterzeichnung in Antiochia – dokumentiert im Codex Veronensis LX[122] – erzielte Gemeinschaft zwischen Rom und Meletius wieder zerbrochen sei, als Rom nicht Flavian, sondern Paulinus als legitimen Nachfolger des Meletius anerkannt habe. Der an ihre Stelle gesetzte *Tomus Damasi* sei das Dokument des erneuten Einverständnisses Roms mit Paulinus.[123] Das ist gewiß alles möglich; trotzdem liegt es u.E. näher, die dop-

---

[120] Galtiers Hauptargumente sind: 1. Gemäß seiner Überschrift in einem Zweig der Überlieferung sei der *Tomus Damasi* von Damasus an Paulinus nach Thessalonich geschickt worden (Le "tome de Damase" 386–388. 391. 405f. 415f.; vgl. zur Überlieferung oben 2.2.3.1.); doch ist durchaus nicht sicher, daß der Paulinus in Thessalonich mit dem Rivalen des Meletius identisch ist (vgl. Ritter, *Das Konzil* 248 Anm. 3). 2. Der ambrosianische Charakter des Kanons 24 lege eine Beteiligung des Mailänder Erzbischofs an der Abfassung des Tomus nahe; eine Anwesenheit des Ambrosius bei der römischen Synode 382 werde aber sowohl von Papst Vigilius (*Ep. de trib. cap.* (*ACO* IV 2, 167,5)) als auch durch den Konstantinopeler Synodalbrief von 382 bezeugt, der an die römische Synode gerichtet sei und neben Damasus als Adressaten auch Ambrosius nenne (Theodoret, *Hist.eccl.* V 9,1) (Le "tome de Damase" 388–391. 408f. 563–578); doch weder eine anderthalb Jahrhunderte später geschriebene Notiz bei Vigilius noch die Meinung der Bischöfe in Konstantinopel beweist, daß Ambrosius 382 wirklich bei der römischen Synode anwesend war (mit H. von Campenhausen, *Ambrosius von Mailand als Kirchenpolitiker.* AKG 12. Berlin 1929: 151; Ritter, a.a.O., auch gegen Markschies, *Ambrosius* 142f.), noch läßt sich am *Tomus Damasi* ein stärkerer Einfluß der Theologie des Ambrosius zeigen (vgl. Ritter, a.a.O.; Markschies, a.a.O. 162–165). 3. Der Ausdruck "Makedonianer" (Kanon 4) sei sonst so früh nur bei Hieronymus belegt, der auch 382 an der Synode in Rom teilgenommen habe (Le "tome de Damase" 397. 410; vgl. dazu unten).

[121] *EOMJA* I 2,1, 284,28–31.

[122] Schwartz, Über die Sammlung 23,4–20.

[123] Was hat das 494–496.

pelte Einleitung der Anathematismen[124] so zu erklären, daß die erste
Einleitung eine – freilich frühe[125] – Überleitung der Sammler ist, die
das Nicänum mit dem, was die römische Synode ergänzt hat, verbinden soll.[126] Die doppelt angekündigte Ergänzung des Nicänums muß
auch nicht ein erweitertes Nicänum oder ein vervollständigter 3. Artikel sein;[127] ebensogut können zu den Anathematismen des Nicänums
weitere hinzugefügt worden sein, wie das ja etwa auf der Synode von
Alexanria 362 schon erwogen worden war.[128] Es liegt also, gegen Abramowski, kein zwingender Grund vor, hier an der Integrität der Überlieferung zu zweifeln. Auch das, was Theodor schreibt,[129] erheischt
nicht notwendig, daß bereits die Synode der westlichen Bischöfe das
Nicänum im eigentlichen Sinne fortgeschrieben hätte.

Christoph Markschies schließlich meint, der *Tomus Damasi* von
378 habe nur aus Kanon 10–24 bestanden; Kanon 1–9 seien dann
382 auf der römischen Synode aus Verdruß über den Osten dem
Kurztomos von 378 vorangestellt worden. Seine Argumente sind: 1.
Die Bezeichnung "Makedonianer" für Homöusianer, wie sie Kanon 4
des Tomus hat, sei erstmals um 380 bei Hieronymus belegt; Hieronymus aber habe auch an der römischen Synode 382 teilgenommen.
2. Kanon 6 (gegen Diodor) und 9 (gegen Meletius) paßten eher in
die Situation des Streites zwischen Ost und West 382 als in die Zeit
um 378.[130] Zum zweiten Argument ist zu sagen, daß der Kanon
gegen Meletius nicht in die Reihe von Kanon 1–8 gehört haben
muß, sondern wahrscheinlich erst später angehängt wurde. Und in
Kanon 6 sah zwar Papst Vigilius im 6. Jahrhundert Theodors Lehre
im Voraus durch das Lehramt verurteilt.[131] Daß sich der Kanon aber
wirklich gegen Diodor oder einen anderen Lehrer der antiochenischen Schule richtet, halte ich für ganz unwahrscheinlich. Markschies

---

[124] *EOMJA* I 2,1, 284,28–31 und 284,32–285,34.

[125] Vgl. L. Abramowski, Was hat das 494f.

[126] Vgl. Schwartz, Zur Kirchengeschichte 189 Anm. 145.

[127] Mit A.M. Ritter, Noch einmal: "Was hat das Nicaeno-Constantinopolitanum
(C) mit dem Konzil von Konstantinopel zu tun?" *ThPh* 68 (1993), 553–561: 558f.;
Drecoll, Wie nizänisch 3 Anm. 9; gegen L. Abramowski, Was hat das 494.

[128] Athanasius, *Tom.ad Ant.* 3.5.

[129] *Hom.cat.* 9,1. Vgl. oben 2.2.2.

[130] Markschies, *Ambrosius* 143f. 154–159. Das erste Argument hatte auch schon
Paul Galtier vorgebracht (vgl. oben), den Markschies indessen nicht nennt; nur daß
Galtier meinte, mit Makedonianern seien Pneumatomachen und nicht Homöusianer
gemeint.

[131] *Ep.de trib.cap.* (*ACO* IV 2, 166,45–167,11).

gibt selbst zu, daß Diodors Christologie im Westen erst im 5. Jahrhundert bekannt wurde; hätte man ihn als Parteigänger des Meletius
treffen wollen, hätte man eher die Orthodoxie seiner Trinitätslehre
in Zweifel gezogen. Wahrscheinlich soll Kanon 6 den folgenden, längeren Kanon gegen Apollinaris vorbereiten, dem beliebten apolli-
naristischen Vorwurf, wer anderer Meinung sei, lehre zwei Söhne,
den Wind aus den Segeln nehmen und zum Zwecke der Ausgewo-
genheit erst einmal das dazugehörige andere Extrem verdammen.
Markschies' erstes Argument aber ist eine gute und interessante
Beobachtung, kann jedoch allein die Beweislast nicht tragen. Denn
dafür, daß Kanon 1–8 schon 378 oder früher verabschiedet wurden,
spricht ja das Zeugnis Theodors, das genau auf die Einleitung und
den ersten Kanon des *Tomus Damasi* paßt. Und ferner weist Kanon
1 von Konstantinopel 381[132] so viele Übereinstimmungen mit Kanon
1–8 des *Tomus Damasi* auf, daß die plausibelste Erklärung eine Abhängigkeit eines der Texte vom anderen ist: Der *Tomus Damasi* stellt
das Nicänum an den Anfang und verurteilt namentlich die Sabellianer
(Kanon 2), Arianer und Eunomianer (Kanon 3), Makedonianer
(Kanon 4) und Photinianer (Kanon 5) und ohne Namensnennung
Apollinaristen (Kanon 7), Marcellianer (Kanon 8), die, die zwei Söhne
lehren (Kanon 6), und die, die die Gottheit des Geistes leugnen
(Kanon 1). Kanon 1 von Konstantinopel bekräftigt das Nicänum
nachdrücklich und verurteilt die Eunomianer (= Anhomöer), Arianer (= Eudoxianer), Halbarianer (= Pneumatomachen), Sabellianer,
Marcellianer, Photinianer (damit sind wohl auch hier dynamistische
Monarchianer gemeint) und Apollinaristen. Kanon 1 des *Tomus Damasi*
ist bei den Halbarianern = Pneumatomachen mit vertreten; es fehlen nur die namenlosen "Nestorianer" aus Kanon 6.[133] Zum Vergleich: Der Brief der Synode von Konstantinopel 382 erwähnt weder
Marcell noch Photin.[134] Die Übereinstimmung zwischen *Tomus Damasi*
und Kanon 1 von Konstantinopel wird vielleicht dadurch am deutlichsten, daß in letzterem für die Anhomöer und für die Homöer
der Reichskirche (Eudoxianer) jeweils eine Bezeichnung aus Kanon
3 des *Tomus Damasi* übernommen wird (nämlich Eunomianer bzw.
Arianer) und daß er im Anschluß an Kanon 4 des *Tomus Damasi*

---

[132] *COD* 27,1–15.
[133] Sah man im Osten in Kanon 6 doch einen Angriff auf Meletius' Freund
Diodor? Hier war der Vorwurf, zwei Söhne zu lehren, ja schon bekannt, vgl. oben
1.4.4.
[134] Theodoret, *Hist.eccl.* V 9,11.

die Pneumatomachen "Halbarianer" nennt, obwohl dort mit "Makedonianer" wohl andere gemeint sind, nämlich Homöusianer.[135] Sind
aber Kanon 1–8 des *Tomus Damasi* und Kanon 1 von Konstantinopel
voneinander abhängig, dann nicht der Tomus von Kanon 1, denn
die Beschlüsse von Konstantinopel wurden im Westen lange igno-
riert, aber Kanon 1 angesichts der Stimmung in Konstantinopel
gegen Rom auch nicht direkt vom Tomus,[136] sondern über die Synode
von 379: Das Konzil von Konstantinopel 381 fand unter den Beschlüssen der antiochenischen Synode Kanon 1–8 des späteren *Tomus
Damasi* vor und machte die Zusammenfassung dieser Kanones zu
seinem Kanon 1.

Wenn also (nach meiner These) die Kanones 1–8 des *Tomus Damasi*
auf dem Konzil von Konstantinopel 381 die Vorlage für den ersten
Kanon waren und auf dem Umweg über Antiochia 379 dorthin
gelangt sind, müssen sie schon unter den Beschlüssen der Synode
von Antiochia 379 einen gewichtigen Rang eingenommen haben.[137]

2.2.3.4. *"Kanon 5" von Konstantinopel*

In diesen Zusammenhang gehört schließlich wohl noch ein drittes
Dokument, der sog. Kanon 5 von Konstantinopel:

> Was den Tomus der Abendländer betrifft, so haben wir auch die in
> Antiochia [scil. in die Kirchengemeinschaft] aufgenommen, die die eine
> Gottheit des Vaters, des Sohnes und des Heiligen Geistes bekennen.[138]

---

[135] Mit Schwartz, Zur Kirchengeschichte 190; P. Meinhold, Art. Pneumatomachoi,
in: *PRE* 21,1. Stuttgart 1951, 1066–1101: 1068; Ritter, *Das Konzil* 248 Anm. 3;
Markschies, *Ambrosius* 156; gegen Galtier, Le "tome de Damase" 397. 410; W.D.
Hauschild, *Die Pneumatomachen*. Diss. Hamburg 1967: 237.

[136] Vgl. Ritter, *Das Konzil* 251.

[137] Daß der (vollständige) *Tomus Damasi* einen Weg in den Osten gefunden hat,
zeigt neben Theodorets Kirchengeschichte auch der *Nomokanon* des koptischen Bischofs
Michael von Damiette (Ende 12. Jahrhundert), in dem der Tomus mit einigen Veränderungen (so fehlt z.B. Kanon 9) als Edikt der 150 Väter von Konstantinopel
steht. Wenn sich darin eine Erinnerung niederschlägt, daß Kanones aus dem *Tomus
Damasi* auf dem Konzil von Konstantinopel eine wichtige Rolle gespielt haben,
spricht auch das für meine These über den *Tomus Damasi* und Kanon 1 von
Konstantinopel. Wie freilich der Tomus in den *Nomokanon* gelangt ist, läßt sich nur
mutmaßen. Vgl. dazu Riedel, *Die Kirchenrechtsquellen* 94–97. 181–183. 303–310; G. Graf,
Geschichte der christlichen arabischen Literatur. StT 118; 133; 146; 147; 172. Vatikanstadt 1944–1953: 1 597–599; Ritter, *Das Konzil* 245–253; Markschies, *Ambrosius* 147f.

[138] *COD* 28,34–37. Vgl. dazu C.J. Hefele – H. Leclercq, *Histoire des conciles* II/1.
Paris 1908: 29–31; Harnack, *Lehrbuch* II 280 Anm. 1; Schwartz, Die Kanones-
sammlungen 5f. 23; Ritter, *Das Konzil* 123 Anm. 1; de Halleux, "Hypostase" 637–642;
Markschies, *Ambrosius* 159–161.

Dieses Dokument wurde meist mit der Synode von 382 in Konstantinopel verbunden. Die in Antiochia, die in die Kirchengemeinschaft aufgenommen werden sollen, sind offenbar die altnicänischen und von Rom und Alexandria unterstützten Paulinianer. Das Bekenntnis zur einen Gottheit ist der Minimalkonsens, auf den sich Alt- und Jungnicäner einigen können.[139] Ein solches Entgegenkommen gegen den Westen und die Paulinianer paßt allerdings nicht recht zur Synode von 382. Es empfiehlt sich u.E., mit André de Halleux den "Kanon 5" der antiochenischen Synode von 379 zuzuordnen, vielleicht als ein Stück aus einem Synodalbrief.[140] Nicht eindeutig ist, welcher abendländische Tomus gemeint ist. Vielleicht der *Tomus Damasi*?[141] Die Worte "die die eine Gottheit des Vaters, des Sohnes und des Heiligen Geistes bekennen" passen dort indessen besser zu den hinteren Kanones, besonders Kanon 20, 24 und dem Abschluß des Tomus, als zu den Kanones 1–8, die wir mit der Synode von Antiochia in Verbindung gebracht haben. Aber es kann sich auch auf ein anderes Dokument beziehen, etwa auf den Synodalbrief "*Confidimus*" und seine Zusammenfassung der nicänischen Lehre oder auf ein nicht mehr erhaltenes Schreiben der Abendländer an die Orientalen, das letzteren vielleicht zusammen mit dem Anfang des *Tomus Damasi* geschickt worden war und unter bestimmten Bedingungen den Frieden und die Kirchengemeinschaft in Aussicht stellte.

Fassen wir zusammen: Die 379 unter Bischof Meletius in Antiochia versammelte Synode suchte nach den vielen vergeblichen Bemühungen des jüngst verstorbenen Basilius, nun endlich den Kirchenfrieden zwischen Okzident, Alexandria und Orient zu bewirken, und unterzeichnete zu diesem Zweck eine Anzahl in den Orient gelangter Dokumente aus Rom. Unter diesen befand sich, neben Stücken aus einem älteren Synodalbrief und einigen Briefen des Damasus,[142] das Dekret einer römischen Synode (vermutlich der von 378), die das Nicänum bekräftigte, es wegen der neuen Lästerung gegen den Heiligen

---

[139] Vgl. Markschies, *Ambrosius* 159f.
[140] "Hypostase" 637–642. Zu de Halleux' Datierung der Synode auf 380 vgl. oben 2.2.3.1.
[141] Das vermuten Schwartz, Zur Geschichte 377; Das Nicaenum 65 Anm. 1; Caspar, *Geschichte* I 230. Paul Galtier (Le "tome de Damase" 398–406. 418) hält es für unmöglich, da er meint, der *Tomus* sei an Paulinus und gegen Meletius gerichtet gewesen.
[142] Schwartz, Über die Sammlung 19–24.

Geist um einen Anathematismus ergänzte und daran sieben weitere Anathematismen hängte. Dieses Dekret, Kanon 1–8 des *Tomus Damasi* nebst Einleitung, war zwei Jahre später auf dem Konzil von Konstantinopel auch Grundlage des ersten Kanons. Zugleich wollte die Synode das Schisma mit der von Rom und Alexandria unterstützten altnicänischen Partei des Paulinus von Antiochien beenden und bot den Paulinianern die Gemeinschaft an. Vielleicht war ein Friedensangebot aus dem Westen vorausgegangen. Wenn Theodor in Homilie 9,1 von einer westlichen und einer östlichen Synode redet, die das unzureichend gewordene Nicänum durch eine Zurückweisung der Pneumatomachen ergänzt hätten, wobei die östliche Synode mit der westlichen die Gemeinschaft durch ihre Unterschrift herstellte und zeigte, so sind eben die römische Synode unter Damasus und die antiochenische Synode 379 gemeint.

2.4.4. *Antiochia 379 und Konstantinopel 381*

Wie steht es nun aber mit der Erweiterung des Nicämums zum NC? Dafür haben wir bisher noch keine Anhaltspunkte, wenn wir nicht Luise Abramowskis These vom "Romano-Nicaenum" übernehmen. Es empfiehlt sich, noch einmal Theodors Zeugnis zu prüfen. Wir haben oben bereits eine Passage aus der neunten Homilie zitiert. Weiter unten lesen wir:

> Weil aber, obwohl sich das so verhält [scil. die Gottheit des Heiligen Geistes schon aus Christi Taufbefehl evident ist und es daher den Vätern von Nicäa genügte, den Geist einfach nach Vater und Sohn ins Glaubensbekenntnis zu setzen], diejenigen, die sich zum Bösen neigen, ihre Ungerechtigkeit weit treiben und die einen den Heiligen Geist einen Knecht und ein Geschöpf nennen, die anderen aber sich von dieser Bezeichnung [zwar] fernhalten, sich aber nicht entschließen wollen, ihn Gott zu nennen, war es notwendig, daß diese Lehrer der Kirche, die sich aus der ganzen Schöpfung versammelt hatten, die [auch] die Erben dieser ersten Seligen waren, den Willen ihrer Väter vor jedermann offen zeigten und mit ihrer sorgfältigen Untersuchung die Wahrheit ihres Glaubens bewiesen, indem sie auch die Meinung ihrer Väter auslegten ... Und wie es ihre Väter mit dem Bekenntnis des Sohnes gemacht hatten, als sie mit der Gottlosigkeit des Arius gekämpft hatten, so machten diese es, als sie über den Heiligen Geist sprachen zur Zurückweisung derer, die ihn lästern ... Gut predigten nun deswegen in dieser Einsicht unsere seligen Väter [scil. von Nicäa] mit ihrem Glauben [d.h. Glaubensbekenntnis], daß der Heilige Geist

mit Vater und Sohn göttliche Natur sei, und mit der Zufügung weniger Worte bekräftigten sie [scil. die Ergänzer][143] die wahre Lehre der Kirche, die man denen, die sich der heiligen Taufe nahen, beibringen mußte, indem sie sagten: "Und an den einen Heiligen Geist." Es ist aber kein Unterschied im Sinn zwischen dem, was unsere Väter [scil. von Nicäa] sagten, und jenem "Und an den einen Heiligen Geist".[144]

Aus diesem und aus dem schon vorher zitierten Abschnitt ergeben sich nun eine Reihe Schwierigkeiten. Wir haben gesehen, daß mit den in Homilie 9,1 genannten beiden Synoden eine römische Synode unter Damasus und die antiochenische Synode 379 unter Meletius gemeint sind. In 9,14 aber redet Theodor von

> Lehrern der Kirche, die sich aus der ganzen Schöpfung versammelt hatten, die [auch] die Erben dieser ersten Seligen waren.

Adolf Martin Ritter und Luise Abramowski[145] haben darauf hingewiesen, daß Theodor auch von den Vätern von 325 sagt, sie hätten sich aus der ganzen Schöpfung versammelt;[146] hiermit sei sicher das griechische Wort οἰκουμενικός wiedergegeben, und somit könne es sich nur um das von Theodosius dem Großen einberufene, schon ein Jahr später im Synodalbrief "ökumenisch" genannte[147] Konzil von Konstantinopel handeln. – Der Unterschied nun, so erfahren wir in Homilie 9,16, der zwischen dem Symbol von Nicäa und seiner Ergänzung, wo auch immer diese beschlossen wurde, besteht, ist, daß jenes "an den Heiligen Geist" sagt, dieses aber "an den *einen* Heiligen Geist". Da haben wir es: Die Ergänzung im 3. Artikel soll nach Theodor ausgerechnet an dem einzigen Punkt vom Nicänum abweichen, wo sich Nicänum und NC (abgesehen von der Wortstellung) *nicht* unterscheiden, nämlich bei "Und an den Heiligen Geist". Wenn also mit der Synode der "aus der ganzen Schöpfung versammelten

---

[143] Vgl. L. Abramowski, Was hat das 497.
[144] *Hom.cat.* 9,14–16. Bruns' Übersetzung des letzten Abschnitts ist fehlerhaft: "...daß unsere seligen Väter... zusammen mit dem Vater und dem Sohn auch den Heiligen Geist verkündigten, der göttliche Natur ist. Und in Ergänzung der wenigen Worte hat die wahre Lehre der Kirche bestätigt, was jenen, die sich der heiligen Taufe genaht haben, zur Erläuterung dient, indem sie sagten: 'Und an den Heiligen Geist.' Es ist aber kein Unterschied... zwischen dem, was unsere Väter verfaßten, und jenem 'an den Heiligen Geist'."
[145] Ritter, *Das Konzil* 154f. 201; L. Abramowski, Was hat das 486f. 496f.
[146] *Hom.cat.* 9,1; vgl. auch 3,12: "aus allen Richtungen".
[147] Theodoret, *Hist.eccl.* V 9,13.15.

Lehrer der Kirche" das Konzil von 381 gemeint ist, dann kennt Theodor 1) entweder deren Symbol nicht genau, 2) er kennt es, zitiert es aber nicht genau, 3) er kennt es besser als die Akten von Chalcedon oder 4) er meint in Homilie 9,16 eine andere Synode als in 9,14. Von diesen Möglichkeiten scheiden 1) – 3) gleich aus, denn einerseits zeigt Theodor gerade an dieser Stelle, wo er mit Nachdruck betont, daß beide Formeln das Gleiche bedeuten, daß ihm der genaue Wortlaut bekannt ist und der nicht "Und an den Heiligen Geist" heißt, was Theodor ja die Verteidigung von "Und an den einen Heiligen Geist" erspart hätte, und andererseits ist auch das Zeugnis, das laut Akten von Chalcedon die kaiserlichen Kommissare anhand der Archive in Konstantinopel gegeben haben, kaum anzuzweifeln.[148] Es bleibt Möglichkeit 4), und Abramowski meint denn auch in der Tat, während in Homilie 9,14 von Konstantinopel 381 und dem NC die Rede sei, seien die in 9,16 erwähnten Ergänzer des 3. Artikels die Mitglieder der westlichen Synode aus 9,1, die ihr Werk in den Osten geschickt hätten.[149] Aber selbst wenn man Abramowskis oben dargestellter Hypothese über das "Romano-Nicaenum" und den *Tomus Damasi* folgt – Homilie 9,1.14.16 sind keine voneinander isolierten Stücke oder Fragmente, sondern gehören zu einer zusammenhängenden Predigt, und da ist es von vornherein unwahrscheinlich, sofern es nicht Predigtziel ist, die Zuhörer zu verwirren, oder der Prediger nicht völlig zerstreut ist, daß ohne näher darauf einzugehen bald zu dieser, bald zu jener Synode gesprungen wird. Und davon abgesehen: Warum hätte der Prediger in Homilie 9,14 überhaupt das Konzil von Konstantinopel erwähnen sollen, wenn er nachher nur von den Ergänzungen des 3. Artikels durch eine andere Synode redet? Darum, so sehr die Formulierung in 9,14 an ein ökumenisches Konzil denken läßt, wahrscheinlicher ist doch, daß Theodor in Homilie 9,14 und 9,16 von derselben Synode redet, und die *nicht* das Konzil von 381 ist. Ist aber auch in Homilie 9,1 und 9,14.16 dieselbe Synode gemeint? Homilie 9,1 redet ja von einer Synode der östlichen Bischöfe und meint die Synode 379, während die Synode in Homilie 9,14, wie gesagt, von Lehrern aus der ganzen Schöpfung abgehalten worden sein soll, was zunächst an zwei verschiedene Versammlungen denken läßt. Aber welche Versammlung sollte die von Homilie 9,14.16 sein,

---

[148] Mit Schwartz, Das Nicaenum 38–47; gegen Kelly, *Altchristliche Glaubensbekenntnisse* 312–315; Drecoll, Wie nizänisch 4–7.
[149] Was hat das 496f.

da das Konzil von Konstantinopel ja ausscheidet? Darum wird in
Homilie 9,1.14.16 *eine* Synode gemeint sein, die Meletianersynode
von Antiochia und nicht das Konzil von Konstantinopel.[150]

Warum aber sagt Theodor, die Synode sei von Lehrern aus der
ganzen Schöpfung abgehalten worden? Geben wir einmal zu, daß
der Ausdruck "aus der ganzen Schöpfung" tatsächlich das griechische
ἐκ τῆς οἰκουμένης wiedergibt und dieses wiederum bedeuten soll, die
Versammlung sei ein ökumenisches Konzil gewesen. Dann bleibt
aber doch die Frage, ob das ausgehende vierte Jahrhundert schon
so wie wir zwischen ökumenischen Konzilien und anderen Synoden
und Konzilien unterschieden hat und ob der Beleg aus dem Brief
der Synode von Konstantinopel 382 ausreicht, um zu beweisen, daß
das Konzil von 381 bereits für die Zeitgenossen die anderen Synoden so turmhoch überragte wie für die spätere Zeit. Vergleicht man
jedenfalls die Versammlungen von 379 und 381 miteinander, so ist
festzustellen, daß die antiochenische Synode und das konstantino-
politanische Konzil nicht nur etwa die gleiche Teilnehmerzahl hatten, es waren auch im Wesentlichen dieselben Personen, die an ihnen
teilnahmen, und derselbe Bischof, der ihnen präsidierte, ganz abgesehen davon, daß das Konzil von Konstantinopel ja den Tomos
von Antiochia übernommen hat.[151] Der Synodalbrief aus Konstantinopel 382 muß vor dem Hintergrund der damaligen Ereignisse verstanden werden: Er ist die Antwort der Synode auf eine Einladung
Kaiser Gratians und der in Rom versammelten westlichen Bischöfe
zu einem gemeinsamen Konzil in Rom. Die Einladung wird abgelehnt,
scheinbar höflich; die Stimmung gegen den Westen und auch gegen
Alexandria wird in Konstantinopel jedoch nicht gerade freundlich
gewesen sein, einerseits wegen der noch immer ungelösten antiochenischen Frage (Flavian oder Paulinus?) und andererseits wegen

---

[150] Mit Bruns, *Theodor* I 23. 29f. 33f. 203; *Den Menschen* 33. 59–69. 119; K.-G.
Wesseling, Art. Theodor von Mopsuestia, in: *BBKL* 11. Herzberg 1996, 885–909:
890 (sofern, wie ich vermute, 392 ein Schreibfehler für 379 ist); gegen R. Abramowski,
Neue Schriften 77; Lebon, Les anciens symboles 837–839; Devreesse in: R. Tonneau
O.P. – R. Devreesse, Les homélies catéchétiques de Théodore de Mopsueste. *StT*
145. Vatikanstadt 1949: xvi Anm. 2; Tonneau, ebd. 239; I. Ortiz de Urbina S.J.,
Nizäa und Konstantinopel. *GÖK* 1. Mainz 1964: 210f.; Ritter, *Das* Konzil 154f.;
G. Koch, *Die Heilsverwirklichung bei Theodor von Mopsuestia.* MThS.S 31. München
1965: 135; Dossetti, *Il simbolo* 106–108; Nowak, *La relation* 11f.; M. Santer, EK
ΠΝΕΥΜΑΤΟΣ ΑΓΙΟΥ ΚΑΙ ΜΑΡΙΑΣ ΤΗΣ ΠΑΡΘΕΝΟΥ. *JThS N.S.* 22 (1971), 162–167:
167; L. Abramowski, Was hat das 486f. 496f.

[151] Vgl. oben 2.2.3.1.

der römischen und alexandrinischen Unterstützung für die Ansprüche des Kynikers Maximus auf den Sitz von Konstantinopel. Mit der Bezeichnung "ökumenisch" für die praktisch nur östliche Synode von 381[152] soll der Westen samt seiner römischen Synode unter Damasus und Ambrosius bewußt provoziert werden: Wirklich wichtige Fragen würden eben im Osten ohne und notfalls auch gegen den Westen entschieden.[153] De facto hatte die Versammlung von 381 der von 379 nur voraus, daß sie vom Kaiser einberufen war; doch kann auch eine so große Synode wie die von Antiochia kaum ohne kaiserliche Billigung getagt haben. Zwischen beiden Versammlungen kann man also nicht wie zwischen Provinzialsynode und ökumenischem Konzil unterscheiden. Bei Theodors Bericht schließlich ist zu bedenken, daß Theodor, wenn er in Homilie 9,1 von der Synode des Ostens redet, berichten will, wie es zur Erweiterung des Nicänums gekommen ist (nämlich durch zwei Synoden, eine westliche und eine östliche), um dann in den folgenden Abschnitten darzulegen, daß die Lehre über den Heiligen Geist auch schon im Nicänum deutlich genug ist, während es ihm in Homilie 9,14 darum geht, die Rechtmäßigkeit und Authentizität der Erweiterung des Nicänums dadurch zu beweisen, daß er die Vorgänge von 379 möglichst parallel darstellt zu denen von 325: Eine ganz unsinnige neue Lehre, die schon durch Christi Taufbefehl widerlegt ist, hat das Eingreifen derer erheischt, die den Glauben der Kirche rein bewahren sollen; sie versammeln sich von überallher und verfassen ein Glaubensbekenntnis, in dem die neue Irrlehre zurückgewiesen wird.[154] Oben haben wir bereits festgestellt, daß es Theodor bei seinem Bericht, wie es zur Ergänzung des Nicä-nums gekommen ist, mehr auf das Typische als auf das historisch Einmalige des Vorgangs ankommt.

---

[152] Vgl. Theodoret, *Hist.eccl.* V 7,2.

[153] Vgl. zu den west-östlichen Ereignissen 381/82 Ambrosius, *Ep.extr.coll.* 6 (12); *Ep.extr.coll.* 9 (13), besonders Abschnitt 6; Hieronymus, *Ep.* 108,6; Sozomenus, *Hist.eccl.* VII 11,3f.; Theodoret, *Hist.eccl.* V 8,10–9,13; Ambrosius, *Ep.extr.coll.* 8 (14). Dazu Campenhausen, *Ambrosius* 142–151; Caspar, *Geschichte* I 238–241; Schwartz, Zur Kirchengeschichte 204–211; de Halleux, Le IIe concile 317f.; Staats, *Das Glaubens-bekenntnis* 39f. 48. – Henry Chadwick wiederum hat in seinem Aufsatz "The Origin of the Title 'Oecumenical Council'" (*JThS N.S.* 23 (1972), 132–135) unter Hinweis auf die "ökumenischen" Schauspieler- und Sportlergilden seit dem dritten nach-christlichen Jahrhundert überlegt, ob der Begriff "ökumenisch" auch bei Synoden ursprünglich vielleicht nur steuerfrei und staatlich subventioniert bedeutet habe.

[154] Vgl. *Hom.cat.* 9,14 mit 3,12; 9,2.

Aus dem allen ergibt sich, daß 379 in Antiochia nicht nur eine Anzahl römischer Dokumente unterschrieben und ein Tomos verabschiedet wurde, der zwei Jahre später in Konstantinopel bestätigt wurde, ein Tomos, der die jungnicänische Trinitätslehre unter Verdammung von Arianern, Sabellianern und Pneumatomachen lehrte und die Christologie des Apollinaris verwarf;[155] es wurde auch schon dort der Versuch gemacht, das Nicänum durch die Ergänzung des 3. Artikels den Anforderungen der Zeit anzupassen. Diese Ergänzung sollte das Nicänum nicht verdrängen, sondern es gerade aufrichten und verteidigen, ganz so, wie es die Jungnicäner in bezug auf den 3. Artikel gewünscht hatten.[156] Vielleicht war schon hier die Absicht gewesen, eine Formel (oder wenigstens eine Vorlage dazu) zu verfassen, mit deren Hilfe die noch gültige Konstantinopeler Formel von 360[157] abgelöst und dem Nicänum, mit den notwendigen Ergänzungen versehen, die alte Bedeutung als Bekenntnis der Reichskirche zurückgegeben werden sollte.

Ein Gesetz vom 10.1.381[158] kann davon reden, der nicänische Glaube sei durch eine *adsertio* bekräftigt worden. Es ist gut möglich, daß der Kaiser hier an die Beschlüsse der Synode von Antiochia denkt.[159] Elf Monate liegen zwischen diesem Gesetz und dem Edikt *"Cunctos populos"*.[160] Der Spanier Theodosius ist in dieser Zeit mit den Verhältnissen in der Kirche seines Reiches offenbar besser vertraut geworden. Statt Damasus von Rom und Petrus II. von Alexandrien, den "Mann von apostolischer Heiligkeit", die Inhaber der beiden im Westen, der Heimat des Kaisers, angesehendsten Bischofsstühle,

---

[155] Theodoret, *Hist.eccl.* V 9,11–13.

[156] Vgl. Basilius, *Ep.* 125,3; 140,2; 258,2; Gregor von Nazianz, *Ep.* 102,2.

[157] *BSGR* § 167.

[158] *Cod. Theodos.* XVI 5,6. Es handelt sich nach Wilhelm Enßlin um die kaiserliche Ausführungsbestimmung für das Edikt *"Cunctos populos"* (ebd. XVI 1,2) an den Prätorianerpräfekten Eutropius, vgl. Enßlin, Die Religionspolitik des Kaisers Theodosius d. Gr. *SBAW.PH* 1953,2. München 1953: 25; ferner A. Lippold, *Theodosius der Große und seine Zeit*. UB 107. Stuttgart 1968: 20f. 103; N.Q. King, *The Emperor Theodosius and the Establishment of Christianity*. London 1961: 33–36; H. Dörries, *Wort und Stunde* I. Göttingen 1966: 46–55.

[159] Die Beschlüsse von Konstantinopel können es jedenfalls noch nicht sein. Die Fortsetzung des Gesetzes zeigt, daß das Urnicänum gemeint ist und keine seiner Ergänzungen: "Derjenige aber ist als Wahrer [*adsertor*] des nicänischen Glaubens, als wahrer Verehrer der göttlichen Religion anzusehen, der den allmächtigen Gott und Christus, mit einem Namen bekennt, *Gott von Gott, Licht vom Licht, [und] der den Heiligen Geist, den wir vom höchsten Vater [parens] aller Dinge erhoffen und annehmen, nicht durch Leugnen verletzt* . . ."

[160] *Cod. Theodos.* XVI 1,2 (28.2.380).

beide aber auch alte Widersacher des Meletius, nennt er nunmehr den nicänischen Glauben als Norm der Orthodoxie. Das läßt darauf schließen, daß der Kaiser sich zum jungnicänischen Standpunkt gewandelt hat, in der Einsicht, daß die Einheit der Christen sich am besten durch die Fortsetzung des 379 von den Bischöfen in Antiochia eingeschlagenen Kurses erreichen ließe. Meletius, der vorsitzende Bischof auf der Synode von 379, der Kandidat des Ostens (außer Alexandria) und insbesondere der Jungnicäner beim Streit um den Bischofsstuhl von Antiochien, wurde, wie wir sahen, vom Kaiser hoch geehrt und zum Präsidenten des Konzils von Konstantinopel ernannt. Theodosius hatte sich auf den Osten, den er jetzt beherrschte, eingestellt.

Laut dem Logos prosphonetikos der 150 Väter an Kaiser Theodosius stellte das Konzil von Konstantinopel 381 die Eintracht unter den dogmatisch zerstrittenen Parteien wieder her, bekräftigte das Nicänum und verurteilte die entgegenstehenden Häresien.[161] Das 379 erweiterte Nicänum kann nicht identisch mit dem NC sein, denn in ihm beginnt der 3. Artikel "Und an den Heiligen Geist", während der Wortlaut von 379 wie der der meisten morgenländischen Symbole "Und an den einen Heiligen Geist" ist.[162] Es muß aber gegenüber dem Urnicänum noch andere Veränderungen bekommen haben, denn das Wort ἕν ist als Zurückweisung der Pneumatomachen noch nicht ausreichend. Gehen vielleicht auch die Abweichungen und Ergänzungen, die Theodors "Nicänum" im 2. und 3. Artikel vom Urnicänum unterscheiden, auf die antiochenische Synode 379 zurück? Nach Theodors Bericht liegt es nahe, daß mindestens die Bestimmungen seines Symbols zum Heiligen Geist am Anfang des dritten Artikels auf dieselbe Synode zurückgehen wie das ἕν.

Zur Klärung dieses Problems ist zunächst noch einmal die Frage zu stellen, warum Theodor in der neunten Homilie überhaupt von der Erweiterung des Nicänums redet. Daß er den befremdeten Hörern erklären muß, wie er dazu kommt, vom Wortlaut des reinen Nicänums abzuweichen, ist kaum anzunehmen, denn das hätte er, hätte Bedarf danach bestanden, ja schon weit früher, bei der Erklärung des 2.

---

[161] Mansi III 557.
[162] Die Möglichkeit, das NC könne schon aus Antiochia stammen (vgl. Staats, Die römische Tradition 215f.; L. Abramowski, Was hat das 501; Hauschild, NC 450f.), entfällt also.

Artikels tun müssen, und der Anlaß, aus dem er es hier tut, der Unterschied zwischen "an den Heiligen Geist" und "an den einen Heiligen Geist", ist denkbar geringfügig, ganz abgesehen davon, daß das Taufbekenntnis auch vor 379 wie die meisten östlichen Bekenntnisse gut und gerne "an den einen Heiligen Geist" geheißen haben kann, wie es ja auch "an den einen Gott" und "an den einen Herrn" heißt. Eher schon könnte man vermuten, daß die Neigung zu Abschweifungen und Exkursen Theodor hier wieder einmal veranlaßt hat, zu erzählen, was ihm dazu noch eingefallen ist, auch wenn es vom Thema wegführt. Aber es kommt Theodor noch auf etwas anderes an: Er möchte die Ergänzung des Nicänums legitimieren; nicht den Wortlaut, wie gesagt, sondern die Tatsache als solche, daß nach 325 noch einmal "Lehrer der Kirche" zusammenkamen und ein Glaubensbekenntnis verfaßt haben; nicht das Glaubensbekenntnis selbst, sondern die Tatsache, daß es aufgestellt werden konnte. Dazu schreibt er, die Ergänzer seien vom Werk der Väter von Nicäa ausgegangen und hätten sie als Anlaß genommen; die Definitionen über den Heiligen Geist seien implizit auch schon im Nicänum dagewesen, und die Veränderungen, die das Bekenntnis erfahren habe, seien keine Verfälschungen seines Sinnes.[163] Wenn wir uns an die Hochachtung erinnern, die das Nicänum unter den Jungnicänern genoß, daß es hinreichend und vollkommen sei und für immer bewahrt werden müsse,[164] erscheint diese Apologetik nicht übertrieben.

Über die Ergänzung des ursprünglichen Wortlautes berichtet Theodor anläßlich der Lehre über den Heiligen Geist, weil hier eine klarere Definition als Erfordernis galt und auch eine Veränderung am meisten auffiel.[165] Daß aber auch die anderen Veränderungen und Ergänzungen, die Theodors Symbol im 2. und 3. Artikel gegenüber dem Urnicänum aufweist, auf die Synode von Antiochia zurückgehen, ist in Hinblick auf das nestorianische Taufbekenntnis und auf das NC aus zwei Gründen wahrscheinlich:[166]

---

[163] *Hom.cat.* 9,1–3.14.16.

[164] Vgl. oben 1.5.3.

[165] In der zehnten Homilie, wo die eigentlichen Ergänzungen ausgelegt werden, deutet Theodor die in der neunten Homilie so ausführlich besprochene Ergänzung allerdings lediglich in Abschnitt 1f. an.

[166] Sehr unwahrscheinlich ist dagegen Luise Abramowskis Überlegung, Theodor selbst könne "das Bekenntnis den katechetischen Notwendigkeiten der antiochenischen Situation" angepaßt haben (Was hat das 498. Sie denkt dabei an das τòν πρωτότοκον πάσης κτίσεως). Jedenfalls hat Theodor den Symboltext dort nicht ange-

Erstens ist das Nestorianum eine Überarbeitung von Theodors Taufsymbol durch das NC.[167] Theodors Symbol kann nicht ganz unbedeutend gewesen sein, wenn es später noch die Grundlage des Nestorianums war. Als Symbol der großen Synode von 379 konnte es aber gut solche Bedeutung haben.

Zweitens aber lassen sich auch die zahlreichen Gemeinsamkeiten, die Theodors Symbol und das NC gegenüber dem Nicänum haben, nicht ohne weiteres durch eine Überarbeitung des Symbols Theodors anhand des NC erklären, auch wenn diese Abhängigkeit bisher allgemein angenommen wurde. Wahrscheinlicher ist, daß Theodors Symbol älter ist bzw. dem NC als Vorlage diente als umgekehrt. Die gegen das Nicänum gemeinsamen Stücke sind: im. 2. Artikel das hinter τὸν υἱὸν τοῦ θεοῦ vorgezogene μονογενῆ, weiter das πρὸ πάντων τῶν αἰώνων, das ἐκ τῶν οὐρανῶν, das ἐκ Μαρίας τῆς παρθένου, das σταυρωθέντα ἐπὶ Ποντίου Πιλάτου, das ταφέντα, das κατὰ τὰς γραφάς, das Sitzen zur Rechten Gottes und das πάλιν sowie im 3. Artikel das ζωοποιόν, das ἐκ τοῦ πατρὸς ἐκπορευόμενον und das Bekenntnis zur einen katholischen Kirche, zur Sündenvergebung, zur Totenauferstehung und zum ewigen Leben. Gemeinsam lassen beide gegenüber dem Nicänum weg: im 2 Artikel τουτέστιν ἐκ τῆς οὐσίας τοῦ πατρός sowie θεὸν ἐκ θεοῦ und τά τε ἐν τῷ οὐρανῷ καὶ τὰ ἐν τῇ γῇ und nach dem 3. Artikel die Anathematismen. Wäre nun das NC die Vorlage, so wäre es schwer zu erklären, wieso gerade die aus dem Jerusalemer Symbol[168] ins NC aufgenommenen Stücke (vgl. unten) sich nicht in Theodors Symbol finden, sie also, wäre das NC die Vorlage, zielsicher aus Theodors Symbol hätten entfernt werden müssen; während umgekehrt die Erweiterung von Theodors Symbol um Stücke aus dem Jerusalemer Symbol leicht denkbar ist. Aber auch im Abschnitt des 2. Artikels über die Passion zeigt sich, daß das NC den jüngeren Wortlaut hat: Theodors Symbol hat hier das nicänische παθόντα durch σταυρωθέντα ἐπὶ Ποντίου Πιλάτου ersetzt; das NC hatte beide Lesarten vor sich und verband sie zu σταυρωθέντα ἐπὶ Ποντίου Πιλάτου καὶ παθόντα. Daß Theodors Symbol im 3. Artikel bei den Bestimmungen zum Heiligen Geist die Formel von 379 wiedergibt, haben wir schon aus dem Bericht über die Erweiterung

---

tastet, wo er ihm quer gelegen haben muß: beim "Fleisch geworden", "geboren von der Jungfrau Maria" und "wieder".

[167] S.o. 2.2.1. Nur die Herkunft des συλληφθέντα und des νεκροὺς καὶ ζῶντας – beides ist (fast) einzigartig – lassen sich so nicht erklären.

[168] *BSGR* § 124. Vgl. dazu unten.

des Nicänums wahrscheinlich gemacht. Der Wortlaut ist einfacher und kürzer; auch das spricht für seine Priorität. Aber auch der Abschluß des 3. Artikels in Theodors Form ist älter als der Paralleltext des NC; warum hätte bei Theodor etwa die Taufe weggelassen werden sollen?

Zum dritten aber sprechen auch die Gemeinsamkeiten, die Theodors Symbol und das NC mit dem altrömischen Symbol, dem Romanum,[169] haben, dafür, daß die Abweichungen, die Theodors Symbol vom Urnicänum hat, auf die Synode von Antiochia zurückgehen. Reinhart Staats hat darauf hingewiesen, daß im NC nicht nur das Nicänum und das Jerusalemer Symbol, sondern auch das altrömische Symbol fast vollständig enthalten ist; namentlich das ἐκ πνεύματος ἁγίου καὶ Μαρίας τῆς παρθένου und das ἐπὶ Ποντίου Πιλάτου seien aus dem Romanum ins NC übernommen worden. Nun sei eine solche Berücksichtigung Roms für das Konzil von Konstantinopel schwer vorstellbar, umso besser vorstellbar hingegen für die antiochenische Synode 379. So seien diese Stücke aus Rom wohl zuerst in Antiochia angenommen und dann vom Konzil 381 übernommen worden. Eine Übernahme von Beschlüssen aus Antiochia in Konstantinopel bezeuge ja auch der Synodalbrief von 382.[170] Tatsächlich ist es von kaum einer östlichen Synode besser als von der antiochenischen vorstellbar, daß sie das Romanum bei der Abfassung eines Symbols berücksichtigt hat. Wir sahen, daß sie einige Dokumente aus Rom gebilligt und unterzeichnet hat, darunter Kanon 1–8 des *Tomus Damasi*; und in der Tat findet sich in ihrer Formel, wenn sie denn identisch ist mit Theodors Taufsymbol, etliches aus dem Romanum, was im Nicänum noch nicht enthalten war, besonders das "gekreuzigt unter Pontius Pilatus", das im Osten vorher gar nicht nachweisbar ist,[171] aber auch das "geboren von der Jungfrau Maria", das "begraben" und das Sitzen zur Rechten Gottes. Der Abschluß des neuformulierten 3. Artikels lehnt sich mit seinem Bekenntnis zu Kirche, Sündenvergebung, Auferstehung der Toten und ewigem Leben enger an das Romanum an als an irgendein Symbol sonst, ja ist fast identisch mit ihm. (Im Artikel über die Kirche heißt es im Romanum indessen nicht "eine katholische Kirche", sondern "die heilige Kirche".) Insofern wird also

---

[169] *BSGR* § 17.
[170] Die römische Tradition 210–216; *Das Glaubensbekenntnis* 165–179. Zum Synodalbrief vgl. oben 2.2.3.1.
[171] Vgl. Staats, Pontius Pilatus 508.

Staats' These zur Synode von Antiochia durch Theodors Taufsymbol bestätigt, nur daß in Antiochia noch nicht das NC, sondern sein Vorläufer entstanden ist.[172] Es bleibt aber doch eine Schwierigkeit dabei: Das "aus dem Heiligen Geist", das sich sowohl im Romanum als auch im NC findet, steht in Theodors Taufsymbol nicht. Das von Theodors Symbol abhängige Nestorianum bestätigt, daß seine Vorlage zwischen γεννηθέντα und ἐκ Μαρίας τῆς παρθένου nicht πνεύματος ἁγίου καὶ las. Das Nestorianum fügt ja ἐκ πνεύματος ἁγίου, dem NC folgend, schon nach σαρκωθέντα ein, läßt aber mit Theodors Symbol und gegen das NC das γεννηθέντα ἐκ Μαρίας τῆς παρθένου weiter hinten stehen und kommt so einem zwischen beiden vermittelnden Text, der gleichwohl das, was zusammengehört, den Heiligen Geist und die Jungfrau Maria, auseinanderreißt. Es hilft also nichts – das ἐκ πνεύματος ἁγίου war in der antiochenischen Formel offenbar nicht enthalten. Die Schwierigkeit ist dabei nicht, daß die Formel für den Zweck des Symbols, die Auseinandersetzung mit den Pneumatomachen, notwendig gewesen wäre oder daß sich nicht erklären ließe, wie sie ins NC gelangt ist, denn es gab sie schon im Osten,[173] sondern warum, wenn das ganze Romanum sonst Eingang in das Symbol von 379 gefunden hat, gerade diese Formel nicht aufgenommen wurde.

Trotzdem erklärt die These, das von Theodor ausgelegte Taufsymbol sei die Formel der antiochenischen Synode 379 oder ihr wenigstens sehr ähnlich, sei als solche eine der wichtigsten Vorlagen für das NC von 381 und sei später durch das NC zum Nestorianum erweitert worden, besser als alle anderen Thesen[174] das Verhältnis dieses Symbols zum Nicänum, Romanum, NC und Nestorianum und stimmt

---

[172] Staats hat dies freilich auch für möglich gehalten, aber nicht an ein bestimmtes Symbol wie Theodors Symbol als Vorlage gedacht, vgl. Die römische Tradition 216 Anm. 22; *Das Glaubensbekenntnis* 179.

[173] S. die Formeln von Nike 359 (*BSGR* § 164) und Konstantinopel 360 (ebd. § 167) sowie das längere Bekenntnis des Epiphanius (*Ancor.* 118,10).

[174] Vgl. E. Amann (Art. Théodore de Mopsueste, in: *DThC* 15,1. Paris 1946, 235–279: 258): Theodors Symbol sei eine antiochenische Adaption des Nicänums, in bezug auf den Geist vervollständigt anhand des Konzils von 381. Ortiz de Urbina (Nizäa 211): "Die Hypothese ist annehmbar, daß Theodor nicht die Absicht gehabt hat, alle im Symbolum von Konstantinopel enthaltenen Zusätze zu erklären, sondern nur die, welche ausreichten, um die Lehre des nizänischen Credos zu ergänzen, das er seinen Katechumenen erläutert, weil es das Taufsymbol war." Ritter (*Das Konzil* 201): Das Bekenntnis von Mopsuestia sei 381 pneumatologisch ausgebaut worden (so wie schon vorher das Antiochenum nizänisch ausgebaut worden sei),

auch mit Theodors eigenen Angaben überein. Aus ihr ergeben sich diese Folgerungen:

1. Die Synode von Antiochia stand, wenn sie eine Glaubensfomel aufstellte, in Kontinuität zu einer Anzahl früherer Synoden seit dem antiochenischen Kirchweihkonzil 341. Allerdings wollte sie nicht wie jene das Nicänum ablösen, ebenso wenig wie zwei Jahre später das Konzil von Konstantinopel mit seinem NC,[175] sondern es im Gegenteil gerade bestätigen und ihm eine gegen die neuen Häresien gerichtete Formel an die Seite stellen. Damit folgte sie den Vorstellungen des Damasus im Westen und der Jungnicäner im Osten, die Anerkennung des Nicänums und seiner Suffizienz mit einer Ergänzung wegen der neu aufgekommenen Häresie zu verbinden. Nach Theodors Bericht war der Anlaß der Ergänzung die pneumatomachische Kontroverse. Ob das Symbol von 379 oder das NC von 381 oder beide auch gegen den Apollinarismus formuliert waren, werden wir unten in Teil 4.3. untersuchen.

2. Die Formel behielt die wichtigsten Vokabeln des Nicänums bei, vor allem das ὁμοούσιος; einige Stücke, vielleicht auch die Verwerfungen am Schluß, entfielen dagegen. (Daß die Verwerfungen nicht in Theodors Symbol stehen, einem Taufsymbol, in dem derlei deplaziert ist, beweist freilich noch nicht, daß sie nicht im Synodalbekenntnis standen.) Neu aufgenommen wurden insbesondere Teile des Romanums, aber auch Formeln orientalischer, wohl vor allem syrischer Herkunft.[176] Interessant ist, daß auch aus orthodoxer Sicht etwas zweifelhafte Formeln Eingang in das Bekenntnis fanden, so das von den Arianern gern zitierte πρωτότοκον πάσης κτίσεως[177] und das πρὸ πάντων τῶν αἰώνων. Letzteres stammt wohl von Euseb von Cäsarea[178] und findet sich in praktisch allen Symbolen mehr oder

---

entweder durch das NC selbst oder durch Theodor, der das NC gekannt habe. Drecoll (Wie nizänisch 15f.): Theodor gebe sein Symbol als Nicänum aus, erkläre aber eine umfangreiche, weitgehend liturgisch geprägte Weiterentwicklung. Bruns (*Den Menschen* 68f. 119) vermutet eine Abhängigkeit des NC vom Tomos von Antiochia, bestimmt dessen Verhältnis zu Theodors Symbol aber nicht genauer.

[175] Vgl. Staats, *Das Glaubensbekenntnis* 50. 85f. 114–117.

[176] Insbesondere das bis dahin gültige antiochenische Taufbekenntnis wird berücksichtigt worden sein; aber mehr, als daß die Formeln τὸν πρωτότοκον πάσης κτίσεως und δι᾽ οὗ οἱ αἰῶνες καθηρτίσθησαν sowie das ἕν zu Beginn des 3. Artikels mit gewisser Wahrscheinlichkeit von dort kommen, läßt sich nicht sagen. Vgl. oben 2.2.1.

[177] Zur Diskussion um dieses Zitat aus Kol 1,15 im Arianischen Streit vgl. oben 1.4.2.

[178] *Dem.ev.* IV 3,13; vgl. das Bekenntnis Eusebs (*BSGR* § 188). Vielleicht ist es aus Ps 54,20 LXX geschöpft.

weniger arianisierender Synoden, die nicht wie die Väter von Nicäa meinten, über den Zeitpunkt der Geburt des Sohnes aus dem Vater dürfe keine Angabe gemacht werden.[179]

3. Der Heilige Geist wurde im Bekenntnis der Synode von 379, anders als in ihrem Tomos,[180] nicht *expressis verbis* als Gott oder als dem Vater und dem Sohn wesenseins bezeichnet. Statt dessen fand die aus Joh 14,17; 15,26; 16,13 geschöpfte, in ihrer Herkunft sonst aber ebenfalls recht zweifelhafte Formel "der Geist der Wahrheit",[181] bibeltreu ergänzt mit "der aus dem Vater ausgeht" (Joh 15,26) und "lebenschaffender Geist" (Joh 6,63; 2.Kor 3,6), Eingang. Adolf von Harnack hat über den 3. Artikel des NC gesagt, auch ein Pneumatomache hätte das zur Not unterschreiben können. Was das NC angeht, hatte er sicher unrecht;[182] weit eher dagegen kann man das von dieser Formel sagen. Gerade ihre enge Orientierung an biblischen Aussagen über den Geist deutet auf Entgegenkommen den Pneumatomachen gegenüber hin, die alle offenbar einen gewissen biblizistischen Einschlag hatten.[183] Bedenkt man, daß die Formel vor allem ihretwegen verfaßt wurde, ist dieses Entgegenkommen, gelinde gesagt, etwas überraschend. Soll man sich die antiochenische Formel als Grundlage eines orthodox-pneumatomachischen Religionsgespräches vorstellen, wie dies Adolf Martin Ritter vom NC meint?[184]

---

[179] Sind das Nachklänge des arianisierenden Vorlebens des Meletius und mancher seiner Parteigänger? Vgl. die vier Formeln der antiochenischen Kirchweihsynode 341 (*BSGR* §§ 153–156); die Formel von Philippopel 343 (ebd. § 158); die antiochenische Ἔκθεσις μακρόστιχος von 345 (ebd. § 159); die Formel der ersten sirmischen Synode 351 (ebd. § 160); die Formel der vierten sirmischen Synode 359 (ebd. § 163); die Formel von Nike 359 (ebd. § 164); die Formel der Homöer auf der Synode von Seleukia 359 (ebd. § 165); die Formel von Konstantinopel 360 (ebd. § 167); außerdem das zweite Bekenntnis des Arius (ebd. § 187); das kappadozische Symbol nach Auxentius (ebd. § 134); das Symbol der Apostolischen Konstitutionen (ebd. § 129). Die orthodoxen Bischöfe auf der Synode von Rimini 359 sagten: "*ante omnia saecula et ante omne principium.*" (Ebd. § 166.)

[180] Vgl. Theodoret, *Hist.eccl.* V 9,11; "Kanon 18 von Konstantinopel" (Turner, Canons 167).

[181] Vgl. die dritte Formel der Kirchweihsynode 341 (*BSGR* § 155); die Formel der vierten sirmischen Synode 359 (ebd. § 163; hier wird aus Joh 14,12.16f.; 16,13 zitiert); die Formel von Nike 359 (ebd. § 164); die Formel von Konstantinopel 360 (ebd. § 167) und das kappadozische Symbol nach Auxentius (ebd. § 134).

[182] Vgl. Harnack, Konstantinopolitanisches Symbol 21; *Lehrbuch* II 276 Anm. 1; Ritter, *Das Konzil* 295–303.

[183] Vgl. Athanasius, *Ep.ad Serap.* I 3.15; Basilius, *De spir.s.* XXV 58; Gregor von Nazianz, *Or.* 31,3.30; Theodor von Mopsuestia, *Disp.cum Mac.* 1; Pseudo-Athanasius, *Dial. c.Mac.* I 15.

[184] Vgl. oben 2.2.2.

4. Das NC näherte sich gegenüber der Formel von 379 z.T. wieder stärker an das Urnicänum an,[185] vermied (wie später Nestorius)[186] die Aussage einer zweiten Geburt Christi aus Maria, nahm, außer der Klausel "aus dem Heiligen Geist", noch einige Stücke aus dem Jerusalemer Symbol neu auf[187] und gestaltete den Anfang des 3. Artikels neu, wobei es zu den biblischen Bestimmungen des Heiligen Geistes (πνεῦμα τῆς ἀληθείας entfiel von ihnen) noch solche hinzufügte, in denen seine Homousie mit Vater und Sohn wenigstens implizit enthalten war (τὸ κύριον und τὸ σὺν πατρὶ καὶ υἱῷ συμπροσκυνούμενον καὶ συνδοξαζόμενον).

Es bleibt noch zu klären, warum Theodor so offenbar den Beschlüssen des Konzils von Konstantinopel diejenigen seiner Vorläuferin, der Synode von Antiochia, vorzieht. Man könnte hier antiochenischen Patriotismus vermuten: Theodor erinnert sich mit Stolz, wie einmal die ganze katholische Kirche auf die syrische Metropole blickte und wie dort (vielleicht sogar in seinem Beisein)[188] Kirchen- und Symbol- geschichte geschrieben wurde. Allerdings erwähnt Theodor seine Hei- matstadt weder in Homilie 9,1 noch in Homilie 9,14 oder 16 noch sonst irgendwo. Eine bessere Erklärung ist, daß im antiochenischen Bereich die Dekrete von 379 wirklich größere Bedeutung als die von 381 hatten, die von Konstantinopel aber, wenn sie überhaupt zur Kenntnis genommen wurden, als deren amtliche Bestätigung ange- sehen wurden oder auch für etwas, was wenigstens teilweise andere Gemeinden als die eigene betraf. Wirklich ökumenische Bedeutung bekam Konstantinopel ja erst durch das Konzil von Chalcedon. Daß das Bekenntnis von Antiochia 379 in Syrien als Taufbekenntnis fort- wirkte, zeigen nicht nur die katechetischen Homilien Theodors, son- dern auch das Antiochenum, das Laodicenum und das Nestorianum.

---

[185] Ausscheiden von τὸν πρωτότοκον πάσης κτίσεως und δι᾿ οὗ οἱ αἰῶνες κατηρτίσθη- σαν; Wiederaufnahme von φῶς ἐκ φωτός, der Wiederholung des γεννηθέντα vor οὐ ποιηθέντα und von παθόντα; Rückkehr zu εἰς τὸ πνεῦμα τὸ ἅγιον (gleichbedeutend mit dem nicänischen εἰς τὸ ἅγιον πνεῦμα) statt des εἰς ἓν πνεῦμα ἅγιον.

[186] Vgl. unten 4.2.; 4.3.

[187] Im 1. Artikel ποιητὴν οὐρανοῦ καὶ γῆς, im 2. Artikel μετὰ δόξης und οὗ τῆς βασιλείας οὐκ ἔσται τέλος (Luk 1,33; gegen Marcell gerichtet) und im 3. Artikel τὸ λαλῆσαν διὰ τῶν προφητῶν und das Bekenntnis zur Taufe, dem das zur Sünden- vergebung untergeordnet wird.

[188] Theodor war 379 allerdings noch kein Presbyter, wie Bruns behauptet (*Den Menschen* 60), vgl. oben 0.2.1.

3. ZUR THEOLOGIE THEODORS VON MOPSUESTIA ANHAND SEINER KATECHESE

3.1. VORBEMERKUNG

Teil 3. dieser Arbeit soll keine Monographie oder erschöpfende Darstellung der Theologie Theodors sein. Dies würde ihren Rahmen sprengen. Ferner gibt es bereits eine Reihe guter und brauchbarer Studien zu den verschiedenen Bereichen von Theodors Theologie, etwa von Francis Aloysius Sullivan, Rowan A. Greer, Luise Abramowski, Ulrich Wickert, Richard Alfred Norris, Günter Koch und Jan Nowak, schließlich auch Peter Bruns' neue Gesamtdarstellung; zu ihr werde ich indessen gleich noch mehr sagen.

Dennoch kann eine Arbeit über Theodor als Zeugen des Nicänums und des Nicänismus nicht auf die Behandlung von Theodors Theologie verzichten. In den folgenden Abschnitten wollen wir der Leitfrage nachgehen, inwiefern Theodor ein Theologe des Nicänums ist, und dazu den Grundlinien von Theodors Theologie folgen, wie sie der Katechet den Neuzutaufenden als Gesamtzusammenhang darlegt. Wir können uns dabei nicht auf die Auslegung des Glaubensbekenntnisses beschränken. Zwar sind beide Teile der katechetischen Homilien in sich abgeschlossen, und weder weisen die vorderen Homilien auf die mystagogischen voraus, noch bauen diese inhaltlich irgendwie auf die Auslegung des Symbols auf; doch behandeln die Homilien 11–16 Themen, die in den Homilien zum Symbol noch nicht oder nur kurz vorkamen, und beleuchten auch das in den ersten zehn Homilien Dargelegte noch einmal neu. Sie sind daher für das Gesamtverständnis unentbehrlich. Aber auch Theodors andere Werke, besonders die dogmatischen Fragmente und die Kommentare zum Neuen Testament, sollen herangezogen werden, um die Aussagen der katechetischen Homilien zu ergänzen und hier und da auf ihr besonderes. Profil gegenüber den anderen Werken Theodors hinzuweisen.

Gewöhnlich behandelt man die Trinitätslehre nach der Gottes-lehre und die Christologie vor der Soteriologie.[1] Wir werden in der

---

[1] Vgl. z.B. E. Amann, Art. Théodore de Mopsueste. *DThC* 15,1. Paris 1946, 235–279: 257–270; R. Devreesse, Essai sur Théodore de Mopsueste. *StT* 141. Vatikanstadt 1948: 103–124.

Darstellung von dieser Reihenfolge der "*loci*" abweichen und zuerst Gott, den Menschen, die Erlösung und die Heilszueignung durchgehen, um erst am Schluß zu den Themen Trinitätslehre und Christologie vorzudringen. Theodors nicänische Orthodoxie, seine Position zu den zu seiner Zeit dogmatisch umkämpften Themen läßt sich nur verstehen, wenn man sie unter der Voraussetzung seiner heilsgeschichtlichen Gesamtanschauung sieht.

Peter Bruns also teilt seine Arbeit in sechs Kapitel ein, die grob dem Aufbau der Katechese Theodors folgen: Nach der Einleitung kommen 1. Leben und Werk Theodors, 2. Gotteslehre, 3. Christologie, 4. Pneumatologie, 5. Ekklesiologie und Sakramentenlehre und 6. Eschatologie.[2] Kein eigenes Kapitel haben Ökonomie und Soteriologie. Im Kapitel zur Gotteslehre wiederum geht es nicht in erster Linie um Gott, sondern um die Quellen von Theodors Theologie (u.a. das ausgelegte Taufsymbol und das Problem von Schrift und Tradition), die theologische Erkenntnislehre (mit der Theorie der Bilder und Symbole) und die Ethik (die eigentlich in den Zusammenhang der Soteriologie gehört[3]). Ethik, Symboltheorie und kirchliche Tradition werden aber auch in den späteren Kapiteln noch behandelt.

Bei aller Gelehrsamkeit und Breite der Bruns'schen Studie – besonders wertvoll ist seine Kenntnis der syrischen Patristik – bleibt eine doppelte grundsätzliche Kritik: 1. Bruns betrachtet die Homilien als Theodors theologische Summe, wie er selbst sagt[4] und wie es auch der Aufbau seiner Arbeit widerspiegelt. Damit setzt er bereits voraus, was eigentlich erst Ergebnis einer Studie sein kann. Diese Voraussetzung hindert Bruns daran, die Spannungen zwischen den verschiedenen Bereichen in Theodors Denken wahrzunehmen.[5] 2. Bruns macht die heilsgeschichtliche Theologie Theodors zu einem ontologischen System. Die heilsgeschichtliche Spannung etwa zwischen dem schattenhaften Kult des Alten Testaments, den Bildern und Typoi der kirchlichen Sakramente und der himmlischen Wirklichkeit erklärt sich für ihn durch die platonische Ontologie und die aristotelische Lehre von Potenz und Akt.[6] Adams Fall und die Sünden- und Todesverfallenheit des Menschen wiederum sind einfach die anthropologischen Prämissen der Inkarnation.[7] Die ganze Theologie Theodors ist bei Bruns zusammengehalten durch das ontologische Grundschema des Dyophysitismus, der Zwei-Naturen-Lehre, das Nebeneinander von göttlicher und nicht-göttlicher Natur.[8] Alles läuft

---

[2] Vgl. *Den Menschen mit dem Himmel verbinden*. CSCO 549. Löwen 1995: 16–18. 441–444.

[3] Vgl. unten 3.6.2.2.

[4] *Den Menschen* 15. Bruns folgert daraus, daß Theodor den ganzen christlichen Glauben für Leute ohne Voraussetzungen darstellen muß.

[5] Vgl. dazu unten 3.7.1.2.; 3.7.2.4.; 4.4.

[6] *Den Menschen* 96–98. 335–337. 417.

[7] *Den Menschen* 17. 157f.

[8] Vgl. unten 3.7.2.1.

auf die Begegnung beider Naturen in der Inkarnation zu[9] – nicht etwa auf die Auferstehung zur Unsterblichkeit[10] und endet zuletzt im eschatologischen Monophysitismus: Das Nebeneinander von göttlicher und nicht-göttlicher Natur wird zugunsten der göttlichen aufgelöst.[11] Es bleibt das Bild von einer Theologie, die wesentlich von ontologischen Kategorien bestimmt ist[12] und recht statisch wirkt; Dynamik und Tiefe der Heilsgeschichte fehlen. So ist die folgende Darstellung auch ein Gegenentwurf zu Bruns.

3.2. KATECHESE ALS GLAUBENSLEHRE

Bevor Theodor seinen Katechumenen die Lehren des Glaubensbekenntnisses auslegt, bevor er über den Gegenstand des Glaubens spricht, sagt er Grundsätzliches über den Glauben als solchen; auch das Bekenntnis beginnt ja mit "Ich glaube". Dazu zieht er zwei Stellen aus den großen Paulusbriefen heran: Röm 10,10 und Hebr 11,1. Nach der einen führen Glauben und Bekenntnis zum ewigen Leben,[13] nach der anderen aber macht der Glaube das, was noch zukünftig ist, für das Bewußtsein zur Wirklichkeit und läßt die Seele das Unsichtbare sehen und das Unaussprechliche verstehen.

Denn das, was sichtbar ist, sehen wir mit den Augen, das aber, was unsichtbar ist, kann durch den Glauben gesehen werden. Denn "es ist

---

[9] "Die Inkarnationstheologie muß nun den Nachweis erbringen, wie zwei vollständig verschiedene Seinsweisen, die göttliche und die menschliche, eine vollkommene Einheit bilden können, ohne daß dadurch ihre jeweilige [sic! S.G.] Eigentümlichkeiten preisgegeben würden. Im soteriologischen Zentrum der Verbindung von göttlicher und menschlicher Natur laufen daher alle theologischen Sonderstränge zusammen: Die Gnadentheologie, die Anthropologie, die Spiritualität in ihrem Gott-Welt-Verhältnis im allgemeinen und die Sakramententheologie im besonderen, sie alle kreisen um die eine Frage, wie es überhaupt eine 'Gemeinschaft' und 'Verbindung' zwischen dem Himmlischen und dem Irdischen, dem Göttlichen und dem Menschlichen geben könne." (*Den Menschen* 157f.)

[10] Vgl. dazu unten 3.6.1.

[11] Vgl. unten 3.6.1.1.; 3.6.2.6.

[12] Zu einer solchen Deutung Theodors eignen sich allerdings die Homilien besser als etwa die neutestamentlichen Kommentare, da in den Homilien die Vorstellung, daß das Heil nicht nur zeitlich vor uns in der Zukunft, sondern auch über uns in einer himmlischen Welt liege, aus der das abgeleitet ist, womit wir hier und jetzt am Heil teilhaben, eine viel größere Rolle spielt als in den anderen Werken Theodors, vgl. unten 3.6.1.; 3.6.2.6.

[13] *Hom.cat.* 1,8. Sehr ähnlich ist der entsprechende Abschnitt in der Katechese des Johannes Chrysostomus (*Cat. bapt.* 3/1,19f.). Auch sonst ziehen Katecheten Röm 10,9f. gern heran als Beleg, daß der Glaube hinreichende oder notwendige Bedingung zum Heile ist, vgl. Cyrill von Jerusalem, *Cat.* 5,10; Niceta, *Instr. ad compet.* V 3,3; Augustin, *De symb. ad catech.* 1,1; Petrus Chrysologus, *Serm.* 56,4f.; 61,2; 62,2; Pseudo-Augustin, *Serm.* 214,1. Vgl. auch Augustin, *De fid. et symb.* I 1; *Ench. ad Laur.* II 7.

der Glaube die Wirklichkeit [ὑπόστασις] der kommenden Sachen und ein Beweis [ἔλεγχος] für das, was unsichtbar ist" [Hebr 11,1].[14]

Nicht Glauben und Hören des Wortes gehören zusammen wie in der paulinisch-reformatorischen Formel von der *fides ex auditu*, sondern Glauben und Schau (θεωρία) der Heilsmysterien.[15] Nur im Glauben können wir uns Gott nahen (Hebr 11,6).[16] Wenn die Heiden nicht an die Schöpfung aus dem Nichts glauben und Gott auch noch eine Gefährtin andichten, wenn Juden und Arianer nicht erkennen, daß Gott der Sohn von der Natur des Vaters ist, so liegt das daran, daß sie keinen Glauben haben und die göttliche Natur für sie schlecht-hin unsichtbar ist.[17] Kennzeichnend für Irrlehrer ist es, daß sie am Sichtbaren bleiben; weiter dringen sie nicht vor.[18] Ein frommes Bekenntnis zu Gott ist aber nur im Glauben möglich, denn wie könnte man von dem, was man nicht wahrnehmen kann, in rech-ter Weise reden? Selbst die geschaffene Welt läßt sich nur durch den Glauben an den Schöpfer recht erkennen und verstehen; ohne Glauben aber bleiben nur Irrtümer.[19] Christus selbst erscheint dem Auge als bloßer Mensch; der Glaube aber sieht die göttliche Natur, die in ihm wohnt.[20]

Der Glaube ist also (mit Röm 10,10) als das, was zum ewigen Leben führt, das Ziel des katechetischen Unterrichtes; und er ist zugleich als Erkenntnisprinzip die Grundlage des Unterrichts. Ebenso die Sakramente: Durch sie wird das Heil abgebildet, und der Glaube ist einerseits die Voraussetzung dafür, daß die Sakramente wirksam sind, weil er sehen läßt, was sie bedeuten;[21] andererseits aber zielen die Sakramente auch auf eben den Glauben als die ὑπόστασις des noch Ausstehenden.[22] Schließlich ist der Glaube zum einen als Erkennt-nisprinzip die Voraussetzung dafür, daß die Katechumenen ihren Katecheten überhaupt verstehen, zum anderen aber ist er auch der

---

[14] *Hom.cat.* 1,8; vgl. 1,9; 13,14.
[15] Vgl. Hellemo, *Adventus Domini*. SVigChr 5. Leiden 1989: 208f.; Bruns, *Den Menschen* 38f. 117. Vgl. auch unten 3.6.2.6. zur Anschauung der Ökonomie und der himmlischen Liturgie bei der Eucharistie.
[16] *Hom.cat.* 1,9; 13,14.
[17] *Hom.cat.* 1,10f.
[18] *Hom.cat.* 4,15; 5,7.
[19] *Hom.cat.* 1,9.12.
[20] *Hom.cat.* 4,15; 5,7; 6,5; vgl. auch 12,22.
[21] *Hom.cat.* 1,7; 10,22.
[22] *Hom.cat.* 1,4.6; 12,6.

Zweck der pädagogischen Bemühungen. In dieser Spannung läßt Theodor uns stehen.

Damit, daß das Unsichtbare für den Glauben sichtbar ist, für das leibliche Auge jedoch unsichtbar bleibt, ist aber zugleich etwas anderes mitgesetzt: die Vorläufigkeit des Glaubens, die Möglichkeit des Rückfalls, das "Noch-nicht".[23] Wie wir noch sehen werden, zieht sich die Einsicht, daß das Kommende für den Glauben zwar durchaus schon da ist,[24] es auch in den Sakramenten schon vorweggenommen ist, seine Wirklichkeit aber noch aussteht, durch Theodors katechetisches Werk, besonders den hinteren Teil. Der Glaube ist das Verhältnis, das wir in diesem Leben zu den kommenden Gütern haben: Durch ihn sind die Güter sichtbar, wenn auch nicht dem leiblichen Auge, sie sind da, wenn auch vorläufig, er ist mit dem Dasein der Güter auch das ewige Leben in diesem Leben.

Wir haben gesehen, daß Theodor gern unter Rückgriff auf logische Schlußfolgerungen und auf das allgemeine Naturgesetz argumentiert, daß er sich bemüht, den Katechumenen alles möglichst verständlich und nachvollziehbar zu machen.[25] Doch andererseits ist "unaussprechlich" ein bevorzugtes Wort in Theodors katechetischem Unterricht.[26] Die verheißenen Güter und die göttliche Natur samt der Ökonomie Christi sind nicht nur allein dem Glauben sichtbar; sie sind auch über jede menschliche Überlegung erhaben, und es kann überhaupt nur deswegen über sie geredet werden, weil Gott sie offenbaren wollte. Dies gibt der Katechese eine supranaturalistische und offenbarungspositivistische Grundlage:

> Schwierig ist es nämlich für unsere Zunge, auch die Sachen der gemachten Naturen genau zu beschreiben, weil auch sie vom Schöpfer mit großer Weisheit bereitet worden sind. Aber das, was über unsere Natur erhaben ist – von der Art nämlich ist das, worüber wir sprechen wollen –, wie sollte es nicht über alle Gedanken der Menschen erhaben sein und angemessenerweise unsere Worte übertreffen? . . . Denn hätte Gott gewollt, daß diese himmlischen Güter für uns nicht zu erkennen wären, dann könnten wir offenbar auch nicht über sie sprechen. Denn wie könnte ein Mensch über Sachen sprechen, die nicht bekannt sind? Weil er aber von der ersten Zeit an und vor den Anfängen der Welt

---

[23] Vgl. *Hom.cat.* 1,6.
[24] Vgl. *Hom.cat.* 1,8; 15,18.24.
[25] Vgl. oben 1.3.1.; 1.3.2.
[26] *Hom.cat.* 1,2.4.7–9; 3,4; 5,3; 6,10; 7,13–15; 8,7; 9,3; 10,18f.; 12,2; 13,14.19; 14,11f.17; 15,21.24; 16,3.10.44 u.ö. Vgl. auch 15,2: "über das Wort erhaben".

wollte, daß die Weisheit, die in ihm verborgen war, erscheine durch die Ökonomie unseres Herrn Jesus Christus, hat er uns die geheimen Mysterien und die Größe dieser Güter offenbart und durch den Heiligen Geist den Menschen ihre Erkenntnis gegeben... Deswegen nun wollen wir über diese unaussprechlichen und über uns sehr erhabenen Dinge zuversichtlich reden, entsprechend der Gnade Gottes, die uns gegeben ist.[27]

3.3. GOTT UND DIE WELT

3.3.1. Natur

Der ontologische Zentralbegriff Theodors in den katechetischen Homilien ist *kyânâ*. Er entspricht dem griechischen φύσις – Natur, ist aber sicher oft auch Übersetzung von οὐσία – Substanz, Wesen;[28] das syrische Wort für οὐσία, 'îṯûṯâ, kommt in unserem Text nur selten vor.[29] *kyânâ* – Natur, Wesen, Substanz[30] meint beides, erste und zweite Substanz nach Aristoteles, also sowohl Einzelwesen[31] als auch Gattung,[32] und schließlich auch das, was eine Gattung an unveränderlichen Eigenschaften charakterisiert;[33] die Grenzen sind fließend, und oft ist nicht klar zu entscheiden, in welchem Sinne das Wort gebraucht wird. Immer jedoch ist das eigentliche Wesen einer Sache gemeint, das, was ihr, abgesehen von allen Akzidentien, zugrundeliegt. Daher kann Theodor auch sagen, nichts sei wahrer als die

---

[27] *Hom.cat.* 1,1f.; vgl. zur Überlegenheit der Himmelslehren über alle Gedanken und Beschreibungen auch 7,1; 14,3; 16,30; *Disp.cum Mac.* 12.17. Auch andere Katecheten haben dieses Motiv, vgl. Cyrill von Jerusalem, *Cat.* 11,3; 12,5; 16,2; 17,1; Gregor von Nyssa, *Or.cat.magn.* 40,7.

[28] So sicher im Ausdruck *bar kyânâ*, der ὁμοούσιος wiedergibt (*Hom.cat.* 3,2; 4,13–19; 5,1.17; 6,7; 8,4; 9,7; 10,1). Vgl. auch das doppelt überlieferte Stück *Hom.cat.* 8,15 (zitiert unten 3.7.2.3.), wo bei Marius Mercator für *kyânâ* nicht *natura*, sondern *substantia* oder *essentia* steht, was wahrscheinlich macht, daß das griechische Original οὐσία las.

[29] Insgesamt 14 mal: 2,12; 3,14; 8,13; 12,26; 13,8.15; 14,20f.; 16,6.

[30] Die griechischen Begriffe οὐσία und φύσις bedeuten oft nahezu dasselbe, vgl. Basilius, *Ep.* 28,2–5; Synodalbrief von 382 (Theodoret, *Hist.eccl.* V 9,11). S. auch H.G. Liddel – R. Scott – H.S. Jones, *A Greek-English Lexicon.* 9. Aufl. Oxford 1940: 1274; G.W.H. Lampe, *A Patristic Greek Lexicon.* Oxford 1961: 1496.

[31] Z.B. *Hom.cat.* 8,14: "Denn bei allen Dingen, die in etwas zwei sind und in etwas eines, hebt ihre Verbindung, daß sie eines sind, die Trennung der Naturen nicht auf."

[32] Z.B. *Hom.cat.* 1,1.5.

[33] So in dem von Theodor häufig benutzten Ausdruck *bakyânâ* – nach der Natur (*Hom.cat.* 4,10–14; 5,1; 6,10; 8,1.4.6.14f.; 9,12f.; 10,6; 12,4; 15,12; 16,12 u.ö.).

Natur,[34] ja, die Bestimmungen "in Wahrheit" und "nach der Natur" sind in den Homilien praktisch gleichbedeutend.

3.3.2. *Gott und die Welt: Gegensatz*

Was Gott ist, was die Bezeichnung "Gott" bedeutet, definiert Theodor zu Beginn seiner Auslegung des ersten Artikels: Gott ist diejenige Natur, die von Ewigkeit da ist und die Ursache von allem ist.[35] Mit scharfer Konsequenz leitet Theodor daraus und aus dem Wort des Bekenntnisses "an den einen Gott" Gottes Einheit ab:

> ... sie [scil. die Lehre der Väter] lehrt, daß die Naturen der Gottheit nicht zahlreich und verschieden sind, sondern daß Gott eine einzige Natur ist, die von Ewigkeit da ist und die Ursache von allem ist. Und diese [scil. Natur] ist Gott, und außer ihr ist nichts anderes Gott, sondern das, was von Ewigkeit da ist und die Ursache von allem ist, ist Gott. Und das, was nicht so ist, ist nicht Gott nach der Natur. Das aber, was nicht von Ewigkeit da ist und nicht die Ursache von allem ist, das ist nicht Gott, sondern ein Geschöpf [*ˁbâdâ* – ποίημα] Gottes, dem es allein möglich ist, aus Nichts alles zu machen.[36]

Ewigkeit und Allkausalität ist das, was Gottes Gottsein ausmacht im Unterschied zu allem anderen, d.h. allem, was nicht Gott ist.[37] So kommen die Götter der Heiden, die verschiedene Naturen und Eigenschaften haben und die nicht ewig und nicht die Ursache von allem sind, sondern neu und geschaffen, als Götter nicht in Betracht.[38] Theodor belegt diese seine Gotteslehre zwar durchaus mit Zitaten aus dem Alten Testament: Dtn 6,4 (Die göttliche Natur ist eine), ein nicht identifizierbares Zitat aus den Büchern Mosis (Gott spricht zu Mose: Ich bin die Ursache von allem),[39] Jes 44,6 (Das, was von

---

[34] *Hom.cat.* 4,10f. Vgl. auch 2,18: "Denn wir können auch nicht anders verstehen, daß er [scil. Gott der Vater] in Wahrheit Vater sei, als so, daß er nach der Natur Vater ist." 3,12: Ein Geschöpf kann nicht "wahrer Sohn" und der wahre Sohn nicht "Geschöpf" genannt werden, weil der *wahre* Sohn eben *nach der Natur* kein Geschöpf sein kann. 6,12: "Nach der Natur" ist gleichbedeutend mit "in Wirklichkeit". Vgl. auch *Disp.cum Mac.* 4.

[35] *Hom.cat.* 1,14–17; außerdem 2,1.3; 9,3.6.18; 10,12.14.22; 12,26; 13,15. Außerhalb der Homilien spielt diese Definition der göttlichen Natur bei Theodor indessen kaum eine Rolle. Sie kommt noch in *Ep.ad Artem.* II (Facundus, *Pro def.* III 5,8f.) vor.

[36] *Hom.cat.* 1,14.

[37] Vgl. J.McW. Dewart, *The Theology of Grace of Theodore of Mopsuestia.* SCA 16. Washington 1971: 46.

[38] *Hom.cat.* 1,14–16; 2,1.3; 10,13; vgl. *In Rom.* 1,25 (*NTA* 15, 115,15–20).

[39] Ist das ein freies Zitat von Ex 3,14 LXX?

Ewigkeit da ist, ist Gott) und Jer 10,11 (Was nicht Ursache von allem ist, ist nicht Gott).[40] Doch seine Gotteslehre ist auch anhand der aristotelischen Lehre vom ersten, unbewegten Beweger entwikkelt; ihr Monotheismus ist philosophischer Art.

Über das "allmächtig" sagt Theodor bei der Auslegung des ersten Artikels nichts; vielleicht ist es für ihn gleichbedeutend mit "die Ursache von allem". In den Homilien werden noch einige weitere, meist negativ formulierte Eigenschaften Gottes genannt: Gott ist ungeschaffen,[41] unveränderlich,[42] unbegrenzt,[43] allgegenwärtig und nicht ortsgebunden,[44] unsichtbar[45] und unkörperlich.[46]

Theodor ist ein Denker, der erkennt und andere erkennen läßt, indem er scheidet und abgrenzt.[47] So ist es auch bei seinem Begriff von Gott: Er gewinnt ihn, indem er Gott und Nicht-Gott einander gegenüberstellt und die Kluft zwischen beiden zeigt. Gott, sagt er, ist von Ewigkeit da und ist die Ursache von allem, aber alles andere ist nicht von Ewigkeit da und ist nicht die Ursache von allem, ist also weit entfernt davon, Gott zu sein.[48] Gott ist Schöpfer, alles andere ist Geschöpf;[49] Gott ist einfach, die Geschöpfe aber sind zahlreich und verschiedenartig;[50] Gott besteht in sich, die Geschöpfe

---

[40] *Hom.cat.* 1,15.

[41] *Hom.cat.* 9,3.15f.18; vgl. *In Gen.* prol. 1 (Sachau 8,17f. (5)).

[42] *Hom.cat.* 9,13.16; 10,6; 16,6.23; vgl. *In I. Tim.* 1,10f. (Swete II 77,10); 6,15f. (ebd. 184,13f.).

[43] *Hom.cat.* 9,9.12; vgl. *De inc.* VII (Swete II 294,13; 295,7.21); *Disp.cum Mac.* 12; *In Eph.* 1,22f. (Swete I 141,3); *In Gen.* 1,26 (*StT* 141, 14 Anm. 1).

[44] *Hom.cat.* 5,4; 9,9; 10,7; vgl. *De inc.* VII (Swete II 294,13f.; 295,7f.20.25f.33–35); IX (ebd. 300,29f.); X (ebd. 301,25f.); *Disp.cum Mac.* 26; *In Ioh.* II 3,13 (CSCO 115, 71,12–14); 4,24 (ebd. 91,19); *In Phil.* 3,3 (Swete I 233,6–9); *In Gen.* 1,26 (*StT* 141, 14 Anm. 1).

[45] *Hom.cat.* 1,9; vgl. *In Ioh.* II 5,22 (CSCO 115, 116,7–9); *In Gen.* 1,26 (*Muséon* 100 (1987) 274–276, Fgm. II; 278–280, Fgm. VIIIf.).

[46] *Hom.cat.* 6,5; vgl. *In Ioh.* II 4,24 (CSCO 115, 91,18f.); *In Phil.* 3,3 (Swete I 233,8f.); *In Gen.* 8,1–7 (*Muséon* 75 (1962) 71, fol. 20 r° 3f.). In seinen weiteren Schriften nennt Theodor noch diese Eigenschaften: Unteilbarkeit: *In Gen.* 1,26 (*StT* 141, 14 Anm. 1), Allwissenheit: *In Ioh.* II 5,19 (CSCO 115, 110,18–21); *In Gen.* (Sachau 15,17–24 (10)) und Glückseligkeit: *In I.Tim.* 1,10f. (Swete II 77,9f.); 6,15f. (ebd. 184,10–14).

[47] Das liegt schon im griechischen und syrischen Sprachdenken: Sowohl ὁρίζω als auch *praš* haben jeweils die Bedeutungen trennen, erkennen und definieren, vgl. auch das lateinische *definire*.

[48] S.o. Vgl. auch *Hom.cat.* 4,6.

[49] *Hom.cat.* 1,16; 2,1.11.16; 4,4; 9,16.

[50] *Hom.cat.* 9,16.18.

haben in sich keinen Bestand;[51] Gott ist nicht zusammengesetzt, die Geschöpfe sind zusammengesetzt;[52] Gott kann erlösen, die Geschöpfe können das nicht.[53] Wenn von Gott gesagt wird, er habe wie wir Geschöpfe etwa einen Schoß oder einen Arm, so ist das natürlich metaphorisch gemeint.[54] Für die Geschöpfe ist es schlechthin unmöglich, Gott zu werden.[55]

Die Welt wiederum wurde aus Nichts geschaffen.[56] Gott existiert aus sich, die Geschöpfe aber kamen zum Dasein, als sie noch nicht da waren;[57] sie wurden geschaffen, als es ihr Schöpfer wollte.[58] Von dem, was zuerst nicht da war und dann aus Nichts gemacht worden ist, kann man im Grunde gar nicht sagen, daß es da sei.[59] Am Schluß der Auslegung des ersten Artikels stellt Theodor den Unterschied zwischen dem aus Gott geborenen Sohn und der aus Nichts erschaffenen Welt heraus: zwischen der Geburt aus Gott und der Schöpfung außerhalb Gottes, zwischen der Geburt in der Ewigkeit und der Schöpfung in der Zeit, zwischen Gott dem Vater und Gott dem Schöpfer.[60] Hier wiederholt sich noch einmal die grundlegende Unterscheidung zwischen Gott und Welt. Die scharfe Trennung zwischen Gott und Welt bzw. Gott und Geschaffenem zieht Theodor mit allen Theologen der Antiochenischen Schule.[61] Sie ist die vielleicht wichtigste Grundlage seines Denkens und hat, wie wir sehen werden, auf seine Sicht des Heils, der Trinität und der Person Christi entscheidenden Einfluß.[62]

Die Welt bedarf des Schöpfers nicht nur zu ihrer Entstehung, sondern auch dazu, zu bleiben, wozu sie geschaffen ist; dieser Gedanke

---

[51] *Hom.cat.* 10,5.

[52] *Hom.cat.* 6,5. Die Vorstellung ist platonisch, vgl. Plato, *Phaedo* 78B–79A.

[53] *Hom.cat.* 9,15; 10,6.

[54] *Hom.cat.* 3,8; vgl. *In Ioh.* I 1,18 (CSCO 115, 39,7–20). Viele weitere Belege bei Devreesse, Essai 67.

[55] *Hom.cat.* 1,15f.; vgl. *In Gen.* 3,22 (*Muséon* 66 (1953) 53, fol. III^v 25).

[56] *Hom.cat.* 1,12; 2,11–18; 9,10. Daß Gott alles aus Nichts erschaffen kann (ebd. 1,10.14; 10,12.14), ist ein klassischer Punkt der apologetischen Auseinandersetzung mit dem Heidentum.

[57] *Hom.cat.* 1,15; 13,6; vgl. *Disp.cum Mac.* 7.10.20; *In Gen.* prol. 1 (Sachau 2,15–18 (2)).

[58] *Hom.cat.* 1,15; 2,9.11f.16; *Disp.cum Mac.* 11; *In Gen.* prol. 1 (Sachau 2,15–18 (2); 8,19 (5)).

[59] *Hom.cat.* 1,15; 2,9; 9,10f.; 10,4.

[60] *Hom.cat.* 2,10–18.

[61] Vgl. B. Drewery, Art. Antiochien II., in: *TRE* 3. Berlin (West) 1978, 103–111: 107–109. Vgl. auch Cyrill von Jerusalem, *Cat.* 4,4; 7,6; 11,19.

[62] Vgl. unten 3.6.1.1.; 3.7.1.2.; 3.7.2.1.; 3.7.2.2.

taucht in Theodors Katechese jedoch nur am Rande auf.[63] Die Art
der Anwesenheit und Wirkung Gottes in der Schöpfung behandeln
die Homilien nicht.[64] Über die Vergänglichkeit und Hinfälligkeit des
Geschöpfes im Gegensatz zur Natur Gottes kann Theodor ergrei-
fende Worte finden:

> Alle ungebührlichen Gedanken nun, das, was bei uns aus Schwäche
> geschieht, werden wir angemessenerweise von Gott fernhalten, wenn
> wir "Geburt" oder "Tat" sagen, weil wir alles mit Mühe machen und
> die Natur selbst vor Mühe müde wird und dahingeht, Gott aber über
> all das erhaben ist. Denn auch daß wir regieren und Herrscher wer-
> den und richten und sorgen und reden und sehen und alles, was wir
> machen, das machen wir nicht ohne Mühe. Und wenn die Anstrengung
> andauert, kommt danach die Erschöpfung, denn unsere Natur ist sterb-
> lich und verderblich und wird vor Mühe vergehen.[65]

Die Schöpfung gehört dem Schöpfer und ist ihm zu Dank und
Anbetung verpflichtet.

> Alle Geschöpfe gestehen es ihrem Schöpfer zu, der der wahre Gott
> ist, daß sie es von ihm haben, daß sie da sind; und allezeit sind sie
> ihm deswegen verpflichtet, [ihm] zu danken, daß er ihnen aus dem
> Nichts durch seinen guten Willen, durch die Kraft seiner Macht, gege-
> ben hat, daß sie entstanden und da sind.[66]

Im Lobpreis Gottes nimmt die Welt ihr Wesen und ihre Bestimmung
wahr, die Schöpfung Gottes zu sein.

Die Geschöpfe sind zahlreich und verschieden nach ihren Naturen
und stehen darin der einen göttlichen Natur gegenüber. Die Unterschiede untereinander verschwinden zwar angesichts ihres Abstands
zu Gott,[67] sind aber für sich betrachtet doch nicht gering. In zwei
große Klassen lassen sich die Kreaturen einteilen: in die sichtbaren
und in die unsichtbaren; letztere heißen auch Geister und haben
eine feinere Natur als die sichtbaren Geschöpfe.[68] Zu den Geistern

---

[63] *Hom.cat.* 10,16; 13,6.
[64] Vgl. dazu *In Eph.* 1,22f. (Swete I 141,1–142,2); 4,6 (ebd. 165,8f.); *In Gen.* 1,26
(*StT* 141, 14 Anm.1) und besonders *De inc.* VII (Swete II 293,29–296,9); IX (ebd.
300,26–30), wo Theodor, um die Art der göttlichen Einwohnung in Christus zu
klären, über die Anwesenheit der göttlichen Natur in der Welt reflektiert.
[65] *Hom.cat.* 2,17; vgl. auch 10,6; 16,33.
[66] *Hom.cat.* 1,16; vgl. 2,12; 9,3.18; 10,22; 12,19.21; 13,6; 16,6; *Ep.ad Artem.* II
(Facundus, *Pro def.* III 5,9).
[67] *Hom.cat.* 2,11.
[68] *Hom.cat.* 2,11; 9,8.12; vgl. *Disp.cum Mac.* 9; *In Rom.* 8,19 (*NTA* 15, 137,10–14).
Im Epheser-Kommentar geht die Einteilung in *rationabilia* und *sensibilia* (*In Eph.* 1,10
(Swete I 129,1f.8–11)).

zählt auch Gott.[69] Theodor ist also (wie die Stoiker) ein "Materialist":
Die nach platonischer Vorstellung immateriellen Geist-Wesenheiten
sind für ihn wie die sichtbaren Dinge körperlich und materiell, nur
eben von viel feinerer Substanz. Unter allen Geschöpfen sind die
unsterblichen die höchststehenden;[70] ob sie mit der Klasse der Geister
identisch sind oder ob die Geister sich ihrerseits in sterbliche und
unsterbliche aufteilen lassen, bleibt offen. In anderen Werken sagt
Theodor noch über die unsichtbaren, vernünftigen Geschöpfe, sie
seien unter den Geschöpfen die höchsten wegen ihres Sprachvermögens
und ihres unsterblichen Lebens;[71] sie seien es auch, die die sichtbaren
Geschöpfe bewegten.[72] Die ganze Schöpfung sei ein Leib.[73]

Hier und da streut Theodor naturkundliches Wissen in seinen Unterricht
ein: Die Kreaturen unterscheiden sich auch darin voneinander, wann sie
entstanden sind; es konnten ja nicht alle, die einmal da sein sollten, gleichzeitig gemacht werden. Für die späteren Geschöpfe waren die früheren das
Vorbild; sie wurden nach deren Gestalt gemacht.[74] Bei der geschlechtlichen
Fortpflanzung gibt es eigentlich zwei Geburten, zuerst die aus dem Männlichen
und dann die aus dem Weiblichen; zwischen beiden formt die göttliche
Hand den vom Mutterleib empfangenen Samen gemäß der Vorsehung
Gottes.[75] Jedes Lebewesen wird nach seiner Geburt zunächst von dem ernährt,
aus dem es geboren ist.[76] Daß den Menschen das Brot ernährt, liegt nicht
in der Natur des Brotes begründet, sondern darin, daß Gott ihm mit seinem
Gebot die Kraft dazu gegeben hat.[77] Die Seele eines Tieres hat, anders als
die unsterbliche Menschenseele, keine Hypostase (d.h. kein eigenständiges
Dasein); sie ist wahrscheinlich im Blut des Tieres zu lokalisieren, und sie
vergeht mit dem Tod des Tieres.[78]

3.3.3. *Gott und die Welt: Analogie*

Den eigenartigsten Zug der Lehre Theodors von Gott und der
Schöpfung in den katechetischen Homilien haben wir damit aber

---

[69] Vgl. unten 3.3.3.
[70] *Hom.cat.* 10,12.
[71] *In Gen.* prol. 1 (Sachau 1,9–12 (1)).
[72] *In Ioh.* I 1,3 (CSCO 115, 27,9f.); *In Eph.* 1,10 (Swete I 129,9–11); 2,2 (ebd. 143,16–18); *In Col.* 1,16 (ebd. 268,19–21).
[73] *In Ioh.* I 1,3 (CSCO 115, 27,5–8); *In Rom.* 8,19 (*NTA* 15, 137,10f.); *In Eph.* 1,10 (Swete I 128,9–129,2).
[74] *Hom.cat.* 4,4f.
[75] *Hom.cat.* 14,9.28.
[76] *Hom.cat.* 15,5f.; 16,23.
[77] *Hom.cat.* 15,12.
[78] *Hom.cat.* 5,15f.; vgl. *In I. Cor.* 15,45–47 (*NTA* 15, 195,9f.).

noch nicht berührt. Er wird nirgends länger ausgeführt, sondern findet sich in verschiedenen Zusammenhänden eingestreut und wurde auch in der Literatur zu Theodors Homilien m.W. noch nicht dargestellt.

Wir müssen etwas weiter ausholen: Theodor stellt gelegentlich fest, daß die Bezeichnung und die Natur einer Sache voneinander abweichen können. In der vierten Homilie, zur Auslegung von "wahrer Gott aus dem wahren Gott", lesen wir:

> Menschen aber werden zwar Götter genannt, aber man meint von ihnen nicht, daß sie nach der Natur[79] Götter seien. "Ich", heißt es, "habe gesagt: Ihr seid Götter und allesamt Söhne des Höchsten. Ihr werdet aber wie Menschen sterben." [Ps 82,6f.] Denn das [scil. daß ihr Götter seid] habe ich über euch gesagt, um euch Ehre zu geben. Ihr seid nach der Natur [baḵyânâ – φύσει] [ja] keine Götter, Menschen nämlich seid ihr, sterblich nach der Natur, eine Sache, die von der Natur Gottes sehr verschieden ist ... Gott [aber] wird nicht allein mit dem Namen so genannt, sondern ist auch nach der Natur eben das, was er genannt wird. Und Gott das Wort, das bei ihm ist, hat nicht etwa einen geborgten Namen, sondern ist nach der Natur Gott. Einer, der nach der Natur Gott ist – was ist der anderes als wahrer Gott? Denn was gibt es, das wahrer wäre als die Natur?[80] Oder wie könnte einer nicht mit Wahrheit das genannt werden, was ihm nach der Natur eigen ist?[81]

Was eine Sache nach der Natur ist, das ist sie auch in Wahrheit, sagt Theodor;[82] aber die Bezeichnung kann davon abweichen. Wenn Bezeichnung und Wesen übereinstimmen, so kann das extra vermerkt werden: meṯqre wîṯau – er wird genannt und ist.[83]

Bei Gott stimmen Natur und Bezeichnung überein;[84] er ist nach der Natur Gott,[85] und ihm gebührt der Name "Herr und Gott".[86]

---

[79] Bruns läßt "nach der Natur" aus.
[80] Bruns übersetzt: "als die (göttliche) Natur". Das ist falsch. Es geht hier um die Natur einer Sache überhaupt.
[81] *Hom.cat.* 4,10; vgl. auch 3,13; 4,1.9; 5,1.
[82] Vgl. oben 3.3.1.
[83] *Hom.cat.* 2,11.12; 3,9; 4,2.10; 9,9. Alle diese Stellen beziehen sich auf Gott.
[84] Vgl. die vorige Anmerkung. Interessant ist die Parallele zu *CA* I 2: "... daß ein einig gottlich Wesen sei, welchs genennt wird und wahrhaftiglich ist Gott ..." – "... *quod sit una essentia divina, quae et appellatur et est Deus* ..." (*BSLK* 50). Nach Goethes *Faust* erstreckt sich diese Übereinstimmung von Namen und Wesen auch auf die "Gegenseite": "Bei euch, ihr Herrn, kann man das Wesen/Gewöhnlich aus dem Namen lesen,/Wo es sich allzu deutlich weist,/Wenn man euch Fliegengott, Verderber, Lügner heißt."
[85] *Hom.cat.* 1,14; 9,5.
[86] *Hom.cat.* 3,5; 9,5; 10,13.22; 16,6.

Aber Theodor geht noch weiter: Gott ist das in Wahrheit, was die
Geschöpfe nur uneigentlich oder abgeleitet sind. Gott ist Gott; Menschen können aus Gnaden Gott genannt werden, und die Teufel
maßen sich als Rebellen die Würde und den Namen Gottes an.[87]
Gott ist "der, der da ist" (Ex 3,14 LXX); von den Geschöpfen aber
kann man zwar auch sagen, sie seien da, aber in Wahrheit sind sie
es gar nicht, denn sie sind nicht ewig da wie Gott, sondern waren
erst eine Zeit nicht da und wurden, als sie noch nicht da waren,
gemäß dem Willen ihres Schöpfers aus Nichts geschaffen.[88] Geschöpfe
von besonders feiner Substanz heißen Geister, aber in Wahrheit ist
nur Gott Geist.[89] Gott ist von Natur aus heilig, Geschöpfe aber sind
es nur insofern, als Gott ihnen Heiligkeit verliehen hat.[90] Gott ist der
wahre Vater, denn er ist von Ewigkeit Vater und war immer Vater;
Geschöpfe aber können erst im Laufe ihres Lebens, einmal Väter
werden.[91] Schließlich ist Gott das Wort der wahre Sohn Gottes; Menschen aber können aus Gnaden zu Gottessöhnen adoptiert und Kinder
Gottes genannt werden.[92]

Wenn also allein Gott in Wahrheit Gott, Vater, Gottessohn, Geist,
heilig und seiend ist, scheint hier zunächst die platonische Ontologie
im Hintergrund zu stehen, die die sichtbare Welt als Abbild und Ableitung einer höheren Wirklichkeit ansieht. Bei genauerer Betrachtung liegen die Dinge aber noch etwas anders: Gott ist nicht wegen
einer ontologisch höheren Daseinsstufe in Wahrheit Gott, Vater usw.,[93]
sondern deswegen, weil bei ihm Gottsein, Vatersein und Dasein zu
seinem Wesen gehören, bei den Geschöpfen dagegen nicht.[94] Ein

---

[87] *Hom.cat.* 4,10; 12,8; vgl. *In Gen.* 1,26 (*StT* 141, 14 Anm.2).

[88] *Hom.cat.* 1,15; 2,9; 9,10f.

[89] *Hom.cat.* 9,8–13; vgl. *Disp.cum Mac.* 4f.22.

[90] *Hom.cat.* 9,13.16; 16,6.23; vgl. *Disp.cum Mac.* 4f.

[91] *Hom.cat.* 2,6–9.14–18; 9,11.

[92] *Hom.cat.* 3,11.13; 4,1f.11; 5,1; 9,12; 11,8; 12,8; vgl. *In Ioh.* II 5,19 (CSCO 115,
106,14–16); IV 10,36 (ebd. 216,18–20; *StT* 141, 236,18–22); VI 16,25 (CSCO 115,
302,9–11); Cyrill von Jerusalem, *Cat.* 7,5.7.10.13; 11,19. Theodor wendet hier die
in der Antike geläufige Gegenüberstellung von φύσει – nach der Natur und θέσει
– durch Setzung an, vgl. *Stoicorum veterorum fgm.* III 76,2f.7; Diogenes Laertius, *De
clar.phil.vit.* IX 25; Philo, *De ebr.* 34; *De migr.Abr.* 94; *De mut.nom.* 89; *Leg.ad Gai.* 23;
Eustathius, *Or.in ill.: Dom.creav.me* fgm. 21. Im Arianischen Streit war umstritten, ob
Christus φύσει oder θέσει Sohn Gottes sei, vgl. oben 1.4.2. Theodor selbst sagt einmal, einer, der etwas φύσει sei, stehe über dem, der es θέσει sei (*In Matth.* 10,24
(*TU* 61, 114, Fgm. 53,1–7)).

[93] Das vermutet Geir Hellemo (*Adventus Domini.* SVigChr 5. Leiden 1989: 211–214).

[94] Vgl. Thomas von Aquino, *S.th.* I q.3 a.6: In Gott gibt es keine Akzidentien;
auch das, was bei uns akzidentiell ist wie Kraft und Weisheit, ist bei Gott nicht
akzidentiell, weil es von ihm in anderer Weise ausgesagt wird als bei uns.

Sonderfall ist der Geist: Gott ist wegen seiner Unbegrenztheit der wahre Geist, die die anderen Geister, die Engel, die Seele, die Luft, nicht haben; es ist hier also eine Frage der engeren oder weiteren Fassung des Begriffs "Geist". Gott und Sohn Gottes aber können die Geschöpfe nach ihrer Natur überhaupt nicht werden, sondern nur so genannt oder dazu adoptiert werden. Das Dasein aber und das Vatersein gehört nicht zu ihrem Wesen, sondern kommt zum Wesen hinzu, wenn sie, die zuerst lange Zeit nicht da waren, geschaffen werden bzw. wenn sie Nachwuchs bekommen. Heiligkeit muß ebenfalls erst von Gott verliehen werden. Bei Gott, der unveränderlich ist,[95] kann dagegen nichts hinzutreten, was nicht schon in seinem Wesen enthalten wäre. Noch die syrische Version läßt erkennen, daß Theodor dort, wo er über Gottes Dasein, Vatersein und Schöpfersein und das der Menschen spricht, genau zwischen ʾît – εἶναι – sein und hwâ – γίνεσθαι – werden unterscheidet als zwischen den jeweils Gott und den Menschen zukommenden Weisen des Daseins.[96]

Ausgehend von einem solchen Verhältnis zwischen Gott und der Welt redet Theodor nicht nur in Gegensätzen über den Schöpfer und sein Geschöpf. Die göttlichen Eigenschaften sind nicht einfach Negationen dessen, was es auf der Erde gibt. Vielmehr ist es das Wesen Gottes, daß er seine Eigenschaften mitteilt, nicht sein Ungeschaffensein und seine Gottheit, aber seine Heiligkeit[97] und seine Unveränderlichkeit und Unverderblichkeit;[98] ein Unterschied bleibt indessen dazwischen, wie diese Eigenschaften Gott zukommen, dem sie wesentlich sind, und wie den Geschöpfen, denen sie verliehen sind. Umgekehrt kann dann auch vom Menschen, der ja nach dem Bilde Gottes geschaffen wurde, auf Gott zurückgeschlossen werden, jedoch so, daß das Göttliche über das Menschliche erhaben ist und daß die menschlichen Gebrechen und Unvollkommenheiten in keiner Weise auf Gott übertragen werden dürfen. (So braucht Gott, um einen Sohn zu zeugen, keine Frau, die neun Monate schwanger gehen muß, und wenn er etwas erschafft, muß er nicht erst einen

---

[95] Vgl. oben 3.3.2.

[96] *Hom.cat.* 2,15–18. Die Unterscheidung zwischen Sein und Werden ist platonisch, vgl. Plato, *Tim.* 27D–29A; vgl. aber auch Ps 89,2 LXX; Joh 8,58.

[97] *Hom.cat.* 9,13.16; 16,6.23.

[98] *Hom.cat.* 10,6. Weiter ausgeführt ist dieser Gedanke im Kommentar zum 1. Timotheusbrief (*In I.Tim.* 1,10f. (Swete II 76,22–77,11); 1,17 (ebd. 81,7–12); 6,15f. (ebd. 184,5–185,15)). Interessant ist die Parallele zu den Ausführungen Martin Luthers über seine reformatorische Entdeckung (WA 54, 186,3–20).

Plan anfertigen und dann viel arbeiten, sondern sofort mit seinem Entschluß ist das Geschöpf da.)[99] Von den drei Wegen der Gotteserkenntnis nach Dionysius Areopagita[100] kommt Theodor damit der *via eminentiae* und der *via negationis* am nächsten.[101] Was aber im Analogieverfahren vom Menschen auf Gott übertragen werden kann, unter Berücksichtigung der göttlichen Erhabenheit über das Menschliche und unter Negation der menschlichen Gebrechen, das ist nicht das Wesen selbst, das ist für Theodor ausgeschlossen, sondern der Unterschied zwischen Zeugung oder Geburt innerhalb der Natur und Schöpfung außerhalb der Natur bzw. das Verhältnis von Vater und Sohn und von Schöpfer und Geschöpf: Bei Gott gibt es ebenso wie bei uns Menschen einen Unterschied, ob wir zu etwas anderem im Verhältnis des Vaters oder des Schöpfers stehen,[102] und bei Gott ist wie bei uns ein Sohn immer wesenseins mit seinem Vater.[103] Das Verhältnis eines Menschen zu seinem Werk bzw. zu seinem Nachkommen entspricht dem Verhältnis Gottes zur Schöpfung bzw. dem Verhältnis Gottes des Vaters zu Gott dem Sohn. Die mittelalterliche Scholastik nannte das *analogia proportionalitatis*.[104]

3.4. Der Mensch

3.4.1. *Ebenbild Gottes*

Unter den Geschöpfen ist natürlich der Mensch Gegenstand besonderer Aufmerksamkeit. Er ist das Ebenbild des Schöpfers; in diesem ihm verliehenen Titel sieht Theodor die dem Menschen von Gott verliehene Würde und Ehre zusammengefaßt, aber auch die Zugehörigkeit des Menschen zu Gott und das Anrecht Gottes auf ihn (gegen alle Ansprüche des Satans).[105] Worin diese Gottebenbildlichkeit besteht, sagt Theodor seinen Katechumenen nicht, doch er beruft sich auf sie, um im Analogieverfahren Aussagen über Gott als Vater und als Schöpfer treffen zu können.[106] In anderen Werken hat er

---

[99] *Hom.cat.* 2,16; vgl. *Disp.cum Mac.* 20; *In Ioh.* I 1,1 (CSCO 115, 22,6–16).
[100] *De div.nom.* VII 3.
[101] Vgl. R.A. Norris, *Manhood and Christ.* Oxford 1963: 141.
[102] *Hom.cat.* 2,14–18.
[103] *Hom.cat.* 4,14.17.
[104] Vgl. J. Track, Art. Analogie, in: *TRE* 2. Berlin (West) 1978, 625–650: 628f.
[105] *Hom.cat.* 12,8.18.21.
[106] *Hom.cat.* 2,16. Vgl. oben 3.3.3.

indessen einige Antworten zur Stelle: Die menschliche Gottebenbildlichkeit liege in der menschlichen Vernunft, in seiner Macht, seinem Schöpfertum und seiner Fähigkeit zur Gesetzgebung. Der Mensch
sei Ebenbild als Hoheitszeichen seines Herrn, so wie das Standbild
eines Herrschers in einer Stadt; er sei das die ganze sichtbare und
unsichtbare Schöpfung umfassende Band der Eintracht.[107]

3.4.2. *Leib und Seele*

Die Anthropologie entwickelt Theodor in der fünften Homilie im
Zusammenhange der Christologie: Der Mensch besteht aus Leib und
Seele.[108] Die Seele macht den Leib lebendig und versorgt ihn, so gut
sie das kann; kann sie es nicht mehr, so muß sie den Leib wider Willen
verlassen, und der Mensch stirbt.[109] Theodor betrachtet weder den
Leib als das Gefängnis der Seele und die Seele als den eigentlichen
Menschen, wie das andere unter dem Einfluß des Platonismus taten,
noch ist bei ihm wie bei Aristoteles die Seele Form- und Zweckursache
des Leibes (immerhin aber Bewegungsursache, hier treffen sich Theodor
und Aristoteles wieder). Leib und Seele werden als eigene Naturen
angesehen[110] (wobei der Leib aber ohne die Seele nicht existieren kann);
Theodor aber geht es um beide, um den ganzen Menschen, denn
Gott geht es um den ganzen Menschen: Er wollte

> den Menschen, der gefallen war, anziehen und auferwecken, ihn, der
> zusammengesetzt ist aus einem Leib und einer unsterblichen und er-
> kenntnisfähigen Seele.[111]

Die Seele ist nun nicht nur das belebende Prinzip im Menschen (wie
das die Tierseele im Tier ist), sondern sie ist auch unsterblich und
erkenntnisfähig; Theodor nennt diese beiden Wesensmerkmale der

---

[107] *Disp.cum Mac.* 20; *In Gen.* 1,26 (*StT* 141, 13 Anm. 2.4; CChr.SG 15, Nr. 70f.;
Muséon 100 (1987) 274–280, Fgm. I–IX). Vgl. dazu Norris, *Manhood* 141f.; F. Petit,
L'homme créé "à l'image" de Dieu. *Muséon* 100 (1987), 269–281: 271–273. Zur
Vorstellung vom Menschen als Band der Eintracht (Syndesmos) der Schöpfung vgl.
weiter unten 3.4.3.
[108] *Hom.cat.* 5,9–11.15.19; vgl. 12,20.
[109] *Hom.cat.* 5,5.19; vgl. *De inc.* 42 (Sachau 60,15f. (37)); *In Rom.* 8,19 (*NTA* 15,
138,9f.); *In Eph.* 1,10 (Swete I 129,16–130,1); *In Col.* 1,16 (ebd. 268,2f.14f.); *In Gen.*
1,26 (*StT* 141, 14 Anm. 4).
[110] Vgl. *besonders De inc.* VIII 63 (Lagarde 105,7–16).
[111] *Hom.cat.* 5,10.

Seele oft und führt sie stets zusammen auf,[112] denn sie gehören zusammen und sind ohne einander nicht möglich.

> Denn alles, was unsterblich ist nach seiner Natur und in einem unauflöslichen Leben ist, das ist auch in Wahrheit erkenntnisfähig und vernünftig [νοερὸς καὶ λογικός].[113]

Zur Klasse der unsterblichen, erkenntnisfähigen Naturen gehört die Seele aber durch den Geist (νοῦς), der ein Teil von ihr ist, und zwar der leitende.[114] Dies hält Theodor auch seinem Gegner Apollinaris entgegen, der keine dichotomische, sondern (wie Origenes) eine trichotomische Auffassung vom Menschen hat und den Geist neben Leib und Seele als selbständigen dritten Teil des Menschen mitzählt: Wäre der Geist nicht Teil der Seele, sondern etwas drittes, wie Apollinaris sagt, so wäre die menschliche Seele nicht unsterblich und erkenntnisfähig, sondern so sterblich, stumm und blind wie die Seele der Tiere.[115] Durch den Geist aber lebt die Seele auch, wenn sie sich im Tod vom Leibe hat trennen müssen, in eigener Hypostase (d.h. eigenständig) fort.[116] Die Seele gehört wie Gott durch ihre feine Substanz zu den Geistern,[117] wenn auch Gott allein der wahre Geist ist.[118] Doch eine Wesensverwandtschaft der Seele mit Gott kennt Theodor nicht, anders als die von Plato und Origenes beeinflußten Kappadozier und Alexandriner. Sie konnten sich dafür auf die Teilhabe des λογικόν und νοερόν (Seele) am λόγος und νοῦς (Gott) berufen; doch für die Antiochener macht der Abstand zwischen Gott und Geschöpf, auch dem vernünftigen, eine Wesensverwandtschaft unmöglich.[119]

---

[112] *Hom.cat.* 5,10.15f.19; vgl. *De inc.* 42 (Sachau 60,7–10 (36)); *C.Apoll.* III (*ACO* IV 1, 48,27–29); IV (Facundus, *Pro def.* IX 4,4); *In Gen.* prol. 1 (Sachau 7,18f. (5)); 1,26 (CChr.SG 15, Nr. 71); V (*ACO* IV 1, 65,10–13).

[113] *Hom.cat.* 5,16. D.h. mit νοῦς und λόγος versehen, vgl. *In Gen.* V (ACO IV 1, 65,10–13).

[114] Vgl. *De inc.* 42 (Sachau 60,15–20 (37)).

[115] *Hom.cat.* 5,15f.; vgl. *De inc.* 42f. (Sachau 60,7–63,3 (36–38)).

[116] *Hom.cat.* 5,15f.; vgl. *De inc.* VIII 63 (Lagarde 105,9f.). Wenn Theodor im Genesis-Kommentar sagt, die Seele habe zwei Kräfte, Wort und Leben, durch die eine lebe sie, mit der anderen belebe sie den Leib (*In Gen.* 1,26 (*StT* 141, 14 Anm. 4; *Muséon* 100 (1987) 278–280, Fgm. VIII)), so meint das eben, daß die menschliche Seele sowohl das ist, was dem Leib das Leben gibt (so wie die Tierseele), als auch ein eigenständiges Wesen ist durch den λόγος oder νοῦς, der zu ihr gehört und durch den sie erkenntnisfähig und unsterblich ist.

[117] Vgl. oben 3.3.2.

[118] Vgl. oben 3.3.3.

[119] Vgl. R. Arnou, Art. Platonisme des Pères, in: *DThC* 12,2. Paris 1935, 2258–2392:

3.4.3. *Sünde und Tod*

Der Mensch, wie er gegenwärtig existiert, ist der Herrschaft von Sünde, Tod und Teufel unterworfen. Theodor bringt das in Zusammenhang mit dem Fall Adams, des Urmenschen:

> Weil er [scil. Adam] nun dessen [scil. des Teufels] Worten gehorsam war, die Gesetze, die Gott ihm gegeben hatte, von sich stieß und mit dem Übeltäter übereinstimmte, als wäre der ein Helfer, gab er [scil. Gott] als Strafe, daß er wieder zur Erde zurückkehre, von der er genommen war [vgl. Gen 3,19]. Von der Sünde nun kam der Tod; der Tod aber, der die Natur schwächte, machte, daß es eine überaus große Neigung zur Sünde gab. Es nahmen aber beide, einer mit dem anderen, zu: Der starke Tod bestärkte die Vielzahl der Sünden, die Sterblichkeit aber, durch die Schwäche, zeugte viele Sünden, so daß auch die Gesetze, die von Gott zur Besserung gegeben waren, zur Vermehrung davon halfen, und die, die sie übertraten, mit ihrer Vielzahl von Sünden die Bestrafung verschärften. Davon aber wuchs dem Tyrann [d.h. Teufel] der bittere Wille seiner Schlechtigkeit gegen uns, die ihn jauchzen und frohlocken ließ, daß bei dem, was uns betraf, die Verderbnis und der Schaden täglich größer wurden.[120]

Wer Theodor für den syrischen Pelagius hält,[121] den wird eine solche Ableitung des menschlichen Mißgeschicks von Adam vielleicht verwundern. Wie mußte nun Adams böse Tat, fortzeugend, immer Böses gebären?

Sünde, allgemein gesprochen, kommt aus der Seele, aus ihrem Willen und ihrer Wahl.[122] Theodor insistiert darauf in Auseinandersetzung mit dem Apollinarismus, der die Ursache der Sünde im Fleisch und seinen Bewegungen sah.[123] Bedingung der Möglichkeit der Sünde ist die Beweglichkeit und Veränderlichkeit der Seele:[124]

2379–2381; A. Ziegenaus, *Das Menschenbild Theodors von Mopsvestia*. Diss. München 1963: 63f.; Norris, *Manhood* 137f. 145f.

[120] *Hom.cat.* 12,8.
[121] Vgl. z.B. A. Harnack, *Lehrbuch der Dogmengeschichte*. 4. Aufl. Tübingen 1909/10: II 345: Die Theologie der Antiochener sei mit stark moralistischem Schatten behaftet; alles komme in ihr auf eine Umschaffung des Geistes und Willens an. Insbesondere Anton Ziegenaus stellt Theodor als Willensmenschen und "Aktivisten" und die antiochenische Theologie als System menschlicher Selbstbefreiung dar, erwachsen aus Opposition gegen den aristotelischen Determinismus, vgl. *Das Menschenbild* 1–20. 41–57. 81–91. 150–152; ähnlich N. el Khoury, Der Mensch als Gleichnis Gottes. *OrChr* 74 (1990), 62–71.
[122] *Hom.cat.* 5,11–14; 10,20; 12,8; 13,6.
[123] Vgl. Norris, *Manhood* 129–136. 154–159. Theodors Sicht wird geteilt von der westlich-lateinischen Theologie.
[124] *Hom.cat.* 1,6; 5,10–14; 11,12.

Die Seele kann sich dem Schlechten zuwenden. Die Sünde ist aber durch Gottes Willen und Festsetzung mit dem Tode bestraft;[125] der Leib muß sterben und verderben, weil die sündige (jedoch unsterbliche) Seele von ihm weichen muß und ihn nicht mehr mit dem Lebensnotwendigen versorgen kann.[126]

Daß der Mensch aber sich der Sünde nicht nur zuwenden *kann* kraft der Veränderlichkeit seiner Seele, sondern das auch *tut*, liegt an Adams Fall. Adam ist der Urmensch, das Haupt der menschlichen Gattung; die übrigen Menschen sind seine Teile, die Glieder seines Leibes (so wie später diejenigen Christi).[127] Adam also sündigte und wurde dafür aus dem Paradies vertrieben und sterblich;[128] die sterblichen Ureltern aber gaben die Sterblichkeit an ihre Nachkommen weiter – Kinder sind ja immer von der Natur ihrer Eltern[129] –, und so wurden alle die Erben der Sündenstrafe Adams, des Hauptes und Anfängers, so Theodor.[130]

Dies ist ein Erklärungsmodell Theodors, das freilich nur den Ausgang der Sterblichkeit von Adam her erklärt, nicht den der Sünde. Nach einem anderen Modell hat dagegen mit Adams Sünde nicht in erster Linie die Sterblichkeit, sondern die Sünde insgesamt ihren triumphalen Einzug in die menschliche Gattung gehalten, mit ihr aber dann auch der Tod.[131] Der Mensch ist nunmehr zum Bösen geneigt und Gott ungehorsam. Jeder Einzelne ist wie einst sein Stammvater Adam gefallen und wurde mit dem Tode bestraft.[132] Die Sündenstrafe wiederum schwächt die menschliche Natur und steigert die Sünde und mit ihr die Strafe noch, so daß der Mensch mit

---

[125] *Hom.cat.* 4,10; 5,10.18; 12,8.18f.; 13,3; 14,5.11f.; vgl. *In Rom.* 7,13 (*NTA* 15, 130,16f.); *In Eph.* 1,10 (Swete I 129,14f.); *In Col.* 1,16 (ebd. 168,2f.13f.).

[126] Vgl. *Hom.cat.* 5,9–11.14.

[127] *Hom.cat.* 1,4; 5,10; 10,17; 12,26; 13,5; 14,25; vgl. *In Ioh.* II 3,29 (CSCO 115, 78,5–12.19f.); IV 10,31 (ebd. 214,27–30); VI 17,11 (ebd. 314,3); 17,21 (ebd. 319,29–320,1); *In Rom.* 7,4 (*NTA* 15, 124,7–11); *In I. Cor.* 11,3 (ebd. 187,12f.); *In Gal.* 3,27f. (Swete I 57,1–6); *In Eph.* 1,22f. (ebd. 140,9–12); *C.def.pecc.orig.* III (*ACO* I 5, 175,40–176,7).

[128] *Hom.cat.* 1,5f.; 12,8.18; 13,6; vgl. *In Ioh.* V 12,3f. (CSCO 115, 243,21–23); *In Rom.* 5,13 (*NTA* 15, 119,12f.); 8,19 (ebd. 138,8f.); *In Gal.* 1,4f. (Swete I 7,7f.).

[129] Vgl. *Hom.cat.* 4,4.17.

[130] *Hom.cat.* 1,5; 12,25; vgl. *In Ioh.* V 12,16 (CSCO 115, 238,29f.); VI 17,11 (ebd. 313,12–19); *In Rom.* 5,18f. (*NTA* 15, 120,20f.).

[131] *Hom.cat.* 12,19.22; vgl. *In Rom.* 5,13f. (*NTA* 15, 119,12–17).

[132] *Hom.cat.* 13,6; vgl. 14,11f.; 16,8, wo Adam als Urheber schon aus dem Blick geraten ist. Vgl. zum vergeblichen Kampf der menschlichen Seele mit der Sünde auch *De inc.* 33 (Lagarde 101,9–14); *In Gal.* 3,10 (Swete I 41,5f.); 4,24 (ebd. 77,23f.); *In Col.* 2,14 (ebd. 290,4f.).

Sünde und Tod in eine ganz hoffnungslose Lage geraten ist.[133] Adam ist also einerseits nicht nur der Geber des schlechten Beispiels wie im Pelagianismus, doch andererseits werden die Späteren nicht für seine, sondern ihre eigene Sünde bestraft; es gibt ein untrennbares Ineinander von Erbe und eigener Verschuldung. Als Urheber der Sünde kann Theodor schließlich auch noch den Teufel nennen:[134] Durch die Unterwerfung und den Gehorsam gegen ihn konnte der seine Herrschaft über den Menschen aufbauen, eine grausame Tyrannei und Knechtung, die dem Menschen zuletzt aber bei all ihrer Bitterkeit sogar noch gefiel.[135] Bei all dem ist zu beachten, daß es Theodor nicht um eine stringente kausale Ableitung zu tun ist, sondern um den Zusammenhang zwischen Sünde, Tod und Todesverfallenheit, zwischen Tat und Geschick des Urmenschen und dem jedes seiner Nachfahren.

Sünde ist für Theodor Ungehorsam gegen Gott und seine Gebote.[136] Hochmut ist die oberste Sünde, er ist die Sünde des Satans.[137] Die Frage nach dem Wesen der Sünde wird jedoch kaum behandelt, vielleicht, weil es Theodor zu selbstverständlich ist oder er es als bekannt voraussetzt. Ulrich Wickert wirft Theodor wegen seiner Sicht nur auf die einzelnen Verfehlungen eine moralistische Nivellierung des paulinischen Sündenbegriffs vor und erklärt Theodors Haltung mit seinem griechischen Interesse an der relativen Eigenständigkeit des *animal rationale* vor Gott.[138] Vom paulinisch-reformatorischen Standpunkt mag das richtig geurteilt sein. Doch Theodor betont gerade in den Homilien, daß Sünden nicht nur punktuelle Vergehen sind und auch tiefere Wurzeln haben als die fleischlichen Begierden, nämlich den bösen Willen der Seele.

Theodors Hauptinteresse gilt aber nicht der Definition und genauen Bestimmung dessen, was Sünde ist, sondern dem Verhängnis, das aus ihr, einmal getan, entspringt: Seine Einsicht in den Teufelskreis aus Sünde und Sündenfolge als erneuter Disposition zur Sünde bewahrt

---

[133] *Hom.cat.* 5,10; 12,8; 14,11f.; vgl. *In Rom.* 5,13f. (*NTA* 15, 119,12–21).

[134] *Hom.cat.* 5,11; 12,8.19; 13,7f.

[135] *Hom.cat.* 12,18–26; 13,2–7; vgl. *In Ioh.* V 12,31f. (CSCO 115, 243,21–30; 244,4–6; 245,1–4; *StT* 141, 375,17–24).

[136] *Hom.cat.* 12,8; vgl. *In Rom.* 7,13 (*NTA* 15, 129,17f.); *In Col.* 1,16 (Swete I 268,1f.); *In Gen.* 2,15 (Sachau 14,13–16 (9)); 3,8f. (CChr.SG 15, Nr. 96).

[137] *Hom.cat.* 5,12. In 5,13 folgt eine Aufzählung anderer Einzelsünden anhand von Röm 1,28–31, die alle aus der Seele und nicht aus dem Leib entspringen.

[138] *Studien zu den Pauluskommentaren Theodors von Mopsuestia.* BZNW 27. Berlin (West) 1962: 108–114.

Theodor davor, bei seiner Sicht der Sünde als Einzelübertretung ins bloße Moralisieren abzugleiten. Schließlich sei dem Menschen durch die Sünde auch noch die Ehre der Gottebenbildlichkeit verlorengegangen; er sei nunmehr das Ebenbild Satans, dem er sich unterworfen habe.[139] Die späteren Schriften Theodors kennen noch eine kosmische Dimension der Sünde: Durch sie und den Tod, der Leib und Seele voneinander scheidet, werde auch das die ganze Schöpfung umfassende Band (σύνδεσμος) der Eintracht zerrissen, das der Mensch, sowohl sichtbare Kreatur aus allen vier Elementen (Leib) als auch unsichtbare, vernünftige und unsterbliche Kreatur (Seele), dargestellt habe.[140] Die bis dahin dem Menschen dienstfertigen Engel hätten sich von ihm abgewandt. Der eine Leib der Schöpfung sei von da an zerfallen und alle Kreatur der Vergänglichkeit unterworfen worden.[141] Theodor zieht hier die Syndesmos- und Mikrokosmos-Lehre der griechschen Philosophie und die Anschauungen seines Zeitgenossen Nemesius von Emesa über den Menschen als Krone und Band der Schöpfung heran, um deutlich zu machen, welche tragischen Folgen das Scheitern des Menschen an seinem Auftrag, Gottes Ebenbild zu sein, für die ganze Schöpfung hat.[142]

Theodor hat in den katechetischen Homilien mit der Lehre, der Tod komme von der Sünde und die Sünde aus den Bewegungen der Seele und dem Willen, beides sei dem Menschen von Adams Sünde her überkommen, noch eine gewisse Nähe zum abendländischen Standpunkt, der sich seit Tertullian herausgebildet hatte und von Augustin vollendet wurde, daß nämlich in Adam bereits alle Menschen gesündigt hätten und mit Adams Schuld und Strafe behaftet seien,[143] allerdings hat Theodor auch in ihnen den später von ihm bekämpften Gedanken einer ererbten Schuld nicht, er behauptet auch nicht ausdrücklich die theoretische Unsterblichkeit des Menschen vor dem Fall.[144] Im Laufe seiner Entwicklung bis hin zu den Spätwerken, dem Genesis-Kommentar und der Schrift "Contra defensores peccati originalis", scheint Theodor sich aber immer weiter vom Standpunkt der Homilien entfernt zu haben, ohne dabei aber zu einer stringenten und widerspruchsfreien

[139] Hom.cat. 12,8.19.21. Vgl. Bruns, Den Menschen 164f.
[140] Vgl. oben 3.4.1.
[141] In Rom. 8,19 (NTA 15, 137,10–138,18); In Eph. 1,10 (Swete I 128,9–130,2); In Col. 1,16 (ebd. 268,2–269,4); In Gen. prol. 1 (Sachau 7,18–8,9 (5)); 1,26 (CChr.SG 15, Nr. 71); 1,27–2,1 (Sachau 29,6f. (18)).
[142] Vgl. R.A. Greer, Theodore of Mopsuestia. London 1961: 21f.; Wickert, Studien 18–25; Ziegenaus, Das Menschenbild 58–61; Norris, Manhood 146–148.
[143] Vgl. L. Scheffczyk, Urstand, Fall und Erbsünde. HDG II 3a. Freiburg 1981: 87–122. 176–239.
[144] Zur Diskussion um Theodor und die Erbsünde vgl. oben 0.4.

Gesamtsicht zu gelangen, die er ja auch in den Homilien nicht hat und die seinem Denken wohl fern gelegen hätte.[145] Auch in den Spätwerken ist Theodor kein Pelagianer geworden, wie das sein afrikanischer Gegner Marius Mercator behauptet, es überwiegt in ihnen aber eine die ganze Heilsgeschichte als Geschichte der Erziehung des Menschengeschlechts durch Gott umfassende Sicht: Der Mensch sei nicht erst durch die Sünde sterblich;[146] vielmehr sei es Gottes Wille gewesen, den Menschen zuerst sterblich und dann unsterblich zu machen.[147] So habe er den Menschen schon als Sterblichen erschaffen;[148] der Tod sei ein Teil der menschlichen Natur.[149] Die Erfahrung von Sünde und Tod habe Gott dem Menschen zur Erziehung und zur Tugendübung zuteil werden lassen.[150] Zudem strafe Gott jeden nach der eigenen Sünde, könne also für die Sünde des Stammvaters nicht die ganze Menschheit zum Tode verurteilt haben.[151]

Die Pauluskommentare stehen in der Entwicklung dorthin, freilich ohne daß man hier die Entwicklung auf eine tiefere Beschäftigung mit der Theologie des Apostels zurückführen könnte. Sie leiten die Sterblichkeit oft von

---

[145] Vgl. dazu und zum Problem der verschiedenen Aussagen Theodors W. de Vries S.J., Der "Nestorianismus" Theodors von Mopsuestia in seiner Sakramentenlehre. *OCP* 7 (1941), 91–148: 99f.; Wickert, *Studien* 102–107; Norris, *Manhood* 173–189; Dewart, *The Theology* 33–36; Bruns, *Den Menschen* 158–167. Wilhelm de Vries vermutet, Theodor habe sich vor den Katechumenen lieber an die traditionelle Ausdrucks- und Sichtweise halten wollen, vielleicht habe es auch eine Entwicklung gegeben. Richard Alfred Norris, dem sich Joanne McWilliam Dewart anschließt, erklärt Theodors verschiedene Aussagen mit verschiedenen Intentionen: Einerseits habe Theodor die menschliche Schwäche und Gnadenbedürftigkeit herausstellen wollen, andererseits die menschliche Selbsttätigkeit und Eigenverantwortung im Rahmen der göttlichen παιδεία. Der Widerspruch löse sich so, daß zeitliche Priorität bei Theodor die Sterblichkeit habe, logische aber die Sünde. Da der Genesis-Kommentar für ein Frühwerk gehalten wird, wird nicht mit einer Entwicklung gerechnet. Ulrich Wickert zeigt dagegen, daß keine kausale Verknüpfung von Sterblichkeit, Sünde und Tod allen Stellen bei Theodor gerecht wird (wobei die Homilien nicht einmal in die Untersuchung mit einbezogen sind). Doch einheitlich sei Theodors Grundhaltung, alles in strenger Bindung an Gottes Heilsökonomie und so natürlich und vernünftig wie möglich zu erklären. Peter Bruns vermutet eine Entwicklung bei Theodor und weist andererseits auf Theophil von Antiochien und Diodor hin, bei denen es ebenfalls ein Schweben gebe zwischen Sterblichkeit als Sündenstrafe und als Schöpfungsordnung zum Zwecke der παιδεία.
[146] *C.def.pecc.orig.* III (*ACO* I 5, 175,3–22); IV 10 (ebd. 173,21–174,10); vgl. dagegen *Hom.cat.* 5,11.14 und besonders *In Gal.* 1,4f. (Swete I 7,5–10).
[147] *In Gen.* V (*ACO* IV 1, 64,25–31); *C.def.pecc.orig.* III 18 (*ACO* I 5, 176,20–23); III (ebd. 175,22–24); vgl. aber auch schon *In Gal.* 2,15f. (Swete I 25,17–26,9).
[148] *In Gen.* 3,22 (*Muséon* 66 (1953) 54, fol. IV[r] 5); *C.def.pecc.orig.* III 18 (*ACO* I 5, 176,14–20); III 18,13–27; 174,10–25).
[149] *C.def.pecc.orig.* III (*ACO* I 5, 176,9); IV 10 (ebd. 174,10–25).
[150] *In Gen.* V (*ACO* IV 1, 64,31–65,7.10–13.31–66,8); *C.def.pecc.orig.* (Photius, *Bibl.* cod. 177 (Henry II 179)); vgl. auch *In Rom.* 7,13 (*NTA* 15, 129,16–24); 11,15 (ebd. 156,26–29); *In Gal.* 2,15f. (Swete I 26,9–15).
[151] *C.def.pecc.orig.* III (*ACO* I 5, 174,33–175,11).

Adam und seinem Fall ab,[152] sehen die Sünde aber sonst mehr als Resultat der Sterblichkeit und der Begierde nach Vergänglichem denn umgekehrt die Sterblichkeit als Folge der Sünde, wie das die katechetischen Homilien tun.[153] Theodor hat sich damit auch dem Standpunkt des Apollinaris[154] und anderer genähert, dem zufolge die Sünde nicht aus dem unsterblichen, sondern aus dem sterblichen Teil des Menschen kommt.[155] Andererseits haben in den Paulus-Kommentaren die Sterblichkeit und ihre πάθη als Disposition zum Sündigen die Rolle der Erbsünde: Der Einzelne fängt nicht ganz von vorn an mit freier, selbstbestimmter Tat, sondern steht schon in einer Sündengeschichte, die auch ihn *in malam partem* zieht.[156]

Als Lehrer und Seelsorger gibt Theodor den Katechumenen noch Hilfen im Umgang mit der Sünde mit auf den Weg. Ganz vermeiden lasse sich das Sündigen eben nicht,[157] aber Vergebung gebe es für Sünden, die ohne böse Absicht getan würden, die "Torheiten, die aus der menschlichen Schwäche kommen",[158] und für solche, die bereut werden.[159] Das ganze katechetische Werk schließt mit einer ausführlichen Lehre über leichtere und schwerere Sünden und kirchliche Buße.[160]

---

[152] *In Rom.* 5,13f. (*NTA* 15, 119,12–17); 5,18f. (ebd. 120,20f.); 7,13 (ebd. 129,18–22); 8,19 (ebd. 138,7–10); *In Gal.* 1,4f. (Swete I 7,5–10); *In Col.* 1,16 (ebd. 268,2f.13f.); vgl. auch *In Ioh.* V 12,31f. (CSCO 115, 243,21–27; *StT* 141, 375,17–24). Vgl. aber andererseits *In Rom.* 7,13 (*NTA* 15, 129,16–24); 11,15 (ebd. 156,26–29); *In Gal.* 2,15f. (Swete I 25,17–26,15).

[153] *In Rom.* 5,18f. (*NTA* 15, 120,21f.); 5,21 (ebd. 120,31–121,9); 6,6 (ebd. 122,2–5); 7,5 (ebd. 125,24–26); 7,14 (ebd. 130,34–131,9); 7,17f. (ebd. 131,16–21); 8,2 (ebd. 133,28–32); 8,3f. (ebd. 134,1–3); 8,5f. (ebd. 134,34); 8,9 (ebd. 135,12f.); *In Gal.* 1,4f. (Swete I 8,4f.); 2,15f. (ebd. 26,11–13.21–23; 27,11–28,10.18–25; 31,16–19; 32,2f.); *In Eph.* 1,7f. (ebd. 126,19f.); 2,8–10 (ebd. 147,4–9); 4,22–24 (ebd. 173,7f.); *In Col.* 3,5 (ebd. 299,19); vgl. *In Ioh.* I 1,29 (CSCO 115, 42,17–19); *In Gen.* 6,3 (*Muséon* 75 (1962) 71, fol. 19 v° 22–24). Dagegen bedingen nach *In Rom.* 7,5 (*NTA* 15, 125,28–31); 7,13 (ebd. 130,16–18) Sünde und Sterblichkeit einander gegenseitig.

[154] Vgl. Norris, *Manhood* 115–122.

[155] Vgl. *In Rom.* 7,5 (*NTA* 15, 125,13–18), wo Theodor von den Leidenschaften des *Leibes* redet, und *In Gal.* 3,21f. (Swete I 50,14f.), wo er die Sünde aus der Schwäche der Natur ableitet.

[156] Vgl. Wickert, *Studien* 115–117.

[157] *Hom.cat.* 11,15.

[158] *Hom.cat.* 11,15; 16,33.

[159] *Hom.cat.* 16,36f.

[160] *Hom.cat.* 16,34–44. Theodor orientiert sich vor allem an Matth 18,15–18 und 1.Kor 5,5; 2.Kor 2,6–10 und läßt ansonsten der Weisheit des seelsorgenden Priesters viel Freiraum.

3.5. Die Ökonomie Jesu Christi

3.5.1. *Altes Testament*

> So wollte, als unsere Dinge sich zum Verzweifeln entwickelt hatten,
> unser Herrgott in seiner Gnade bei uns ihre Besserung machen. Und
> aus diesem Grunde nahm er einen Menschen von uns an.[161]

Der Sendung Christi geht jedoch immer etwas voraus, nicht nur Adams
Fall und die Verlorenheit des Menschen, sondern auch das Alte Testament, der Wandel im Gesetz.

Der Zustand unter dem Alten Testament ist eine Epoche der Vorläufigkeit. Auch das Leben der Christen ist vorläufig, stehen doch
die verheißenen Güter, die in Glaube, Hoffnung und Sakramenten
bereits vorhanden sind, in ihrer Wirklichkeit noch aus. Doch die Vorläufigkeit des Alttestamentlichen ist noch von anderer Art: Es ist einerseits Schatten und Vorstufe dessen, was durch das Neue Testament
offenbar werden soll, andererseits als eine auf *diese* Welt bezogene
Ordnung und als das, was den Menschen *nicht* erlösen kann, auch
das der kommenden Welt Entgegengesetzte.

Das Alte Testament ist zunächst einmal die Lehre der seligen, vom
Heiligen Geist inspirierten Propheten, daß es nur einen Gott gebe
und die Geschöpfe nicht angebetet werden dürften.[162] Diese Lehre
ist zwar völlig richtig, aber noch nicht vollständig.

> Denn durch die Propheten haben wir nur Gott erkannt und [erkannt],
> welche die ungemachte Natur sei; die Lehre unseres Herrn Jesus
> Christus [scil. der trinitarische Taufbefehl Matth 28,19] aber überlie-
> ferte uns auch genau die Hypostasen, in denen die göttliche Natur
> da ist.[163]

Christus sollte also diese Lehre aufnehmen und fortsetzen – auch
seine "Überlieferung" richtet sich ja gegen die Vielgötterei –, sie aber
auch überbieten durch die vollständige Lehre, die Trinitätslehre.[164]
Doch die Lehre der Propheten ist nicht nur die monotheistische
Vorstufe der Trinitätslehre; sie enthält auch schon die Lehre des

---

[161] *Hom.cat.* 12,9.
[162] *Hom.cat.* 1,14; 2,1–4.
[163] *Hom.cat.* 2,4.
[164] *Hom.cat.* 2,2–4; 9,3; vgl. *In Ioel.* 2,28–32 (GOF.B 1, 95,16–21); *In Agg.* 2,2–5
(ebd. 310,27–311,20); *In Zach.* 1,8–11 (ebd. 325,1–327,2).

Neuen Testamentes, das jedoch nicht in erkennbarer Gestalt, sondern "als Prophetie", "wie im Gleichnis und wie im Zeichen".[165] Die Juden, sowohl die Pharisäer als auch Jesu Jünger, erwarteten den Messias als bloßen Menschen aus Davids Haus. Wegen der gleichnishaften Gebrochenheit der alttestamentlichen Prophetie konnten sie das auch gar nicht besser wissen, befanden sich durchaus nicht im Unrecht, jedenfalls auf der Höhe ihrer Zeit.[166] (Andererseits haben die Juden eine irdische und niedrige Vorstellung vom Himmel und verstehen von der kommenden Auferstehung und Verwandlung eigentlich gar nichts.)[167] Wie im Zeichen und nicht klar und offensichtlich begann Christus sie zu lehren, daß der Christus nicht Davids Sohn sei, sondern Gottes, eingeborener Sohn (Matth 21,41–45).[168] Das Neue Testament bleibt gegenüber der prophetischen Verheißung etwas durchaus Neues und Eigenständiges. So unterscheidet Theodor im Kommentar zu den kleinen Propheten, einem seiner frühen Werke, zwischen dem Eintreten der Prophezeiungen, das noch in alttestamentlicher Zeit (namentlich unter Serubbabel) kommt, und der Wahrheit, die mit Christus kommt und der gegenüber die Erfüllung innerhalb der Geschichte Israels nur ein Schatten ist.[169]

Die Zeit des Alten Testaments ist sodann die Epoche, in der Gott den Menschen durch das Gesetz bewahrt. Das Gesetz ist dem Menschen von Gott gegeben worden, um der Sünde zu steuern.[170]

Weiter hat Theodor das Wesen des Gesetzes besonders in seinen Kommentaren zu den Paulusbriefen reflektiert: Das Wesen des Gesetzes ist es, sagt

---

[165] *Hom.cat.* 1,14.

[166] *Hom.cat.* 1,14; 8,3; vgl. *C. Eunom.* X (Facundus, *Pro def.* IX 3,44); *De inc.* I 11 (*ACO* IV 1, 55,1–6); *In Ioh.* I 1,49 (CSCO 115, 53,11–26). Ganz anders etwa Cyrill von Jerusalem, der den Juden jede Einzelheit des Lebens Jesu aus alttestamentlichen Sprüchen prophezeit und bewiesen haben möchte, vgl. oben 1.3.2. In diesem Sinne kann sich indessen auch Theodor äußern, vgl. *In Rom.* 1,2f. (Facundus, *Pro def.* III 6,6f.); *In Gal.* 3,23 (Swete I 53,12–17).

[167] *Hom.cat.* 12,5.

[168] *Hom.cat.* 8,3.

[169] *In Ioel.* 2,28–32 (GOF.B 1, 96,13–98,8); *In Am.* 9,11 (ebd. 155,19–156,6); *In Ion.* praef. (ebd. 169,8–176,28); *In Mich.* 5,2 (ebd. 213,19–215,6); *In Zach.* 9,9f. (ebd. 367,23–370,32). Vgl. dazu R. Bultmann, *Die Exegese Theodors von Mopsuestia* (Habil. Marburg 1912). Stuttgart 1984: 107–109; W.E. Gerber, Art. Exegese III, in: *RAC* 6. Stuttgart 1966: 1211–1229: 1221; R.A. Greer, *The Captain of our Salvation*. BGBE 15. Tübingen 1973: 230f.; H.N. Sprenger, *Theodori Mopsuesteni Commentarius in XII prophetas*. GOF.B 1. Wiesbaden 1977: Einl. 98–110. 135f.; D.M. Zaharopoulos, *Theodore of Mopsuestia on the Bible*. New York 1989: 156–168.

[170] *Hom.cat.* 12,8; vgl. *In Col.* 2,14 (Swete I 290,1f.12–14).

Theodor, daß es eine Festsetzung ist, die befiehlt und verbietet;[171] dabei gibt es das natürliche und das positive Gesetz.[172] Das Gesetz zeigt Gott als den Herrn,[173] es lehrt die Tugend[174] und sagt, was zu tun und wessen sich zu enthalten sei.

> Es lehrt uns, das zu tun, was sich ziemt, und [lehrt uns], wovor man sich hüten soll.[175]

So stellt uns das Gesetz vor die Entscheidung.

> Er [scil. Gott] hat uns klar als Herren über unsere Lust eingesetzt, damit wir das auswählen, was wir wollen. Dabei zieht uns die Natur wegen jener Sterblichkeit, die ihr innewohnt, zu ihm [scil. dem Übel], die Gesetze aber lehren uns das Gegenteil.[176]

Das Gesetz lobt oder bestraft, je nach dem, was getan wurde.[177] Vernünftige Wesen (wie wir Menschen) sind ohne Gesetz undenkbar, sie würden denn wie die unvernünftigen Tiere behandelt.[178] Im gegenwärtigen Leben ist das. Gesetz also notwendig.

> Denn Sterbliche können auch sündigen, und sie bedürfen des Gesetzes, das sie von der Sünde abhalten kann.[179]

Doch das Gesetz kann die Sünde nicht verhindern,[180] es wird vielmehr gerade Anlaß zu ihr, sowohl einst bei Adam als auch jetzt bei uns.[181] Es bestraft die, die es übertreten, unerbittlich und hat über uns große Not gebracht.

---

[171] *In Rom.* 6,15 (*NTA* 15, 122,33f.); *In Gal.* 2,15f. (Swete I 25,15f.).
[172] *In Rom.* 5,13f. (*NTA* 15, 118,22–24); 7,5 (ebd. 125,19f.); *In I. Cor.* 15,56 (ebd. 196,8f.).
[173] Vgl. *In Gen.* 2,15 (Sachau 14,20–22 (9)).
[174] *In Rom.* 11,15 (*NTA* 15, 156,29); *In Gal.* 2,15f. (Swete I 26,20f.); 3,23 (ebd. 53,10–13).
[175] *In Gal.* 2,15f. (Swete I 30,8f.); vgl. *In Rom.* 7,6 (*NTA* 15, 124,40–126,1); 7,7 (ebd. 126,17f.); 7,12 (ebd. 128,25–30).
[176] *In Gal.* 2,15f. (Swete I 28,18–21); vgl. *In Rom.* 7,13 (*NTA* 15, 129,16–18); *In Gal.* 2,15f. (Swete I 26,15f.23–26); *In Gen.* 2,15 (Sachau 14,16–15,1 (9); 18,15–19 (12)).
[177] *In Rom.* 8,15 (*NTA* 15, 136,6–8); *In Gal.* 3,12 (Swete I 41,19–21); 4,24 (ebd. 79,18–80,3); vgl. *In Gen.* 2,15 (Sachau 18,20–19,3 (12)).
[178] *In Rom.* 11,15 (*NTA* 15, 156,12–34; 157,15f.); *In Gal.* 2,15f. (Swete I 27,4–11). Dieser Gedanke findet sich auch bei Philo, vgl. *De spec. leg.* I 260.
[179] *In Gal.* 5,18 (Swete I 99,8–10); vgl. *In Rom.* 7,8 (*NTA* 15, 127,26f.); *In Gal.* 1,4f. (Swete I 7,10–12); 2,15f. (ebd. 30,7–9); 4,29 (ebd. 85,7f.); *In Col.* 2,14 (ebd. 290,12–14).
[180] Vgl. *In Rom.* 5,13f. (*NTA* 15, 119,17f.); 7,14 (ebd. 131,8f.); 7,17f. (ebd. 131,10–12); 8,3f. (ebd. 134,1–3.9–11); 8,6f. (ebd. 134,19f.); *In Gal.* 3,21f. (Swete I 51,10–19); *In Eph.* 2,8–10 (ebd. 147,9–12).
[181] *Hom.cat.* 12,8; vgl. *In Rom.* 5,13f. (*NTA* 15, 119,18–20); 7,5 (ebd. 125,31–33); 7,8 (ebd. 126,33–127,37); 7,9–11 (ebd. 128,1–12); *In Gal.* 1,4f. (Swete I 7,21–8,3).

"Der Buchstabe", das ist das Gesetz, "tötet" [2. Kor 3,6] und bringt die Todesstrafe, von der es kein Entkommen gibt, über die, die es, übertreten.[182]

Zudem ist das Leben unter dem Gesetz ein Leben der Knechtschaft.

> Denn Knechte waren alle, die im "Gesetz der Gebote" [Eph 2,15] waren. Sie bekamen [scil. die Anweisungen], wie sie ihr Leben führen sollten, und zur Todesstrafe, der niemand von ihnen entrinnen konnte, wurden sie für die Übertretung des Gebots verurteilt.[183]

Das Gesetz hat in diesem sterblichen Leben eine Aufgabe, sicher, aber es ist eben nur die Lebensweise dieser Welt und hat mit dem himmlischen Wandel nichts gemein.[184] Weder die Rechtfertigung sei durch Gesetz und Gesetzeswerke zu empfangen, schreibt Theodor in den Pauluskommentaren,[185] noch die Verheißung[186] noch Vertrautheit mit Gott;[187] Gesetz und Gnade schlössen einander aus.[188]

Über die alttestamentliche Kultordnung äußert sich Theodor im Zusammenhang seiner Ausführungen zu den Sakramenten und zur Eucharistie.[189] Er schließt sich an das an, was der Hebräerbrief zum Kult der Stiftshütte und zum Opfer Christi sagt, erinnert andererseits an das grundsätzliche Verhältnis des Alten Testaments zu den Heilsgütern: Schon die Prophetie redete gleichnishaft von Christus, und Ereignisse aus alttestamentlicher Zeit können Vorbild und Schatten des Heils in Christus sein.[190] Der Kult, wie ihn das alttestamentliche Gesetz vorschreibt, kommt wie die Eucharistie aus dem Urbild, dem

---

[182] *Hom.cat.* 11,8; vgl. 11,7; 12,8; 16,10; *In Rom.* 7,5 (*NTA* 15, 125,19f.); *In Gal.* 2,15f. (Swete I 31,19–24); 3,10 (ebd. 41,3–8); *In Eph.* 2,18 (ebd. 152,22–153,1).

[183] *Hom.cat.* 11,7. Der Text der Handschrift ist hier verderbt; ich habe mich Minganas Konjektur angeschlossen. Vgl. *In Rom.* 8,15 (*NTA* 15, 136,3–8); *In Gal.* 4,24 (Swete I 79,16–80,5). Zur Plage des Lebens unter dem Gesetz vgl. noch *In Gal.* 4,24 (ebd. 77,19–24); *In Col.* 2,14 (ebd. 290,2–9).

[184] *Hom.cat.* 6,13; 12,3f.; vgl. *In Rom.* 7,6 (*NTA* 15, 125,34–126,4); *In II. Cor.* 10,3f. (ebd. 199,11–16); *In Gen.* 6,3 (*Muséon* 75 (1962) 70f., fol. 19v° 5–17).

[185] *In Rom.* 9,32f. (*NTA* 15, 149,29–31); *In Hebr.* 11,1f. (ebd. 210,1–6); *In Gal.* 2,15f. (Swete I 25,6–8; 28,25–28; 31,16–18); 3,12 (ebd. 41,27–29); 3,21f. (ebd. 50,15–17); 4,12 (ebd. 66,3–7); 4,22f. (ebd. 72,21–23); 4,24 (ebd. 77,19–24); *In Col.* 2,14 (ebd. 290,2–5).

[186] *In Gal.* 3,21f. (Swete I 50,18–20); 4,22f. (ebd. 72,13–15).

[187] *In Eph.* 2,18 (Swete I 152,22–153,1).

[188] *In Hebr.* 2,3f. (*NTA* 15, 203,10–20); *In Gal.* 3,23 (Swete I 52,16–53,10); 4,24 (ebd. 77,19–78,14); 4,30 (ebd. 86,21–25).

[189] Vgl. auch unten 3.6.2.3.; 3.6.2.6.

[190] Vgl. oben; ferner *In I. Cor.* 10,2–4 (*NTA* 15, 185,12–186,5).

himmlischen Gottesdienst. Doch er ist ohne jede Ähnlichkeit mit seinem himmlischen Vorbild.[191] Er ist kein Bild der himmlischen Liturgie
wie der Kult der Kirche, er ist ein bloßer Schatten, ganz auf diese
sterbliche Welt eingerichtet.[192]

3.5.2. *Neues Testament*

Dies also ist die Vorgeschichte dessen, was Theodor die "Ökonomie
unseres Herrn Jesus Christus" nennt. Was nun kommt, ist gegenüber dem Alten Testament und dem Gesetz etwas ganz Neues.[193] Es
bringt das Ende des Lebenswandels nach dem Gesetz und des alttestamentlichen Kult- und Zeremonialgesetzes;[194] auch der alttestamentliche Partikularismus, der Juden und Nichtjuden voneinander
schied, ist aufgehoben.[195] Statt des Gesetzes kommt der Geist[196] und
statt der widerrufbaren Adoption durch Gott nach dem Gesetz die
unwiderrufliche Adoption durch die Taufe und die Verwandlung zur
Unsterblichkeit.[197]

Mit *mdabbrânûṯâ* – οἰκονομία bezeichnet Theodor den Lebenslauf
Jesu Christi von der Menschwerdung bis ans Kreuz.[198] Immer redet
er von "Ökonomie Christi", "Ökonomie seiner Menschheit" oder ähnlich,[199] nie von "Ökonomie (= Heilsplan) Gottes".[200] Gleichwohl ist
die Ökonomie eine Tat Gottes, eine Tat der Gnade und des Erbarmens
ohn all unser Verdienst und Würdigkeit.[201] Es ist der eine Gott, die
Ursache von allem, der uns geschaffen hat und der uns nun erneuert.[202]

---

[191] *Hom.cat.* 12,2.5; 15,16.
[192] *Hom.cat.* 15,15–19. Vgl. dazu auch *In Ion.* praef. (GOF.B 1, 171,7–19); *In Rom.*
1,9 (*NTA* 15, 114,11–14); 12,1 (ebd. 160,21–24); *In Phil.* 3,19 (Swete I 243,2–6).
[193] *Hom.cat.* 1,3.
[194] Vgl. unten 3.5.3.; 3.6.1.1.; 3.6.2.2., ferner *In Gal.* 1,2 (Swete I 4,13–18); 2,15f.
(ebd. 30,19–23); 6,15 (ebd. 109,3–6); *In Col.* 2,17 (ebd. 193,1–5).
[195] *Hom.cat.* 1,3; vgl. *In Hebr.* 2,3f. (*NTA* 15, 203,20–23); *In Gal.* 3,27f. (Swete I
57,12–16); 4,27 (ebd. 84,8–12); *In Eph.* 2,14–16 (ebd. 150,6–152,13); *In Col.* 1,25–27
(ebd. 281,6–11).
[196] *Hom.cat.* 6,9; 11,7f.
[197] *Hom.cat.* 10,19; 11,18; 14,24; vgl. *In Ioh.* I 1,14 (CSCO 115, 35,8–15); *In Eph.*
2,18 (Swete I 152,22–153,24).
[198] *Hom.cat.* 6,2.9; 7,1.
[199] *Hom.cat.* 1,2f.12; 5,3–5; 6,7.9.15; 7,4–6; 9,1; 12,6; 13,14; 15,25.34.43; 16,7
u.ö.; vgl. *In Ion.* praef. (GOF.B 1, 169,12f.); *Disp.cum Mac.* 15.
[200] Vgl. *IgnEph.* 18,2; Irenäus, *Adv.haer.* III 24,1; V 13,2; Euseb, *Hist.eccl.* V 1,32;
VII 11,2.
[201] *Hom.cat.* 16,2; vgl. 3,10; 5,3f.; 6,15; 11,4; 12,20; 13,4; 14,12; 16,8–10.
[202] *Hom.cat.* 1,12; 9,15; 10,12; 11,8; 13,6.15; 14,4; vgl. *In Ion.* praef. (GOF.B 1,
169,8–20); *In Gen.* 1,26 (Sachau 22,15–24,2 (14f.)).

3.5.3. *Christi Lebenslauf*

Die Ökonomie beginnt – das Bekenntnis sagt es so – mit der Menschwerdung des Sohnes, einem Akt göttlicher Selbsterniedrigung.[203] Mit
Selbsterniedrigung oder "Herabkommen vom Himmel" sei, so erklärt
Theodor dazu, im Prinzip nichts anderes gemeint als eben das erbar-
mende Eingreifen Gottes (da die göttliche Natur ja überall ist und
sich nicht von oben nach unten fortbewegt).[204] Das Wort "Menschwerdung" liebt Theodor nicht sehr; es widerstreitet seinem christologischen Konzept von der Einigung zweier voll- und eigenständiger
Naturen, klingt mehr nach Verwandlung der göttlichen Natur oder
ihrer Vermischung mit der nicht-göttlichen.[205] Daß der Sohn Mensch
wurde, sagt Theodor so praktisch nur dort, wo er die Schrift (Joh
1,14) oder das Bekenntnis zitiert.[206] Er selbst redet lieber davon, der
Sohn habe einen Menschen angenommen,[207] und wo er an dem Ausdruck "Menschwerdung" nicht vorbeikommt, erklärt er paraphrasie-
rend, das heiße eben nichts anderes als daß Gott einen Menschen
angenommen oder angezogen habe.[208]

Christus wurde von der Jungfrau Maria geboren – allerdings nur
nach seiner menschlichen Natur,[209] wie ja auch die Ökonomie insgesamt nur von der menschlichen Natur getan wird oder, genauer
gesagt, der menschlichen Natur widerfährt.

Mit der Jungfrauengeburt als solcher kann Theodor im Grunde nicht viel
anfangen. Das Bekenntnis lehrt sie, und die Schrift bezeugt sie; Theodor
aber hält sich mehr an das Wort des Paulus:

---

[203] *Hom.cat.* 5,3–5; 6,5; 7,1.14; vgl. *De inc.* XI 73 (Sachau 73,8–24 (45f.)).

[204] *Hom.cat.* 5,4f.; 7,14. Im Philipper-Kommentar interpretiert Theodor die Entäuße-
rung der göttlichen Natur als ein Verbergen ihrer selbst (*In Phil.* 2,7 (Swete I 216,13–
217,9)).

[205] Vgl. unten 3.7.2.2.

[206] *Hom.cat.* 3,4; 5,5.7.17; 6,1.7; 7,1.

[207] Z.B. *Hom.cat.* 5,10f.; 12,9.20; 16,10.

[208] *Hom.cat.* 5,5.17; 6,7; 7,1; vgl. *De inc.* IX (Swete II 300,11–18); *C.Iulian.imp.*
(MPG 66,725A; vgl. A. Guida, Per un'edizione della Replica di Teodoro di Mopsuestia
al Contro i Galilei dell'imperatore Giuliano, in: *Paideia Cristiana*. Studi in onore di
M. Naldini. Scritti in onore 2. Rom 1994, 87–102: 100); *In Ioh.* I 1,14 (CSCO 115,
33,30–34,3; *C.Apoll.* IV (Swete II 319,21–27). Vgl. F.A. Sullivan S.J., *The Christology
of Theodore of Mopsuestia*. AnGr 82. Rom 1956: 228–244. Es stimmt also nicht ganz,
wenn Alois Grillmeier schreibt, Theodor sehe keinen Gegensatz zwischen "Mensch
werden" und "einen Menschen annehmen" (*Jesus der Christus im Glauben der Kirche*
1. 2. Aufl. Freiburg 1982: 624).

[209] *Hom.cat.* 6,3.9–11. Zu Theodors Haltung in der Frage, ob Maria Gottgebärerin
sei, vgl. oben 1.4.4.

geboren von einem Weibe und unter das Gesetz getan, um die unter dem Gesetz freizukaufen, damit wir die Adoption bekommen (Gal 4,4f.).

Daß Christus durch die Geburt von einer Frau als Mensch in die Welt einging, zeige eben, daß er unter das Gesetz getan war, nämlich unter das menschliche Naturgesetz, demzufolge ein Mensch aus seiner Mutter Schoß auf die Welt kommt. Was nun aber seine Zeugung angeht – er wurde ja ohne Zutun eines Mannes vom Heiligen Geist in Marias Schoß geformt – so sei diese zwar außerhalb des menschlichen Naturgesetzes. Aber trotzdem gehöre Christus zur menschlichen Natur. Wenn nämlich bei seiner Erzeugung eines auf neue Weise geschehen sei (nämlich die Zeugung), ein anderes aber dem Naturgesetz gemäß (nämlich die Geburt), bedeute das noch nicht, daß er nicht zur menschlichen Natur und zum Menschengeschlecht gehört habe. Auch Eva, die aus Adams Rippe erschaffen und ebenfalls nicht wie Menschen sonst erzeugt worden sei, habe ja zum Menschengeschlecht gehört, denn sie habe aus Adam den Anfang ihres Daseins empfangen, so wie Christus aus Maria. Christus habe an Marias Natur ebenso Anteil wie Eva an der Adams, und somit könne er auch Same Abrahams und Davids heißen.²¹⁰ Es kommt Theodor also bei den Ausführungen zu diesem Thema darauf an, zu beweisen, daß die Jungfrauengeburt der vollen Menschheit Christi keinen Abbruch tut.

Ganz anders ist das Gewicht der Jungfrauengeburt z.B. bei den Katecheten Cyrill von Jerusalem und Gregor von Nyssa.²¹¹ Wenn Peter Bruns über die sechste Homilie schreibt, Theodor verweile hier auch einmal länger beim Mysterium der jungfräulichen Geburt,²¹² so hat er den Duktus des Textes gründlich mißverstanden, der dahin geht, das Besondere von Christi Geburt aus der Jungfrau zu relativieren. Schließlich findet er sogar noch eine der Adam-Christus-Typologie entsprechende Eva-Maria-Typologie:

die Parallelität besteht im jeweils jungfräulichen Charakter ihrer Geburt "ohne Beisein eines Mannes".²¹³

Wurde Maria jungfräulich geboren? Das behauptet m.W. nicht einmal die Apostolische Konstitution "*Ineffabilis Deus*".²¹⁴ Auch zwischen der jungfräulichen Geburt und der jungfräulichen Erde, aus der Adam erschaffen wurde, stellt Theodor keine Parallelen her, wie Irenäus das tut.²¹⁵ Am ehesten kann man von einer Eva-Christus-Typologie reden, denn mit dem Beispiel Eva beweist Theodor, daß die Jungfrauengeburt die volle und wahre Menschheit

---

²¹⁰ *Hom.cat.* 6,10.
²¹¹ Cyrill von Jerusalem, *Cat.* 4,9; 12,1–5.15.21–34; Gregor von Nyssa, *Or.cat. magn.* 13,3–5 (vgl. auch J. Barbel, *Gregor von Nyssa, Die große katechetische Rede.* BGrL 1. Stuttgart 1971: 135–137). *In De inc.* VII 59 (Swete II 296,29–31) nennt Theodor die Geburt aus der Jungfrau immerhin einen Vorzug vor anderen Menschen.
²¹² *Den Menschen* 174.
²¹³ *Den Menschen* 238; vgl. 168 Anm. 240.
²¹⁴ D³⁷ Nr. 2800–2806.
²¹⁵ Irenäus, *Adv. haer.* III 21,10. Das Gleiche liest Bruns in *Hom.cat.* 6,10, vgl. *Den Menschen* 168.

Christi nicht aufhebt: Außerordentliche Erzeugung und doch volle Menschheit, das haben Eva und Christus gemeinsam.

Theodor muß darauf insistieren, daß Christus ganz dem menschlichen Naturgesetz unterworfen war, trotz dem Wunder der Jungfrauengeburt.

> Das Naturgesetz hielt er um unseretwillen genau, weil er sich angeschickt hatte, unsere Natur zu bessern.[216]

Was einer nach der Natur ist, das ist er in Wahrheit, sagt Theodor;[217] wer also in Wahrheit Mensch sein will, der muß dem, was die menschliche Natur ausmacht, unterworfen sein, ihrem Naturgesetz. Christus muß, um der neue Adam zu sein, in allem so leben wie wir: geboren werden, heranwachsen und auch an Wissen und Vernunft erst wachsen.[218] Er nahm alles auf sich, was zur menschlichen Natur gehört.[219] Hier zeigt sich Theodor beeinflußt von Irenäus und seiner Anschauung von der Rekapitulation der Geschichte Adams durch Christus, den neuen Adam.[220]

Doch Christus war noch unter ein anderes Gesetz getan als das menschliche Naturgesetz: unter das alttestamentliche Gesetz, das Gesetz Moses. Zur vollen Menschheit Christi gehörte also nicht nur der natürliche Zustand des Menschen, das Naturgesetz mit Geburt und Tod, sondern auch sein heilsgeschichtlicher Zustand, das Alte Testament. Christus erfüllte, was kein Mensch je hatte tun können, die ganze Gerechtigkeit des Gesetzes und erstattete dem Gesetzgeber unsere Schuld.[221] Wer der dreimal genannte Gesetzgeber ist, dem Christus, die Schuld erstattete,[222] sagt Theodor nicht, was umso auffälliger ist, als das Gesetz sonst durchaus auf Gott zurückgeführt wird.[223]

---

[216] *Hom.cat.* 6,2; vgl. *In Gal.* 4,4f. (Swete I 62,7f.).

[217] Vgl. oben 3.3.1.

[218] *Hom.cat.* 6,1f.7–11; vgl. *De inc.* VII 59 (Swete II 297,16–298,1); *C.def.pecc.orig.* III (*ACO* I 5, 175,32–35).

[219] *Hom.cat.* 5,5; 7,1; vgl. *In Ioh.* VI 17,11 (CSCO 115, 313,22f.); *In Gal.* 3,12 (Swete I 42,5–7); *C.def.pecc.orig.* III (*ACO* I 5, 176,6).

[220] Vgl. Irenäus, *Adv.haer.* III 16,6; 18,1f.7; 21,10; 22,2–4; V 12,3; 15,4; 16,1–3; 21,1; 23,2. Vgl. R. Seeberg, *Lehrbuch der Dogmengeschichte.* 3./4. Aufl. Leipzig 1920–1933: I 406f.; Greer, *Theodore* 22f. 155–157; J.T. Nielsen, *Adam and Christ in the Theology of Irenaeus of Lyons.* GTB 40. Assen 1968: 11–23. 56–67.

[221] *Hom.cat.* 6,2.8–12; 12,9; vgl. *De inc.* XIII 78 (Sachau 86,5–20 (53); Swete II 306,26–307,2; *ACO* IV 1, 63,21f.); *In Matth.* 3,15 (*TU* 61, 100, Fgm. 13,3f.); *In Ioh.* V 12,31f. (CSCO 115, 244,6–9; *StT* 141, 375,25–28); *In Gal.* 3,12 (Swete I 42,4f.); 3,13f. (ebd. 43,3–5); 4,4f. (ebd. 62,8f.); *C.def.pecc.orig.* III (*ACO* I 5, 175,35f.).

[222] *Hom.cat.* 6,2.9f.

[223] Vgl. oben 3.5.1.

Mose wird kaum gemeint sein. Denkt Theodor anhand von Gal 3,19 an Engel oder gar Dämonen? Möchte er durch das Offenlassen das Paradox vermeiden, Christus habe uns durch seinen Gesetzesgehorsam von Gottes Anspruch freigekauft?

Die große Wende im Leben Jesu Christi ist seine Taufe durch Johannes. Christus (die menschliche Natur) wird mit dem Geist gesalbt und wird damit eigentlich zum Christus, zum Gesalbten.[224] Gott Vater, Sohn und Heiliger Geist sind anwesend,[225] und Christus wird von ihnen adoptiert.[226] Beide, Adoption und Geistverleihung, gehören nach Röm 8,14 zusammen.[227] Von nun an war Christus befreit vom Lebenswandel unter dem Gesetz, das er so akkurat erfüllt hatte; er lebte und lehrte den Wandel des Evangeliums und der Gnade.[228]

Was ist vom Leben Jesu sonst zu berichten? Er wurde versucht,[229] aber lebte ganz ohne Sünde.

> Die Gnade Gottes bewahrte jenen Menschen, den Gott für uns angezogen hatte, frei von Sünde.[230]

Er berief Jünger, betete und verkehrte mit Menschen.[231] Er verbarg seine göttliche Natur[232] und erschien als einfacher Mensch.

---

[224] *Hom.cat.* 3,4f.; 14,24.27; im Hintergrund steht hier neben der Taufgeschichte Matth 3,13–17 parr. auch Apg 10,38. Vgl. auch *De inc.* VIII (Swete II 298,27–30); XIV (*ACO* IV 1, 52,1–3); *In Ioh.* VI 15,5 (CSCO 115, 281,10–12); 16,14 (ebd. 296,26–30); *In I.Tim.* 3,16 (Swete II 136,14–137,2); *C.Apoll.* III (*ACO* IV 1, 47,14).

[225] *Hom.cat.* 8,17; 14,24.

[226] *Hom.cat.* 14,24f.; vgl. *De inc.* VIII (Swete II 298,22–24); *In Luc.* 3,22 (*ACO* IV 1, 52,9–20).

[227] Vgl. *C.Apoll.* III (*ACO* IV 1, 46.29–31).

[228] *Hom.cat.* 6,1f.8.11; vgl. *De inc.* VII 59 (Swete II 296,40–297,1); XIII 78 (ebd. 307,2–5; *ACO* IV 1, 63,22f.); *In Matth.* 3,15–17 (*TU* 61, 101, Fgm. 14,9–11.14f.); *C.Apoll.* III (*ACO* IV 1, 45,12). Vgl. dazu J. Lécuyer C.S.Sp., Le sacerdoce chrétien et le Sacrifice eucharistique selon Théodore de Mopsueste. *RSR* 36 (1949), 483–516: 484f.; L. Abramowski, Zur Theologie Theodors von Mopsuestia. *ZKG* 72 (1961), 263–293: 287f.; J. Nowak, *La relation entre la célébration des mystères et la vie chrétienne d'après les homélies catéchétiques de Théodore de Mopsueste.* Diss. Rom 1968: 74f.

[229] *Hom.cat.* 5,5; 6,8; 12,20.22; vgl. *De inc.* XIII (Swete II 307,13–28). Nach *De inc.* 35 (Lagarde 101,21–26); 38 (ebd. 102,25–103,4); XV (Swete II 311,1–6; *ACO* IV 1, 55,24–56,9) hatte Christus mit den Lüsten des Fleisches zu kämpfen, mehr aber noch mit den Leidenschaften der Seele.

[230] *Hom.cat.* 5,18; vgl. 5,19; 12,9.20; 14,23.25; *De inc.* 33 (Lagarde 101,8–17); *In Ioh.* VI 16,14 (CSCO 115, 297,1f.); 17,11 (ebd. 313,24); *C.def.pecc.orig.* III (*ACO* I 5, 176,8f.).

[231] *Hom.cat.* 5,5; 6,5.8.11.

[232] *Hom.cat.* 6,5; vgl. *In Eph.* 4,2 (Swete I 163,17–21); *In Phil.* 2,7 (ebd. 217,2–5).

Gemäß dem Gesetz des menschlichen Leibes wurde er erfunden als einer, der ein Mensch ist.[233]

Die Juden hielten ihn deshalb für einen Gotteslästerer,[234] selbst die Jünger erkannten seine Gottheit erst nach seiner Auferstehung,[235] und der Teufel hätte nie gewagt, ihn zu versuchen und ans Kreuz zu bringen, hätte er in Christus den eingeborenen Sohn Gottes erkannt.[236]

Das Leben Jesu endete mit dem Tode am Kreuz.[237] Christus starb nach seiner menschlichen Natur;[238] die göttliche Natur hatte sich von ihm getrennt, war ihm aber in ihrer Fürsorge nahe geblieben.[239] Der Tod Christi war kein Scheintod, wie es jene gnostischen Doketisten sagen, die auch nur eine Schein-Menschheit Christi kennen, sondern ein wirklicher Tod;[240] er geschah öffentlich und nicht verborgen.[241] Ebenso öffentlich geschah auch Christi Auferstehung von den Toten.

> Er [scil. der Tod Christi] geschah nicht im Verborgenen, sondern sein Tod war öffentlich und für jedermann gewiß, denn es sollte [ja] die Auferstehung unseres Herrn durch die seligen Apostel der ganzen Schöpfung gepredigt werden.[242]

---

[233] *Hom.cat.* 6,5; vgl. 5,7; *C. Eun.* X (Facundus, *Pro def.* IX 3,44); *De inc.* (Sachau 55,4f.11–16 (34f.)); *In Matth.* 16,3 (Facundus, *Pro def.* IX 2,2); *In Ioh.* II 5,18 (CSCO 115, 106,12–16); III 8,15 (ebd. 166,12–19); VI 16,28 (ebd. 303,11–15); *In Phil.* 2,7 (Swete I 217,4f.); *In I.Tim.* 3,16 (Swete II 134,16).

[234] *Hom.cat.* 4,15; 5,7.

[235] *Hom.cat.* 8,3f.; vgl. *In Zach.* 1,8–11 (GOF.B 1, 325,16–326,20); *De inc.* (Sachau 55,4f. (34)); I 11 (*ACO* IV 1, 55,1–10); *In Matth.* 8,5–8 (*TU* 61, 109f., Fgm. 41a, 13–21; Facundus, *Pro def.* III 4,6); 16,3 (Facundus, *Pro def.* IX 2,2f.); 16,20 (*TU* 61, 130, Fgm. 93,1–3); *In Ioh.* I 1,49 (CSCO 115, 53,15–26); 2,19 (ebd. 61,24–27); V 11,22 (ebd. 224,18–22); 11,27 (ebd. 226,8–10); 12,16 (ebd. 238,14–16.20–24); VI 16,25 (ebd. 302,6–11); 17,2 (ebd. 307,4–8); VII 20,9 (ebd. 347,14–17).

[236] *Hom.cat.* 12,22; vgl. *De inc.* 50 (Sachau 65,25–66,8 (40)) *In Matth.* 16,20 (*TU* 61, 130, Fgm. 93,3–6); *In I.Tim.* 3,16 (Swete II 134,21–23). Hier nimmt Theodor das bei den griechischen Vätern verbreitete Motiv auf, die Menschheit Christi sei ein Köder gewesen, mit dem der Teufel getäuscht worden sei, vgl. Cyrill von Jerusalem, *Cat.* 12,15; Gregor von Nazianz, *Or.* 24,9; 26,4; 30,6; 39,13; 40,10; Gregor von Nyssa, *Or.cat.magn.* 21–26 passim. Vgl. J. Barbel, *Gregor von Nazianz, Die fünf theologischen Reden. Test. 3.* Düsseldorf 1963: 182–184; *Gregor von Nyssa* 146–150. 157f.

[237] *Hom.cat.* 6,2.8.14; 7,1–3.13.

[238] *Hom.cat.* 6,6; 8,5; vgl. *De inc.* XI 73 (Sachau 73,13–16 (45)); XV (*ACO* IV 1, 80,5f.17–20); *In Ioh.* VI 14,28 (CSCO 115, 278,27–279,1); *In Hebr.* 2,9f. (*NTA* 15, 204,21–205,2); *In Phil.* 2,8 (Swete I 219,4–9).

[239] *Hom.cat.* 5,6; 8,9; vgl. *De inc.* VII 59 (Swete II 296,16–18).

[240] *Hom.cat.* 7,1f.

[241] *Hom.cat.* 6,14; 7,1.

[242] *Hom.cat.* 6,14; vgl. 7,3–5.

Der Auferstehung folgten die Auffahrt in den Himmel[243] und das Setzen zur Rechten Gottes.[244] Diese Erhöhung zur Ehre[245] widerfuhr der menschlichen Natur zugleich mit einer Verwandlung zu einem neuen Leben:

> Er [scil. Christus] wurde als Erster durch die Auferstehung von den Toten zu einem neuen, wunderbaren Leben verwandelt.[246]

Christus der Mensch wurde unsterblich und unveränderlich; Theodor wiederholt das immer wieder.[247] Vom Himmel wurde den Jüngern der Geist gesandt.[248] Am jüngsten Tage aber wird Christus wiederkommen, um die Welt zu richten;[249] Gott wird das Gericht durch den Menschen Christus machen.[250]

3.5.4. *Spannungen und Widersprüche*

Adolf von Harnack, der große liberale Theologe, schrieb über die antiochenische Theologie, wenn es ihr auch wegen ihrer praktisch-ethischen Ausrichtung an theologischem Tiefsinn mangele, habe sie dafür aber doch in einer Zeit, als die allgemeine philosophisch-dogmatische Überwucherung der Religion gedroht habe, die Aufmerksamkeit auf den geschichtlichen Jesus gerichtet.[251] Doch nach unserem Gang durch Christi Lebenslauf nach Theodor können wir das nicht bestätigen. Theodors Aufmerksamkeit gilt nicht eigentlich dem geschichtlichen Jesus, sondern dem, worin Christus unser Vorbild

---

[243] *Hom.cat.* 7,6f.; 12,6.9.20; 13,3; 16,2f.

[244] *Hom.cat.* 5,6.21; 6,6; 7,10; 15,16.

[245] *Hom.cat.* 3,9; 5,6; 6,7; 7,10; 8,8; vgl. *De inc.* XI 73 (Sachau 73,24–77,12 (46–48); *ACO* IV 1, 180,1–5; Lagarde 106,4–14); XIV (Swete II 308,4–6); *In Ioh.* II 3,13 (CSCO 115, 72,15–17); *In Phil.* 2,9 (Swete I 222,14–16); 2,10f. (ebd. 222,25–223,11).

[246] *Hom.cat.* 3,9; vgl. 5,19.

[247] *Hom.cat.* 5,6.19; 6,11f.; 7,7; 8,6f.9.11; 10,11f.; 12,4.6.9.20; 14,25; 15,11f.26; 16,12; vgl. *In Gal.* 4,4f. (Swete I 62,9–11); *In Eph.* 1,10 (ebd. 130,6–8); *In Phil.* 3,9f. (ebd. 237,9f.); *C.Apoll.* III (*ACO* IV 1, 49,1f.); *In Gen.* 1,26 (*StT* 141, 12 Anm. 2); 49,11f. (CChr.SG 15, Nr. 304). V (*ACO* IV 1, 65,19–21).

[248] *Hom.cat.* 6,14; 10,7.9; 16,2; vgl. *In Gal.* 3,13 (Swete I 43,11–13).

[249] *Hom.cat.* 7,11–15; 11,14. Theodor erwartete vor dem zweiten Kommen Christi noch die Ankunft des Elias, vgl. *In Mal.* 4,6f. (GOF.B 1, 429,1–15); *In Matth.* 11,14 (*TU* 61, 116, Fgm. 61,1f.). Vgl. Sprenger, *Theodori Mopsuesteni Commentarius in XII prophetas* Einl. 145f.

[250] *Hom.cat.* 7,13–15; vgl. *De inc.* VII (Swete II 296,5–8); VII 60 (Lagarde 104,22–26); *In Ioh.* II 5,22 (CSCO 115, 116,7–13); *C.Apoll.* III (*ACO* IV 1, 48,8f.; 49,3f.).

[251] *Lehrbuch* II 344–349.

und Vorläufer ist: Geburt, Leben unter dem Gesetz, Taufe, Wandel unter dem Evangelium, Tod, Auferstehung, Verwandlung zur Unsterblichkeit und Unveränderlichkeit und Himmelfahrt. Gehörten etwa das Wundertun und das Erzählen von Gleichnissen zum Leben eines Christen, hätte Theodor sicher von dieser Seite des Lebens Jesu mehr berichtet.[252] Theodors Interesse an Jesu Lebenslauf, der "Ökonomie", ist ebenso soteriologisch wie das der Alexandriner, nur setzt er andere Akzente, weil bei ihm die Soteriologie eine andere ist.

Mit dem soteriologischen Interesse hängt auch eine Reihe von Spannungen und Widersprüchen zusammen, die es in Theodors Darstellung der Ökonomie gibt. Da ist zunächst einmal die Frage, wer das Subjekt dieser Ökonomie ist. Ist es Jesus Christus der Mensch, Gott der Sohn, Gott allgemein oder wirken göttliche und menschliche Natur zusammen? Theodors Aussagen dazu lassen sich kaum auf einen Nenner bringen.[253]

Die Auferstehung stellt Theodor meist so dar, daß Gott der Sohn, die göttliche Natur, den mit ihm verbundenen Menschen, den er kurz verlassen hatte, wieder auferweckt,[254] ihn dann zum Himmel auffahren läßt,[255] ihn zur unsterblichen und unveränderlichen Natur verwandelt[256] und ihn durch die Verbindung mit sich an der eigenen Ehre teilhaben läßt.[257] Hier erleidet Christus seine Ökonomie mehr, als daß er sie tut; sein Tod ist die letzte Konsequenz, die eigentliche Erfüllung davon, daß er nach seiner Natur Mensch ist, daß er unter das menschliche Naturgesetz getan ist: Er empfing den Tod gemäß dem Gesetz der menschlichen Natur, wie Theodor es

---

[252] Vgl. unten 3.6.1.1.

[253] Vgl. G. Koch, *Die Heilsverwirklichung bei Theodor von Mopsuestia*. MThS.S 31. München 1965: 76–80. Eine systematische Anordnung von menschlicher Eigenständigkeit und Tätigkeit Christi einerseits und göttlicher Providenz und Alleinwirksamkeit andererseits, die überall anwendbar wäre, gibt es so wenig wie für den Zusammenhang von Sünde und Tod (vgl. oben 3.4.3.). Die, die sie trotzdem gesucht haben, kommen zu einer zeitlichen Priorität der göttlichen Providenz und Einigung mit dem Menschen Christus und zu einer logischen Priorität des Verdienstes Christi: R.A. Greer, *Theodore* 51–53; *The Captain* 197–202. 213f.; The Analogy of Grace in Theodore of Mopsuestia's Christology. *JThS* N.S. 34 (1983), 82–98: 92–95; Dewart, *The Theology* 77–81; Bruns, *Den Menschen* 188.

[254] *Hom.cat.* 5,5f.21; 6,6; 7,13; 8,3–9; vgl. *In Ioh.* I 2,21 (CSCO 115, 62,21–26); *In Phil.* 2,8 (Swete I 215,5–9); *C.Apoll.* III (*ACO* IV 1, 45,10f.; 48,8f.).

[255] *Hom.cat.* 5,6.21; 6,6; 7,10; 15,16; vgl. *In Ioh.* II 3,13 (CSCO 115, 72,15–17); III 6,62 (ebd. 152,15–19); *In Eph.* 4,9 (Swete I 167,16–18).

[256] *Hom.cat.* 8,7.9.11; 16,30.

[257] *Hom.cat.* 5,6; 6,4.6f.; 7,9f.; 8,4.8.13; vgl. *De inc.* I 11 (*ACO* IV 1, 55,9f.); VII 60 (Lagarde 104,24f.) u.ö., vgl. unten 3.6.1.1.

öfters formuliert.[258] Sein Gehorsam gegen das Naturgesetz hat damit sein Ziel, aber auch sein Ende erreicht.

> Von nun an wandelte er nicht mehr nach der Weise der Menschen in der Welt und trug nicht mehr das, was der [scil. menschlichen] Natur entspricht,

schreibt Theodor im Johannes-Kommentar.[259] Christus ist das Werkzeug des göttlichen Ratschlusses, ein Exemplar der menschlichen Gattung, das um des allgemeinen Heils willen zum "Prototyp" gemacht werden soll und dazu von Gott angenommen wird, sündlos erhalten wird, dann sterben muß und in einer verwandelten Natur wieder auferweckt wird.[260]

Diese Tendenz Theodors, Christus nach seiner menschlichen Natur zu einem Instrument des göttlichen Heilsratschlusses zu machen, ist auch in den anderen Werken Theodors zu beobachten: Die göttliche Natur lenke bei Christi Ökonomie alles nach ihrer Vorherbestimmung und ihrem Willen;[261] sie tue alles durch die menschliche Natur.[262] Die göttliche Natur bewahre die menschliche Natur frei von Sünde,[263] sie gebe ihr auch die Macht, zu sterben und aufzuerstehen.[264] Überhaupt helfe die göttliche Natur der menschlichen.[265] Beide Naturen verhielten sich zueinander wie Herr und Knecht oder wie Geber und Empfänger einer Wohltat.[266] Anton Ziegenaus verfehlt also Theodors Gedanken durchaus, wenn er sie zu einem System menschlicher Selbsterlösung mit Christus als Vorbild macht,[267] denn nicht einmal für Christus trifft zu, daß er sich selbst erlöst hätte.

Dennoch kann Theodor Christi Selbsttätigkeit auch stärker hervorheben. Wir sahen Christus vor seiner Taufe das alttestamentliche

---

[258] *Hom.cat.* 5,5.19; 7,2.5; 8,5f.; 12,4.6; vgl. *C.def.pecc.orig.* III (*ACO* I 5, 175,36–40; 176,6f.).

[259] *In Ioh.* VI 13,1 (CSCO 115, 253,27–29; *StT* 141, 379,21–23).

[260] Vgl. etwa *Hom.cat.* 5,5.10.18; 8,5f.; 12,4.9.20; 16,2.

[261] *C.Apoll.* III (*ACO* IV 1, 45,18–25.27f.).

[262] *De inc.* VII (Swete II 296,6–8).

[263] *De inc.* 33 (Lagarde 101,9–17); 35 (ebd. 101,28f.); VII 59 (Swete II 298,1–9); XIV (ebd. 308,29–309,8; *ACO* IV 1, 64,8–12); XV (Swete II 311,4–6). Vgl. *Hom.cat.* 5,18.

[264] *In Ioh.* IV 10,18 (CSCO 115, 208,7–26). Vgl. *Hom.cat.* 7,13.

[265] *De inc.* (Sachau 81,14–16 (51)); XI 73 (Lagarde 106,15–17); XIII (Swete II 307,8–11); *C.Apoll.* III (*ACO* IV 1, 45,27–46,2).

[266] *De inc.* (Sachau 81,3–5 (51)); II (*ACO* IV 1, 63,7–9); XI 73 (Sachau 79,14–17 (49); 73,2–5 (45); 74,10–76,15 (46f.); *ACO* IV 1, 180,1–5; Lagarde 106,4–8); XV (*ACO* IV 1, 56,9f.).

[267] *Das Menschenbild* 41–46.

Gesetz erfüllen und nach ihr den Wandel der Gnade leben und lehren. Christus wurde dessen, was an ihm getan wurde, für würdig
erachtet, er hat es sich verdient.[268] Verdienst und Würdigkeit beschränken sich hier allerdings im Wesentlichen auf seine Verbindung mit
der göttlichen Natur. In anderen Werken stellt Theodor die "Eigen-
leistung" der menschlichen Natur jedoch stärker heraus: Christus ent-
wickelte sich schneller als andere Menschen und war von sich aus
allen weit voran an Neigung zum Guten; Gott das Wort hatte die
Tugendhaftigkeit des anzunehmenden Menschen im Voraus gekannt.[269]
Sein νοῦς, also der leitende Teil seiner Seele, und nicht Gott das
Wort leitete Christus bei dem, was er tat.[270] Der Verbindung mit
Gott dem Wort war Christus ebenso für wert erachtet worden[271] wie
der Salbung mit dem Heiligen Geist.[272]

Besonders für Christi Tod und Auferstehung bietet Theodor, sowohl
in den katechetischen Homilien als auch in anderen Werken, noch
eine andere Deutung als die, der Tod sei Christi bis zur letzten
Konsequenz durchgehaltener Gehorsam gegen das menschliche Naturgesetz, die Auferstehung aber die Verwandlung seiner Natur durch
Gott: Danach hätte der Teufel mit List über Christus den Tod
gebracht, sei in diese Grube dann aber selbst hineingefallen. Christus
sei ja sündlos gewesen und habe den Tod, der Sünde Sold, gar nicht
verdient; Gott, der gerechte Richter, habe also, mit diesem Fall
befaßt, Christi Klage statt gegeben und ihn wieder lebendig gemacht,
Tod und Teufel aber des Unrechts überführt und sie ein für allemal
aller Ansprüche entkleidet, die sie seit dem Fall Adams auf die
Menschheit geltend gemacht hatten.[273] Hier liegt eine echt antioche-
nisch-dyophysitische Variante vor zu der bei den griechischen Vätern
verbreiteten Vorstellung, Christi Menschheit sei dem Teufel ein Köder
gewesen, mit dem zusammen er die Gottheit wie einen Angelhaken
habe schlucken müssen:[274] Nicht an der in der Menschheit verborgenen

---

[268] *Hom.cat.* 5,18; 6,7; 7,9; 8,4.
[269] *De inc.* VII 59 (Swete II 296,20–297,8.16–29; 298,1–9); XIV (ebd. 308,11–28;
ACO IV 1, 64,1–8). In *De inc.* XIV verteidigt Theodor sich offenbar gegen den
Vorwurf, er hebe den Eigenwillen des Menschen Christus auf.
[270] *C.Apoll.* III (*ACO* IV 1, 49,8–14).
[271] *De inc.* VII 59 (Swete II 297,2–4); VII 60 (ebd. 298,11f.); *C.Apoll.* III (*ACO*
IV 1, 48,10–12; 49,14f.).
[272] *In Hebr.* 1,9 (*ACO* IV 1, 58,12f.17–19).
[273] *Hom.cat.* 5,18f.; 7,13; 12,9.20; vgl. *In Ioh.* V 12,31f. (CSCO 115, 244,6–29;
StT 141, 375,25–34); *In Gal.* 3,13f. (Swete I 43,3–11); *In Eph.* 4,8 (ebd. 166,15–167,9);
In Gen. 49,11f. (CChr.SG 15, Nr. 304).
[274] Vgl. oben 3.5.3.

und in sie eingebundenen Gottheit scheiterte der Teufel, sondern allein an der Menschheit und ihrer Sündlosigkeit.[275]

Theodors Intention bei alledem ist es indessen nicht, den Sieg über den Teufel und die Erlösung dem freien Willen und Verdienst eines Menschen zuzuschreiben, und zwar als *exemplum* für das, was ein Christ leisten muß,[276] als anspornendes Beispiel für den Asketen[277] oder als Satisfaktionsleistung des freien menschlichen Willens für die Sünde der Seele.[278] Sondern er möchte gegen die apollinaristische Verkürzung der menschlichen Natur Christi und die Einbindung der göttlichen Natur in sie geltend machen, daß in der Ökonomie Christus der Mensch vollständig ist und selbständig handelt und insbesondere die Seele, sonst Sitz der Sünde,[279] mit Hilfe der Gottheit die Versuchung überwindet.

Verschieden ist aber nicht nur, wer für Theodor das handelnde Subjekt der Ökonomie ist; verschieden sind auch seine Auskünfte dazu, seit wann die göttliche und die menschliche Natur miteinander verbunden waren. Daß die göttliche Natur die menschliche angenommen hat (*nsaḇ* – λαμβάνειν, vgl. Phil 2,7), geschah bei deren Formung im Mutterleib oder bei der Geburt,[280] und ebenso auch ihre Einwohnung im Menschen und ihr Anziehen des Menschen.[281] Was aber die Verbindung (*naqqîfûṯâ* – συναφεία) der Naturen betrifft, so gab es sie nach manchen Äußerungen schon zu Jesu Lebzeiten auf der Erde,[282] nach den meisten jedoch erst seit seiner Auferstehung und Himmelfahrt, einhergehend mit der Erhebung zu Ehre und Anbetung.[283] Steht beides in Konkurrenz zueinander? Ist eine neue Verbindung nach der Unterbrechung durch den Tod gemeint? Oder unterscheidet Theodor einen höheren Grad der Verbindung nach der Auferstehung von einem weniger hohen davor?[284] Noch unüber-

---

[275] Vgl. auch Johannes Chrysostomus, *In Ioh.hom.* 67,2f.

[276] So Ziegenaus, *Das Menschenbild* 36–41.

[277] So Bruns, *Den Menschen* 188f.

[278] So Norris, *Manhood* 191–210.

[279] Vgl. oben 3.4.3.

[280] *Hom.cat.* 5,5.10f.17; 6,7; 7,1; 12,9.20; 16,10.

[281] *Hom.cat.* 7,1.

[282] *Hom.cat.* 8,7; 14,24.

[283] *Hom.cat.* 5,6; 6,7; 8,3f.8; 12,9; 15,10; 16,2f.; vgl. auch 7,10, wo von Teilhabe (*šautâfûṯâ* – κοινωνία) der menschlichen Natur an der göttlichen die Rede ist.

[284] Vgl. zu Theodors Werken einerseits *De inc.* VII 59 (Swete II 296,13–20.31–33); VII 60 (ebd. 298,3f.); VII (ebd. 298,10f.); XIV (ebd. 308,11–17; *ACO* IV 1, 64,1–3); *Ep. ad Domn.* (Swete II 339,6–9); *Pro mir.* 2 (ebd. 339,10–18); *C.Apoll.* III (*ACO* IV 1, 45,9–16): Verbindung der Naturen von Mutterleib an. Andererseits *De inc.* VII 59

sichtlicher wird die Lage durch den Heiligen Geist, mit dem Christus
bei seiner Taufe gesalbt wurde. Der Geist kann die Funktion erfüllen,
die Theodor sonst der göttlichen Natur zuweist, also das sein, was
Christus auf seinem Weg begleitet, bewahrt, begabt und vor anderen
Menschen auszeichnet,[285] und was ihn nach dem Abschluß seines
Lebenslaufes auferweckt und zum neuen Leben verwandelt.[286] Hier
besteht die Gefahr, daß der Geist und Gott der Logos bei der Einwohnung im Menschen Christus in Konkurrenz zueinander treten.[287]
Diese Konkurrenz ist bei Theodor aber dadurch wieder etwas ent-
schärft, daß er den Geist sehr eng mit Christus verbindet und den
so ausgestatteten Menschen von der Gottheit fernrückt. So kann er
Christi Ausstattung mit dem Heiligen Geist auch gerade als Argument
gegen den Apollinarismus verwenden, der die göttliche Natur allzu
eng in die menschliche einbinden will: In diesem Fall hätte Christus
die Salbung mit dem Heiligen Geist ja gar nicht gebraucht.[288] Der
bei der Taufe verliehene Heilige Geist kann nun auch dasjenige sein,
was die Verbindung zwischen den beiden Naturen in Christus zustande
bringt, so daß als Zeitpunkt, von dem an diese Verbindung besteht,
zur Empfängnis im Mutterleib und zur Auferstehung und Himmelfahrt
nun auch noch die Taufe im Jordan hinzukommt.[289] Wird die Verbindung der beiden Naturen mit der Adoption der menschlichen Natur
angesetzt, so ergibt sich der gleiche Zeitpunkt.[290] Offenbar gibt es für
Theodor verschiedene Grade der Verbindung zwischen den Naturen
vor und nach Christi Auferstehung und innerhalb seines Lebens.
Doch muß auch hier damit gerechnet werden, daß Theodor Wider-
sprüchliches von sich gibt, je nach Zusammenhang und Intention.
Entscheidend bei allem, was er von der "Ökonomie unseres Herrn

---

(Swete II 297,2–8); *In Ioh*. VI 13,1 (CSCO 115, 253,27–254,1); 17,11 (ebd.
313,30–314,1); *In Hebr*. 2,9 (*NTA* 15, 204,23–25); *C.Apoll*. III (*ACO* IV 1, 48,8–11):
Verbindung der Naturen durch die Auferstehung.

[285] In den Homilien ist das freilich kaum der Fall, allenfalls in 3,4f.; 5,19; 14,24.27.
Vgl. sonst *De inc*. 35 (Lagarde 101,29–102,3); 38 (ebd. 103,4); VII 60 (Swete II
298,15–19); VIII (ebd. 298,27–30); *Disp.cum Mac*. 25; *In Ioh*. II 3,39 (CSCO 115,
83,17–29); VI 16,4 (ebd. 296,26–297,1); 17,11 (ebd. 313,28–30); *In I.Tim*. 3,16 (Swete
II 136,12–137,6); *C.Apoll*. III (*ACO* IV 1, 46,26–47,15).

[286] *Hom.cat*. 10,11f.; 15,10–12; 16,11; vgl. *In Ioh*. II 3,29 (CSCO 115, 80,5–20);
VI 17,11 (ebd. 314,7–10).

[287] Vgl. L. Abramowski, Zur Theologie 287–292.

[288] *C.Apoll*. III (*ACO* IV 1, 47,6–15).

[289] *Hom.cat*. 14,24; vgl. *In Ioh*. I 1,16 (CSCO 115, 37,28–38,2); VI 15,5 (ebd.
281,10–13); 16,14 (ebd. 296,26–30).

[290] Vgl. oben 3.5.3.

Jesus Christus" sagt, sowohl im Einzelnen als auch insgesamt, ist, was die erlösende Wirkung dieses Lebenslaufes ausmacht. Davon ist nun zu reden.

3.6. HEIL UND HEILSZUEIGNUNG

3.6.1. *Das Heil*

3.6.1.1. *Christus der Erstling*

Der Artikel vom Werk oder Geschäft Christi (wie er in protestantischen Dogmatiken heißt), also die Bestimmung des Ertrages, den das Leben Christi zu unserer Erlösung gebracht hat, läßt sich für Theodor bei aller Mannigfaltigkeit ganz wesentlich auf eines reduzieren: Christus ist unser Erstling. Was an ihm geschehen ist, was ihm widerfuhr, das soll auch an den anderen Menschen geschehen; das ist der Sinn der Ökonomie Christi.

> Alles, was uns betrifft, hat er im Voraus auf sich abgebildet.[291]

Theodor bezeichnet Christus gern mit Titeln aus den Paulusbriefen, die diesen Grundgedanken zum Ausdruck bringen: Christus ist das Haupt (*rišâ* – ἀρχηγός) (Hebr 2,10),[292] der Anfang (*rišîṯâ, šûrâyâ* – ἀρχή, ἀπαρχή – *initium, initiator, principator*) (1. Kor 15,20.23; Kol 1,18),[293] der Erste (*qadmâyâ* – πρωτεύων) (Kol 1,18).[294] Der Mensch Jesus Christus ist der Erstgeborene der ganzen Schöpfung als Erstgeborener von den Toten (Röm 8,29; Kol 1,15.18).[295] Auch der Titel des himmlischen Hohenpriesters (Hebr 2,17 und passim) wird in dieser Weise gedeutet: Christus, ist darin Hoherpriester, daß er zuerst sich Gott naht und dann die anderen Gott nahebringt.[296] Schließlich wird auch in den zahlreichen heilsgeschichtlichen Summarien immer wieder

---

[291] *In Matth.* 3,15–17 (*TU* 61, 101, Fgm. 14,7f.): ἅπαντα τὸ καθ᾽ ἡμᾶς ἐπ᾽ αὐτοῦ προετύπωσεν.

[292] *Hom.cat.* 1,4; 6,10f.; 8,9; 9,17; 13,3; 14,21f.; vgl. *De inc.* XII (Swete II 304,6f.); *In Hebr.* 2,10f. (*NTA* 15, 204,25–205,2).

[293] *Hom.cat.* 6,11; 7,7.9; 12,20; vgl. *In Matth.* 3,15–17 (*TU* 61, 101, Fgm. 14,2–8); *In Ioh.* II 3,29 (CSCO 115, 78,19f.; 80,6f.); VI 16,14 (ebd. 297,3); *In Phil.* 3,20f. (Swete I 243,17); *C.def.pecc.orig.* III (*ACO* I 5, 175,31f.39).

[294] *Hom.cat.* 6,11; 14,21f.; 15,16; 16,30.

[295] *Hom.cat.* 3,4–10; 14,22; vgl. *In Col.* 1,15 (Swete I 263,3–267,3); 1,18 (ebd. 273,19–274,17).

[296] *Hom.cat.* 12,3–6; 15,16f. Vgl. J. Betz, *Die Eucharistie in der Zeit der griechischen Väter* I/1. Freiburg 1955: 132–134.

dieser Gedanke ausgeführt: Mit Adam wurden wir sterblich, Christus aber ist durcn seine Auferstehung der Erstling des neuen Lebens und führt auch uns dorthin.[297]

Diesen Zentralgedanken der Soteriologie Theodors haben zwar viele Autoren gesehen, aber nur wenige haben ihn als den Zentralgedanken erkannt.[298] Rowan A. Greer ist er zwar nicht entgangen,[299] doch für ihn ist Theodors Zentralgedanke das harmonische Zusammenwirken von göttlicher Gnade und menschlicher Willensfreiheit. Die ursprüngliche Harmonie sei durch den Fall verlorengegangen, solle aber durch die göttliche παιδεία wieder-hergestellt werden. In der Person Christi sei die ideale und ursprüngliche Harmonie verwirklicht, als Vorbild für alle und als Ziel der göttlichen Erziehung und Gnadenwirkung; auf ihr beruhe auch die Einheit von gött-licher und menschlicher Natur in Christus.[300] Diese Idee von der göttlichen Erziehung zur Harmonie des freien Willens mit der göttlichen Providenz habe Theodor Origenes entliehen.[301] Das Thema Willensfreiheit hat jedoch weder in Theodors Soteriologie noch in seiner Christologie diese Bedeutung,[302] es spielt z.B. in den heilsgeschichtlichen Summarien keine Rolle. Ferner haben in Greers Konzeption die Sakramente keinen Platz. – Richard Alfred Norris hat Theodors Gedanken der Vorläuferschaft Christi gesehen,[303] doch auch bei ihm ist er ein Seitenaspekt gegenüber der Restitution der alten Stellung des Menschen als Bindeglied (Syndesmos) der Schöpfung.[304] Zu diesem Zwecke habe die Sünde des Willens der menschlichen Seele wie-dergutgemacht werden müssen durch den freien, willentlichen Gehorsam der Seele eines Menschen. Theodor lege daher so großen Wert auf die volle und unabhängige Menschheit Christi. Die Erlösung sei für ihn das Werk der freien, aber getrennten und unvermischten Zusammenwirkung von Mensch und Gott.[305] Bei dieser Deutung werden jedoch zwei Gedanken Theodors kombiniert und zur Hauptsache erhoben, die von Hause aus weder zeitlich noch sachlich zusammengehören: Daß der Wille der Seele sündigt, betont Theodor vor allem in den Homilien, und zwar im Widerspruch zu Apollinaris; die Syndesmos-Lehre findet sich jedoch erst in den Kommentaren zu Paulus

---

[297] *Hom.cat.* 1,4f.; 12,6.8–10.20f.; 14,1.5.11f.; *In Matth.* 3,15–17 (*TU* 61, 101, Fgm. 14,2–21); *In Ioh.* II 3,29 (CSCO 115, 78,19–79,5); IV 10,31 (ebd. 214,22–215,8); VI 17,11 (ebd. 313,12–314,10); 17,21 (ebd. 319,24–320,22); *In Rom.* 7,4 (*NTA* 15, 124,7–16); *In I. Cor.* 11,3 (ebd. 187,8–14); *In Gal.* 3,27f. (Swete I 57,1–8).

[298] So Betz, *Die Eucharistie* I/1 133f. 227–230; Nowak, *La relation* 26–29. 36. 72–76; Studer in: B. Studer – B. Daley, Soteriologie. *HDG* III 2a. Freiburg 1978: 186–190.

[299] *The Captain* 184–187. 195f.

[300] Vgl. dazu auch unten 3.7.2.2.; 3.7.2.3.

[301] Greer, *Theodore* 154f. 158–161; *The Captain* 189. 192–223. 236–238; ähnlich Bruns, *Den Menschen* 172f. 185. 255.

[302] Vgl. auch oben 3.5.4. und unten 3.7.2.3.

[303] *Manhood* 195f.

[304] Vgl. dazu oben 3.4.1.; 3.4.3. und unten 3.6.1.2.

[305] *Manhood* 191–210; ähnlich Beyschlag, *Grundriß der Dogmengeschichte.* I./2. Aufl. Darmstadt 1987ff.: II/1 29–36.

und zur Genesis, die meistens eine andere Hamartologie vertreten.[306] – Günter Koch hat Theodors Zentralgedanken zwar bemerkt,[307] doch für ihn besteht das Heil nach Theodor in der natürlichen Verbindung zwischen Christus und der Kirche und in der Teilhabe des Einzelnen an der Kirche als dem Grundsakrament.[308] – Auch Joanne McWilliam Dewart spricht Theodors Zentralgedanken an,[309] doch sie sieht die Hauptsache in Christi universeller Herrschaft, durch die für Mensch und Schöpfung Sünde, Tod und Vergänglichkeit überwunden seien.[310] – Nach Geir Hellemo liegt das Hauptgewicht bei Theodor auf der Union Christi mit der Gottheit und auf der durch sie initiierten Mitteilung der göttlichen Eigenschaft Unsterblichkeit an die Menschheit.[311] – Peter Bruns schließlich erwähnt Theodors Zentralgedanken zwar auch,[312] doch weil er Theodors Theologie in erster Linie als System des ontologischen Dyophysitismus deutet,[313] sieht er seine Bedeutung nicht und versteht Christi Vorläuferschaft weniger soteriologisch als ethisch-moralisch als *exemplum*.[314]

Vor allem in vier Dingen ist Christus unser Erstling, vier Widerfahrnisse sind es, die er uns so mitteilt, daß sie auch die unsrigen werden: seine Auferstehung,[315] seine Himmelfahrt,[316] seine Verwandlung zur unsterblichen und unveränderlichen Natur[317] und die Adoption zum Gottessohn, d.h. der Nähe und Vertrautheit zu Gott, die er bekommen hat.[318] In anderen Werken kennt Theodor noch ein fünftes: Auf uns geht ein Teil der Geistgabe über, mit der Christus gesalbt

---

[306] Vgl. oben 3.4.3.

[307] *Die Heilsverwirklichung* 86–89.

[308] *Die Heilsverwirklichung* 83f. 93–102 und passim.

[309] *The Theology* 93f.

[310] *The Theology* 94–97.

[311] *Adventus* 224–227.

[312] *Den Menschen* 208–210. 394f.

[313] Vgl. oben 3.1. und unten 3.7.2.1.

[314] Vgl. oben 3.5.4. und unten 3.6.2.2.

[315] *Hom.cat.* 6,12.14; 7,7; 14,21; 15,5.15.27; 16,2.26; vgl. *In Ioh.* I 1,17 (CSCO 115, 38,20f.); VI 16,14 (ebd. 297,4–7); 17,11 (ebd. 314,1f.8–10); in *Rom.* 7,4 (*NTA* 15, 124,10f.); 13,16 (ebd. 164,5); *In I.Cor.* 6,14 (ebd. 181,1–3); *In Gal.* 1,4f. (Swete I 8,5–8); 3,27f. (ebd. 58,13–15); 4,4f. (ebd. 62,9–12); 5,11 (ebd. 91,21–24); *In Eph.* 1,6 (ebd. 125,20f.); 2,5 (ebd. 145,10f.); 5,30 (ebd. 186,16–20); *In Phil.* 3,9f. (ebd. 237,5–9); *In Col.* 1,20 (ebd. 276,11f.); *In I.Thess.* 4,14 (Swete II 27,19–21); *In Gen.* V (*ACO* IV 1, 65,19–22).

[316] *Hom.cat.* 7,7–9; 12,3–5; 15,15; 16,2; vgl. *In Ioh.* VI 14,4 (CSCO 115, 266,22–28); 16,14 (ebd. 297,4–7).

[317] *Hom.cat.* 5,19; 6,11f.; 7,7; 8,9.11; 12,9.20; 15,10f.; 16,30; vgl. *In Gal.* 3,27f. (Swete I 58,13–15); 4,4f. (ebd. 62,9–12); *In Eph.* 1,6 (ebd. 125,20f.); 5,30 (ebd. 186,16–20); *In Phil.* 3,20f. (ebd. 243,11–18); *In Gen.* V (*ACO* IV 1, 65,19–22).

[318] *Hom.cat.* 3,9.11; 11,8f.; 12,12; vgl. *De inc.* VIII (Swete II 298,22–28); XII (ebd. 303,10–19; *ACO* IV 1, 62,3–7; 79,10–13); *In Ioh.* I 1,16 (CSCO 115, 38,2–4); *In Hebr.* 2,9f. (*NTA* 15, 204,37–40).

wurde.[319] Eine Vergottung oder Vergöttlichung widerfuhr dagegen weder dem Menschen Jesus Christus, noch soll sie uns widerfahren. Es ist unmöglich, daß ein Geschöpf Gott wird, sagt Theodor.[320] Der grundlegende Abstand zwischen Mensch und Gott bleibt für ihn auch im Heil bestehen.

Peter Bruns freilich vertritt unter Hinweis auf die Teilnahme der Kreaturen am unsterblichen und unveränderlichen Leben im Eschaton die These, dann werde sich nach Theodor der Dyophysitismus, das Nebeneinander von gött-licher und nicht-göttlicher Natur, zugunsten der göttlichen in einen Mono-physitismus auflösen.[321] Doch daß diese These falsch ist, sieht man bereits daran, daß Theodor die Gottessohnschaft des erhöhten Christus und die der Erlösten und Verwandelten als Sohnschaft durch Gnade und Adoption streng unterscheidet von der wahren und natürlichen Gottessohnschaft Gottes des Sohnes[322] und daß der zum Gericht wiederkehrende erhöhte Christus immer noch Mensch ist.[323] Hätte Bruns recht, so wäre nach der Verwandlung und Erhöhung "Gott alles in allem", um Paulus zu zitieren (1.Kor 15,28). Das unterscheidet Theodors Zwei-Naturen-Lehre von der des Origenes:

> Am richtigsten wird man seine [scil. Origenes', S.G.] Christologie – mit Ausschluss überschüssiger Elemente – als Nestorianismus bezeich-nen können, der durch Speculation zuletzt in Monophysitismus umge-wandelt wird . . . Die Vorstellung von zwei *Naturen-Subjecten* [im Original geperrt, S.G.], die allmählich zur vollkommenen Einheit (durch Aufgehen der menschlichen Natur in den Logos) mit einander verschmelzen, bleibt der leitende Grundgedanke.[324]

Die Auffassung von Christus als dem Haupt und Erstling, dem die anderen folgen, kommt aus dem Corpus Paulinum.[325] Bei Theodor kann es sich manchmal so anhören, als wäre Christus lediglich der

---

[319] *Exp. in Ps.* (CSCO 435, 2,17–21); *De inc.* VII (Swete II 298,15–18); *Disp.cum Mac.* 25; *In Ioh.* I 1,16 (CSCO 115, 37,26–29); VI 16,14 (ebd. 296,26–297,2.9–11); 16,15 (ebd. 298,20–29); 17,11 (ebd. 314,7–14).

[320] Vgl. oben 3.3.2.

[321] *Den Menschen* 334f. 354. Anders zu Recht de Vries, Der "Nestorianismus" 106. 145f.; Das eschatologische Heil bei Theodor von Mopsuestia. *OCP* 24 (1958), 300–338: 325–328; Dewart, *The Theology* 46–48. 147–149. De Vries beklagt, daß bei Theodor die Vergöttlichung und die übernatürliche Ordnung wegfallen.

[322] Vgl. oben 3.3.3. und unten 3.6.1.2.; 3.7.1.1.; 3.7.2.3.

[323] Vgl. oben 1.4.4.; 3.5.3.

[324] Harnack, *Lehrbuch* I 688f.

[325] Röm 8,11; 1.Kor 15,20–23; Phil 3,20f.; Kol 1,15.18; 1.Thess 4,14; Hebr 2,10–13. Hier knüpfen auch etliche österliche Lieder unseres Gesangbuchs an, um mit dem Ostergeschehen die Hoffnung auf die eigene Auferstehung zu verbinden: "Ich hang und bleib auch hangen / an Christus als ein Glied; wo mein Haupt durch ist gangen, da nimmt er mich auch mit." (*EG* 112,6; vgl. auch 108,2; 113,5; 122,1; 526,2.)

Erste, dem all das zuteil wird, seine Gaben selbst aber unterschieden sich nicht von denen, die uns andere erwarteten.[326] Doch Theodor betont auch die außerordentliche Stellung des "angenommenen Menschen" vor allen anderen.[327] Immer jedenfalls ist die gemeinsame menschliche Natur das Entscheidende, der natürliche Zusammenhang mit Christus;[328] durch ihn wird das, was Christus geschehen ist, auf die ganze Menschheit übertragen.[329] Theodors Begriff "Natur" bezeichnet, wie wir sahen, das einer Sache zugrundeliegende, unveränderliche Wesen und meint sowohl das Einzelding als auch die Gattung;[330] beides geht bei Theodor ineinander über, kann er doch auch alle Menschen als ein Wesen bezeichnen.[331] Ebenso also wie das, was an Adam getan wurde, die ganze Natur "Mensch" betrifft, hat auch die ganze Natur Anteil an der Verwandlung, die Christus zuteil wurde. Daher stellt Theodor Adam und Christus gern einander gegenüber als die beiden Häupter oder Anfänger der Menschheit.[332]

Wer hat die an Christus vollzogene Verwandlung und Erneuerung dem Rest der Menschen mitgeteilt? Wie bei der Frage nach dem handelnden Subjekt in Christi Ökonomie[333] ist auch hier die Antwort nicht einheitlich: Theodor nennt wahlweise Christus,[334] seine göttliche Natur, Gott das Wort,[335] oder auch Gott überhaupt.[336] Oft ist auch

---

[326] *Hom.cat.* 3,9; 8,9f.15f.

[327] Vgl. *De inc.* VII (Swete II 295,29–296,9); XII (ebd. 303,6.24; *ACO* IV 1, 62,2–7; 79,9–16; Swete II 305,28–306,8; *ACO* IV 1, 62,15–19); *In Matth.* 3,17 (*ACO* IV 1, 60,8–12); *In Ioh.* I 1,16 (CSCO 115, 38,2–5); VII 20,17 (ebd. 350,14–22; *StT* 141, 416,23–26); *In Gal.* 4,4f. (Swete I 62,20–63,3).

[328] *Hom.cat.* 6,11; vgl. 6,10; 7,5.7; 8,11; 12,6; *Exp. in Ps.* (CSCO 435, 1,18); *In Ioh.* VI 17,11 (CSCO 115, 315,20–25); *In Gal.* 4,4f. (Swete I 62,6f.); *In Eph.* 1,22f. (ebd. 139,3–6); 2,5 (ebd. 145,10f.); *In Col.* 1,13 (ebd. 260,1–3); ferner Gregor von Nyssa, *Or.cat.magn.* 32,4.

[329] Vgl. L. Abramowski, Zur Theologie 283; Koch, *Die Heilverwirklichung* 83f.

[330] Vgl. oben 3.3.1.

[331] *In Ioh.* II 3,29 (CSCO 115, 78,5–10); IV 10,31 (ebd. 214,27f.); VI 17,11 (ebd. 315,6f.); 17,21 (ebd. 319,24–26); *In Gal.* 3,27f. (Swete I 57,4–6); *In Eph.* 1,22f. (ebd. 140,9f.).

[332] Vgl. unten 3.6.3.

[333] Vgl. oben 3.5.4.

[334] *Hom.cat.* 3,9; 5,18; 7,8; 12,4.9; 14,21; 15,10.16; 16,30; vgl. *In Matth.* 16,20 (*TU* 61, 130, Fgm. 93,4–6); *In Gal.* 1,4f. (Swete I 8,5–8); 4,4f. (ebd. 62,9–12); 5,11 (ebd. 92,21–24); *In Phil.* 3,20f. (ebd. 243,11–14); *In Col.* 1,20 (ebd. 276,11f.); 3,10 (ebd. 301,19–302,4); *C.Apoll.* III (*ACO* IV 1, 46,20–22); *C.def.pecc.orig.* III (*ACO* I 5, 175,40–176,7).

[335] *Hom.cat.* 8,9–12; 15,11; 16,2; vgl. *De inc.* XII (Swete II 303,11–19; *ACO* IV 1, 62,4–7; 79,11–13); XIV (Swete II 308,11–20; *ACO* IV 1, 64,2–6); *In Hebr.* 2,9f. (*NTA* 15, 204,37–40).

[336] *Hom.cat.* 3,9; 5,21; 12,20; vgl. *De inc.* 36 (Lagarde 102,4–6); XIV (Swete II

der Heilige Geist der Vermittler: Wie er Christus in seinen Erdentagen begleitet und zuletzt verwandelt hat, so ist er es auch, der uns zur unsterblichen Natur verwandelt und an der Adoption und den Gütern Christi teilhaben läßt.[337]

Doch nicht nur Auferstehung und Himmelfahrt Christi haben vorbildlichen Charakter, auch der Rest seiner Ökonomie ist Vorbild für das Leben des Christen, Vorbild nicht in dem Sinne, daß es so sein *soll*, sondern daß es so *ist*. Dabei ist Christus als Vorbild sowohl das Vorbild des einzelnen Christen als auch der Repräsentant der ganzen Kirche oder Menschheit (so wie Adam). Er erfüllt beide Gesetze, unter denen die alte Menschheit steht, das Gesetz Moses durch die vollkommene Gesetzesobservanz und die "Erfüllung der ganzen Gerechtigkeit" (Matth 3,14) durch seine Taufe,[338] das Naturgesetz durch seine Geburt und vor allem durch seinen Tod. Wie er durch die Erfüllung beider Gesetze davon befreit wurde, diesen Gesetzen untertan zu sein, befreit vom alttestamentlichen Gesetz zum Wandel der Gnade und vom menschlichen Naturgesetz zum unsterblichen Leben durch die Auferstehung,[339] so wird diese Befreiung auch der neuen Menschheit zuteil, deren Repräsentant er ist: Christus erfüllte das Gesetz – damit ist dem, Gesetzgeber das erstattet, was wir ihm schuldeten, so daß wir nun nicht mehr in der Pflicht den Gesetzes stehen,[340] ja, Christi Erfüllung des Gesetzes erwirbt uns sogar den Segen, den das Gesetz denen, die es halten, verheißt.[341] Mit Hilfe der einwohnenden Gottheit bestand seine Seele alle Versuchungen – damit ist der Ungehorsam Adams abgetan, die Neigung der Seele zur Sünde und die fleischlichen Begierden überwunden.[342] Die Taufe Christi als Ablösung des Gesetzes ist keine Johannestaufe mehr, die war ja nur eine Taufe zur Buße, sondern sie ist der erste Vollzug

---

308,6–10); *In I. Thess.* 4,14 (ebd. 27,19–21); *In Gen.* 2,15 (Sachau 17,1–6 (11)); V (*ACO* IV 1, 65,17–22).

[337] *Hom.cat.* 6,14; 10,3.6–11; 14,8.10; vgl. *In Ioh.* VII 20,22 (CSCO 115, 354,28–355,4); *In Rom.* 7,6 (*NTA* 15, 125,37–126,4); 8,2 (ebd. 133,28f.); 8,9 (ebd. 135,19–21); *In Gal.* 3,2 (Swete I 37,10–14); 3,3 (ebd. 37,23–38,13); 4,6 (ebd. 63,9–12); 4,7 (ebd. 63,18–64,1); 4,29 (ebd. 85,5f.); 5,5 (ebd. 89,13–15); 5,8 (ebd. 91,1–3); *In Eph.* 1,3 (ebd. 122,1–13); 1,7f. (ebd. 126,16–19); 1,13f. (ebd. 132,16–134,4); 5,30 (ebd. 186,18–20); *In I.Thess.* 4,8 (Swete II 25,2–5).

[338] *Hom.cat.* 14,22.

[339] Vgl. oben 3.5.3.; 3.5.4.

[340] *Hom.cat.* 6,2.8–12; vgl. *In Ioh.* V 12,31f. (CSCO 115, 244,6–9; *StT* 141, 375,25f.); *In Gal.* 3,12 (Swete I 42,4f.); 4,4f. (ebd. 62,8f.).

[341] *Hom.cat.* 6,9f.

[342] *Hom.cat.* 12,20.22; vgl. *De inc.* 33 (Lagarde 101,8–17); 38 (ebd. 102,23–103,4).

der trinitarischen Taufe mit allem, was dazugehört: Geistverleihung, Adoption durch Gott und Wiedergeburt,[343] der erste Vollzug der Taufe, mit der wir auch getauft werden sollen. Indem Christus sich taufen ließ und fortan nicht mehr nach dem Gesetz lebte, brachte er auch uns die Taufe und das neue Leben: das Leben des Evangeliums und der Gnade, das Neue Testament, das vom Leben unter dem Gesetz schlechthin verschieden ist.[344] Diese neue Lebensweise heißt auch Leben nach den Geboten Christi;[345] die Befolgung des alttestamentlich-jüdischen Gesetzes dagegen ist fortan Dienst Satans.[346] Was hat man sich unter der neuen Lebensweise vorzustellen? Theodor sagt selbst nicht, was er meint; wir werden jedoch kaum fehlgehen, wenn wir weniger an *imitatio Christi* denken als an das Leben in Glauben und Hoffnung auf das hin, was an uns getan werden soll, das Leben im Geist und mit den Sakramenten.[347] Davon im nächsten Abschnitt mehr.

Christus führte die menschliche Natur zum Ziel, zur Vollendung:[348] Mit dieser Redewendung faßt Theodor offenbar Sinn und Ertrag des Lebensweges Christi zusammen, das Nachleben Adams, des alten Menschen, des Alten Testaments, der Sterblichkeit, das Vorleben des neuen Lebenswandels, des Neuen Testaments, der Unsterblichkeit, und die Anteilgabe daran. Christi Tod befreit auch uns vom Naturgesetz der Sterblichkeit und macht uns zu Konsorten seiner Auferstehung und Himmelfahrt. Der Tod Christi zerstört den Tod (hier wendet Theodor vielleicht den Grundsatz an, daß Gleiches von Gleichem kuriert wird);[349] er ist ja die Voraussetzung seiner Auferstehung und ihrer Verkündigung,[350] die den Tod aufheben sollte.[351] Das wegen des ungerechten und unverdienten Todes Christi über den Teufel ausgesprochene Urteil befreit auch alle anderen Menschen vom Anspruch des Todes und des Teufels auf sie.[352] Theodor kann

---

[343] *Hom.cat.* 14,23; vgl. *In Matth.* 3,15 (*TU* 61, 100, Fgm. 13,1–6). Vgl. oben 3.5.3. und unten 3.6.2.4. Anders z.B. Origenes, der Jesus mit der Johannestaufe getauft sein läßt (*In Rom.* V 8 (MPG 14, 1039 BC)).

[344] *Hom.cat.* 1,3f.; 6,11–13; 7,4; vgl. *De inc.* VII 59 (Swete II 296,39–297,2).

[345] *Hom.cat.* 6,11f.; 10,3.

[346] *Hom.cat.* 13,9f.; vgl. 6,3.

[347] Vgl. L. Abramowski, Zur Theologie 293.

[348] *Hom.cat.* 5,5; 7,1; vgl. 8,9; *C.Apoll.* III (*ACO* IV 1, 45,16.23–25), wonach seine göttliche Natur seine menschliche zur Vollendung führte.

[349] *Hom.cat.* 6,2.8.11; 7,1; 14,5; vgl. *In Ioh.* I 1,29 (CSCO 115, 42,17f.).

[350] *Hom.cat.* 6,14; 7,2f.; 15,25.

[351] *Hom.cat.* 6,14; 7,1; 14,5.

[352] Vgl. oben 3.5.4.

in den mystagogischen Homilien Christi Tod und seine Wiederholung in der Eucharistie zwar ein Opfer nennen;[353] die im Neuen Testament häufige Deutung von Christi Tod als stellvertretendem Leiden oder Mittel zur Sühne und Versöhnung ist ihm jedoch durchaus fremd.[354]

Seit seiner Auferstehung und Auffahrt in den Himmel ist Christus dort Hoherpriester: Er bürgt dafür, daß das, was ihm widerfahren ist, auch an uns getan werden soll, er vollzieht den himmlischen Gottesdienst, bei dem er sich selbst als Opfer darbringt, er tritt vor Gott mit Bitten für uns ein, ist unser Botschafter im Himmel und streitet von dort aus gegen unsere Widersacher.[355]

Ähnlich wie bei Theodor spielt auch bei Gregor von Nyssa für die Soteriologie die Vorstellung von Christus als dem Anfang und Erstling der Menschheit zum Heil die entscheidende Rolle. Dabei treten freilich auch die Unterschiede zwischen dem christlichen Philosophen und Mystiker aus Kappadozien und dem antiochenischen Exegeten und Theologen der Heilsgeschichte hervor: Ist Christus bei Theodor der Erstling, der die Menschheit von der Sterblichkeit zur Freiheit vom Gesetz, Auferstehung, Himmelfahrt und Unsterblichkeit führt, so ist die Bewegung, die Christus bei Gregor initiiert, in erster Linie nicht nach vorn gerichtet, sondern zurück: zurück zum ursprünglichen Zustand der Schöpfung, zur verlorenen Gottebenbildlichkeit, zu Gott. Und ist bei Theodor Christi Tod und seine Auferstehung zur Unsterblichkeit die entscheidende Wende, auf die alles zielt, so ist es bei Gregor bereits die Inkarnation als die grundsätzliche Wiederherstellung der Einigung zwischen Gott und Mensch in der Person des Gottmenschen, die freilich erst durch die Auferstehung abgeschlossen wird.[356]

3.6.1.2. *Die Heilsgüter*

Was also hat uns Christus, unser Vorläufer, mit der Teilgabe an seiner Ökonomie bereitet? Was dürfen wir hoffen? Negativ redet Theodor,

---

[353] *Hom.cat.* 15,15.19.21.44; 16,5.13. Vgl. dazu unten 3.6.2.6.

[354] Günter Koch (*Die Heilsverwirklichung* 80–82) schreibt zwar, die Sühnopfertheorie trete mehrfach in Erscheinung: Das Opfer, Leiden und Sterben, sei Gott wohlgefällig und bewirke Erlösung, Aufhebung der Sterblichkeit und Sündenvergebung. Das alles ist bei Theodor zu lesen, nur ist es noch keine Sühnopfervorstellung, wie sie im NT etwa Paulus, der Hebräerbrief und der 1. Johannesbrief haben und wie sie auch Cyrill von Jerusalem kennt (*Cat.myst.* 5,10). Wilhelm de Vries (Das eschatologische Heil 322. 329) bemerkt zu Recht, von Nachlaß der Schuld, nämlich der Beleidigung Gottes, durch den Sühnetod des Gottmenschen am Kreuze sei überhaupt nicht die Rede. Allerdings kannte Theodor die Werke Anselms von Canterbury auch noch nicht.

[355] *Hom.cat.* 12,4.6.9; 15,15–17.21.

[356] Vgl. zu Gregor von Nyssa Seeberg, *Lehrbuch* II 204–206; Barbel, *Gregor von Nyssa* 140. 155–157. 171–173. 207f.; Hübner, *Die Einheit des Leibes Christi bei Gregor*

insbesondere bei der Erklärung des Exorzismus und der Abrenuntiation, von der Befreiung vom Satan, den Dämonen und ihrer Tyrannei.[357] Positiv spricht er von "Gütern",[358] weiter von kommenden Gütern,[359] himmlischen Gütern[360] und unaussprechlichen Gütern,[361] nicht etwa geringen oder profanen Gütern.[362] Das Heil heißt oft einfach "Teilhabe an den Gütern" und "Genuß der Güter".[363] Weiterhin spricht Theodor von wunderbaren,[364] großartigen,[365] wunderbaren und großartigen,[366] unvergänglichen,[367] zukünftigen[368] und himmlischen Dingen.[369] Die Güter, die Christus uns bereitet hat, liegen einerseits *vor* uns als das Zukünftige, andererseits *über* uns als das Himmlische. Die Vorstellung von einer himmlischen Welt, vom himmlischen Gottesdienst und himmlischen Lebenswandel in einer himmlischen Wohnung ist unter Theodors Werken ein Spezifikum der katechetischen Homilien. Wir sahen, wie selten auch der Gedanke einer allgemeinen Himmelfahrt mit Christus außerhalb ihrer vorkommt.

Theodor beschreibt die Heilsgüter in den Homilien mit drei Gruppen von Bildern: als Unsterblichkeit und Unveränderlichkeit, als Gemeinschaft mit den Engeln, mit Christus und Gott und als Wohnen im Himmel. In späteren Werken, in denen Theodor die Syndesmos-

---

von Nyssa. PP 2. Leiden 1974: 42–46. 95–103. 226–231; Studer in: Studer-Daley, Soteriologie 138–143; R.J. Kees, *Die Lehre von der Oikonomia Gottes in der Oratio catechetica Gregors von Nyssa.* SVigChr 30. Leiden 1995: 158f. 257–266.

[357] *Hom.cat.* 5,18; 7,4; 12,16–26; 13,2–8.

[358] *Hom.cat.* 1,2; 6,7.14; 7,4f.9–11; 8,12; 9,3–5; 10,18.22; 11,8; 12,9.13.20f.; 13,6.14f.; 14,14.16f.21; 15,16.18.25.35; 16,6.30. Vgl. Greer, *The Captain* 183.

[359] *Hom.cat.* 1,2.4f.; 6,11f.14; 7,7.9.13; 8,12; 9,4.6; 10,3.6.16.19.22f.; 12,2 (Hebr 10,1).5; 14,6f.27; 15,7.20; 16,20.25.

[360] *Hom.cat.* 1,2.6f.; 9,3.5; 10,3.19; 11,19; 12,26; 13,4.20; 15,18.

[361] *Hom.cat.* 7,13.15; 13,3; 15,29; 16,10.44. Ferner ist die Rede von unvergänglichen Gütern (10,6.8), ewigen Gütern (10,21), wunderbaren Gütern (10,22), großartigen Gütern (15,35), erhofften Gütern (16,23), Gütern, die höher als das Wort sind (15,11), himmlischen, unvergänglichen Gütern (10,6.22), unaussprechlichen, göttlichen Gütern (9,3), kommenden, unaussprechlichen Gütern (10,14), neuen und großartigen Gütern (12,10), erhofften, unaussprechlichen Gütern (14,17) und anderem mehr.

[362] *Hom.cat.* 1,4.

[363] *Hom.cat.* 1,5.7; 5,4; 6,11; 7,9f.13; 9,3; 10,3.6.14.21.23; 12,10.13.26; 13,3.15; 14,2.6f.16f.27; 15,16.18.20.29.34; 16,10; vgl. z.B. *In Ioh.* VI 14,5 (CSCO 115, 267,17.19; *StT* 141, 388,13); *In Rom.* 13,13 (*NTA* 15, 164,4f.).

[364] *Hom.cat.* 1,2; 7,4.

[365] *Hom.cat.* 15,31.

[366] *Hom.cat.* 10,19.

[367] *Hom.cat.* 9,3.

[368] *Hom.cat.* 6,14; 7,9; 10,18; 13,12; 14,2.7; 15,9.18.43; 16,10.44.

[369] *Hom.cat.* 12,4.11.13.17; 15,15–17.20f.; 16,31. Vgl. 1,4; 11,13.19; 13,12: himmlischer Wandel; 10,19: himmlisches Leben.

und Mikrokosmos-Lehre rezipiert,[370] kommt noch hinzu, daß die menschliche Gottebenbildlichkeit restauriert wird und mit ihr der Friede zwischen Leib und Seele innerhalb des Menschen und zwischen sichtbarer und unsichtbarer Schöpfung überhaupt.[371]

Am häufigsten begegnet in den katechetischen Homilien diese Beschreibung des Heils: Wir werden unsterblich (*lâ mâyûtâ* – ἀθάνατος) und unveränderlich (*lâ meštaḥlfânâ* – ἄτρεπτος) sein; dabei kann zu unsterblich noch unverderblich (*lâ metḥabblânâ* – ἄφθαρτος), zu unveränderlich noch leidensunfähig (*lâ ḥâšûšâ* – ἄπαθος) hinzutreten.[372] Wir sahen, daß nach Theodors Auffassung in den katechetischen Homilien die Sünde ein Ergebnis der Beweglichkeit und Veränderlichkeit der Seele ist, kraft derer diese sich dem Schlechten zuwenden kann.[373] Die Seele muß also unveränderlich und leidensunfähig werden;[374] damit ist die Sünde, ist der Abfall von Gott und der Fall aus den verheißenen Gütern unmöglich geworden.[375] Theodor zeigt sich hier (wie z.B. auch Gregor von Nyssa)[376] vom stoischen Ideal der ἀπαθεία beeinflußt. Ohne Sünde aber muß die Seele sich auch nicht mehr vom Leib trennen; der Leib wird unsterblich.[377] Die Bestimmung des Heils als Unsterblichkeit und Unveränderlichkeit bezeichnet also den Zustand beider Teile des Menschen im Heil, den des Leibes und den der Seele, in dem zugleich die Dauerhaftigkeit dieses Zustandes gewährleistet ist. Bei Christus war es ebenso: Er tat zwar schon vorher keine Sünde, bekam aber die stabile Sündlosigkeit erst mit

---

[370] Vgl. oben 3.4.1.; 3.4.3.

[371] Vgl. *In Rom.* 1,7 (*NTA* 15, 113,11–13); 8,19 (ebd. 138,18–31); *In Eph.* 1,10 (Swete I 130,2–131,2); *In Col.* 1,16 (ebd. 269,4–21); *In Gen.* 1,26 (*StT* 141, 12 Anm. 2). Ähnliches findet sich auch bei Gregor von Nyssa, vgl. M. Canévet, Art. 16. Grégoire de Nysse (saint), in: *DSp* 6. Paris 1967, 971–1011: 992f. Dazu vgl. Greer, *Theodore* 21f. 66f. An den genannten Stellen im Epheser- und im Kolosser-Kommentar wird die Inkarnation als ein sichtbare und unsichtbare Welt versöhnendes Ereignis aufgefaßt.

[372] *Hom.cat.* 1,3f.; 5,20; 7,5; 10,19–21; 11,8; 12,12.17; 14,3.9.14f.17; 15,34; 16,7.25.30; vgl. *In Rom.* 8,2 (*NTA* 15, 133,19f.28f.); 8,9 (ebd. 135,19–21); 11,15 (ebd. 157,1–4); *In Gal.* 1,4f. (Swete I 8,10–12); 2,15f. (ebd. 29,11f.); 3,2 (ebd. 37,13f.); 4,4f. (ebd. 62,5f.); *In Eph.* 1,10 (ebd. 130,6f.); *In Phil.* 2,9 (ebd. 237,9f.); *In I.Tim.* 1,9f. (Swete II 76,9–12). Vgl. oben 3.5.3.

[373] Vgl. oben 3.4.3.

[374] *Hom.cat.* 5,11.14; 14,10.27; 15,2f.; 16,29.

[375] *Hom.cat.* 1,6; 5,11.14; 14,10.27; 15,5f.; 16,29.

[376] Vgl. Canévet, Grégoire 982f. 991. 994.

[377] *Hom.cat.* 5,11.14.19; 7,12; 12,18; 14,7f.10–13.27f.; 15,2f.; 16,29; vgl. *In Matth.* 1,21 (*TU* 61, 98, Fgm. 5,1f.); *In Gen.* IV (*ACO* IV 1, 65,24f.). Anders *In Eph.* 1,10 (Swete I 130,6f.), wonach sich die Leidensunfähigkeit nicht auf die Seele, sondern auf den Leib bezieht.

seiner Verwandlung zur unsterblichen und unveränderlichen Natur.[378] Das Gesetz ist damit überflüssig geworden, denn wer im stabilen Zustand der Sündlosigkeit ist, bedarf seiner nicht mehr.[379] Die Sündenvergebung, wie sie auch das Taufsymbol lehrt, gehört ganz in diesen Zusammenhang; es geht nicht um Trost für das angefochtene Gewissen und um das Bewußtsein der Gnade und Vergebung, sondern um die Abschaffung der Sünde in der kommenden Welt als Bedingung und Folge des Lebens in Unsterblichkeit und Unveränderlichkeit.[380] Es ist der Geist, der unsere Natur bei der Auferstehung zur Unsterblichkeit und Unveränderlichkeit verwandeln wird (šaḥlef – ἀλλάσσειν (1. Kor 15,51f.; Phil 3,21)), so wie er Christus verwandelt hat.[381]

Diese Gruppe von Vorstellungen ist auch in Theodors anderen Werken, besonders in den Pauluskommentaren, die beherrschende, nur daß dort in der Regel nicht wie in den katechetischen Homilien Tod und Sterblichkeit aus der Sünde abgeleitet werden, sondern umgekehrt die Sünde aus der Sterblichkeit[382] und daher auch von der Unsterblichkeit die Aufhebung der Sünde erwartet wird und nicht umgekehrt.

> Denn der Sterblichkeit folgt das Sündigen; wenn wir aber unsterblich geworden sind, werden wir davon frei sein.[383]

---

[378] *Hom.cat.* 14,25; vgl. *In Phil.* 3,9f. (Swete I 237,8–10). Auch für diese Lehre wurde Theodor 553 verdammt, vgl. oben 0.1. Vgl. dazu auch M.V. Anastos, The Immutability of Christ and Justinian's Condemnation of Theodore of Mopsuestia. *DOP* 6 (1951), 123–160.

[379] *Hom.cat.* 5,20; 7,4; 10,21. Wie verhält sich diese Aufhebung des Gesetzes zu derjenigen durch Christus, der es durch seine Gebote und den Wandel der Gnade ersetzte? An unserer Stelle dürfte nicht das alttestamentliche Gesetz gemeint sein, sondern das Gesetz als solches, eine Norm, die befiehlt, verbietet und bewahrt.

[380] *Hom.cat.* 10,20f.; 15,7. Nach Photius soll Theodor, was mit den Aussagen in den Homilien gut übereinstimmte, in seinem Werk "*Contra defensores peccati originalis*" von zwei Sündenvergebungen geredet haben, deren eine die Vergebung der getanen Sünde sei, während die andere die völlige Abschaffung der Sünde sei, die mit der Ökonomie angefangen habe, die wir jetzt als Angeld hätten und die einst bei unserer Auferstehung Wirklichkeit werde (*Bibl.* cod. 177 (Henry II 179f.); vgl. auch *In Eph.* 1,7f. (Swete I 126,10f.)).

[381] *Hom.cat.* 6,14; 10,11; 14,8.10. Vgl. oben 3.5.3.; 3.5.4. Die sonst den Kirchenvätern geläufigen Stellen Matth 17,2; 2.Kor 3,18 (Verwandlung (μεταμορφεῖσθαι) Christi und der Gläubigen) spielen bei Theodor anscheinend keine Rolle.

[382] Vgl. oben 3.4.3.

[383] *In Rom.* 8,5f. (*NTA* 15, 134,34f.); vgl. 6,6 (ebd. 122,2–5); 6,12–14 (ebd. 122,21–29); 7,6 (ebd. 125,37–39); 8,3f. (ebd. 134,4–14); 8,9 (ebd. 135,12–15); *In I. Cor.* 15,56 (ebd. 196,9–11); *In Gal.* 1,4f. (Swete I 8,11f.); 2,15f. (ebd. 27,17–19); 3,26 (ebd. 56,12–16); 4,24 (ebd. 77,7–9); 5,13 (ebd. 94,13–15); 5,18 (ebd. 99,8–11); *In Eph.* 1,7f. (ebd. 126,13–19); 1,18 (ebd. 137,4–7); 2,8–10 (ebd. 147,15–19); 4,22–24 (ebd. 173,7f.); *In Col.* 1,14 (ebd. 261,7–9); 1,21f. (ebd. 278,6–9); 2,11 (ebd. 287,8–10);

Theodors Vorliebe, manches immer erneut zu sagen, wenn sich wieder die Gelegenheit bietet,[384] kann man wohl nirgends besser betrachten als bei der Beschreibung des Heils in den Pauluskommentaren. Er redet dort auch sonst viel vom unsterblichen Leben (*immortalis vita*), das wir durch die Auferstehung bekommen sollen,[385] außerdem von der Aufhebung des Todes,[386] von der Aufhebung der Sünde,[387] vom Ende des Gesetzes und der Gesetzesobservanz[388] und von Unverderblichkeit.[389]

Die zweite Gruppe von Vorstellungen ist die von der Gemeinschaft: Indem wir an dem teilhaben, was an Christus, unserem Haupt und Anfänger, getan wurde, Christus aber an unserer Natur teilhat und unter unser Naturgesetz getan ist, haben wir Gemeinschaft mit Christus, dem aus uns Angenommenen und zu göttlicher Ehre Erhobenen;[390] durch Christus aber haben wir Gemeinschaft mit Gott.[391] Wir werden, wie Christus bei seiner Taufe, zu Kindern Gottes adoptiert (Theodor redet von *sîmat̲ bnayyâ* – υἱοθεσία, vgl. Röm 8,14–17.23.29; Gal 4,5; Eph 1,5)[392] – soweit nämlich die, die nicht

2,13 (ebd. 289,11–15); 2,14 (ebd. 290,14f.); 2,15 (ebd. 291,7–292,7); 3,5 (ebd. 299,18f.); *In I.Tim.* 1,9f. (Swete II 76,9–12). Vgl. auch *In Ioh.* I 1,29 (CSCO 115, 42,17–19).

[384] Vgl. oben 1.3.1.

[385] *In Gal.* 1,2 (Swete I 4,17f.); 3,3 (ebd. 38,10); 3,26 (ebd. 55,19; 56,3f.); 3,27f. (ebd. 57,7; 58,3f.13–15); 4,4f. (ebd. 62,12–14; 63,4f.); 4,24 (ebd. 77,6–8.16f.); 5,14 (ebd. 95,28–96,1); 6,15 (ebd. 109,7f.); *In Eph.* 1,7f. (ebd. 126,17f.); 1,13f. (ebd. 134,6f.); 2,14–16 (ebd. 150,8f.17f.; 151,10f.13); *In Col.* 1,14 (ebd. 261,8f.); 2,14 (ebd. 290,10f.); 2,17 (ebd. 292,23f.); 3,8 (ebd. 301,4f.); *In I.Tim.* 6,15f. (Swete II 185,3–5); *In II.Tim.* 1,1f. (ebd. 193,18–20).

[386] *In Rom.* 6,17 (*NTA* 15, 123,16); *In Gal.* 4,24 (Swete I 77,6); *In Eph.* 2,14–16 (ebd. 151,17–152,1); 4,8 (ebd. 167,3f.); vgl. *In Ioh.* I 1,14 (CSCO 115, 35,10f.).

[387] *In Rom.* 1,7 (*NTA* 15, 113,10); 6,17 (ebd. 123,16f.); 8,2 (ebd. 133,28f.); *In Gal.* 1,4f. (Swete I 7,17f.); 3,3 (ebd. 38,10f.); 3,20 (ebd. 49,9f.); 3,23 (ebd. 52,14f.); 4,26 (ebd. 83,3–6); 5,23 (ebd. 101,19f.); *In Eph.* 1,7f. (ebd. 126,10f.); *In Phil.* 3,9f. (ebd. 237,9f.); vgl. *In Matth.* 1,21 (*TU* 61, 98, Fgm. 5,1f.); *In Ioh.* I 1,14 (CSCO 115, 35,9f.).

[388] *In Rom.* 6,12–14 (*NTA* 15, 122,30f.); 7,4 (ebd. 124,3–5); 7,6 (ebd. 124,34–36.40–126,4); *In I. Cor.* 15,56 (ebd. 196,8–11); *In Gal.* 1,4f. (Swete I 7,10–18); 3,13f. (ebd. 43,14; 44,5–7); 3,20 (ebd. 49,7–10); 3,23 (ebd. 52,12–15); 4,26 (ebd. 83,22f.); 5,18 (ebd. 99,8–11); *In Phil.* 3,9f. (ebd. 237,9–14); *In Col.* 2,14 (ebd. 290,12–16.21f.); 2,16 (ebd. 292,1–3); 3,4 (ebd. 299,10–12); *In I.Tim.* 1,9f. (Swete II 76,6–16); 1,10f. (ebd. 77,16–78,4); 1,16 (ebd. 80,14–22).

[389] *In Gal.* 6,15 (Swete I 109,7); *In Eph.* 2,14–16 (ebd. 151,2f.); 4,22–24 (ebd. 173,13); *In Col.* 2,17 (ebd. 292,23f.); vgl. *In Ioh.* II 3,29 (CSCO 115, 78,16f.); VI 17,21 (ebd. 320,8f.); VII 20,23 (ebd. 354,28–30).

[390] *Hom.cat.* 6,12f.; 7,10f.; 9,17; 10,16.18; 13,9; 16,2.10.18.24; vgl. *Exp.in Ps.* (CSCO 435, 2,3f.); *In Rom.* 7,4 (*NTA* 15, 124,12f.).

[391] *Hom.cat.* 9,17; 10,18; 16,13; vgl. *In Ioh.* II 3,29 (CSCO 115, 81,4–6); VI 17,21 (ebd. 320,9–13).

[392] *Hom.cat.* 3,9.11; 11,7.9; 12,12; 16,7; vgl. *In Ioh.* I 1,12 (CSCO 115, 32,24–28; 33,10–12); 1,14 (ebd. 35,11–15); VI 17,11 (ebd. 316,13–15); *In Rom.* 1,7 (*NTA* 15,

wie Gott der Sohn nach der Natur Gott sind, Kinder Gottes sein
können: Wir werden mit Gott vertraut, sozusagen familiär. Theodor
drückt dies mit dem Wort *baytâyûṯâ* – οἰκείωσις aus (vgl. Eph 2,19).[393]
Zu dieser Gemeinschaft, Vertrautheit und Freundschaft mit Christus
und mit der göttlichen Natur kommt auch die mit den himmlischen
Kräften, den Engeln, hinzu.[394] Diese Vorstellungsgruppe ist besonders eng mit der Taufe verknüpft: Wer getauft wird, hat teil an der
dem Menschen Christus bei seiner Taufe geschenkten Einsetzung in
die Kindheit und Vertrautheit mit Gott.[395]

Daß Theodor sich, drittens, die erworbenen Heilsgüter als das
Leben in der oberen, der himmlischen Welt vorstellt, haben wir
bereits angedeutet. Schon im Neuen Testament ist nicht selten vom
Himmel und vom himmlischen Wandel die Rede.[396] Theodor nun
lockt seine Katechumenen mit der Aussicht, sie seien zum Himmel
berufen, dort sollten sie eingeschrieben werden.[397] Christus ist in den
Himmel aufgefahren – wir werden ihm nachfolgen.[398] Er hat dort
sein Reich errichtet, eine große Stadt mit Myriaden von Engeln,[399]
das himmlische Jerusalem, unsere Mutter (Gal 4,26);[400] wir aber werden dort sein und mit ihm herrschen.[401]

> Derjenige nun, der die geistliche Geburt [scil. die Taufe] und alles
> empfängt, wird sofort im Himmel eingeschrieben und wird Erbe und
> Teilhaber dieser kommenden Güter, wie auch der selige Paulus sagt
> [Phil 3,20; 2. Kor 5,1], weil nun alle die, die an Christus glauben,
> erwarten, daß sie im Himmel wohnen nach der Auferstehung von den
> Toten. Im Himmel nämlich gibt es für uns Hoffnung, wo Christus um
> unseretwillen vor uns eingetreten ist. Wir aber sind in jener Wohnung
> wahrhaft eingeschrieben durch diese Mysterien.[402]

113,10f.); *In Gal.* 3,26 (Swete I 55,18–56,6); 4,4f. (ebd. 62,12–16); 4,6 (ebd. 63,10–12);
4,7 (ebd. 63,18–64,4). Vgl. auch Greer, *Theodore* 70–72.
[393] *Hom.cat.* 2,13; 3,11.13; 9,17; 10,18; 13,14. In 15,34 ist von Freundschaft zwischen Gott und Mensch die Rede. Vgl. auch *In Eph.* 1,13f. (Swete I 134,2–8); 1,18
(ebd. 137,7f.); 2,14–16 (ebd. 151,12–15).
[394] *Hom.cat.* 15,34; 16,7.
[395] Vgl. unten 3.6.2.4. Vgl. auch L. Abramowski, Zur Theologie 286f.
[396] Z.B. Matth 6,20; Luk 10,20; 2.Kor 5,1–4; Gal 4,26; Phil 3,20; Hebr 4,14;
8,1–5; 9,23f.; Off 4f.
[397] *Hom.cat.* 1,4f.; 12,14–17; 13,19; 14,1; vgl. 15,14; 16,30.
[398] Vgl. oben 3.6.1.1.
[399] *Hom.cat.* 12,12f.17; 14,1.
[400] *Hom.cat.* 7,9; 12,12.16; 14,1.
[401] *Hom.cat.* 1,4; 14,1.
[402] *Hom.cat.* 1,4. Außerhalb der Homilien kommt die Vorstellung vom Himmel

Diese drei Gruppen von Vorstellungen, 1. die Unsterblichkeit, Unveränderlichkeit und Sündlosigkeit, 2. die Adoption durch Gott und die Nähe und Vertrautheit mit ihm und Christus und 3. das Wohnen in der himmlischen Wohnung, stehen nun nicht isoliert nebeneinander, sondern sind miteinander verknüpft: Durch die Gemeinschaft mit Christus werden wir wie er unsterblich und unveränderlich,[403] wie wir auch umgekehrt gerade als Unsterbliche und Unveränderliche Gemeinschaft mit dem erhöhten Christus haben.[404] Als Sterbliche können wir nicht im Himmel weilen;[405] sind wir aber unsterblich und unveränderlich und haben mit der göttlichen Natur Gemeinschaft, ist der Himmel der angemessene Ort und die Wohnung für uns.[406]

3.6.2. *Heilsteilhabe*

3.6.2.1. *Zukunft und Gegenwart*

Christus bekam alle Güter durch seine Verbindung mit der göttlichen Natur, Güter, die über seine Menschennatur erhaben sind.[407] Auch wir, seine Nachahmer, sollen Dinge bekommen, die jenseits dessen sind, was zu unserer Natur gehört,[408] wenn wir unsterblich und unveränderlich werden, Gemeinschaft haben mit der göttlichen Natur und im Himmel wohnen. Doch diese himmlischen Güter gehören der Zukunft an.

> Diese Dinge werden aber in der kommenden Welt sichtbar sein, wenn wir "in die Wolken gerissen werden, dem Herrn entgegen, und allezeit bei ihm sind", nach dem Wort des Apostels [1. Thess 4,17]. Denn er [scil. Christus] wird uns nehmen und zum Himmel auffahren, dort wird sein Reich erscheinen, und wir werden alle bei ihm sein und frei

---

selten vor: *In Ioh.* I 1,14 (CSCO 115, 35,16–20); *In Eph.* 1,3 (Swete I 121,19–122,5); 1,6 (ebd. 125,20f.).

[403] *Hom.cat.* 6,7.11; 7,10; 8,9–11; 16,26.

[404] *Hom.cat.* 6,12; 9,17; 10,18; 12,7; 16,10; vgl. *In Eph.* 1,22f. (Swete I 139,13–15). Vgl. auch *In Rom.* 8,19 (*NTA* 15, 138,32–34); *In Gal.* 3,26 (Swete I 55,17–56,12): Unsterblichkeit und Adoption sind gleichbedeutend.

[405] *Hom.cat.* 7,9; 11,12; 12,4; 13,14; 16,22.25.33; vgl. *In Ioh.* II 3,3 (CSCO 115, 66,15–18).

[406] *Hom.cat.* 7,9f.; 11,9; 12,17f.

[407] *Hom.cat.* 6,7; 15,10f.; vgl. *De inc.* X (*ACO* IV 1, 78,10–17; 94,15–22); *In Ioh.* II 5,22 (CSCO 115, 115,24–28); IV 10,18 (ebd. 208,7–9); VI 14,14 (ebd. 296,26–297,2).

[408] *Hom.cat.* 1,4; 6,14; 11,14; 12,10.18; vgl. *In Ioh.* VII 20,23 (CSCO 115, 354,28–355,4).

sein und werden aller Drangsale ledig sein. Und wir werden Freude
und Genuß haben und uns an den Gütern aus jenem Reich erfreuen.
In dieser Welt aber will er, daß die, die sich ihm durch Gottesfurcht
und Glauben nahen, die himmlischen Dinge wie im Vorbild [τύπος]
haben.[409]

Die erwarteten Güter sollen erst noch Wirklichkeit werden, jetzt aber
haben wir sie als Angeld und Vorbild, so sagt Theodor häufig.[410]
Einst werden wir sie durch die Auferstehung bekommen.[411] Wie aber
haben wir nun an den kommenden Gütern teil? Sind sie nur zukünftig? Und wer hat an ihnen teil und wird teilhaben? Was das Letztere
betrifft, so stellt es Theodor manchmal so dar, daß durch die gemeinsame menschliche Natur alle Menschen an den Gütern, die Christus
bekommen hat, teilhaben, ebenso wie auch an Adams Bestrafung:
Christus hob den Tod ein für allemal für alle Menschen auf.[412] Doch
obwohl Theodor dem Heil nirgends Schranken setzt und für einen
Katecheten nur ganz selten mit dem jüngsten Gericht droht,[413] ist
seine Antwort meistens eine andere: Im Glauben und in der Hoffnung haben wir jetzt Anteil an den kommenden Gütern, und die,
die glauben und hoffen, werden einst daran Anteil haben. Abbild
und Angeld der kommenden Herrlichkeit sind in dieser Welt vor
allem die Sakramente, ist die Kirche und der Wandel nach dem
Evangelium; und an denen, die jetzt an den Sakramenten teilnehmen, die zur Kirche gehören und nach dem neuen Lebenswandel
leben, wird zuletzt wahr werden, was in dieser Welt nur in Abbildern
da ist. Einstweilen stehen wir noch zwischen den Zeiten.

---

[409] *Hom.cat.* 12,13.
[410] *Hom.cat.* 1,3; 10,17; 13,15; 14,2.7.10.22f.27; 15,18.24; 16,2.23; vgl. *De inc.* VII
59 (Swete II 296,10–12); *In Rom.* 6,17 (*NTA* 15, 123,15–17); 8,15 (ebd. 136,22–24);
In Gal. 3,3 (Swete I 37,22–38,4); 3,20 (ebd. 49,7–9); 3,26 (ebd. 56,3–7.22–24); 4,4f.
(ebd. 62,16–19); *In Eph.* 1,4 (ebd. 123,4–7); 1,10 (ebd. 130,18–131,2); 1,13f. (ebd.
132,16–133,6); 1,22f. (ebd. 139,13–19); *In Col.* 2,2f. (ebd. 283,12–284,3); 3,10 (ebd.
302,3f.); *In I.Tim.* 3,10f. (Swete II 76,22–77,2); *In Gen.* V (*ACO* IV 1, 65,24–28).
[411] *Hom.cat.* 1,3; 5,20f.; 10,21; 11,8.12; 14,8.28; 15,5; 16,18; vgl. *Exp.in Ps.* (CSCO
435, 2,22–24); *In Ion.* praef. (GOF.B 1, 169,14f.; 171,28f.); *In Ioh.* II 3,29 (CSCO
115, 78,12–19; 79,25f.); *In Rom.* 11,15 (*NTA* 15, 157,1f.); *In I. Cor.* 11,3 (ebd.
187,10–12); *In Gal.* 1,2 (Swete I 4,15–18); 3,26 (ebd. 56,3–12); 4,4f. (ebd. 62,12–14);
In Eph. 1,13f. (ebd. 134,4–9); 1,22f. (ebd. 139,9–15); 2,14–16 (ebd. 151,10f.); *In Col.*
1,14 (ebd. 261,7–9); 2,13 (ebd. 289,12–15); 2,17 (ebd. 292,24); 3,5 (ebd. 299,18f.);
In I.Tim. 1,10f. (Swete II 76,22–77,4).
[412] *Hom.cat.* 5,18; 6,11; 7,13; 12,20.
[413] *Hom.cat.* 7,4.13; 11,14; 16,13. Vgl. demgegenüber das Gewicht des jüngsten
Gerichts bei Cyrill von Jerusalem (*Cat.* 4,14; 15,1f.21–26; 18,4.19).

Alle, die wir in diesem gegenwärtigen Leben an Christus glauben, sind in der Mitte zwischen dem gegenwärtigen und dem kommenden Leben.[414]

3.6.2.2. *Glaube, Hoffnung und neuer Wandel*

Über den *Glauben* haben wir bereits oben geredet: Er ist die Wirklichkeit dessen, was noch aussteht und was unsichtbar ist; das Zukünftige und Unsichtbare ist für den Glauben bereits sichtbar und vorhanden.[415] Durch den Glauben hier bekommen wir dort die verheißenen Güter.[416] Ebenso verhält es sich auch mit der *Hoffnung*.[417]

Hier setzt auch Theodors *Ethik* an. Gewiß ist Christus kein bloßes Vorbild, das anzeigt, wie wir unseren Willen und unsere Taten ausrichten sollen, wenn wir wie er in den Himmel kommen wollen. Wenn Anton Ziegenaus Theodor in dieser Weise deutet,[418] so hat ihn die alte Ketzerschablone seit Marius Mercator, der Theodor in den Ruf des Pelagianers und Rationalisten gebracht hat, dazu veranlaßt, Theodors Lehre von der Vorläuferschaft Christi dahin zu mißdeuten, Christus habe die Funktion eines Exempels, dem nachzueifern sei. In Theodors Schriften findet sich von dem allen nichts; auch der in Cyrills Katechese wichtige Gedanke der menschlichen Willens- und Entscheidungsfreiheit und des Lohnes[419] spielt bei Theodor keine Rolle. Aber auch Peter Bruns hat das Wichtigste übersehen. Nach ihm kommt es für Theodor beim sittlichen Lebenswandel darauf an, die Zugehörigkeit zur Kirche ebenso wie durch rechten Glauben auch durch rechtes Tun und Tugendübung zu erweisen; dabei habe Theodor eine asketische Ethik der Weltflucht.[420] Richtig ist zwar, daß Theodor zu Beginn seiner Homilie zum Vaterunser betont, daß Rechtgläubigkeit und rechter Lebenswandel zusammengehören;[421] richtig ist auch, daß der, der durch die Taufe in die Kirche aufgenommen werden will, das Zeugnis eines Bürgen über seinen Lebenswandel braucht.[422] Doch worauf es Theodor ankommt,

---

[414] *In Gal.* 2,15f. (Swete I 30,3–5). Vgl. dazu Wickert, *Studien* 190–196.
[415] *Hom.cat.* 1,8f.; 7,9; 10,15; 13,14; 15,18.24; vgl. *In Gal.* 2,15f. (Swete I 30,11f.; 31,9–13); 3,20 (ebd. 49,11); 3,23 (ebd. 52,5–7). Vgl. oben 3.2.
[416] *Hom.cat.* 1,5; 7,4.
[417] *Hom.cat.* 1,6; 6,11; 9,17; 12,6f.; 15,8.43.
[418] *Das Menschenbild* 41–45.
[419] *Cat.* 2,1–6; 4,19.27; 5,11; 7,13; 18,1.14.
[420] *Den Menschen* 104–117. 120f. 306f. 333.
[421] *Hom.cat.* 11,1.
[422] *Hom.cat.* 12,14–16.

ist noch etwas ganz anderes: Der christliche Lebenswandel ist hier
auf Erden schon das Abbild des Himmels und ist in diesem Leben
bereits die Vergegenwärtigung der kommenden Welt; er ist ebenso
wie der Glaube zugleich Bedingung des Heils und Teilhabe am
Heil.[423] Es geht also nicht um den Erweis einer Würdigkeit für die
Teilhabe am Heil, sondern die Heisgegenwart und -teilhabe selbst;
dies freilich als Weltflucht:

> Obwohl wir bis jetzt auf der Erde sind, werden wir dennoch, soweit
> möglich, im himmlischen Wandel fester, indem wir verachten, was
> sichtbar ist, und begehren, was kommt.[424]

Das Leben der Knechtschaft unter dem Gesetz, das das irdische
Leben bedeutet, ist vergangen.[425] Der neue Wandel, das Leben "nach
den Geboten Christi",[426] läßt diese Welt hinter sich und richtet unser
Leben auf die kommende, himmlische Welt aus; die, die hier nach
ihm leben, sind zugleich schon im Himmelreich.[427]

3.6.2.3. *Sakramente*

Was vom Glauben, von der Hoffnung und vom neuen Wandel gilt,
das gilt in noch höherem Maße von den Sakramenten: Sie sind die
recht eigentlich dazu gegebenen Dinge, das Kommende hier bereits
Wirklichkeit werden zu lassen. Als Begriff für sie verwendet Theodor
in der Regel *râzâ* – μυστήριον; manchmal redet er auch von *ʾâtwâtâ
wrâze* – σημεῖα καὶ μυστήρια[428] und von *dmûtâ* – μορφή, ὁμοίωσις.[429]
Sakramente sind Zeichen (*ʾâtwâtâ* – σημεῖα), die gedeutet werden
müssen, weil sie nicht aus sich verständlich sind, Symbole unsichtbarer und unaussprechlicher Dinge. Das Unsichtbare und Unaussprechliche, das beide Sakramente, Taufe und Eucharistie, abbilden, ist
Christi Ökonomie (genauer gesagt: ihr Brennpunkt, Christi Tod und
Auferstehung) sowie unsere Gemeinschaft mit Christus und den Gütern

---

[423] *Hom.cat.* 6,11–13. Hier hat wieder der leider wenig beachtete Jan Nowak
Theodor richtig verstanden (*La relation* 41.65).
[424] *Hom.cat.* 1,4.
[425] *Hom.cat.* 11,7f.; vgl. *In Matth.* 9,14–17 (*TU* 61, 112, Fgm. 47,1–8); 15,1–6 (ebd.
124, Fgm. 79,1–9).
[426] *Hom.cat.* 6,11f.; 10,3.
[427] *Hom.cat.* 6,11–13; 11,8.11–14.19; 12,15; 13,1.12; 16,32f.; vgl. *In Rom.* 13,14
(*NTA* 15, 164,19–23); *In Gal.* 5,16 (Swete I 98,6–10); *In Eph.* 4,22–24 (ebd. 174,1–5);
In I.Tim. 1,10f. (Swete II 77,13f.); 1,16 (ebd. 80,17–21); *In Tit.* 2,11–14 (ebd. 215,12f.).
[428] *Hom.cat.* 12,2; 14,6.12; 15,3; 16,25; vgl. auch 12,7; 15,14f.35; 16,26.30.
[429] *Hom.cat.* 16,25.

seiner Ökonomie. Als Zeichen weisen die Sakramente also sowohl auf Vergangenes zurück als auch auf das Zukünftige voraus. Sie sollen, indem sie uns hier schon Anteil an Christus und seinem Geschick geben, unseren Glauben und unsere Hoffnung stärken.[430] Denn

> weil fester Glaube an jene kommenden Güter in uns sein mußte, damit wir ob ihrer Größe nicht an ihnen zweifeln, wenn wir sehen, daß sie sehr fremd und über unsere Natur erhaben sind, [darum] sind uns die furchtbaren Mysterien überliefert, damit wir uns durch sie wie durch Gleichnisse und durch das Abbild[431] der kommenden Hoffnung nahen.[432]

Theodor sagt zu Beginn der ersten Homilie über die Taufe einiges Grundsätzliche zu den Sakramenten. Er unterscheidet dort und noch einmal in der ersten Homilie zur Eucharistie zwischen den alttestamentlich-jüdischen Riten, die bloße Schatten sind und nichts erkennen lassen, sondern nur anzeigen, daß es etwas gibt, was den Schatten wirft, und den Sakramenten, die zwar erklärt werden müssen, aber doch dem, was sie abbilden, ähnlich sind und es erkennen lassen. Beides ist vorgebildet in den beiden Hütten Moses, deren eine das Irdische und deren andere das Himmlische abbildet, dem Heiligen und dem Allerheiligsten (vgl. Hebr 9,1–10). Es stehen sich (nach Hebr 8,5; 10,1) gegenüber einerseits Schatten (*ṭellânîṯâ* – σκιά) und Schattenbild (*šûwdâʿâ, taḥwîṯâ, dmûṯâ, dûmyâ* – ὑπόδειγμα), andererseits Bild (*yûqnâ, ṣalmâ* – εἰκών), Ähnlichkeit (*dûmyâ* – ὁμοίωμα; auch *bûḏâqâ*) und Abbild (*ṭûpsâ* – τύπος). Dieses hat keinen Anteil (*šautâfûṯâ*) an den himmlischen Dingen, jenes hat ihn.[433] Zum Taufsakrament sagt Theodor weiter, es sei bereits der τύπος und das Angeld (ἀρραβών) dessen, was es abbildet, also der kommenden Auferstehung, und gebe durch den Heiligen Geist bereits Anteil (*šautâfûṯâ* – κοινωνία, μέθεξις) an den kommenden Gütern.[434] Hier haben wir also wieder die Begriffe τύπος und *šautâfûṯâ* zur Charakterisierung des Verhältnisses zwischen sakramentalem Bild und kommender Wirklichkeit. Theodor hatte sie

---

[430] *Hom.cat.* 12,2.6f.

[431] Lies *waḫṭûpsâ* statt *waḫṭeksâ* ("durch die Ordnung").

[432] *Hom.cat.* 1,4.

[433] *Hom.cat.* 12,2–6; vgl. 15,5f.15.19–21.24; *In Col.* 2,17 (Swete I 292,16–293,9). Vgl. dazu Bruns, *Den Menschen* 51f. Im Kommentar zu Gen 1,26 führt Theodor aus, die Ausdrücke ὁμοίωμα, μίμησις und ἀπαύγασμα bestimmten besser als εἰκών das Verhältnis zwischen Gott und Mensch; der Mensch habe weniger Ähnlichkeit mit Gott, als das bei einem Bild (εἰκών) sonst der Fall sei (*Muséon* 100 (1987) 276, Fgm. III; vgl. ebd. 276–280, Fgm. IV. VIf. IX).

[434] *Hom.cat.* 14,6; vgl. 10,14.

auch schon verwendet, um ganz allgemein das Verhältnis zwischen verheißener und erhoffter Zukunft und der Gegenwart zu bestimmen,[435] und dann zur Unterscheidung des Sakraments von seinem alttestamentlichen, schattenhaften Vorläufer. Das Wort τύπος nun heißt bei Theodor nicht wie in Hebr 8,5 (Ex 25,40) Urbild, sondern Abbild, wenn auch oft Abbild von etwas Zukünftigem uns insofern Vorbild: So ist Jesu Leben, auch seine Taufe, Vorbild (τύπος) unseres Lebens, aber eben so, daß es in seinem Leben auf unseres, das erlöst werden soll, ankommt, das Zukünftige also das Eigentliche ist;[436] ist dagegen das Vorbild das Eigentliche, nennt Theodor es nicht τύπος, sondern ἀρχητύπος.[437] Ebenso auch, wenn die Taufe τύπος unserer Auferstehung mit Christus und der aus ihr folgenden Güter ist:[438] Das Eigentliche ist unsere kommende Auferstehung und Verwandlung, doch wie unser Leben als Christen schon im Leben Christi, unseres Hauptes, stattgefunden hat, unser Lebenswandel in der Ewigkeit wiederum schon jetzt in unserem Leben unter der Gnade da ist, so ist im τύπος, der Taufe, auch schon unser Sterben und Auferstehen mit Christus da.

In der Forschung wurde diskutiert, ob für Theodor die Sakramente als Zeichen bloße Hinweise auf das Vergangene und besonders das Kommende sind, das Heil also rein futurisch ist, oder ob die kommenden Güter in den Sakramenten bereits hier real gegenwärtig sind.[439] Schon anhand der Unterscheidung zwischen dem vorläufigen Schattenbild des Alten Testaments und dem wirklich ähnlichen Bild im Sakrament ist es unwahrscheinlich, daß die Sakramente für Theodor zu dem, was sie anzeigen, nur im Verhältnis bloßer Hinweise stehen. Luise Abramowski konnte zeigen, daß in den von Theodor zur Bestimmung des Verhältnisses zwischen der Gegenwart in Glaube,

---

[435] Vgl. oben 3.6.2.1.

[436] *Hom.cat.* 6,2.8.11; 11,2; 14,22f.; vgl. *In Matth.* 3,15–17 (*TU* 61, 101, Fgm. 14,7f.). Theodor kann auch – im Anschlug an das Neue Testament (Röm 5,14; 1. Kor 10,6.11; vgl. *Barn* 7,3.7.10f.; 8,1; 12,2.5f.; 13,6) – das Alttestamentliche zum Typus und Schatten des Neuen erklären, vgl. oben 3.5.1.

[437] Vgl. *In Gen.* 1,26 (*Muséon* 100 (1987) 276–280, Fgm. III. VII. IX).

[438] *Hom.cat.* 6,12f.; 10,17.19; 13,14f.; 14,2–7.12.24.27f.; 15,3.5f.11.14.18; 16,10.30; vgl. *In Ioh.* I 1,14 (CSCO 115, 35,14f.); II 3,29 (ebd. 78,29–79,2.12–14.22f.); *In Act.* 2,38 (*ACO* IV 1, 50,28–51,3); *In Rom.* 6,17 (*NTA* 15, 123,17f.); 7,4 (ebd. 124,13f.); 8,9 (ebd. 135,21f.); *In Gal.* 3,29 (Swete I 59,6–9); *In Eph.* 1,22f. (ebd. 139,16f.).

[439] Vgl. de Vries, Der "Nestorianismus" 109–130. 145–148; Das eschatologische Heil 309f. 315–327; F.J. Reine, *The Eucharistic Doctrine and Liturgy of the Mystagogical Catecheses of Theodore of Mopsuestia*. SCA 2. Washington 1942: 38f. 65–69; I. Oñatibia, La vida christiana, tipo de las realidades celestes. *ScrVict* 1 (1954), 100–133; L. Abramowski, Zur Theologie 266–276; Wickert, *Studien* 186–190; Ziegenaus, *Das Menschenbild* 89f.; Koch, *Die Heilsverwirklichung* 162–184. 198f.; Bruns, *Den Menschen* 92–99.

Wandel und Sakramenten und der verheißenen Zukunft verwendeten Begriffen *šautâfûṯâ* – κοινωνία, μέθεξις – Gemeinschaft, Anteil,
Teilhabe und *ṭûpsâ* – τύπος – Abbild, Vorbild die reale Anteilhabe
am Kommenden enthalten ist.[440] Die Sakramente sind bei Theodor
keine Hinweiszeichen ohne Anteil an der Wirklichkeit dessen, was
sie abbilden; das Kommende ist in ihnen wie im Glauben und im
neuen Lebenswandel schon gegenwärtig.

3.6.2.4. *Taufe*

Das Hauptsakrament bei Theodor ist die Taufe (*maʿmûḏîṯâ* – βάπτισμα).
Sie bildet – nach Paulus (Röm 6,3f.) – Christi Tod und Auferstehung
ab und eignet uns dieses zentrale Ereignis der Heilsgeschichte zu:
Sein Tod und seine Auferstehung werden die unsrigen.[441] Die Taufe
ist recht eigentlich der Ort, da die Verwandlung Christi zum neuen
Leben zu einem Ereignis "*pro nobis*" wird. Sie verbindet so eng mit
Christus und seiner Ökonomie,[442] daß die Getauften der Leib Christi,
die Kirche, sind,[443] die, an denen das wahr wird, was Christus der
Menschheit erworben hat: Sie werden wie er durch die Auferstehung
zur unsterblichen Natur verwandelt.[444]

Nun war Christus, was die Taufe betrifft, nicht nur darin Vorbild,
daß er als Erster starb und auferstand, was wir in der Taufe nachahmen; er wurde auch als Erster mit der gültigen trinitarischen Taufe
getauft.

Denn auch unser Herr Christus wurde vor seiner Auferstehung von
den Toten gesehen, wie er im Jordanfluß von Johannes dem Täufer

---

[440] Zur Theologie 266–276.
[441] *Hom.cat.* 6,12f.; 10,19; 12,7; 13,14; 14,5f.25; 15,6; vgl. *In Ioh.* II 3,29 (CSCO
115, 79,5–80,20); IV 10,31 (ebd. 215,3–8); VI 16,14 (ebd. 297,9–18); 17,21 (ebd.
320,2–6); *In Rom.* 6,3 (*NTA* 15, 121,15–21); 6,5 (ebd. 121,22–30); *In Gal.* 2,15f.
(Swete I 30,12f.); 2,19 (ebd. 34,1–9).
[442] *Hom.cat.* 10,17; vgl. *In I. Cor.* 6,15 (*NTA* 15, 181,1–3).
[443] *Hom.cat.* 6,13; 9,17; 10,16.19; 12,17; 13,12; 14,21; 15,40; 16,13.24; vgl. *In Ioh.*
IV 10,31 (CSCO 115, 214,22–215,3); VI 15,5 (ebd. 281,13–16); 17,11 (ebd. 315,8–10);
17,21 (ebd. 320,9–11); *In Rom.* 7,4 (*NTA* 15, 124,13–16); 13,14 (ebd. 164,1–4); *In
I. Cor.* 6,15 (ebd. 181,1–3); *In Gal.* 3,29 (Swete I 59,6–8); *In Eph.* 1,22f. (ebd.
139,7–140,2); 4,16 (ebd. 170,8–10); *In Col.* 1,18 (ebd. 273,12–17). Nach *Hom.cat.*
1,4f.; 12,14.21 wird der Täufling als Bürger der himmlischen Stadt eingeschrieben.
[444] *Hom.cat.* 1,5; 9,13.17; 10,14; 13,14; 14,2.6f.13; vgl. *Exp. in Ps.* (CSCO 435,
1,20–2,2); *In Matth.* 3,15–17 (*TU* 61, 101, Fgm. 14,16–20); *In Gal.* 3,27f. (Swete I
58,1–6); *In Eph.* 4,22–24 (ebd. 173,8–11). Vgl. dazu Nowak, *La relation* 48–52. 62f.;
G. Kretschmar, Die Geschichte der Taufgottesdienstes in der alten Kirche, in:
Leit. 5. Kassel 1970, 1–348: 174–176.

die Taufe empfing, um mit ihr zuerst das Vorbild [τύπος] der Taufe, die wir durch seine Gnade bekommen sollten, abzubilden. Denn weil er der "Erstgeborene von den Toten" war, wie der selige Paulus sagte [Kol 1,18], wollte er, "um in allem der Erste zu sein" [ebd.], nicht nur in der Sache der Auferstehung für dich der Erste sein, sondern auch im Vorbild. Und deswegen nahm er es auch auf sich, daß er von Johannes getauft wurde, und prägte zuerst an sich das Vorbild der Gnade der Taufe, die du bekommen sollst, um für dich auch darin das Haupt zu sein.[445]

Dieser erste Vollzug der Taufe war, wie wir sahen, auch für Christus selbst nicht ohne Wirkung: Er wurde durch sie mit dem Geist gesalbt und von der göttlichen Natur adoptiert – alle drei Personen der göttlichen Natur waren anwesend[446] – und wurde vom Leben unter dem Gesetz befreit, um fortan unter der Gnade zu wandeln.[447]

Wenn wir mit unserer Taufe Christi Taufe nachahmen, die sie gestiftet hat, so wird auch uns der Geist verliehen, genauer gesagt: der "Anfang des Heiligen Geistes" (Röm 8,23),[448] das Unterpfand (ἀρραβών) – ein paulinischer Ausdruck (2. Kor 1,22; 5,5; Eph 1,14), den Theodor auf die Taufe und den "Anfang des Heiligen Geistes" deutet –,[449] das Angeld der kommenden Adoption und Verwandlung durch den Heiligen Geist.[450] Auch wir werden zu Kindern Gottes adoptiert[451] und vom Wandel nach dem Gesetz und dem Leben auf

---

[445] *Hom.cat.* 14,22; vgl. 6,2.11; *De inc.* VIII (Swete II 298,22–28); *In Matth.* 3,15–17 (*TU* 61, 101, Fgm. 14,8–26); *In Luc.* 3,22 (*ACO* IV 1, 52,18–20); *In Ioh.* I 1,17 (CSCO 115, 38,16–21); II 3,29 (ebd. 80,26–81,1); *In Act.* 2,38 (*ACO* IV 1, 51,15–17).

[446] *Hom.cat.* 8,17.

[447] Vgl. oben 3.5.3. Auch Cyrill von Jerusalem (*Cat. myst.* 3,1f.) und Johannes Chrysostomus (*Cat. bapt.* 2/3,3) ziehen eine Parallele zwischen der Taufe, die die Katechumenen empfangen sollen, und der Taufe Christi. Für Cyrill ist Christus der Vorläufer in der Taufe. Doch ist all das bei weitem nicht so ausgeführt und so reflektiert wie bei Theodor, steht auch nicht im Zentrum des Interesses.

[448] *Hom.cat.* 5,19; 6,14; 9,17; 14,7.13; 15,3; 16,2; vgl. *Exp. in Ps.* (CSCO 435, 1,20–2,1); *In Gal.* 2,15f. (Swete I 30,13–18); 3,3 (ebd. 38,1–7); *In Eph.* 1,13f. (ebd. 133,2–9); 1,22f. (ebd. 139,9–19); 4,22–24 (ebd. 173,13–174,1); *In Col.* 2,12 (ebd. 288,19–289,1).

[449] *Hom.cat.* 5,19; 6,14; 9,17; 10,14; 14,6f.; 15,3; 16,2; vgl. *In Ioh.* II 3,29 (CSCO 115, 79,22–80,5); *In Rom.* 8,9 (*NTA* 15, 135,21–23); *In Gal.* 3,13f. (Swete I 43,11–13); *In Eph.* 1,13f. (ebd. 133,9–16); *In Col.* 2,12 (ebd. 288,17–289,1); *In I. Thess.* 4,8 (Swete II 25,5–7). Die Bezeichnung der Taufe als ἀρραβών ist bei den Vätern sonst selten, vgl. Makarius-Symeon, *Ep.magn.* 2,3; Ammonius von Alexandrien, *In Ioh.* 3,29 (*TU* 89, 221, Fgm. 95).

[450] *Hom.cat.* 10,14; 11,7; 14,6f.; 15,3; vgl. *In Ioh.* II 3,29 (CSCO 115, 79,22–80,2); *In Eph.* 1,13f. (Swete I 132,16–133,18); 1,22f. (ebd. 139,9–15).

[451] *Hom.cat.* 10,17; 14,2.7.10.12.22.28; vgl. *In Matth.* 3,15–17 (*TU* 61, 101, Fgm. 14,18); *In Rom.* 8,15 (*NTA* 15, 136,22f.).

dieser Erde befreit.[452] Alle diese Güter dürfen Theodors Katechumenen erwarten, wenn sie sich der Taufe nahen.[453]

Die Taufe aber ist nicht nur der nachahmende Vollzug von Christi Tod und Auferstehung und von seiner Taufe, sondern sie ist auch die Nachahmung unserer Geburt[454] und das Vorbild unserer kommenden Geburt zur unsterblichen Natur bei unserer Auferstehung; sie ist, mit einem Wort, Wiedergeburt (vgl. Joh 3,3–8; Tit 3,5). Theodor nennt sie häufig so.[455] Anhand von Joh 3, Jesu nächtlichem Gespräch mit Nikodemus über die neue Geburt aus Wasser und Geist,[456] verdeutlicht er das Sakramentale der Taufe: Das Taufwasser

erfüllt gewissermaßen die Ordnung des Zeichens des Mysteriums,[457]

es ist der Mutterschoß, in den wir wie der Same fallen, um von der göttlichen Hand geformt zu werden, und aus dem wir wiedergeboren werden sollen.[458] Doch nicht im Wasser, dem sakramentalen Zeichen, liegt das Mysterium, das tut's freilich nicht,[459] sondern im Geist, der im Wasser und durch das Wasser die Wiedergeburt wirkt, also bei der Taufe so etwas wie die Wirkursache ist. Damit der wirkende Geist auf es komme, wird das Wasser vor der Taufe geweiht.[460]

Doch wie des Neugeborene nach der Geburt noch ganz schwach ist und den Gebrauch von Gliedern und Sinnen erst lernen muß,[461] und wie jeder Mensch bei seiner ersten Geburt (d.h. der Zeugung) als Same noch gar keine Ähnlichkeit mit einem Menschen hat, sondern erst geformt werden muß, um dann von seiner Mutter geboren

---

[452] *Hom.cat.* 6,13; 13,10; 14,1.25; vgl. *In Col.* 2,13 (Swete I 290,23–291,1).

[453] *Hom.cat.* 9,5; 10,22; 12,10; 13,14; 14,2.6. Vgl. zu Taufe, Geist und Sohnschaft bei Christus und den Christen in Theodors Theologie auch L. Abramowski, Zur Theologie 286–293.

[454] *Hom.cat.* 14,9f.

[455] *Hom.cat.* 1,5; 9,17; 10,17; 13,14; 14,2–4.6.9–13.17.20.25.28; 15,3–5; vgl. *Exp. in Ps.* (CSCO 435, 2,1.21f.); *In Ioh.* I 1,17 (CSCO 115, 38,16f.); II 3,5 (ebd. 67,15f. 28–68,1); 3,29 (ebd. 78,24–79,14; 80,26–81,1); VI 16,14 (ebd. 297,10f.); 17,21 (ebd. 319,24–28; 320,6–9); *In Rom.* 13,14 (*NTA* 15, 164,2); *In I. Cor.* 6,15 (ebd. 181,1f.); *In Gal.* 3,29 (Swete I 59,7f.); *In Eph.* 1,22f. (ebd. 139,12); 4,4 (ebd. 167,7f.); 4,16 (ebd. 170,8–10.20f.); 4,22–24 (ebd. 173,8–11; 174,2–4); *In Col.* 1,18 (ebd. 273,13f.).

[456] Anders als Johannes Chrysostomus und Ambrosius sieht Theodor hierin nicht eine Anspielung auf Christi Geburt aus dem Geist und der Jungfrau, vgl. H.M. Riley, *Christian Initiation.* SCA 17. Washington 1974: 346f.

[457] *Hom.cat.* 14,3.

[458] *Hom.cat.* 14,9. In 14,11 nennt Theodor das Wasser einen Ofen.

[459] *Hom.cat.* 14,6.

[460] *Hom.cat.* 9,17; 14,3.6.9–12; 16,23; vgl. dazu auch *In Ioh.* II 3,5 (CSCO 115, 67,7–26).

[461] *Hom.cat.* 14,10.

zu werden,[462] so ist es auch bei der Geburt aus der Taufe: Sie hat
scheinbar keine Ähnlichkeit mit dem, was für sie verheißen ist, den
kommenden Gütern. Daß wir diese Güter noch nicht in Wirklichkeit haben, sondern erst im Angeld und im Vorbild, wird auch und
gerade in Hinblick auf die Taufe von Theodor immer betont.[463]
Daher kann er, fast reformatorisch, sagen, die Taufe ziele auf den
Glauben und werde wirksam, indem sie den Glauben weckt, für den
ja das Verheißene und Zukünftige bereits da ist.[464] Dennoch liegt es
Theodor ganz fern, die Taufe zu einem bloßen Zeichen oder Hinweis
darauf zu machen, was einmal sein wird; die kommenden Güter sind
vielmehr in der Taufe bereits da.[465] Hugh M. Riley hat in seiner
vergleichenden Studie über die Taufliturgie und ihre Interpretation
in der mystagogischen Katechese bei Cyrill von Jerusalem, Johannes
Chrysostomus, Theodor und Ambrosius darauf aufmerksam gemacht,
daß Theodor die Taufe weit stärker als die anderen mit diesem kommenden Geschehen, der Auferstehung als der wirklichen Wiedergeburt,
verknüpft, während die Verbindung mit dem Vergangenen, mit Christi
Kreuz und Auferstehung, an Bedeutung verliert.[466]

3.6.2.5. *Die Kirche*

Durch die Taufe werden wir Mitglieder der Kirche (ʿeḏtâ – ἐκκλησία),
der Gemeinschaft aller derer, die durch die Teilhabe an Christi Tod
und Auferstehung mit Christus verbunden sind.[467] Um die enge
Verbundenheit des Getauften mit Christus zum Ausdruck zu bringen, bedient Theodor sich des paulinischen Bildes von der Kirche
als des einen Leibes mit vielen Gliedern, dessen Haupt Christus ist
(Röm 12,4–6; 1. Kor 12,12–27; Eph 1,22f.; 4,15f.; Kol 2,19).[468] Neben
der Bedeutung von Haupt als Leitstelle des Körpers klingt hier noch

---

[462] *Hom.cat.* 14,28.
[463] *Hom.cat.* 6,12f.; 10,17; 14,2f.6f.10. 12.22.28; vgl. *In Ioh.* I 1,14 (CSCO 115,
35,8–20); II 3,29 (ebd. 78,26–80,5); *In Rom.* 6,17 (*NTA* 15, 123,15–20); 7,4 (ebd.
124,13–16); 8,9 (ebd. 135,19–23); 8,15 (ebd. 136,22–24); *In Gal.* 3,29 (Swete I
59,6–9); *In Eph.* 1,22f. (ebd. 139,9–17).
[464] *Hom.cat.* 9,17; 13,14; 14,6f.; vgl. *In I.Tim.* 3,2 (Swete II 108,6f.). Vgl. WA 6,
527,33–528,7; *BSLK* 697,27–698,34.
[465] Vgl. oben 3.6.2.3.
[466] *Christian Initiation* 290–298. 324–329. 452–455.
[467] Vgl. oben 3.6.2.4.
[468] *Hom.cat.* 10,15–18; 16,13.24f.; vgl. *In Ioh.* IV 10,31 (CSCO 115, 214,22–215,3);
VI 15,5 (ebd. 281,13–16); 16,14 (ebd. 297,18–22); 17,11 (ebd. 315,6–10.20–25);
17,21 (ebd. 320,9–22); *In Rom.* 13,14 (*NTA* 15, 164,1–5); *In I. Cor.* 6,15 (ebd.

die andere Bedeutung an, Christus sei durch seine Ökonomie unser Haupt, Anfänger und Erstling, wir seine Nachfolger.[469] Schließlich ist die Kirche als der Leib unter dem Haupt Christus auch das Gegenstück zur alten Menschheit unter Adam.[470]

Die Kirche, der Leib Christi, die Gemeinschaft der Getauften, geht auf die kommende Vollendung zu; ihr wahres Wesen soll erst offenbar werden.

> Denn nachdem wir unveränderlich geworden sind, dann findet tatsächlich die volle Abschaffung der Sünde statt, und wir sind die eine heilige katholische Kirche, die wir eine unaussprechliche Heiligkeit empfangen und unsterblich und unveränderlich werden und es empfangen, daß wir allezeit mit Christus zusammen sind.[471]

Bis dahin ist die Kirche so etwas wie eine Kolonie der kommenden Welt in dieser Welt;[472] das Vorbild und die Gestalt der himmlischen Welt (*tûpsâ* – τύπος, *dmûtâ*, – μορφή, *dûmâyâ* – ὁμοίωμα) sind in ihr schon jetzt, in dieser Welt, vorhanden.[473] Ihr Priestertum ist eine irdische Repräsentation des himmlischen Hohenpriestertums Christi.[474] Die Ausrichtung der gegenwärtigen Kirche auf die Zukunft und ihre Anteilhabe an der verheißenen Vollendung entspricht dem Verhältnis des Sakraments zu seinem himmlischen Urbild.[475]

Entsprechend dieser Ausrichtung der Kirche auf das Zukünftige nennt Theodor sie auch die Versammlung der Glaubenden, derer, bei denen das Unsichtbare und Kommende bereits sichtbar und vorhanden ist:

> Denn er [scil. Paulus (Eph 4,4)] nennt nicht dieses Gebäude von Händen "Kirche", auch wenn es wegen der Versammlung der Glaubenden drinnen so genannt wird, sondern "Kirche" nennt er die ganze Versammlung der Glaubenden, die Gott recht fürchten, die, die, nachdem Christus gekommen ist, an jedem Ort an ihn glauben bis an der

---

181,1–3); 12,27 (ebd. 191,4–6); *In Gal.* 3,27f. (Swete I 57,6–12); 3,29 (ebd. 59,6–9); *In Eph.* 1,22f. (ebd. 139,7–9.19–141,1; 142,2–143,4); 4,16 (ebd. 170,5–21); *In Col.* 1,24f. (ebd. 279,14–16).

[469] Vgl. oben 3.6.1.1.
[470] Vgl. unten 3.6.3.
[471] *Hom.cat.* 10,21; vgl. 10,17.
[472] Greer, *The Captain* 192.
[473] *Hom.cat.* 12,11.13.17.
[474] Hom.cat. 15,19.24.36f.
[475] Vgl. P. Bruns, *Theodor von Mopsuestia, Katechetische Homilien* II. FC 17,2. Freiburg 1995: 250–256; *Den Menschen* 296–301. 379.

Welt Ende und bis zum Kommen unseres Heilands vom Himmel, das
[oder: den] wir erwarten.[476]

Die Kirche ist katholisch und ökumenisch, d.h. sie umfaßt die Gläubigen über die Grenzen von Raum und Zeit und macht sie zu einem
Leib.[477] Weil aber die Kirche als die Gemeinschaft der Gläubigen
die ihr verheißenen Güter noch nicht als festen Besitz hat, ist es entscheidend, daß ihr Glaube rein erhalten wird; was die seligen Väter
von Nicäa unter Konstantins Ägide taten, ist also nichts Geringeres
als die Bewahrung der Kirche vor dem Verlust ihres Wesens und
Fundaments, den sie durch die Verderbnis des Glaubens erlitten
hätte,[478] weil sie so der kommenden Güter, auf die sie ausgerichtet
ist und die sie im Glauben hat, verlustig gegangen wäre. Eben dies
tut im Kleinen auch der Katechet, wenn er die im Glauben Unerfahrenen vor der Häresie schützt, oder der Theologe, wenn er den
Glauben der Kirche mit polemischen Werken schützt.[479] Der Glaube
und das Bekenntnis sind ja nach der Antwort Christi auf das Bekenntnis
des Petrus (Matth 16,18) der Fels, auf den die Kirche gebaut ist.[480]
So kann Theodor andererseits nicht nur vom zu bewahrenden Glauben
reden, sondern die Festigkeit in Glaube und Bekenntnis auch als Wesensmerkmale der Kirche bezeichnen.[481]

Doch auf der anderen Seite ist die Kirche als Gemeinschaft der
Gläubigen auch eine sichtbare Gemeinschaft, eine Anstalt und Organisation, so wie Christi himmlische Stadt, deren Ebenbild sie ist.

Wer sich der Taufe naht, der naht sich der Kirche Gottes,

heißt es in der Taufagende, die Theodor auslegt.[482] Man wird also
nicht nur durch die Taufe in die Kirche aufgenommen, sondern

---

[476] *Hom.cat.* 10,15; vgl. 10,16.19; 15,43f.; *In Eph.* 1,22f. (Swete I 139,7f.15–20; 142,5f.); *In I.Tim.* 3,14f. (Swete II 131,5–7).

[477] *Hom.cat.* 10,15.18f.; 15,43f.

[478] *Hom.cat.* 3,12; 9,2; vgl. *In I.Tim.* 3,14f. (Swete II 131,10–16).

[479] Vgl. *De inc.* XI 73 (Sachau 80,22–81,2 (50)); *C.Apoll.* I (Facundus, *Pro def.* X 1,20).

[480] *Hom.cat.* 10,16; vgl. *In Matth.* 16,18 (*TU* 61, 129, Fgm. 92,2–4).

[481] *Hom.cat.* 1,10; 5,7; 13,9; vgl. *In I.Tim.* 3,14f. (Swete II 131,8–10). Vgl. dazu auch Wickert, *Studien* 147–150. Nach dem Genesis-Kommentar ist die "Überliefe-rung unseres Herrn", d.h. der Taufbefehl Christi als das trinitarische Grunddogma und -bekenntnis (vgl. oben 1.5.2.), dasjenige, was den Bestand der Kirche gewähr-leistet, vgl. *In Gen.* 1,26 (Sachau 21,14–22,2 (13f.)).

[482] *Hom.cat.* 12,11.14. Der Codex Mingana syr. 561 hat die Stücke der Agende, die Theodor auslegt, gesammelt und jeweils am Beginn der entsprechenden Homilien (12–16) zusammengestellt.

auch umgekehrt bekommt man durch die Kirche die Taufe;[483] die
Kirche ist nicht nur die Gemeinschaft derer, die an den Heilsgütern
teilhaben, sondern auch die Mittlerin der Heilsgüter unter der Binde-
und Lösegewalt des Priesteramtes.[484] Theodor beruft sich auf das
Schlüsselwort an Petrus (Matth 16,18f.), das er auf das Bischofsamt
bezieht, und führt weiter aus:

> Er [scil. Christus] zeigt, daß er die Gestalt [*dmûţâ*] der himmlischen
> Dinge der Kirche gegeben hat,[485] so daß ihr das zukommt, daß der,
> der ihr vertraut [*baytâyâ* – οἰκεῖος] ist, Vertrautheit mit jenen himmli-
> schen Dingen hat, der aber, der ihr entfremdet ist, offenbar jenen
> himmlischen Dingen entfremdet ist. Weil also denen, die an der Spitze
> der Kirche stehen, die Leitung der Kirche aufgetragen ist, sagte er
> ihnen durch das Wort an den seligen Petrus, daß sie die Schlüssel des
> Himmelreiches haben und daß das, was von ihnen auf der Erde gebun-
> den wird, im Himmel gebunden wird, und das, was auf der Erde gelöst
> wird, im Himmel gelöst wird. Nicht als wären Menschen Herren dar-
> über, sondern [er sagte,] daß die Kirche diese Gewalt von Gott bekom-
> men hat, daß die, die ihr vertraut sind und unter der Herrschaft derer
> sind, die an ihrer Spitze stehen, notwendig Vertrautheit mit dem, was
> im Himmel ist, gewinnen, wie auch die, die davon entfernt sind, gar
> keine Teilhabe an den himmlischen Dingen haben."[486]

Zur irdischen Kolonie des Himmelreiches gehören eben auch Sicht-
barkeit, Organisation und Hierarchie; wer bei der Vollendung der
Welt zu Christus gehören will, muß hier Teil seines Leibes, der einen
Kirche sein. Die Häretiker dagegen, die in viele Untergruppen auf-
gesplittert sind,[487] können sich zwar Kirche nennen, sie können so
tun, als lehrten sie die kirchliche Wahrheit, und können die Ämter
und Kult und Sakramente der Kirche nachäffen; aber das alles ist
wirkungslos und nichts als Gespött, weil Gott sich nicht daran gebunden hat und ihre Konventikel eben mit der himmlischen Stadt nichts
zu tun haben.[488] Auf die Frage, ob die Ketzertaufe gültig sei, könnte
Theodor also nur mit einem klaren Nein antworten.

---

[483] *Hom.cat.* 12,14.21.
[484] Günter Koch freilich betont diese Seite übermäßig, wenn er die Kirche für
Theodor das Grundsakrament sein läßt, das sich in den Einzelsakramenten, Taufe
und Eucharistie, aktualisiert (*Die Heilsverwirklichung* 158–160.184f.).
[485] Oder: "daß er die Kirche als Gestalt der himmlischen Dinge gegeben (d.h.
eingesetzt) hat".
[486] *Hom.cat.* 12,11; vgl. *In Matth.* 16,18f. (*TU* 61, 129, Fgm. 92,12–19); 18,18 (ebd.
130f., Fgm. 96,1–9).
[487] *Hom.cat.* 1,12.
[488] *Hom.cat.* 1,11; 13,9f.

Zu den kirchlichen Ämtern sagt Theodor in seiner Katechese insgesamt nicht viel; doch der Kommentar zu den Pastoralbriefen und die (verlorene) Schrift "*De sacerdotio*" zeigen, daß dieses Thema ihm nicht gleichgültig war. Theodors Auslegung des Symbols erwähnt (abgesehen von der Erwähnung der Bischöfe auf den zwei Synoden nach Nicäa)[489] die Ämter nicht, auch nicht bei der Erklärung des Artikels von der Kirche. Doch anders in den mystagogischen Homilien: Oben haben wir gelesen, was Theodor in der zwölften Homilie über die Schlüsselgewalt derer sagt, die an der Spitze der Kirche stehen und denen die Kirchenleitung aufgetragen ist, also der Bischöfe. Weiter unten in derselben Homilie redet er vom Priester (*kâhnâ* – ἱερεύς), der in der Kirche Gottes die Stelle des Hausverwalters hat, also der Kirche vorsteht, und über den man bei der Anmeldung zur Taufe mit Gott, dem Herrn des Hauses, in Verbindung tritt, vor dem man schließlich das Glaubensbekenntnis aufsagt und der für den Hausherrn den Vertrag abschließt.[490] Hier ist wieder der Bischof gemeint und nicht der, der heute als Priester bezeichnet wird, der Presbyter. Jenen zweiten Stand erwähnt Theodor lediglich bei den Ausführungen zur Abrenuntiationsformel:

> Engel Satans sind die, die in allen Häresien als Führer und als Lehrer des Irrtums da sind, ob sie nun mit dem Namen des Bischofsamtes geehrt werden oder mit dem des Presbyteramtes [*qaššîšûţâ*].[491]

Dabei mag Theodor an den Erzketzer Arius gedacht haben, der ja Presbyter war. Am ausführlichsten redet Theodor in der zweiten Hälfte der 15. Homilie vom Amt, bei der Beschreibung der eucharistischen Liturgie, hier wieder vom Priester, d.h. dem Bischof. Es ist die göttliche Gnade, die das Priestertum des Neuen Testamentes gestiftet hat.[492] Der Priester repräsentiert beim Vollzug der eucharistischen Liturgie das Hohepriestertum Christi und hat an diesem auch Anteil; er ist ein Bild (εἰκών) Christi.[493] Der Priester ist am Körper der Gemeinde sowohl das Auge (als Wächter über ihr) als auch die Zunge (als Sprachrohr zu Gott bei den Gebeten). Daher wird er mehr geehrt als die anderen Glieder am Körper.[494] Neben

---

[489] *Hom.cat.* 9,1.
[490] *Hom.cat.* 12,27.
[491] *Hom.cat.* 13,9.
[492] *Hom.cat.* 15,19.32.
[493] *Hom.cat.* 15,19.24.36f.
[494] *Hom.cat.* 15,36; 16,5.

ihm gibt es noch die Diakone (*mšamšâne*). Ist der Priester (Bischof) beim Vollzug der Liturgie ein Bild Christi, so repräsentieren die Diakone die "dienstbaren Geister" (Hebr 1,14), d.h. die Engel.[495] Sonst kann Theodor den Diakon den "Herold der Kirche" nennen.[496]

3.6.2.6. *Eucharistie*

Das zweite Sakrament ist die Eucharistie.[497] Für sie hat Theodor keine feste Bezeichnung wie für die Taufe; meist nennt er sie *qûrbânâ* – Darbringung.[498]

War die Taufe das Sakrament, das uns als Wiedergeburt zum neuen Leben bringt, so ist die Eucharistie das Sakrament, das uns in diesem neuen Leben erhält. Als Sakrament ist die Eucharistie der Taufe zunächst nahe verwandt und parallel zu ihr aufgebaut: Die Taufe bildet unsere Geburt ab, die Eucharistie aber die Nahrung, mit der wir unser Leben fristen.[499] Die Taufe gibt uns Anteil an unserer kommenden Wiedergeburt, die Eucharistie an der Nahrung in der kommenden Welt, in die wir durch die Wiedergeburt kommen.[500] Darüber hinaus gibt die Eucharistie (wie die Taufe) Hoffnung auf die kommenden Güter[501] und – gemäß den Einsetzungsworten – Sündenvergebung,[502] wobei aber unter letzterer im Prinzip nichts anderes verstanden wird als unter den erhofften Gütern, nämlich die Teilhabe am unsterblichen, sündlosen Leben.[503] War die Taufe von Christus bei seiner Taufe eingesetzt worden, so wurde es die Eucharistie beim letzten Abendmahl mit den Jüngern.[504] Ebenso wie die Taufe bildet auch die eucharistische Liturgie den Brennpunkt der Heilsgeschichte ab, Christi Tod

---

[495] *Hom.cat.* 15,21–25.

[496] *Hom.cat.* 16,21. Diakone werden noch in 13,5; 15,30.43f.; 16,1f. erwähnt. Zu den Ämtern bei Theodor vgl. noch Lécuyer, Le sacerdoce chrétien 494–498; Wickert, *Studien* 155f.; Koch, *Die Heilsverwirklichung* 125–139; Bruns, *Den Menschen* 313–322.

[497] Die von römisch-katholischen Forschern diskutierte Frage, ob die Bezeichnung mit Öl vor der Taufe (*Hom.cat.* 13,17–14,1) oder die nach der Taufe (*Hom.cat.* 14,27) eine Form des von Christus eingesetzten Sakraments der Firmung sei, braucht uns hier nicht weiter zu beschäftigen; vgl. de Vries, Der "Nestorianismus" 132–135; Riley, *Christian Initiation* 396–407; B. Neunheuser O.S.B., Taufe und Firmung. *HDG* IV 2. 2. Aufl. Freiburg 1982: 85f.; Bruns, *Den Menschen* 328f.

[498] *Hom.cat.* 12,7; 15,6.44; 16,25.

[499] *Hom.cat.* 15,3.8–12; 16,33. Vgl. oben 3.6.2.4.

[500] *Hom.cat.* 15,2–8.11.18; 16,30.

[501] *Hom.cat.* 15,9.18.35; 16,10.25.

[502] *Hom.cat.* 10,20; 15,7; 16,16.

[503] Vgl. oben 3.6.1.2.

[504] *Hom.cat.* 12,7; 15,7; 16,10.16.

und Auferstehung;[505] nach dem Wort des Apostels (1. Kor 11,26) ist die Eucharistie Gedächtnis und Verkündigung des Todes des Herrn.[506] Wie die Taufe, so hat auch die Eucharistie sakramentale Zeichen (τύποι, auch ’âṯwâṯâ – σημεῖα), nämlich Brot und Wein,[507] die durch die Wirkung des Heiligen Geistes über ihre Natur hinaus Kraft bekommen.[508] Beide sind kirchliche Sakramente: Sie machen ihre Teilnehmer zum Leib Christi,[509] und beide verleihen den Geist.[510]

Doch die Eucharistie ist weit weniger als die Taufe ein organischer Bestandteil von Theodors biblisch-heilsgeschichtlicher Theologie; das kommt schon darin zum Ausdruck, daß außerhalb der katechetischen Homilien und in ihnen außerhalb von Homilie 15; 16 die Eucharistie nur höchst selten Erwähnung findet.[511] Auch ist Theodors Verständnis der Eucharistie viel schillernder und mehrdeutiger als das der Taufe. Das sakramentale Zeichen, Brot und Wein, ist ja nicht nur das Vorbild der Nahrung in jener seligen Welt, es ist nach den Einsetzungsworten auch Leib und Blut des Herrn. Und im Vergleich mit der Taufe hat bei der Eucharistie der Vollzug des Sakraments viel mehr Eigenbedeutung. Was Leib und Blut betrifft, so verweist Theodor darauf, daß ja schon das Alte Testament den Wein gelegentlich Blut nennt (Gen 49,11; Dtn 32,14)[512] und daß die Bezeichnung der sakramentalen Elemente als Leib und Blut klar macht, daß es nicht eigentlich zwei Elemente sind, sondern eines, weil ja Leib und Blut jedes Menschen eins sind.[513] Doch Christi Einsetzungsworte sind keine bloß symbolischen Worte; vielmehr

> sagte er, als er das Brot gab, nicht: "Das ist das Abbild [τύπος] meines Leibes", sondern: "Das ist mein Leib." Und beim Kelch desselbigen gleichen nicht: "Das ist das Abbild meines Blutes", sondern: "Das ist mein Blut."[514] Denn er wollte, daß wir sie [scil. Brot und Kelch], wenn sie die Gnade und das Kommen des Heiligen Geistes empfangen haben, nicht mehr nach ihrer Natur betrachten, sondern sie so

---

[505] *Hom.cat.* 15,20.24; 16,16.26.
[506] *Hom.cat.* 15,6–9.15.20.29.35.43; 16,3.5.9f.
[507] *Hom.cat.* 15,11–14.
[508] *Hom.cat.* 15,10f.; 16,19f.24–28.36; vgl. *In Ioh.* III 6,56 (CSCO 115, 150,2f.); 6,63 (ebd. 153,3–5).
[509] *Hom.cat.* 15,40; 16,13.24f.; vgl. oben 3.6.2.4.; 3.6.2.5.
[510] *Hom.cat.* 15,18; 16,22; vgl. oben 3.6.2.4.
[511] Vgl. L. Abramowski, Zur Theologie 282f.
[512] *Hom.cat.* 15,13.
[513] *Hom.cat.* 16,15f.
[514] Wie hätte D. Luther sich über dieses *testimonium patrum* gefreut! Vgl. WA 17 II, 134,10–135,6; 23, 88,32–92,17; 26, 263,29–265,11; 271,20–272,22.

annehmen, daß sie Leib und Blut unseres Herrn sind. Denn auch der
Leib unseres Herrn hatte nach seiner eigenen Natur nicht die Unsterblichkeit und die Gabe der Unsterblichkeit [d.h. die Fähigkeit, Unsterblichkeit zu geben], durch den Heiligen Geist aber wurde es ihm
gegeben, und durch die Auferstehung von den Toten empfing er
Verbindung mit der göttlichen Natur und wurde unsterblich und ein
Verursacher der Unsterblichkeit für andere . . . Wenn aber die Natur
des lebenschaffenden Geistes den Leib unseres Herrn so gemacht hat,
der am Anfang nicht von dieser [scil. unsterblichen und Unsterblichkeit
gebenden] Natur war, dann sollen auch wir, die wir die Gnade des
Heiligen Geistes durch die Abbilder der Sakramente [*tûpse drâze*, vielleicht τύποι μύστικοι] bekommen haben, auch das, was gesetzt ist, nicht
mehr als Brot und Kelch betrachten, sondern [so betrachten], daß es
Leib und Blut Christi ist; dazu hat das Herabfahren der Gnade des
Heiligen Geistes sie umgeformt. Die, die daran teilhaben, bekommen
davon eben das, was die Gläubigen nach unserer Hoffnung durch den
Leib und das Blut unseres Herrn bekommen [vgl. Joh 6,54].[515]

Diese Verwandlung von Brot und Wein in eine heilige, unsterbliche
Substanz[516] geht so vonstatten wie die Verwandlung von Christi und
unserer menschlichen Natur zum unsterblichen Leben: Der Heilige
Geist gibt ihnen etwas, was die Natur übersteigt.

Bei Theodor verhält es sich also, *cum grano salis*, umgekehrt wie in der römischen Transsubstantiationslehre: Die Substanz oder Natur bleibt,[517] aber die
Akzidentien werden durch den Heiligen Geist verändert. Auch Christus,
den Theodor in dieser Hinsicht, wie wir sahen, mit dem eucharistischen
Element parallel setzt, bekam durch die Verwandlung zur Unsterblichkeit
und Unveränderlichkeit ja keine andere Natur, sondern blieb Mensch und
wird als Mensch zum Gericht wiederkommen. Einige Autoren wollen Theodor
dennoch zu einem Vertreter der Transsubstantiationslehre machen. Francis
Joseph Reine betont zu Recht, daß Theodor die Realpräsenz von Leib und
Blut Christi in der Eucharistie lehrt, und hält das offenbar für gleichbedeutend mit der Transsubstantiationslehre.[518] Joanne McWilliam Dewart

---

[515] *Hom.cat.* 15,10f.; vgl. 16,19f.24–28.36; *In Matth.* 26,26–28 (*TU* 61, 133f., Fgm.
106,6–8). In einem von Karl Staab gebotenes Stück zu 1. Kor 10,3f. (*NTA* 15,
186,4–14) heißt es: "Dies war für jene der Fels, der für uns Christus ist, dessen
Blut die Gläubigen geistlich [πνευματικῶς] trinken, das bei den Mysterien gewan-
delt ist [μεταποιούμενον]." Doch die Echtheit des Stückes unterliegt starken Bedenken.
Es ist eine Dublette zum vorhergehenden Stück (zu 1. Kor 10,2–4) und deutet das
"Der Fels war Christus" anders als das Parallelstück (vgl. *NTA* 15, 185,15–17.29–186,4
und 186,8–14). Vgl. Wickert, *Studien* 153 Anm. 43. Johannes Betz (*Die Eucharistie*
I/1 312) und Peter Bruns (*Den Menschen* 352 Anm. 310) ziehen es trotzdem bei der
Untersuchung von Theodors "Wandlungslehre" heran.

[516] *Hom.cat.* 16,22f.

[517] Vgl. *Hom.cat.* 15,12.

[518] *The Eucharistic Doctrine* 9–18 und passim.

stellt richtig fest, daß Theodor von einem Wandel in der Natur redet, fährt dann aber fort, Brot und Wein würden gewandelt, indem ihnen eine *andere* Natur gegeben werde; das komme vom Heiligen Geist und sei eine übernatürliche Gabe wie die Gabe der Unsterblichkeit an den Leib Christi.[519] Peter Bruns schließlich schreibt:

> Sicherlich ist dieser Wandel nicht als äußerlicher Vorgang aufzufassen, sondern als substantielles Werden, das die "Natur" der vorgelegten Gaben betrifft.[520]

Um das "sicherlich" noch etwas zu bekräftigen, greift er, da er Theodors Analogie zwischen der Verwandlung von Brot und Wein und derjenigen Christi nach seiner Auferstehung sehr wohl sieht, auf seine These zurück, nach der Theodors Dyophysitismus sich im Eschaton in einen Monophysitismus auflöst, Christus also bei seiner Auferstehung ebenso eine wahre Transsubstantiation erfahren hat wie die eucharistische Speise.[521] Doch daß Theodor keinen Monophysitismus im Eschaton kennt, haben wir oben bereits gezeigt.[522]

Für die Verwandlung der Speise verwendet Theodor *šaḥlef* – ἀλάσσειν (vgl. 1. Kor 15,51f.; Phil 3,21) und seine Derivate, das sonst die Verwandlung Christi und der Gläubigen bei der Auferstehung bezeichnet,[523] außerdem *šagnî*,[524] das vielleicht auch ἀλάσσειν wiedergibt (vgl. Jak 1,17 Peschitta), vielleicht auch μεταβάλλειν, μεταποιεῖν oder μεθιστάναι. Theodors Verständnis dieser Wandlung ist dabei (seiner Zeichen- und Sakramententheorie entsprechend) real, aber nicht objektiv, denn er schärft den Anwärtern auf das Sakrament ein, die sakramentalen Elemente nun auch als das, was sie darstellen und sind, zu *betrachten*.[525] Sakramente sind zwar Bilder und keine Schatten, aber auch sie bedürfen der Erklärung und Deutung und erschließen sich nur dem Glauben.[526] Nach Jesu Rede in der Synagoge zu Kapernaum (Joh 6,32–58) sind schließlich sein Fleisch und Blut die Speise, die Leben und Unsterblichkeit geben; hier treffen beide, himmlische Nahrung zur Unsterblichkeit und Leib und Blut des Herrn, wieder zusammen.[527] Durch das Kommen des Geistes haben

---

[519] *The Theology* 107f.
[520] *Den Menschen* 352f.
[521] *Den Menschen* 353f.
[522] Vgl. oben 3.6.1.1.
[523] *Hom.cat.* 16,24.36. Vgl. 3,9; 5,6.21; 7,8.11f.; 8,17; 9,17; 10,17; 14,21.28; 16,26.
[524] *Hom.cat.* 15,11; 16,36.
[525] *Hom.cat.* 15,8–11; 16,20.28.
[526] Vgl. oben 3.2.; 3.6.2.3. Vgl. auch Betz, *Die Eucharistie* I/1 136. 237f.
[527] *Hom.cat.* 15,11; 16,10.25; vgl. *In Ioh.* III 6,33 (CSCO 115, 142,2–19; *StT* 141, 329,14–16); 6,53–56 (CSCO 115, 149,11–150,5); 6,57 (ebd. 150,22–26).

die sakramentalen Zeichen die Fähigkeit, wie ihr Urbild, Christi Leib und Blut, Leben zu schaffen.[528]

Leib und Blut Christi schlagen auch den Bogen zur Ekklesiologie: Wir, die wir am Leibe des Herrn teilhaben, sind selbst Leib des Hern,[529] und zur Taufe: Nach dem Naturgesetz wird ein Lebewesen immer zuerst von dem ernährt, was es geboren hat; wir, die wir in der Taufe wiedergeboren werden, bekommen unsere Nahrung also aus dem, was die Taufe abbildet, nämlich Jesu Tod,[530] und durch das, was auch die Taufe bewirkt hat, nämlich den Heiligen Geist.[531] Theodor weist auch noch darauf hin, daß das bei der Eucharistie zur Vermischung des Weins gebrauchte Wasser auch schon bei der Taufe Verwendung gefunden hat.[532] Schließlich aber wird von hier auch das abgeleitet, was für Theodor die wichtigste Bedeutung der Eucharistie ist, wichtiger als die himmlische Nahrung und ihre Beziehung zu Taufe und Kirche: Die Elemente zeigen als Christi Leib und Blut das, was die Martern der Passion erlitten hat,[533] und somit ist die Feier dieses Sakraments die Abbildung, d.h. aber zugleich: der Vollzug des heilbringenden Todes Christi und seiner Auferstehung, ja der ganzen Ökonomie.[534] Und sie ist noch mehr als das. Nach dem Hebräerbrief hat Christus als Hoherpriester durch die Opferung seiner selbst den vorläufigen Kult des Gesetzes abgelöst und das Opfer dargebracht, das wahrhaft Versöhnung bringt (Hebr 4,14–10,18). Wir aber sehen – Theodor beschreibt dieses Mysterium in immer neuen Anläufen – in der eucharistischen Liturgie Christus, den himmlischen Hohenpriester, seinen heiligen Dienst versehen und sich selbst als Opfer darbringen, das Opfer, auf das der alttestamentliche Kult schon schattenhaft hingewiesen hatte.[535] Als irdischer Hoherpriester wäre Christus, um Priester sein zu können, bei seinem Dienst an die Gesetze des Hohenpriestertums und die alttestamentlichen Kultvorschriften

---

[528] *Hom.cat.* 15,12.14. Theodor nennt die Elemente hier trotz seiner Beteurung in 15,10 (vgl. oben) "Typus" des Leibes und Blutes Christi.

[529] *Hom.cat.* 16,24f.

[530] *Hom.cat.* 15,6f. "Das Leben, das aus dem Tode Christi strömte, nährt sich auch an seinem Tode, d.h. an der Eucharistie als Kreuzesfrucht." (O. Casel O.S.B., Neue Zeugnisse für das Kultmysterium. *JLW* 13 (1933), 99–171: 121.)

[531] *Hom.cat.* 16,23.

[532] *Hom.cat.* 15,40.

[533] *Hom.cat.* 15,9.

[534] *Hom.cat.* 15,20.24; 16,16.26. Vgl. dazu Reine, *The Eucharistic Doctrine* 55–65; Kretschmar, Die Geschichte 176.

[535] *Hom.cat.* 15,15–21.

gebunden gewesen, wäre im Sterblichen und Irdischen befangen geblieben, als himmlischer Hoherpriester aber ist er davon frei.[536] Seinen
himmlischen priesterlicher Opferdienst[537] vollzieht Christus bei uns
durch sein Bild und seinen Repräsentanten, den Priester.[538] Hier wird
im sakramentalen Typos das gegenwärtig und sichtbar, was uns
Erlösung und Verwandlung zur Unsterblichkeit bringt, Christi Tod
und Auferstehung; hier wird dieses einmalige Ereignis der Heilsgeschichte aus der Geschichtlichkeit in die ewige Gleichzeitigkeit überführt.[539] Wenn wir also am Sakrament teilnehmen, wenn bei uns der
Priester das Opfer darbringt, dann schauen wir schon, was wir glauben und was uns verheißen ist, dann sind wir schon im Himmel bei
Christus und feiern die ewige Liturgie, vereint mit allen Engeln und
himmlischen Heerscharen.[540]

3.6.3. Heilsgeschichte

Wenn wir das, was Theodor in seinen katechetischen Homilien über
Heil und Heilsteilhabe gesagt hat, abschließend noch einmal syste-
matisieren, so kommen wir auf das Schema einer in drei Epochen
eingeteilten Heilsgeschichte, in Vergangenheit, Gegenwart und Zukunft
(wobei die Gegenwart für die Hörer erst jetzt anfängt). Die Gegenwart
steht zur Vergangenheit im Verhältnis des "nicht mehr" und "noch",
zur Zukunft aber im "noch nicht" und "schon". An der Vergangenheit
hat die Gegenwart insofern teil, als das Leben und die Welt noch
immer unter ihren Bedingungen stehen, an der Zukunft aber durch
Glaube und Hoffnung und durch neuen Wandel, Kirche und Sakramente, die alle das Zukünftige und Himmlische gegenwärtig machen.[541]
Als Übersicht sieht es folgendermaßen aus:

---

[536] Hom.cat. 15,15.17.

[537] Er ist bei Theodor nicht als Sühnegabe verstanden, vgl. oben 3.6.1.1.

[538] Vgl. Betz, Die Eucharistie I/1 135–137.

[539] Vgl. Betz, Die Eucharistie I/1 136f. 231–239. 297–299.

[540] Hom.cat. 15,18–21.24; 16,3.13. Vgl. oben 1.3.2. Vgl. J. Quasten, The Liturgical
Mysticism of Theodore of Mopsuestia. TS 15 (1954), 431–439; Hellemo, Adventus
231–238.

[541] Ulrich Wickert lobt Theodor dafür, daß er die Gegenwart als die heilsgeschichtliche Situation des Interims zwischen den Zeiten erkannt hat (Studien 190–196
u.ö.). Vgl. auch Bultmann, Die Exegese 91f.; Greer, The Captain 191f.

Vergangenheit	*Gegenwart*	*Zukunft*
Altes Testament	Neues Testament	
Sterbliches Leben auf der Erde	Berufung zum Himmel, Hoffnung	Leben im Himmel, Unsterblichkeit
Monotheismus Lehre der Propheten	Glaube an die Trinität Lehre Jesu Christi	Schau des Dreieinigen
Wandel unter dem Gesetz	Wandel der Gnade, Leben nach Christi Geboten	Sündloses Leben ohne Gesetz in einer unveränderlichen Natur
Kult des Gesetzes, Schatten ohne Ähnlichkeit mit dem Himmel	Kult der Eucharistie, Bilder, Anteil am Himmel	Himmlischer Kult unter Christus, dem Hohenpriester
Adam als Haupt, Teil der Menschheit	Christus als Haupt, Teil der Kirche	
Geburt	Taufe	Auferstehung
Nahrung	Eucharistie	Himmlische Nahrung
Christi Leben bis zur Taufe	Christi Leben zwischen Taufe und Kreuz	Christus nach seiner Auferstehung und Erhöhung
Unser Leben bis zur Taufe	Unser Leben nach der Taufe	Nach Auferstehung und Verwandlung

Doch neben diesem Schema gibt es auch das zweiteilige Schema vom alten und neuen Zustand. In den katechetischen Homilien stellt Theodor beide gern einander gegenüber:

Denn sie [scil. die, die an den Mysterien teilnehmen], werden unsterblich statt sterblich, unverderblich statt verderblich, leidensunfähig statt leidensfähig, unveränderlich statt veränderlich. Statt Knechte sind sie Freie, statt Feinde Freunde, statt Fremde Kinder. Und hinfort erscheinen sie nicht mehr als Teil Adams, sondern [als Teil] Christi, und sie nennen nicht mehr Adam ihr Haupt, sondern Christus, der sie erneuert hat. Sie bearbeiten nicht mehr eine Erde, die Dornen und Disteln trägt [Gen 3,18], sondern wohnen im Himmel, fern und fremd allen Trübsalen und [allem] Seufzen. Und nicht herrscht über sie der Tod, sondern sie herrschen im neuen Leben, wobei sie keine Knechte der Sünde sind, sondern Diener der Gerechtigkeit, und keine Diener des Satans sind, sondern die, die allezeit mit Christus sind.[542]

Theodor bedient sich auch des aus der jüdischen Apokalyptik stammenden Schemas von den beiden Zeitalter oder Äonen, dem ‘almâ hânâ (ὁ αἰὼν οὗτος) und dem ‘almâ da‘tîḏ (ὁ μέλλων αἰὼν).[543] Himmel und Erde sind einander entgegengesetzt als die den Äonen entsprechenden Orte,[544] und die beiden Häupter der Menschheit, Adam, der allgemeine Vater, und Christus, der neue Adam, sind die Anfänger der beiden Zeitalter.[545]

Der Adam-Christus-Typologie bedient Theodor sich auch in anderen Werken, besonders den neutestamentlichen Kommentaren, immer wieder gern, um die Heilsgeschichte und das Fortschreiten des Christen vom einen zum anderen Äon kurz auf den Punkt zu bringen.[546] Die sich hierin äußernde Tendenz zur Zweiteilung der Heilsgeschichte in zwei Äonen hat sich bei Theodor offenbar im Verlaufe seiner Entwicklung verstärkt. Sie führt schließlich in den Spätwerken dazu, daß Theodor die gesamte Heilsgeschichte als ein göttliches Erziehungsprogramm begreift, in das Sünde und Sterblichkeit von vornherein von Gott eingeplant sind, weil die Erfahrung davon dem Menschen zum Genuß des unsterblichen Lebens unabkömmlich sei. Im fünften Buch des Genesis-Kommentars schreibt Theodor:

> Also hat er [scil. Gott] den Tod den Menschen nicht gegen seinen Willen und gegen seinen Entschluß auferlegt, noch hat er den Zugang der Sünde zu keinem Nutzen gegeben, denn das hätte, wenn er es nicht gewollt hätte, gar nicht geschehen können; sondern weil er wußte, daß es uns, mehr noch aber allen vernünftigen Wesen nützlich sei, daß zuerst der Zugang zum Schlechten und Schlechteren geschieht, dann aber all dies [scil. Schlechte] zerstört wird, das Bessere aber eingeführt wird, deswegen teilte Gott die Schöpfung in zwei Zustände [status – καταστάσεις], den gegenwärtigen und den zukünftigen, wobei er in jenem alles zur Unsterblichkeit und Unveränderlichkeit führen wird, in der gegenwärtigen Schöpfung aber uns in den Tod und in die Veränderlichkeit entläßt. Denn hätte er uns sofort von Anfang an

---

[542] *Hom.cat.* 1,4; vgl. 1,3; 14,1; 16,30.
[543] *Hom.cat.* 1,3f.; 6,13; 10,17; 11,13f.; 12,13; 15,4.7.
[544] *Hom.cat.* 1,4; 13,19; 14,1; 16,30.
[545] *Hom.cat.* 1,4f.; 5,10; 10,17; 12,26; 13,5; 14,21.25.
[546] *Exp. in Ps.* (CSCO 435, 2,4–8); *De inc.* 50 (Lagarde 103,5–9); *In Matth.* 3,15 (*TU* 61, 101, Fgm. 14,2–8); *In Ioh.* II 3,29 (CSCO 115, 78,5–28; 80,20–81,1); IV 10,31 (ebd. 214,22–215,3); VI 17,11 (ebd. 313,12–314,10.24–315,10); 17,21 (ebd. 319,24–320,2.18–22); *In Rom.* 5,13f. (*NTA* 15, 119,12–26); 7,4 (ebd. 124,7–16); *In I. Cor.* 11,3 (ebd. 187,10–14); 15,45–47 (ebd. 195,9–20); *In Gal.* 3,27f. (Swete I 57,1–58,15); *In Eph.* 1,22f. (ebd. 139,6–140,26); *C.def.pecc.orig.* III (*ACO* I 5, 175,30–176,7).

unsterblich und unveränderlich gemacht, hätten wir keinen Unterschied
zu den unvernünftigen Wesen und würden das eigene Gute nicht kennen. Kennten wir nämlich die Veränderlichkeit nicht, würden wir das
Gut der Unveränderlichkeit nicht kennen. Wüßten wir nichts vom Tode,
wüßten wir nichts vom Gewinn der Unsterblichkeit. Kennten wir die
Verderblichkeit nicht, würden wir die Unverderblichkeit nicht loben.
Wüßten wir nichts von der Beschwernis der Leidenschaften, würden
wir die Leidenschaftslosigkeit nicht bewundern. Um es zusammenfas-
send zu sagen und keine lange Predigt zu machen: Wüßten wir nichts
von der Erfahrung der Übel, könnten wir nicht das Wissen über jene
Güter erwerben.[547]

Ansätze zu dieser Anschauung finden sich schon in früheren Werken.
So sagt Theodor in der 14. Homilie:

> Denn es ist unmöglich, daß für uns die Ursache unserer ersten Formung
> eine andere sei als die der zweiten, die viel besser ist als jene. Zuerst
> aber ist das gewiß, daß der, der uns am Anfang sterblich machen
> wollte, der ist, dem es jetzt gefällt, uns unsterblich zu machen, und
> der, der uns am Anfang verderblich gemacht hat, uns jetzt unverderb-
> lich macht. Denn leidensfähig und veränderlich wollte er uns am Anfang
> machen, aber zum Schluß macht er uns leidensunfähig und unverän-
> derlich, weil er der Herr ist und die Macht hat, dies und das zu
> machen.[548]

In der Literatur wird Theodors heilsgeschichtliches System sehr oft,
auch bei Autoren, die den Mopsuestener sonst ganz unterschiedlich
deuten und beurteilen, als die Lehre von den beiden Katastasen oder
Zuständen charakterisiert, der gegenwärtigen und der kommenden
Katastase.[549] Dabei sehen Ignacio Oñatibia, Rowan A. Greer, Alois
Grillmeier und José Maria Lera jedoch durchaus die reale Vor-
wegnahme der kommenden Katastase in den τύποι der Sakramente.

---

[547] *In Gen.* V (*ACO* IV 1, 64,25–65,7); vgl. 1,26 (Sachau 22,15–23,19 (14)); 2,15
(ebd. 15,6–17,8 (10f.)); V (*ACO* IV 1, 65,10–13.31–66,8); *C.def.pecc.orig.* III (*ACO* I
5, 175,22–24).
[548] *Hom.cat.* 14,14; vgl. *In Ion.* praef. (GOF.B 1, 169,8–20); *In Rom.* 7,13 (*NTA*
15, 129,16–24); *In Gal.* 2,15f. (Swete I 25,17–26,26).
[549] Harnack, *Lehrbuch* II 151–153.345; Bultmann, *Die Exegese* 87 und passim;
Devreesse, Essai 100f.; Oñatibia, La vida christiana 101–109; de Vries, Das eschatologische Heil 309–311; Greer, *Theodore* 72–75; *The Captain* 179–192 und passim;
Ziegenaus, *Das Menschenbild* 45–123; Norris, *Manhood* 160–172; Studer: in Studer-
Daley, Soteriologie 184–190; Scheffczyk, Urstand 172; Grillmeier, *Jesus der Christus*
1 615; Daley in: B. Daley – J. Schreiner – H.E. Lona, Eschatologie. *HDG* IV 7a:
175f.; Hellemo, *Adventus* 228–247 passim; J.M. Lera, Art. Théodore de Mopsueste,
in: *DSp* 15. Paris 1991, 385–400: 389–398; Bruns, *Theodor von Mopsuestia, Katechetische
Homilien* I. FC 17,1. Freiburg 1994: 63–65; *Den Menschen* 384–390 und passim.

Trotzdem paßt das Zwei-Katastasen-Schema besser zu den späteren Werken als zu den katechetischen Homilien. Das Wort κατάστασις (syrisch *tûqânâ*) ist ihnen selten. In der dritten Homilie heißt es:

> So [ist Christus] auch "Erstgeborener der ganzen Schöpfung", weil er als Erster durch die Auferstehung von den Toten erneuert und zu einem neuen, wunderbaren Leben verwandelt wurde und auch die ganze Schöpfung erneuerte und sie zu einer neuen, besseren κατάστασις führte.[550]

3.7. Trinitätslehre und Christologie

Inwiefern ist Theodor, vor allem in seinen Homilien, ein Theologe des Nicänums? Das war unsere Ausgangsfrage.[551] Nachdem wir die Heilsgeschichte nach Theodor von Mopsuestia durchquert haben, wollen wir nun auf den eigentlich dogmatischen Gehalt der katechetischen Homilien zu sprechen kommen. Theodors "Nicänum" ist trinitarisch aufgebaut, und ein nicht geringer Teil sowohl des Bekenntnisses als auch seiner Auslegung behandelt die Dreieinigkeit; in der Auslegung handelt es sich besonders um die Homilien 2; 3; 4; 9; 10. Die Zwei-Naturen-Christologie wiederum – auch sie findet Theodor ja im Nicänum wieder[552] – wird besonders in den Homilien 3; 5; 6; 8 behandelt.

3.7.1. *Trinitätslehre*

Bisher haben wir Theodors Theologie als eine Theologie der Heilsgeschichte kennengelernt: Gott nimmt, um die Menschheit aus Sünde und Sterblichkeit zu erlösen, einen von ihnen an, führt an ihm die allen Menschen zu gebende Erneuerung durch, läßt ihn zu sich in den Himmel auffahren und gewährt den Menschen Anteil an dieser Erneuerung, zuerst vorläufig in den Sakramenten und im Glauben, in der kommenden Welt aber in Wirklichkeit. Wo bleibt aber da die heilige Dreieinigkeit? Ist sie diesem System nicht als etwas aufgepfropft, was eigentlich gar nicht zu ihm paßt?

---

[550] *Hom.cat.* 3,9; vgl. 16,25. In 6,10 steht *tûqânâ* nicht in heilsgeschichtlicher Bedeutung. In 15,8 gibt vielleicht *qûyâmâ* das Wort κατάστασις wieder, in 1,9 vielleicht *mṭaqnânûṭâ*.

[551] Vgl. oben 3.1.

[552] Vgl. oben 1.3.1.

3.7.1.1. *Die Terminologie*

Theodors Trinitätslehre ist nicänisch, genauer gesagt: jungnicänisch. Gott ist eine Substanz (*'îtûtâ* – οὐσία)[553] und eine Natur (*kyânâ* – φύσις)[554] in drei Hypostasen (*qnôme* – ὑποστάσεις)[555] oder Personen (*parṣôpe* – πρόσωπα).[556] Die Jungnicäner hatten am Ende des trinitarischen Streites den Streit um die rechte Terminologie für die Trinitätslehre, um eine oder drei Substanzen und Hypostasen, dadurch entschieden, daß sie zwischen den Begriffen Substanz und Hypostase differenzierten. Eine Substanz und drei Hypostasen, hieß es jetzt: Die Substanz bezeichnet das Gemeinsame, die Hypostase das jeweils Besondere der drei göttlichen Personen. Der Begriff πρόσωπα – Personen als Bezeichnung für die Hypostasen schien Basilius noch sabellianisch zu sein, d.h. die drei Hypostasen eher als Erscheinungsweisen denn als selbständige Wesenheiten des einen Gottes zu bezeichnen.[557] Doch durchgesetzt hat es sich, mit Gregor von Nazianz den Begriff πρόσωπα neben ὑποστάσεις und gleichbedeutend mit ὑποστάσεις beizubehalten.[558] Theodor hält es ebenso, wie wir sahen, und das nicht nur in den Homilien; auch außerhalb ihrer nennt er die Hypostasen πρόσωπα.[559] Zwischen beiden Begriffen unterscheidet Theodor in seiner Trinitätslehre offenbar nicht. Im Kommentar zu Haggai schreibt er z.B., das Alte Testament habe noch nicht geglaubt, daß der Heilige Geist in eigenem πρόσωπον und in eigener ὑπόστασις da sei.[560] Weder läßt sich anhand seiner erhaltenen Schriften erweisen, daß er mit ὑπόστασις mehr die immanente und mit πρόσωπον mehr die sich dem Menschen offenbarende Subsistenzweise der göttlichen Personen bezeichnet,[561] noch, daß er den Begriff πρόσωπα benutzt,

---

[553] *Hom.cat.* 12,26; 13,15; 14,20f.; 16,6; vgl. *In Agg.* 2,2–5 (GOF.B 1, 311,13f.); *Ep.ad Artem.* II (Facundus, *Pro def.* III 5,8f.); *Fgm.* (Sachau. 98f. (60f.)).

[554] *Hom.cat.* 2,3; 3,2f.; 4,13; 8,18; 9,5.14.18; 10,13.22; 14,20f.; 16,23. Wo im syrischen Text *kyânâ* – Natur steht, kann es im griechischen Original auch οὐσία – Substanz geheißen haben, vgl. oben 3.3.1.

[555] *Hom.cat.* 2,3–5; 3,2f.

[556] *Hom.cat.* 3,2; 4,14; 16,6.

[557] Ep. 210,5; 214,3; 236,6.

[558] Gregor von Nazianz, *Or.* 39,11; 42,16; vgl. den Brief der Synode von Konstantinopel 382 (Theodoret, *Hist. eccl.* V 9,11).

[559] *In Agg.* 2,2–5 (GOF.B 1, 311,11–14); *In Eph.* 4,6 (Swete I 165,1–5.17–20); *Ep. ad Artem.* II (Facundus, Pro def. III 5,9); *Fgm.* (Sachau 98f. (60f.)).

[560] *In Agg.* 2,2–5 (GOF.B 1, 311,16–18).

[561] So Greer, *Theodore* 27–29; Bruns, *Theodor* I 43; *Den Menschen* 85.

um altnicänisch Gesonnenen, denen die Rede von drei Hypostasen arianisch erscheint, die Hand zum Frieden zu reichen.[562]

Jede der drei Hypostasen oder Personen, so legt es Theodor den Katechumenen dar, ist Gott,[563] und doch ist der Glaube an sie kein Polytheismus.[564] Das Bekenntnis zum einen Gott ist für sich noch nicht vollständig, es bedarf der Ausführung durch das, was zu jeder der drei Personen zu sagen ist.[565]

Gott der Vater ist der Ursprung von Sohn und Heiligem Geist.[566] Er ist Vater, weil es den Sohn gibt, und er ist nur Vater des aus ihm geborenen Sohnes;[567] daß er auch Vater der von ihm adoptierten, ihm vertrauten Menschen ist, ist eines der durch Christi Ökonomie erworbenen Güter.[568] Gott Vater ist von Ewigkeit Vater des eingeborenen Sohnes.[569] Das Vatersein gehört also zu seinem Wesen und ist nichts, was erst später zu seinem Wesen hinzugekommen wäre; er ist darum auch allein der wahre Vater.[570]

Der Sohn, der aus dem Vater geboren ist,[571] ist von Ewigkeit aus, bei und mit dem Vater[572] und ist, wiewohl aus dem Vater hervorgegangen, nicht zeitlich später als dieser (was bei der ewigen, unbegrenzten göttlichen Natur ja auch gar nicht möglich wäre).

> Denn es wäre nicht möglich, daß einer, der später entsteht, in Ähnlichkeit [*baḏmûṯâ* – ἐν μορφῇ oder ὅμοιος] mit dem ist, der von Ewigkeit da ist, weil der, der einen Anfang hat, auch dem nicht ähnlich werden [*baḏmûṯâ dhau nehwe*] könnte, der von Ewigkeit da ist.[573]

Weder ist der Sohn ein Geschöpf[574] noch adoptiert wie die anderen "Gottessöhne"[575] noch Gott "mit geborgtem Namen",[576] wie die Häretiker sagen, sondern er ist von der göttlichen Natur Gottes des

---

[562] So Bruns, *Theodor* I 104.
[563] *Hom.cat.* 2,3.5; 8,17; 9,5; 16,6.
[564] *Hom.cat.* 3,2; 4,13.
[565] *Hom.cat.* 2,5; 3,1f.; 10,14.
[566] *Hom.cat.* 2,5.
[567] *Hom.cat.* 2,10–18.
[568] Vgl. oben 3.3.3.; 3.6.1.2.
[569] *Hom.cat.* 2,7–9.16.
[570] Vgl. oben 3.3.3.
[571] *Hom.cat.* 1,12; 3,8.11.13; 4,1f.; 5,1; vgl. *In Ioh.* VI 16,25 (CSCO 115, 302,6–8).
[572] *Hom.cat.* 2,7.12; 3,8.13–15; 4,2.6.19; 5,4; 9,12; vgl. *C.Apoll.* III (Facundus, *Pro def.* III 2,4).
[573] *Hom.cat.* 4,5; vgl. 4,2.6; *In Ioh.* I 1,1 (CSCO 115, 21,21–22,23).
[574] *Hom.cat.* 3,12; 4,3–7; 5,1.
[575] *Hom.cat.* 3,13; 4,1; 5,1; vgl. Cyrill von Jerusalem, *Cat.* 11,7.
[576] *Hom.cat.* 3,13; 4,1.10f.; 5,1.

Vaters,[577] wahrer Gott,[578] eines Wesens (ὁμοούσιος) mit dem Vater[579] und weder höher noch niedriger als dieser.[580] In dieser seiner Stellung ist er einzigartig und steht über allen Geschöpfen; er ist eben der eingeborene Sohn.[581]

Auch der Heilige Geist ist Gott und nicht etwa ein Geschöpf, wie das gewisse Häretiker behaupten.[582] Er ist von der Natur des Vaters und des Sohnes,[583] ist von Ewigkeit da,[584] ist allezeit beim Vater und beim Sohn[585] und ist einer wie Vater und Sohn.[586] Vor der Anwendung des Wortes ὁμοούσιος auf das Verhältnis des Geistes zu Vater und Sohn scheint Theodor allerdings Scheu zu haben. Selbst als er in Homilie 9,7 an die Väter von Nicäa, das ὁμοούσιος und den kurzen dritten Artikel des Urnicänums erinnert, fällt ihm nicht ein, die Wesenseinheit auf den Geist zu übertragen. In einem Fragment des Genesis-Kommentars heißt es sogar:

> Es gibt zwei Kräfte des Gottes und Vaters, Gott das Wort und den Sohn und den Heiligen Geist, die zwar nicht wesenseins sind, die [scil. Sohn und Geist] aber einen ähnlichen Ausgang aus dem Vater haben.[587]

3.7.1.2. *Die Trinität im Zusammenhang von Theodors Theologie*

Bei alledem bleibt aber die Frage, was diese nach dem Standpunkt der jungnicänischen Orthodoxie makellose Trinitätslehre,[588] die Theodor den Katechumenen mit auf den Weg gibt, mit seiner Lehre von der Heilsgeschichte und der Zueignung der Heilsgüter zu tun hat.

Bei Theodor gibt es – dem Zuge seiner Zeit entsprechend – kein nach außen hin getrenntes Wirken der göttlichen Personen. Die Schöpfung ist zwar das Werk des Vaters,[589] aber der Sohn ist – gemäß

---

[577] *Hom.cat.* 1,11f.; 2,14; 3,5.11.13f.; 4,2.7f.; 5,1; 9,7; 13,8.
[578] *Hom.cat.* 3,4; 4,8–11; 8,1.
[579] *Hom.cat.* 4,13–17; 8,1.3; 9,7.
[580] *Hom.cat.* 4,12.
[581] *Hom.cat.* 3,6–11; 4,4–6; 9,12.
[582] *Hom.cat.* 9,14f.; 10,19.
[583] *Hom.cat.* 1,12; 9,7.12; 10,2.9f.13.
[584] *Hom.cat.* 10,9f.
[585] *Hom.cat.* 1,12.
[586] *Hom.cat.* 9,16.18; 10,1.
[587] *In Gen.* 1,26 (*StT* 141, 14 Anm. 4).
[588] Wenn Anton Ziegenaus sagt, Theodor sei eigentlich Tritheist, er lehre drei Götter in einer gemeinsamen Natur oder Gattung (*Das Menschenbild* 30–32), so liegt das daran, daß Ziegenaus, des Syrischen nicht mächtig, der englischen Übersetzung Alphonse Minganas aufgesessen ist.
[589] *Hom.cat.* 2,10–15.

der Lehre der Schrift (Joh 1,3; 1. Kor 8,6; Kol 1,16; Hebr 1,2) und der seligen Väter – ebenso Schöpfer,[590] und desgleichen auch die ganze Dreieinigkeit.[591] Und im Menschen Jesus Christus wohnte nicht nur Gott der Sohn, sondern auch ganz allgemein Gott.[592] Manchmal läßt Theodor auch die ganze Trinität, Vater, Sohn und Geist, in Christus einwohnen; diese letzteren Stellen sind aber auch durch Theodors Soteriologie zu verstehen: Anläßlich der Taufe Christi und Anläßlich des Christus-Wortes, wonach er und der Vater in den Gläubigen einwohnen werden (Joh 14,23), legt Theodor dar, daß schon in Christus die ganze Trinität wohnte und daß die, die mit der gleichen Taufe wie er getauft werden, das auch für sich erhoffen dürfen.[593] Insgesamt jedenfalls hat Gott der Sohn als die zweite Person der Trinität für Theodors Verständnis der Ökonomie Christi kaum Bedeutung. Er folgt hier der kirchlichen Lehre und Tradition, versteht sich selbst auch als deren treuen Verfechter und Verteidiger. Für seine Konzeption aber wäre es hinreichend gewesen, daß Christus einfach ein Mensch ist, mit dem sich Gott verbunden hat und in dem er wohnt. Auch sonst gibt es in Theodors Heilsgeschichte kein sukzessives Auftreten der göttlichen Personen; alle drei sind vielmehr voneinander untrennbar[594] und haben einen Willen und eine Wirkung.[595]

Aber auch die der Trinität immanente Zuordnung des Sohnes und des Geistes zum Vater spielt bei Theodor eine sehr geringe Rolle. Er nennt den Sohn zwar nicht selten "Wort" oder "Gott das Wort" (vgl. Joh 1,1.14).[596] Doch nur einmal führt Theodor aus, was diese Bezeichnung bedeutet, und auch dort nur, um sie gleich wieder einzuschränken: Der Sohn heiße Wort, weil er im Vater sei, von ihm untrennbar, und aus dem Vater hervorgehe, so wie ein Wort aus und in der Seele sei. Indessen habe dieses Bild auch seine Grenzen, denn das ausgesprochene Wort habe kein eigenständiges Dasein (Hypostase) und sei auch von einer anderen Substanz als die Seele, aus der es hervorgegangen sei; damit wir das nicht auch vom Sohn

---

[590] *Hom.cat.* 4,18f.; vgl. In Ioh. II 5,23 (CSCO 115, 117,11–14).

[591] *Hom.cat.* 13,15; 14,14.

[592] *Hom.cat.* 3,4.6f.; 5,10.18.21; 12,9.

[593] *Hom.cat.* 8,17f.; 14,24f.; vgl. *De inc.* XIV (*ACO* IV 1, 51,32–52,6); *C.Apoll.* III (Swete II 317,1–24; *ACO* IV 1, 48,16–25).

[594] *Hom.cat.* 8,17f.; 14,21.

[595] *Hom.cat.* 4,14f.; 9,18; 14,20f.; vgl. *In Ioh.* II 5,19 (CSCO 115, 110,13–25); VI 16,13 (ebd. 295,11–16).

[596] *Hom.cat.* 1,14; 3,2.5.14; 4,10; 5,4.6.17; 6,4.6; 7,9f.13; 8,1.3.7.15–18; 9,2; 16,2.

in bezug auf den Vater dächten, habe der Evangelist schnell angefügt: "Und Gott war das Wort."[597] Die Untrennbarkeit des Geistes
von Gott (dem Vater) kann Theodor mit der der menschlichen Seele
vom Menschen vergleichen.[598] Aber von der Lehre etwa eines Gregor
von Nyssa, der die Existenz des Sohnes und des Geistes daraus
ableitet, daß Gott nicht ohne Wort und Geist sein könne,[599] ist all
das weit entfernt.[600] Auch die klassische Unterscheidung der drei
Hypostasen nach ihren innertrinitarischen Beziehungen durch Gregor
von Nazianz in das Ungeborensein (ἀγεννησία) des Vaters, das Gebo-
rensein (γεννησία) des Sohnes und das Ausgesandtsein (ἔκπεμψις) des
Geistes[601] ist etwas, was Theodors Denken zwar nicht widerstreitet,
aber ihm doch recht fern liegt.

Wie wenig Theodors Trinitätslehre mit seiner heilsgeschichtlichen
Theologie verbunden ist, zeigt sich bei der Behandlung des Heiligen
Geistes am deutlichsten. Der Geist, so haben wir gesehen, ist die
Kraft, die verwandelt; er ist der Begleiter Christi bei seiner Ökonomie,
ihm bei der Taufe verliehen, er verwandelt Christus bei seiner Auferstehung, er ist die Wirkursache der Sakramente, und er ist die Kraft,
die uns wie Christus bei der Taufe die Adoption gibt und uns zuletzt
die himmlischen Güter verleihen soll. Ganz anderes lesen wir in
Theodors Auslegung des dritten Glaubensartikels, in der Theodor
die Gottheit des Heiligen Geistes beweisen will. Theodor beruft sich
zunächst auf den trinitarischen Taufbefehl Christi und das trinitarische
Bekenntnis: Wenn der Heilige Geist gemäß Christi Befehl in der
Unterweisung und bei der Taufe genannt wird, kann er kein Geschöpf
sein, sondern muß Gott sein, denn weder hätte Christus seinen Jüngern die Verbreitung der Verehrung von Geschöpfen aufgetragen,
noch könnte ein Geschöpf die durch die Taufe verliehenen Gaben
geben.[602] Des weiteren zeigten schon die Bezeichnungen "heilig" und
"Geist", daß es sich beim Heiligen Geist nur um die göttliche Natur

---

[597] *Hom.cat.* 3,14; vgl. *In Ioh.* I 1,1 (CSCO 115, 21,10–27).

[598] *Hom.cat.* 8,17; 10,8; vgl. *Disp.cum Mac.* 23.

[599] *Or.cat.magn.* 1,1–5,1.

[600] Am nächsten kommt dem noch ein Stück aus dem Kommentar zu Gen 1,26,
wo Theodor die beiden Kräfte Gottes des Vaters, den Logos-Sohn und den Heiligen
Geist, in den beiden Kräften der menschlichen Seele, Wort und Leben, wiederfin-
det (*StT* 141, 14 Anm. 4; *Muséon* 100 (1987) 278–280, Fgm. VIII).

[601] *Or.* 25,16. Vgl. K. Holl, *Amphilochius von Ikonium in seinem Verhältnis zu den grossen Kappadoziern.* Tübingen 1904: 159–178; Seeberg, *Lehrbuch* II 126–128; F. Court,
Trinität. *HDG* II 1a. Freiburg 1988: 173–181; Beyschlag, *Grundriß* I 292–298.

[602] *Hom.cat.* 9,2–7.12–15; 10,1.3; vgl. 2,3.

handeln könne, die allein in Wahrheit heilig und Geist sei.[603] Das
alles, so richtig es sein mag, erklärt aber doch nicht, warum es neben
Vater und Sohn auch noch des Heiligen Geistes bedarf, um die Güter
der Taufe zu verleihen. Und wenn nur Gott wahrhaft heilig und
Geist ist, dann zeigt das, daß eben die göttliche Natur insgesamt
heiliger Geist ist. Theodor hat in seiner Beweisführung Subjekt und
Prädikat der Aussage vertauscht und nicht gezeigt, daß der Heilige
Geist Gott ist, sondern sondern daß Gott heiliger Geist ist. Warum
der Heilige Geist da noch eine Hypostase für sich sein muß, neben
Vater und Sohn, die ja genauso heiliger Geist sind wie er, ist nicht
recht einzusehen. Bei der Auslegung von "den Geist der Wahrheit,
der aus dem Vater ausgeht, den lebenschaffenden Geist"[604] kommt
Theodor seinen Aussagen über den Heiligen Geist, wie er sie sonst
trifft, am nächsten; allerdings unterscheidet er genau zwischen dem
Geist als der von Christus den Jüngern verheißenen Gabe und dem
Geist, der Gott ist und, weil er nach seiner Natur immer und überall da ist, nicht erst kommen muß.[605] Derjenige Heilige Geist, den
wir als Gabe Christi und als Angeld bekommen haben, ist also gar
nicht der Heilige Geist des Bekenntnisses, auf den wir getauft werden; dieser steht hinter ihm verborgen und ist, wie auch der Vater,
seine Quelle.[606] Dabei bleibt Theodor theologisch durchaus nicht hinter der Entwicklung seiner Zeit zurück. Er hat eine ausgeprägte
Theologie des Geistes, nur setzt er sie kaum für die Trinitätslehre
um, anders, als es etwa Basilius tut, der eben zum Beweis für die
Gottheit des Geistes auch an die Wirkung des Geistes und die Erfahrung der Frommen mit ihm erinnert.[607] Ebensowenig hatte Theodor,
wie wir sahen, mit Athanasius die Erlösung durch Christus als Argument für Christi Gottheit gegen die Arianer verwendet.[608] Soteriologie
und Trinitätslehre stehen bei Theodor fast unverbunden nebeneinander; denn Gott ist für ihn zu transzendent, um in der Erlösung
unmittelbar und erfahrbar zu wirken. Erfahrbar ist der Mensch
Christus, erfahrbar ist die Gabe des Geistes und ihre Wirkungen,
nicht Gott der Sohn und Gott der Geist selbst.

---

[603] *Hom.cat.* 9,8–13.
[604] *Hom.cat.* 10,3–12.
[605] *Hom.cat.* 10,7.9; vgl. *Disp.cum Mac.* 25f.; *In Ioh.* III 7,37–39 (CSCO 115, 162,6–9);
VI 14,25f. (ebd. 277,6–15). Vgl. dazu Dewart, *The Theology* 139–143.
[606] *Hom.cat.* 10,10.
[607] *De spir.s.* XVI 37–40.
[608] Vgl. oben 1.4.5.

Was also hat die Trinität in Theodors katechetischen Homilien für eine Funktion?

Zunächst einmal sind Taufunterricht und Taufe der klassische Sitz im Leben aller Trinitätslehre.[609] Die Taufe geschieht im Namen des dreieinigen Gottes, ihr geht das Bekenntnis zu diesem dreieinigen Gott voraus, und dieses seinerseits folgt der Unterweisung über den Dreieinigen. Beides, trinitarisches Bekenntnis und Unterweisung und die Taufe, wurden zusammen durch Christi "Überlieferung" an seine Jünger gestiftet.[610] Die Taufe ist in Theodors Katechese und Theologie überhaupt das Band, das Trinitätslehre und Soteriologie zusammenhält. Die Trinität wird bei der Taufe bekannt,[611] weil sie die "Ursache aller Güter" ist;[612] wer nicht auf die ganze Trinität getauft würde, für den wäre die Ursache der Güter und somit auch die Güter selbst nicht vollständig da. Daß Theodor diese Güter nicht auf die verschiedenen Personen verteilt, für ihn vielmehr, wie er oft betont, die Ursache der Schöpfung mit der der Erlösung identisch ist, beides ist das unteilbare Werk der Trinität,[613] ändert daran nichts. Eben *weil* die Werke nach außen unteilbar sind und wir die Güter nicht jeweils einer bestimmten Person verdanken, sondern allen dreien, ist der Glaube an die Trinität unteilbar. Wie wichtig die Trinität, und zwar die ganze Trinität, für Theodor bei der Taufe ist, mag eine Beobachtung Hugh M. Rileys bestätigen: Während Ambrosius das dreimalige Untertauchen bei der Taufe mit der dreifachen Verleugnung Petri und Jesu dreifacher Frage "Hast du mich lieb?" in Verbindung bringt, hat in Theodors Taufliturgie und ihrer Erklärung das dreimalige Untertauchen die Bedeutung der Taufe auf jede einzelne der drei Personen.[614]

Neben dem Katechismus-Unterricht und der Taufe hat die Trinität auch in der Liturgie ihren Ort. Am Ende jeder Homilie lädt Theodor seine Katechumenen zum gemeinsamen Lobpreis für Vater, Sohn und Heiligen Geist ein. Wer in diesen Lobgesang einstimmt, nimmt schon an der geheimnisvollen himmlischen Liturgie der Seraphim teil, die – Jesaja der Prophet hat es geschaut – das Mysterium der

---

[609] Vgl. oben 1.5.1.

[610] Vgl. oben 1.5.2.

[611] *Hom.cat.* 9,3–6.12f.18; 10,1.13f.22; 13,15; 14,16.24f.

[612] *Hom.cat.* 9,4–6; 10,14.22; 12,26; 13,15; 14,16.20; 16,6.

[613] *Hom.cat.* 1,12; 9,15; 10,12; 11,8; 13,6.15; 14,14; vgl. *In Gen.* 1,26 (Sachau 22,15–23,19 (14)).

[614] *Christian Initiation* 290f. Vgl. *Hom.cat.* 14,14–20.

Dreieinigkeit mit dem dreifachen "Sanctus" anbeten.[615] Insofern erhebt der trinitarische Lobgesang uns ebenso wie die eucharistische Liturgie schon jetzt in den Himmel.

Sodann gibt es bei Theodor doch so etwas wie eine ökonomische Entfaltung der Trinität. Zwar kann er von seinem Gottesbegriff her die Personen nicht zu verschiedenen Zeiten in der Heilsgeschichte auftreten lassen, doch markiert der Glaube an die Trinität, wie er in Christi Taufbefehl begründet ist, den innerhalb der Heilsgeschichte entscheidenden Erkenntnisfortschritt des Neuen gegenüber dem Alten Testament: Statt des bloßen Monotheismus der Propheten gibt es nun die vollständige Kenntnis der göttlichen Hypostasen,[616] statt des Gesetzes aber die Güter, deren Ursache die Trinität ist.[617] Gerade die Offenbarung der Trinität durch Christi Taufbefehl zeigt, daß der eine, dreimal eine Gott, der als Schöpfer schon bekannt war, als Sohn und Geist auch die Ursache der Erneuerung ist.[618]

Schließlich aber ist dort, wo die trinitarische Häresie der Arianer die Häresie schlechthin ist, das nicänische Bekenntnis aber das Bollwerk der Orthodoxie, das rechte Verständnis der heiligen Dreieinigkeit das Kennzeichen des orthodoxen, katholischen Christen, der den Wahnsinn der Häretiker meidet und sich an den Glauben der Kirche hält, der im Geiste mit dabei war, wenn die seligen Väter und Lehrer der Kirche den rechten, einigen Glauben zu seinem Schutz mit klaren Definitionen festsetzten und der nun, nach der Bekehrung des Staates, zu denen gehört, deren Religion durch den Staat und seine Gesetze approbiert und gefördert wird. Bezeichnend ist, daß das einzige Mal, wo Theodor außerhalb der Homilien ausführlicher über die Trinitätslehre schreibt, nämlich im zweiten Brief an Artemon, der Zweck seiner Erörterung die Verteidigung gegen den Vorwurf der Heterodoxie ist.[619]

---

[615] *Hom.cat.* 16,3.36; vgl. *In Ioh.* V 12,41 (CSCO 115, 248,13–19; *StT* 141, 377,11–15).

[616] *Hom.cat.* 2,2–4; 9,3. Vgl. auch oben 3.5.1.

[617] Nach dem Genesis-Kommentar war den vernunftbegabten unsichtbaren Naturen, d.h. den Engeln, die Dreieinigkeit, wie sie sich auch im "Wir" des göttlichen Entschlusses zur Menschenschöpfung äußere, schon von Anfang an bekannt, vgl. *In Gen.* 1,26 (Sachau 21,2–22,14 (13f.)).

[618] *Hom.cat.* 9,15; 13,15; 14,14; vgl. *In Gen.* 1,26 (Sachau 22,15–24,2 (14f.)).

[619] Facundus, *Pro def.* III 5,8–10.

3.7.2. *Christologie*

3.7.2.1. *Die Christologie im Zusammenhang von Theodors Theologie*

Die Christologie ist in Theodors Denken so etwas wie der Schlußstein. Sie verbindet die divergierenden Interessen Theodors und hält sie in einem theologischen System zusammen: die göttliche Transzendenz gegenüber der geschaffenen Welt, die volle Menschheit Christi aus soteriologischem Erfordernis, aber auch aufgrund des biblischen Zeugnisses, die nicänisch-orthodoxe Trinitätslehre, schließlich auch die ungeteilte Anbetung der Person Christi in der Liturgie.

Einige Autoren freilich drehen das Verhältnis um und machen die Christologie vom Schlußstein zum Fundament. So halten Wilhelm de Vries und Günter Koch die Christologie für das bei Theodor Primäre und wollen aus der konsequenten Trennung von Göttlichem und Menschlichem in ihr auch die Soteriologie Theodors ableiten.[620] Peter Bruns schließlich meint, daß Theodors gesamtem Denken das ontologische Schema des Dyophysitismus zugrundeliege und sich aus ihm sein Weltbild, seine Christologie, seine Gnadenlehre, Ekklesiologie und Eschatologie ergeben.[621] Richtig ist, daß Theodor in seinem Denken göttliche und geschaffene Natur streng voneinander scheidet und sich dies durch seine ganze Theologie hindurchzieht.[622] Doch für Bruns' Entwurf ist es charakteristisch, daß er es in der Christologie mit der Konstatierung dieses Dyophysitismus sein Bewenden haben läßt und kaum einmal danach fragt, welche Bedeutung er für das Heilswerk Christi hat und inwiefern er für dieses Heilswerk notwendig ist. Ebenso bezeichnend ist es, daß die Ökonomie Christi innerhalb des Abschnitts zum zweiten Glaubensartikel überhaupt keine eigene Behandlung findet. Nicht auf die Vorläuferschaft Christi in seiner Ökonomie, deren Nachfolge sich die Kirche in den Sakramenten aneignet, kommt es nach Bruns an, sondern auf die Gemeinschaft von Himmlischem und Irdischem, Gott und Mensch in der Inkarnation.[623] So stehen in der Bruns'schen Darstellung die Christologie einerseits und die Soteriologie, Ekklesiologie und Sakramentenlehre andererseits praktisch unverbunden nebeneinander, abgesehen eben vom dyophysitischen Grundschema. Zu de Vries und Koch wiederum ist zu sagen, daß in Theodors Werken der Soteriologie eindeutig größeres Interesse gilt als der Christologie. Letztere wird fast nur in Werken behandelt, die ihr speziell gewidmet sind: *"Contra Eunomium"*, *"De incarnatione"*, *"Contra Apollinarem"* und die dritte, fünfte, sechste und achte Homilie zum Credo. Die Soteriologie dagegen beherrscht

---

[620] De Vries, Der "Nestorianismus" 92f. 98f. 145f.; Koch, *Die Heilsverwirklichung* 2f., vgl. auch den Aufbau seiner ganzen Arbeit.
[621] *Den Menschen* 36. 87–92. 114f. 120f. 157f. 197–203. 254f. 275. 291. 297. 302–304. 315f. 330f. 342f. 351. 354. 384f. u.ö.
[622] Vgl. oben 3.3.2.; 3.6.1.1.; 3.7.1.2.; unten 3.7.2.3.
[623] Vgl. oben 3.1.; 3.6.1.1.

nicht nur die Kommentare zum Neuen Testament, sondern ist auch bei der Erörterung des christologischen Problems das wichtigste Argument und der eigentliche Mittelpunkt.

Wie Theodor die Lehre von den zwei Naturen bei seiner Darlegung der Ökonomie Christi durchführt, haben wir oben gesehen: Die Naturen verhalten sich zueinander wie der Helfer und der, dem geholfen wird, wie der Handelnde und sein Werkzeug und wie Herr und Knecht.[624] Das Bekenntnis lehrt nach Theodor die beiden Naturen des Herrn Christus ebenso[625] wie der Name "Herr Jesus Christus".[626] Vor allem aber lehrt die Schrift die zwei Naturen in Christus,[627] und zwar in ihr insbesondere der achte Psalm, den ja schon Hebr 2,6–9 als Zeugnis von Christus zitiert. Er redet zuerst die Gottheit mit "Herr, unser Herrscher" an und wendet sich dann der Menschheit zu, deren die Gottheit gedacht hat, unter deren Füße sie alles getan hat und die sie zu Ehre und Herrlichkeit erhoben hat.[628] Sodann ist der Satz des Johannesprologs von der Fleischwerdung des Wortes zu nennen (Joh 1,14)[629] und zwei weitere Stellen aus dem vierten Evangelium über das Herunter- und Auffahren des Menschensohnes (Joh 3,13; 6,62).[630] Röm 1,3 redet vom Sohn (also der göttlichen Natur), der geboren ist aus dem Geschlechte Davids (nach der menschlichen Natur).[631] Auch in Röm 9,5 geht es um beide Naturen: Christus, der nach dem Fleisch von den Juden kommt, ist Gott über alles.[632] Zu nennen ist auch der Hymnus Phil 2,6-11 über die Gestalt Gottes, die Knechtsgestalt annahm, und über die Erniedrigung und Erhöhung dieser Knechtsgestalt[633] und 1. Tim. 3,16: Es erschien Gott im Fleisch.[634] Schließlich gibt es noch das Zeugnis des Hebräerbriefes: Der, durch

---

[624] Vgl. oben 3.5.3.; 3.5.4.

[625] Vgl. oben 1.3.1.

[626] *Hom.cat.* 3,2.4; 5,1; vgl. *De inc.* XII (Swete II 304,11–27; *ACO* IV 1, 62,9–13; Swete II 306,9–14).

[627] *Hom.cat.* 6,3; vgl. *De inc.* V 52 (Facundus, *Pro def.* IX 3,11); X 70 (ebd. IX 3,29); *C.Apoll.* IV (Swete II 321,13–19).

[628] *Hom.cat.* 5,5; 8,8; vgl. *Exp.in Ps.* 2,6 (CChr.SL 88 A, 13f.); 8 (ebd. 37f.; *ACO* IV 1, 52,22–53,2); 8,5–8 (*StT* 93, 46f.; CChr.SL 88 A, 40–42); *De inc.* (Sachau 55,8–10.17–56,6 (34f.)); II (*ACO* IV 1, 83,18–20); X (Swete II 301,27–302,9; *ACO* IV 1, 77,26–78,17); XI 73 (Sachau 77,25–78,14 (48f.)); *C.Apoll.* IV (Swete II 320,34–321,9). Vgl. auch Greer, *The Captain* 252f.

[629] *Hom.cat.* 3,4.

[630] *Hom.cat.* 8,11f.

[631] *Hom.cat.* 8,16; vgl. *In Rom.* 1,2f. (Facundus, *Pro def.* III 6,7f.).

[632] *Hom.cat.* 3,6; 6,4; 8,10.

[633] *Hom.cat.* 5,5f.; vgl. *De inc.* XI 73 (Sachau 72,18–77,12 (45–48); Lagarde 106,4–8).

[634] *Hom.cat.* 3,4.

den alles geschaffen ist und der viele Kinder zur Herrlichkeit geführt hat (die göttliche Natur), hat ihn (die menschliche Natur) durch Leiden vollendet (Hebr 2,10).[635]

3.7.2.2. *Die Terminologie*

Zwei Naturen also gibt es im Herrn Jesus Christus. Auf der einen Seite steht Gott der Sohn, das Wort, aus Gott und seiner Natur geboren und wahrer Sohn Gottes nach seiner Natur,[636] auf der anderen Seite ein Mensch,[637] kein Scheinmensch, wie die gnostisch-doketischen Häretiker sagen,[638] auch kein seelenloser Körper oder ein Mensch mit einer Seele ohne Geist (νοῦς), wie Arius und Apollinaris lehren, sondern ein vollständiger Mensch,[639] der mit uns durch die gemeinsame Natur verbunden ist,[640] ein Sohn Davids nach seiner menschlichen Abstammung,[641] für sich genommen nichts als ein Mensch[642] und nach seiner Natur kein wahrer Sohn Gottes, sondern Sohn aus Gnaden.[643] Beide Naturen sind durch die tiefe Kluft voneinander getrennt, die die ewige Welt von der zeitlichen und sterblichen, die Gott von seinen Geschöpfen scheidet. Es besteht zwischen ihnen keine natürliche Gemeinschaft oder Teilhabe aneinander, die Natur trennt sie.[644] Beide Naturen haben je für sich ein eigenständiges Dasein, und keine ist ein Teil der anderen. "Natur" hat hier, in der christologischen Zwei-Naturen-Lehre, eher die Bedeutung des Einzeldinges im Sinne der aristotelischen ersten Substanz als die Bedeutung der Gattung; "menschliche Natur" meint nicht die Gattung Mensch oder ihre spezifischen Eigenschaften, sondern den konkreten

---

[635] *Hom.cat.* 8,7.9; vgl. *De inc.* XIII 77 (Lagarde 106,21–24).

[636] *Hom.cat.* 8,16–18; 9,16; vgl. *De inc.* VII (Swete II 296,2–5); XII (ebd. 303,1–5. 17–19; *ACO* IV 1, 62,6f.; 79,13). An die Stelle des Sohnes kann Theodor auch die ganze Trinität oder auch Gott überhaupt setzen, vgl. oben 3.7.1.2.

[637] *Hom.cat.* 8,2f.

[638] *Hom.cat.* 5,8f.19; 7,1; vgl. *De inc.* X 72 (Sachau 78,15–79,11 (49)).

[639] *Hom.cat.* 5,10–14.17.19; vgl. *Fgm.* 6 (Sachau 99 (60)). Zur Polemik gegen die arianische und apollinaristische Verkürzung der menschlichen Natur Christi und ihren Motiven vgl. oben 1.4.4.

[640] *Hom.cat.* 6,10f.; vgl. *In Gal.* 4,4f. (Swete I 62,6f.); *In Eph.* 2,5 (ebd. 145,10f.).

[641] *Hom.cat.* 3,6; 6,4; 8,1–4.

[642] *Hom.cat.* 6,3f.; 8,12; vgl. *De inc.* II (*ACO* IV 1, 62,21f.; 83,21f.).

[643] *Hom.cat.* 8,15f.; vgl. *De inc.* II (Swete II 303,11–19; *ACO* IV 1, 62,4–6; 79,11–13; Swete II 305,28–306,8); *In Ioh.* I 1,16 (CSCO 115, 37,28–38,5); II 5,37 (ebd. 124,27–125,2); *In Col.* 1,13 (Swete I 260,4–6).

[644] *Hom.cat.* 3,6; 6,4f.; 8,1.4–6.10.13; vgl. *De inc.* II (*ACO* IV 1, 63,1–8; 83,33–84,4.16–18); V 52 (Facundus, *Pro def.* IX 3,12); XI 73 (Sachau 73,2–5 (45)).

Menschen (nämlich Christus).[645] Theodor hätte auch sagen können:
Beide Naturen sind in je eigener Hypostase da. "Hypostase" bedeutet
für Theodor ja das selbständige, durch sich existierende Einzelwesen
(weshalb etwa die Tierseele und das gesprochene Wort keine Hypostasen sind).[646]

Auch nach der Vereinigung bleiben göttliche und menschliche
Natur für sich bestehen. Für den Akt der Vereinigung benutzt Theodor
gewöhnlich das Wort *nsaḇ* – λαμβάνω – *assumo* – annehmen: Die
göttliche Natur nimmt die menschliche an (vgl. Phil 2,7).[647] Außerdem
spricht er vom Anziehen der menschlichen durch die göttliche Natur[648]
und davon, daß die göttliche Natur die menschliche mit sich verbunden hat (*ʾaqqef*);[649] die Ausdrücke "Fleisch werden" und "Mensch
werden" meidet er.[650] Wenn Theodor schließlich auch von Adoption
(*sîmaṯ bnayyâ* – υἱοθεσία) der Menschheit Christi durch die Gottheit
redet,[651] steht bereits sein soteriologisches Konzept im Hintergrund,
nach dem wir an Christi Gütern teilhaben, nur eben hier nicht von
Christus auf uns, sondern umgekehrt von uns auf Christus projiziert,
denn die Adoption durch Gott gehört zu den Heilsgütern, die uns
erwarten. Als Ergebnis der Vereinigung ist die menschliche Natur
nunmehr der "angenommene Mensch" (*barnâšâ meṯnseḇ* – ἄνθρωπος
ληφθείς – *homo assumptus*).[652] Die "Knechtsgestalt" (Phil 2,7),[653] die menschliche Natur, ist der Tempel (Joh 2,19.21) der göttlichen Natur.[654]
In ihm wohnt die Gottheit,[655] und ihm wird sie erkannt und gepredigt.[656] Schon Eustathius und Diodor schätzten das Bild vom Tempel
und seinem Bewohner für die Einwohnung der göttlichen Natur.[657]

---

[645] Vgl. oben 3.3.1. Dazu auch Sullivan, *The Christology* 203–205.

[646] Vgl. *Hom.cat.* 3,14; 5,15.

[647] *Hom.cat.* 3,4.6f.10; 5,4f.9–12; 6,3–6; 8,1.10.13; 12,20; 16,2.10.30 u.ö. Die gleiche Bedeutung hat *šqal* (ebd. 3,4; 5,1.3.7.9.15.17.19; 6,4; 12,9).

[648] *Hom.cat.* 3,4–7.10; 5,1.10.17f.21; 6,3.7; 7,1.9f.; 8,12f.; vgl. auch *Exp.in Ps.* 44
(45), 9 (*StT* 93, 290f.; CChr.SL 88 A, 200f.); *C.Eun.* XVIII (*Muséon* 71 (1958) 99),
wo Theodor die menschliche Natur ein Kleidungsstück der göttlichen nennt.

[649] *Hom.cat.* 6,4; 8,3; 16,2.

[650] Vgl. oben 3.5.3. Ebenso schon Diodor, *Fgm.* 14; 23.

[651] *Hom.cat.* 3,9; 14,24f.; vgl. *In Ioh.* VII 20,17 (CSCO 115, 350,14–16); *In Col.*
1,13 (Swete I 260,4–6). Vgl. oben 3.5.3.

[652] *Hom.cat.* 7,10.13f.; 8,1 u.ö.

[653] *Hom.cat.* 3,10; 5,3–5; 6,5f.; 8,1.5.7.12f.16f.; 16,10.

[654] *Hom.cat.* 5,5; 6,6; 7,13; 8,5–7.14f.; vgl. *De inc.* (Sachau 81,22–82,4.12–16 (51));
Ep.ad Domn. (Swete II 339,7f.).

[655] *Hom.cat.* 3,5; 4,15; 5,7.17; 6,6; 7,1; 8,3.5.7.11f.14f.17.

[656] *Hom.cat.* 3,4; 5,1.5; 7,15; 8,17f.

[657] Eustathius, *De engastr.* 1. 17; *In inscr.tit.* fgm. 7; *De an. c.Ar.* fgm. 12; *Or.in illud:
Dom.creav.me* fgm. 19.27; *Or.c.Ar.* fgm. 44.48; Diodor, *Fgm.* 3; 15; 18–21; 27; 34f.

Bei dem, was in der Schrift, aber auch im Bekenntnis über Christus gesagt wird, unterscheidet Theodor genau, ob es sich auf die göttliche oder auf die menschliche Natur bezieht.[658] Die Aufteilung der Taten und Leiden Christi auf die Gottheit und Menschheit ist von den Theologen der Antiochenischen Schule zweifellos am konsequentesten durchgeführt worden;[659] erstaunlich ist z.B., wie Theodor bei Christi Wort über den Tempel seines Leibes (Joh 2,19) die göttliche Natur über die menschliche reden lassen kann wie über einen Gegenstand, der ihr zwar zu Gebote steht, mit dem sie aber sonst nicht weiter Verbindung hat.[660] Doch die Aufteilung der Person und Geschichte Christi als solche ist kein antiochenisches Sondergut. Es gibt sie bereits im System des Origenes.[661] Erst durch die Propaganda Apollinaris' und Cyrills von Alexandrien wurde sie als häretisch gebrandmarkt.

Diese beiden einander unähnlichen und trotz ihrem Zusammenhange für sich bestehenden Naturen oder Wesenheiten bilden nun aber doch eine Einheit. Theodor redet gelegentlich von *šautâfûtâ* – κοινωνία – Gemeinschaft der Naturen miteinander,[662] häufig von *naqqîfûtâ* – συνάφεια – *coniunctio* – Verbindung, Zusammenhang,[663] auch *naqqîfûtâ ḥattîttâ* – ἀκριβὴς συνάφεια – genauer Verbindung,[664] einer unteilbaren Verbindung,[665] die für immer besteht.[666] In anderen Werken verwendet Theodor neben συνάφεια für die Verbindung der Naturen

---

[658] Vgl. oben 3.5.3.; 3.5.4. Ferner *Hom.cat.* 3,10; 6,5; 8,1.13; *Exp. in Ps.* 8,5–8 (CChr. SL 88 A, 40–42); *De inc.* (Sachau 68,5–10 (42); 84,1–7 (52)); VII 60 (Lagarde 104,20–26); XII (*ACO* IV 1, 81,5–8); *In Ioh.* III 8,15 (CSCO 115, 167,25–169,3); *In Phil.* 2,8f. (Swete I 219,3–222,15); *In Col.* 1,17 (ebd. 272,9–273,9); 1,18 (ebd. 274,2–17); *C.Apoll.* III (*ACO* IV 1, 44,2–45,7).

[659] Vgl. auch Eustathius, *Or. in illud: Dom.creav.me* fgm. 21–25.27; *Or. in inscr. Ps. grad.* fgm. 33; *Comm. in Ps.92* fgm. 35; *Or.c.Ar.* fgm. 43.47f.; VI (Facundus, *Pro def.* XI 1,6.12.15); VIII (ebd. XI 1,22); Diodor, *Fgm.* 2; 15–19; 24f.; 36; 46–49.

[660] *Hom.cat.* 8,5–7; vgl. *De inc.* (Sachau 81,22–82,4.12–16 (51)).

[661] Vgl. Harnack, *Lehrbuch* I 684–690; Seeberg, *Lehrbuch* I 517–523. Auch die Monarchianer Praxeas und Calixt von Rom vertraten eine Art Zwei-Naturen-Lehre, wobei sie die leidensfähige und sterbliche Menschheit Christi den Sohn nannten, die unsterbliche, mitleidende Gottheit aber den Vater, vgl. Tertullian, *Adv. Prax.* 27,1f.; 29,3–6; Hippolyt, *Ref.* IX 12,18f.; X 27,4.

[662] *Hom.cat.* 3,4; 6,3; 7,10; 8,13.

[663] *Hom.cat.* 6,3f.7; 7,14; 8,4.7f.10.12–16; 12,9; 14,24; 15,10.27; 16,27; vgl. *De inc.* (Sachau 83,2 (52)); VIII 63 (Swete II 299,25; *ACO* IV 1, 57,12); XI 73 (Sachau 73,12 (45)); *In Ioh.* III 8,15 (CSCO 115, 167,30); *C.Apoll.* IV (Swete II 321,19).

[664] *Hom.cat.* 3,6f.10; 6,3f.6f.; 7,9; 8,11.13.15f.; 10,18.

[665] *Hom. cat.* 8,13; vgl. *Ep. ad Domn.* (Swete II 338,25f.); *C.Apoll.* IV (Facundus, *Pro def.* IX 4,9).

[666] *Hom.cat.* 8,7.10.15.

noch das Wort ἕνωσις – *unio, unitas* – Einheit, Vereinigung,[667] doch
das syrische Wort dafür, *ḥaḏyûṯâ*, ist in den katechetischen Homilien
nicht belegt; sei es, daß das Wort ἕνωσις hier wirklich nicht vorkommt, sei es, daß die Version es mit dem mit *naqqîfûṯâ* stamm- und
bedeutungsverwandten *neqpâ*[668] wiedergibt, oder daß sie zwischen
συνάφεια und ἕνωσις nicht differenziert.[669] Die Einheit und Verbindung
besteht durch den göttlichen Willen.[670] Der Ausdruck "Verbindung"
gewährleistet ebenso wie der von der Annahme der einen Natur
durch die andere, daß es sich um die Einheit zweier selbständiger
Subjekte handelt, nicht um eine Vermischung oder Metamorphose
(wie man den Ausdruck "Menschwerdung" verstehen könnte). Beide
Naturen bilden ein πρόσωπον (*parṣôpâ*); das ist der Ausdruck, den
Theodor für das Ergebnis und den Zustand der Vereinigung gewählt
hat. Das eine πρόσωπον ist das, wozu beide Naturen verbunden sind.

> Sie [scil. die seligen Väter] gingen nach den heiligen Schriften, die
> verschieden über die Naturen reden, wobei sie [aber] ein πρόσωπον
> lehren wegen der genauen Verbindung, die es gab, um nicht für sol-
> che gehalten zu werden, die die vollkommene Gemeinschaft trennen,
> die der, der angenommen worden ist, mit dem bekam, der ihn ange-
> nommen hat. Würde nämlich diese Verbindung aufgehoben, erschiene
> der, der angenommen worden ist, als nichts anderes denn als bloßer
> Mensch wie wir.[671]

Theodors christologischer Formel vom einen πρόσωπον der beiden Naturen
galt bei der Diskussion um seine Christologie stets großes Interesse.[672] Ein

---

[667] *De inc.* VII 59 (Swete II 296,20; 297,3.5.8); VIII 63 (ebd. 299,3.10.18; *ACO*
IV 1, 57,5.9f.); XI 73 (Sachau 73,8 (45); Lagarde 106,12); *Ep. ad Domn.* (Swete II
338,23); *C.Apoll.* (Sachau 97 (60)); IV (Swete II 321,18).

[668] In 3,4; 5,6 belegt.

[669] Cyrill von Alexandrien hat heftig gegen die Verwendung des Begriffs συνάφεια
durch die Antiochener polemisiert und unterstellt, sie verwendeten ihn im stoischen
Sinne, d.h. im Gegensatz zu ἕνωσις als Bezeichnung eines bloßen Nebeneinanders.
Doch seit Tertullian wurden beide Begriffe parallel verwendet sowohl für die trinitarische als auch für die christologische Einheit. Vgl. L. Abramowski, *Drei christologische Untersuchungen.* BZNW 45. Berlin (West) 1981: 70–103.

[670] *Hom.cat.* 3,9.

[671] *Hom.cat.* 6,3. Vgl. zu "ein Prosopon" 3,7.10; 6,7; 8,15; *Exp.in Ps.* 44 (45)
(Facundus, *Pro def.* IX 1,18); *C.Eun.* XVIII (*Muséon* 71 (1958) 99); *De inc.* V 52
(Facundus, *Pro def.* IX 3,10–12); VII (Swete II 296,5); VIII 63 (ebd. 199,5.11f.
18.25f.); *ACO* IV 1, 57,5.9.13; Swete II 300,4f.8); XI 73 (Sachau 73,8 (45); Lagarde
106,12); XIII (Facundus, *Pro def.* III 2,13); XV (ebd. IX 3,40); *In Ioh.* II 5,20 (CSCO
115, 113,29); III 8,15f. (ebd. 167,28–30); *In Phil.* 2,8 (Swete I 220,11f.); *Ep. ad Domn.*
(Swete II 338,26f.); *C.Apoll.* (Sachau 97 (60)).

[672] L. Abramowski, Zur Theologie 263–266; Koch, *Die Heilsverwirklichung* 46–49;
Grillmeier, *Jesus der Christus* 1 622–634; Bruns, *Den Menschen* 210–218.

Problem für ihre Beurteilung ist die doppelte Überlieferung eines Stückes aus *De incarnatione* VIII 63. Theodor schreibt hier über die Verbindung der beiden Naturen zu einem. Der griechisch-lateinischen und syrisch-monophysitischen Überlieferung der Gegner Theodors zufolge schreibt Theodor von zwei Naturen mit je einem eigenen πρόσωπον, die durch die Verbindung nicht mehr zwei πρόσωπα, sondern eines seien.[673] Dagegen ist nach der syrisch-nestorianischen Überlieferung von zwei Naturen in je eigener Hypostase die Rede, die zu einer Hypostase und einem πρόσωπον vereinigt werden.[674] Da Hypostase bei Theodor das ist, was eigenständig existiert, beide Naturen aber für ihn auch nach der Vereinigung eigenständig bleiben, werden wir Theodor (gegen die syrisch-nestorianische Überlieferung) kaum zu einem Verfechter der 451 auf dem Konzil von Chalcedon dogmatisierten Formel von der einen Hypostase machen können.[675] Oben haben wir gesehen, daß der gegnerischen Überlieferung gegenüber der syrisch-nestorianischen mehr Glaubwürdigkeit zukommt; letztere glättet den Text und verändert z.T. die dogmatische Terminologie.[676] So wird man hier der theodorfeindlichen Tradition folgen müssem.[677] Daß beide Naturen für sich betrachtet je ein eigenes Prosopon haben, sagt Theodor schließlich auch in der achten katechetischen Homilie, und zwar sowohl in der nestorianischen als auch in der theodorfeindlichen Überlieferung.[678] Wichtiger noch als die Frage, wie weit Theodors Terminologie mit der des Chalcedonense übereinstimmt, ist das damit allerdings zusammenhängende Problem, ob Theodor bei seiner Formel vom einen Prosopon eine wirkliche Subjekteinheit dieser Person aus zwei selbständigen Naturen vertritt oder wenigstens ahnt.[679]

Theodor sieht in dieser seiner Konzeption vom einen Prospon in zwei Naturen die Mitte zwischen zwei falschen Extremen, der Vermischung der Naturen einerseits, der Teilung des Prosopons andererseits; beides, Einheit und Trennung, besteht gleichzeitig.

---

[673] Swete II 299,1–300,10; *ACO* IV 1, 57,4–13; Lagarde 104,27–105,24.

[674] Sachau 69,16–71,10 (griechische Rückübersetzung: Richard, La tradition des fragments Περὶ τῆς ἐνανθρωπήσεως de Théodore de Mopsueste. *Muséon* 56 (1943), 55–75: 64f.).

[675] Gegen M. Richard, L'introduction do mot "Hypostase" dans la théologie de l'Incarnation. *MSR* 2 (1945), 5–32: 25.

[676] Vgl. oben 0.3.3.; 0.4. und zum Ersetzen des christologischen Begriffs πρόσωπον durch ὑπόστασις in der bei Theodor bar Koni bezeugten Fassung unserer syrischen Version der Homilien oben 0.3.2.

[677] Mit Sullivan, *The Christology* 58–88; L. Abramowski, Die Reste der syrischen Übersetzung von Theodor von Mopsuestia, De incarnatione, in Add. 14.669, in: *A Festschrift for Dr. Sebastian Brock*. Aram 5 (1993), 23–32: 27–32; Über die Fragmente des Theodor von Mopsuestia in Brit. Libr. add. 12.156 und das doppelt überlieferte christologische Fragment. *OrChr* 79 (1995), 1–8; gegen Richard, La tradition 63–66.

[678] *Hom.cat.* 8,15. Vgl. unten 3.7.2.3.

[679] Vgl. dazu unten 3.7.2.3.

Denn weder hebt die Trennung der Naturen die genaue Verbindung auf, noch verdirbt die genaue Verbindung die Trennung der Naturen. Sondern die Naturen bleiben, indem sie getrennt werden, in ihrer Substanz [ʾiṯûṯâ – οὐσία], und ihre Verbindung bleibt ohne Teilung.[680]

Ist es aber möglich, daß man von zwei Naturen, aber einem Prosopon redet? Theodor bejaht das,

> denn bei all dem, was in einer Hinsicht zwei ist und in einer Hinsicht eines, hebt ihre Verbindung, daß sie eines sind, nicht die Trennung der Naturen [d.h. Einzeldinge] auf, und die Trennung der Naturen hindert es nicht, daß sie nicht eines wären.

Beispiele dafür, daß zwei Dinge gleichzeitig zwei und eines sein können, sind Gott Vater und Sohn (Joh 10,30) und Mann und Weib (Matth 19,5).[681] So kommt Theodor zuletzt auf die christologische Formel: zwei nach der Natur, einer gemäß dem Zusammenhang.[682]

Bei Theodors Ausführungen zur Theorie seiner Zwei-Naturen-Lehre hat man insgesamt den Eindruck, daß ihm das begriffliche Instrumentarium lediglich zur Verfügung steht, um zu sagen, was er nicht meint, ihm aber zur Erklärung, worin die Einzigartigkeit der Verbindung beider Naturen zu einem πρόσωπον denn positiv besteht, die Begriffe fehlen. Es ist keine Verbindung nach der Natur, denn beide Naturen bleiben je für sich erhalten.[683] In *De incarnatione* VII legt Theodor in einer längeren Erörterung dar, daß die Einwohnung Gottes in Christus weder nach der Substanz (οὐσία) noch nach der Wirkung (ἐνεργείᾳ) geschieht (da die unbegrenzte göttliche Natur nach der Substanz keiner und nach der Wirkung jeder Sache einwohnt), sondern nach dem Wohlgefallen (εὐδοκίᾳ). Doch er fügt gleich hinzu, in Christus wohne Gott nicht einfach nach dem Wohlgefallen, sondern "wie im Sohn" (ὡς ἐν υἱῷ).[684] Es fällt Theodor offenbar schwer, diese

---

[680] *Hom.cat.* 8,13; vgl. 3,6.10; 6,4; 8,14; *De inc.* V 52 (Facundus, *Pro def.* IX 3,10–12); VIII 63 (Swete II 299,1–26; *ACO* IV 1, 57,4–13; Lagarde 105,7–16; Swete II 300,3–10); X 70 (Facundus, *Pro def.* IX 3,29); XI 73 (Sachau 77,12–18 (48); Lagarde 106,8–13); XII (Swete II 303,24–304,5; *ACO* IV 1, 79,16–20); *In Ioh.* III 8,15 (CSCO 115, 167,25–30); *Ep.ad Domn.* (Swete II 338,27–339,5).

[681] *Hom.cat.* 8,14. Vgl. *De inc.* 49 (Sachau 64,9–11 (39)); VIII 63 (Swete II 299,6–18; *ACO* IV 1, 57,5–10; Lagarde 105,7–16); *C.Apoll.* IV (Facundus, *Pro def.* IX 4,4–9). Es werden als weitere Beispiele noch Leib und Seele und innerer und äußerer Mensch genannt. In *C.Apoll.* IV faßt Theodor Einheit und Trennung genauer und kommt zu dem Ergebnis, bei Gott Vater und Sohn sei es umgekehrt wie bei den Naturen Christi: Dort sei die Natur eine und die Personen zwei, hier dagegen die Person eine und die Naturen zwei.

[682] *Hom.cat.* 8,14f.

[683] Vgl. *C.Eun.* XVIII (*Muséon* 71 (1958) 99).

[684] *De inc.* VII (Swete II 293,29–296,9; *ACO* IV 1, 57,19–58,3); vgl. XIV (Swete II 308,11–17; *ACO* IV 1, 64,2–4); *Ep.ad Domn.* (Swete II 338,23–339,9); *Pro mir.* 2 (ebd. 339,9–18). Vgl. dazu R. Arnou, Nestorianisme et Néoplatonisme: l'unité du

Einigung zu einer Person und Einwohnung "wie im Sohn" in ontologische Begriffe zu fassen.[685]

3.7.2.3. Communicatio idiomatum?

Schon zu Theodors Zeit wurde der Streit um die Christologie von der Diskussion um das beherrscht, was die dogmatische Wissenschaft "*communicatio idiomatum*" nennt, den Austausch der Prädikate zwischen beiden Naturen Christi einerseits und andererseits deren Übertragung auf die eine Person. Apollinaris, dessen Credo ja die Einheit der Person Christi und ihre Wesenseinheit (Homousie) mit Gott dem Vater war, schrieb, für antiochenische Ohren höchst provozierend, die Jungfrau Maria habe mit dem Fleisch den Logos geboren, und die Juden (korrekter wäre: die Römer) hätten mit dem Leib auch Gott gekreuzigt.[686] Der christologische Streit, der in Theodors Todesjahr offen ausbrach, hatte sich mit der Frage, ob Maria Gottgebärerin sei, am Problem der *communicatio idiomatum* entzündet, und in den zwölf Anathematismen Cyrills gegen Nestorius aus dem Jahr 430 ist die Bejahung der *communicatio* das beherrschende Thema.[687]

Theodor lehnt die *communicatio idiomatum* ab; es sei ja z.B. klar, daß einer nicht zugleich eingeborener (einziger) und erstgeborener Sohn (von vielen) sein könne, es seien eben, wie wohl jeder nachvollziehen könne, zwei gemeint.[688] Er unterscheidet, wie wir sahen, in Christi

---

Christ et l'union des "intelligibles". *Gr.* 17 (1936), 116–131; W. Elert, *Der Ausgang der altkirchlichen Christologie*. Berlin (West) 1957: 52–55; Greer, *Theodore* 56f.; *The Captain* 213–220; The Analogy 93–98; Norris, *Manhood* 220–234; Koch, *Die Heilsverwirklichung* 38–42; J. McW. Dewart, The Notion of 'Person' underlaying the Christology of Theodore of Mopsuestia, in: *StPatr* 12. *TU* 115. Berlin (Ost) 1975, 199–207. Während René Arnou, Rowan A. Greer (zu seinem Konzept von der christologischen Einheit kraft der Harmonie zwischen der göttlichen Gnade und dem menschlichen freien Willen vgl. auch oben 3.6.1.1.) und Richard Alfred Norris meinen, bei Theodors Auffassung von der Einwohnung der göttlichen Natur in Christus nach dem Wohlgefallen (εὐδοκία) stehe das neuplatonische Modell der Einwohnung der Seele im Leib und des Zusammenwirkens zweier Subjekte aufgrund freiwilliger Unterordnung des einen im Hintergrund, hält Joanne McWilliam Dewart Theodors Theorie für stoisch: Es handle sich um eine von der Gottheit der Menschheit mitgeteilte Gemeinsamkeit des Willens und Handelns, das heiße aber im stoischen Sinne: eine Personenidentität. Wir werden darauf zurückkommen. Werner Elert schließlich sieht hier einen Beleg für die Denkprämisse der Antiochener, nämlich den Satz "*finitum non capax infiniti*". Ist das für den streitbaren Lutheraner Elert eine frühe Form des Calvinismus?

[685] Vgl. L. Abramowski, Zur Theologie 265; Greer, The Analogy 95–98.
[686] *De fid. et inc.* 6.
[687] *ACO* I 1,1, 40,22–42,5.
[688] *Hom.cat.* 3,7–10. Vgl. zu Theodors Ablehnung auch 3,6; 6,4; 8,13.

Ökonomie genau zwischen dem, was der einen Natur zuzurechnen ist, und dem, was der anderen zukommt. Auch zum Theotokos-Titel hat Theodor sich geäußert, und zwar nicht im Sinne Cyrills.[689]

Doch interessanterweise ist das nicht Theodors letztes Wort. Er ist ein zu sorgfältiger und ehrlicher Exeget, um zu übersehen, daß weder die Schrift noch das Glaubensbekenntnis bei ihrer Rede über Christus und seine Ökonomie überall das, was zur jeweiligen Natur gehört, so säuberlich auseinanderhalten, wie es sein Verständnis erheischte. Beide reden, so stellt Theodor fest, von den zwei Naturen vielmehr "wie über Einen". Die seligen Väter setzten ihr Glaubensbekenntnis, nachdem sie über die göttliche Natur geredet hatten und nun von der menschlichen Natur gehandelt werden sollte, gerade so fort, als ginge es weiter um Gott den Sohn, der ewig aus dem Vater geboren ist, und als wäre die Ökonomie der Gottheit geschehen, so daß z.B. sie von der Jungfrau Maria geboren worden wäre.[690] Darin aber waren die Väter Schüler der heiligen Schrift; redet doch Paulus ebenso in Röm 9,5 und Phil 2,6–11 dergestalt über Christus, als wäre er gleichzeitig nach dem Fleisch aus den Juden und Gott über alles oder als wäre die göttliche Natur von Gott erhöht worden, die doch weder der Erhöhung bedarf noch überhaupt erhöht werden kann.[691] Ganz besondere Mühe gibt Theodor sich, seinen Katechumenen das rechte Verständnis der Aussage beizubringen, Christus sei aus dem Himmel gekommen und dorthin aufgefahren und werde von dannen wiederkommen: Zunächst einmal kommt die göttliche Natur, die ja überall ist, nicht wie in einem Wechsel von Ort zu Ort vom Himmel, vielmehr ist "Kommen vom Himmel" eine der Schrift geläufige Redeweise für das göttliche Erbarmen.[692] Wenn es aber dann im Bekenntnis heißt, er werde wiederkommen, so ist damit die Menschheit gemeint, die am jüngsten Tage aus dem Himmel, in den sie aufgefahren war, zurückkommt. "Wieder" aber paßt nicht auf die menschliche Natur, denn das erste Mal war ja die göttliche Natur vom Himmel gekommen (wenn auch nur im übertragenen Sinne); es ist aber gesagt, weil in der menschlichen Natur, die vom

---

[689] Vgl. oben 1.3.1.

[690] *Hom.cat.* 6,3.7; vgl. 3,4.7.

[691] *Hom.cat.* 6,3–6; 8,10; vgl. *De inc.* (Sachau 83,2–11 (52)); X 70 (Facundus, *Pro def.* IX 3,30) zu Joh 1,29; *De inc.* XI 73 (Sachau 73,5–77,12 (45–48)); Lagarde 106,4–8) zu Phil 2,6–11; ferner *In Ioh.* II 5,20 (CSCO 115, 113,24–29); *In Phil.* 2,8f. (Swete I 219,9–222,15); *In Col.* 1,18 (ebd. 274,1–15); *C.Apoll.* (Sachau 97 (60)).

[692] *Hom.cat.* 5,4; 7,14.

Himmel kommt, unsichtbar die göttliche Natur zum zweiten Male herabkommt.[693] Schließlich aber sagte Christus, er werde dorthin auffahren, woher er gekommen sei (Joh 6,62; vgl. 3,13). Hier redet die Schrift wieder (wie schon in Röm 9,5; Phil 2,6–11) über beide Naturen "wie über Einen": Eigentlich ist ja die göttliche Natur vom Himmel herabgekommen und dabei im Himmel geblieben, während die menschliche Natur nach ihrer Auferstehung auffährt.[694]

Wozu aber diese Redeweise der Schrift und des Bekenntnisses "wie über Einen"? Um die Verbindung zwischen beiden Naturen zu zeigen.[695] Aber warum soll die Verbindung der Naturen gezeigt werden? Damit die Botschaft von dem Wunderbaren, was an dem Menschen Christus getan werden sollte und was weit jenseits dessen ist, was der menschlichen Natur zukommt, auch *geglaubt* wird.[696] Was an Christus durch die göttliche Natur, die in ihm wohnte, getan werden sollte, ist aber nichts anderes als eben die Güter, die auch wir erwarten. Die biblische Redeweise über die beiden Naturen "wie über Einen" hat also denselben Zweck wie die Sakramente und das Angeld des Geistes: Es soll in uns der Glaube an die kommenden Güter geweckt werden, damit diese Güter schon jetzt in uns sind und einst Wirklichkeit werden.[697]

Und es gibt neben der *communicatio idiomatum* als Redeweise der Schrift zur Demonstration der Verbindung zwischen den Naturen noch etwas weiteres: Kraft der Verbindung wird die menschliche Natur zur Größe der göttlichen Natur erhoben, hat also an deren Ehre (ʾiqârâ – τιμή) Anteil.[698] Eben diese Erhebung der menschlichen

---

[693] *Hom.cat.* 7,14f.

[694] *Hom.cat.* 8,12f.; 15,11. Über das Problem, daß der, der herabgekommen ist, und der, der auffährt, nicht dieselben sind, hat Theodor sich immer wieder Gedanken gemacht, vgl. *De inc.* X (Swete II 301,21–26); *In Ioh.* I 1,10 (CSCO 115, 32,3–15; *StT* 141, 314,13–315,1); II 3,13 (CSCO 115, 71,10–28; 72,6–17); III 6,32f. (ebd. 142,19–143,3); 6,62 (ebd. 152,9–19); VI 16,28 (ebd. 303,19–304,12); *In Eph.* 4,9 (Swete I 167,16–19); 4,10 (ebd. 168,3–10).

[695] *Hom.cat.* 6,3f.; 8,10–12; vgl. *De inc.* (Sachau 83,6–11 (52)); X 70 (Facundus, *Pro def.* IX 3,29–31); XI 73 (Sachau 73,16–19 (45); 76,15–77,7 (47f.)); *In Ioh.* II 5,29 (CSCO 115, 113,28f.); *In Phil.* 2,8 (Swete I 220,11–16; 221,19–222,1); *C.Apoll.* IV (Swete II 321,15–19).

[696] *Hom.cat.* 6,6f.; 8,11f.

[697] Vgl. *Hom.cat.* 1,6; 6,14; 12,6.

[698] *Hom.cat.* 3,7; 6,3–6; 7,9.13; 8,4.13; vgl. *Exp.in Ps.* 8 (CChr.SL 88 A, 38); 8,5–8 (*StT* 93, 46f.; CChr.SL 88 A, 40–42); *C.Eun.* XVIII (*Muséon* 71 (1958) 99); *De inc.* I 11 (*ACO* IV 1, 55,7–10); VII (Swete II 295,40–296,9); VII 60 (Lagarde 104,20–26); VIII 63 (Swete II 300,7–10); XI 73 (Lagarde 106,5–8; Sachau 75,12–76,5 (47)); XII (*ACO* IV 1, 181,10–12); *In Eph.* 1,20f. (Swete I 138,11–14); *In Phil.* 2,10 (ebd. 222,25–223,4); *Ep.ad Domn.* (Swete II 338,23–27).

Natur zu einer Ehre, die ihr von ihrer Natur her *nicht* zukommt, hatte ja auch die Redeweise der Schrift "wie über Einen" zeigen und glaubwürdig machen wollen, die die Prädikate der jeweils einen Natur der anderen zuordnet. Dadurch, daß sie Anteil an der Größe und Ehre der göttlichen Natur hat, kann die menschliche Natur auch Herr,[699] Sohn Gottes[700] und Gott[701] genannt werden. Der Sitz im Leben dieser Übertragung göttlicher Attribute auf den Menschen Christus ist aber die Liturgie, ist das Gebet: Der zur Ehre Gottes erhöhte Mensch wird wegen seiner genauen Verbindung mit Gott dem Sohn von aller Kreatur angebetet; denn die beiden Naturen kann man wohl unterscheiden,

> die Anbetung aber ist unteilbar.[702]

Insofern kann man sagen: Schrift und Bekenntnis übertragen mit der Redeweise "wie über Einen" Dinge, die der menschlichen Natur zukommen (Geburt, Tod), auf die Gottheit, damit wir bei der Anbetung Christi das, was der Gottheit zukommt (Ehre, Gottessohnschaft, Herrsein), auf die menschliche Natur übertragen.[703]

Wir haben oben das Problem angeschnitten, ob für Theodor mit der Einheit der beiden Naturen in einem πρόσωπον schon eine Ahnung von der Einheit des Subjekts und Ichs in Christus einhergeht. Man muß u.E. mit Nein antworten: Die Ausführungen zu Christi Worten über seine Nieder- und Auffahrt zeigen, daß es beim beiden Naturen gemeinsamen Ich nicht um das Subjekt Christi und seine psychologische Einheit geht, sondern um die Glaubwürdigkeit des Zeugnisses von der Himmelfahrt.

---

[699] *Hom.cat.* 8,4.15; 15,27; 16,27.

[700] *Hom.cat.* 8,15–18; vgl. *De inc.* 49 (Sachau 64,16–65,5 (39)); XII (Swete II 303,1–5; *ACO* IV 1, 81,5–8; Swete II 306,9–14); *In Ioh.* I 1,16 (CSCO 115, 38,1f.); II 5,37 (ebd. 124,22–125,2); VI 16,14 (ebd. 297,30–298,6); *In Gal.* 4,4f. (Swete I 62,20–63,3).

[701] *Hom.cat.* 3,4.

[702] *Hom.cat.* 8,14; vgl. 5,6; 6,4.6; 16,27f.; *C.Eun.* XVIII (*Muséon* 71 (1958) 99); *De inc.* V 52 (Facundus, *Pro def.* IX 3,12); *In Ioh.* II 5,23 (CSCO 115, 117,16–23); IV 10,18 (ebd. 208,10–13); *In Eph.* 1,20f. (Swete I 138,11–14); *In Phil.* 2,10f. (ebd. 222,25–223,1); *C.Apoll.* III (*ACO* IV 1, 45,20; 48,10–13). Ebenso schon Diodor, *Fgm.* 38.

[703] Peter Bruns' Urteil, die Idiomenkommunikation gebe es bei Theodor nur in einer Richtung, nämlich von der Gottheit auf die Menschheit (*Den Menschen* 211. 256), ist also zu korrigieren.

Das aber sagte er wie über Einen zum Erweis der genauen Verbindung, die bestand: "Wenn ihr den Menschensohn dorthin auffahren seht, wo er am Anfang war." [Joh 6,62] Wenn sich das aber nicht so verhielte, wie wir gesagt haben [scil. Christus nicht wie über Einen geredet hätte, um sein Wort, daß sein Fleisch denen, die es essen, unsterbliches Leben geben könne, glaubhaft zu machen], dann hätte er sagen müssen: "Wenn ihr den Menschensohn dorthin auffahren seht, wo der war, der in ihm ist [scil. die göttliche Natur], dann werdet ihr die Größe der göttlichen Natur verstehen, die in mir [scil. dem Menschen Christus] wohnt, und werdet staunen über das Wunder dessen, was an mir getan worden ist und um meinetwillen auch an euch."[704]

Daher kann ich mich Alois Grillmeiers Urteil nicht anschließen, Theodor fehle zwar das Bewußtsein der Alexandriner, daß das Ich und Subjekt Christi der Logos sei, aber bei seinen Ausführungen zur Redeweise "wie über Einen" ahne er doch die substantielle Einheit und die Subjekteinheit des Prosopons aus zwei Naturen.[705] Das oben erwähnte Stück *De incarnatione* VIII 63 sowie die achte Homilie und ein von Luise Abramowski entdecktes Fragment aus *Contra Eunomium* XVIII zeigen vielmehr, daß Theodor den Gebrauch von πρόσωπον im christologischen Zusammenhang vom sonstigen Gebrauch klar unterscheidet: Dort meine es dasselbe wie Hypostase, das eigenständige Dasein, die Person, so daß man sogar sagen könne, die beiden Naturen Christi seien abgesehen von ihrer Einheit in je eigenem πρόσωπον da. Das eine Prosopon Christi dagegen sei die Einheit der Ehre und Anbetung beider in eigener Hypostase existierender Naturen.[706] Die Feststellung, das eine Prosopon sei nicht ein Drittes, sondern das der göttlichen Natur, das der menschlichen mitgeteilt wird, ist in dem Sinne falsch, daß die Gottheit das gemeinsame Ich beider Naturen wäre,[707] aber in dem Sinne richtig, daß es die Ehre und Anbetung der göttlichen Natur ist, die der menschlichen mitgeteilt wird.[708] Auch bei der Einwohnung der Gottheit im Menschen Christus "nach dem Wohlgefallen" und "wie im Sohn" in der oben erwähnten Passage aus *De incarnatione* VII geht es nicht um das freie und harmonische Zusammenwirken zweier Willen oder um die Identität

---

[704] *Hom.cat.* 8,11. Im Johannes-Kommentar kann Theodor zwar vom Ich Christi sprechen als vom Ich seines Prosopons, der gemeinsamen Person aus Gottheit und Menschheit; doch auch hier unterscheidet er, was jeweils der göttlichen und der menschlichen Natur zukommt, vgl. *In Ioh.* III 8,15f. (CSCO 115, 167,25–169,3); VI 14,3 (ebd. 271,14–22).

[705] *Jesus der Christus* 1 622–625.

[706] *C.Eunom.* XVIII (*Muséon* 71 (1958) 99); *De inc.* VIII 63 (Swete II 299,1–26; *ACO* IV 1, 57,4–13; Lagarde 105,7–16; Swete II 300,3–10); *Hom.cat.* 8,15 (vgl. unten).

[707] Gegen P. Galtier S.J., Théodore de Mopsueste: sa vraie pensée sur l'incarnation. *RSR* 45 (1957), 161–186. 338–360: 178–180. 338–340; Koch, *Die Heilsverwirklichung* 46f., die Theodor nah an die alexandrinisch-neuchalcedonische Lehre von der Anhypostasie der menschlichen Natur und ihrer Enhypostasie in der göttlichen Natur rücken.

[708] Mit Bruns, *Den Menschen* 213–216.

von Willen, Handeln und Persönlichkeit,[709] sondern, wie Theodor selbst sagt, darum, daß der Mensch an der Ehre der Sohnschaft teilhat, die die einwohnende Gottheit von Natur aus hat.[710] Klarer haben Wilhelm de Vries und Francis Aloysius Sullivan, die Gegner einer theologischen Rehabilitierung Theodors, gesehen, daß es für Theodor keine Menschwerdung im Sinne der Subjekteinheit gibt. Nur wird einererseits ihre Behauptung, die *communicatio idiomatum* sei bei Theodor rein nominell bzw. eine bloße Redeweise, der Bedeutung, die Theodor der Liturgie zukommen läßt, nicht gerecht, und ist andererseits der von ihnen an Theodor angelegte Maßstab der scholastischen Lehre vom Übernatürlichen fragwürdig.[711]

Aber werden durch die ungeteilte Anbetung zu guter Letzt nicht doch der menschlichen Natur göttliche Eigenschaften zugeteilt? Nein, sagt Theodor. Denn gerade, weil trotz der unteilbaren Anbetung zwischen dem unterschieden wird, der alles nach der Natur hat, und dem, dem durch Verbindung mit der anderen Natur alles zugesprochen wird, läßt sich die häretische Konsequenz vermeiden, daß es zwei Söhne oder Herren gäbe. In seiner etwas trockenen und umständlichen Art erklärt Theodor zuerst, wenn man von zwei Dingen in einer bestimmten Hinsicht sagen könnte, sie seien zwei, dann müsse es etwas geben, was für jedes von ihnen zutrifft; so könne man z.B. von zwei Männern reden, wenn für jeden von ihnen zutreffe, daß er Mann sei.[712] Er fährt mit zwingender Konsequenz fort: Also gibt es keine zwei Herren oder zwei Söhne. Denn es ist eben nur Gott der Sohn, der in Wahrheit oder nach der Natur Sohn ist; die menschliche Natur, die aus Gnaden Sohn ist, ist in dieser Hinsicht nicht so mit ihm zu vergleichen oder gleichzusetzen, daß man von zwei Söhnen sprechen könnte. Ein Sohn nach der Natur und einer durch die Verbindung ergeben nicht zwei Söhne, weil eben beider Sohnsein verschieden ist und der eine an der Sohnschaft des anderen teilhat. Denn nicht er, Theodor, lehrt zwei Söhne, wie das seine Gegner behaupten; sondern gerade der, der die Gottessohnschaft des Menschen Christus aus ihrer strengen Bezogenheit auf den eingeborenen Sohn Gottes löst und zu etwas Eigenständigem macht, gerade der, der die menschliche Natur auch ohne Verbindung zur göttlichen Natur Sohn sein läßt, der kommt zu einer Lehre von zwei Söhnen.

---

[709] Vgl. oben 3.7.2.2.
[710] *De inc.* VII (Swete II 296,2–5).
[711] De Vries, Der "Nestorianismus" 94–96; Sullivan, *The Christology* 207–210. 261–284. Vgl. dazu auch die Bemerkungen Luise Abramowskis zu Wilhelm de Vries' Verständnis der Sakramentenlehre Theodors (Zur Theologie 267).
[712] *Hom.cat.* 8,15.

Wenn jeder von ihnen nach der Substanz Sohn und Herr wäre, könnten sie in gewisser Weise zwei Söhne und Herren genannt werden, gemäß der Anzahl der Prosopa [*personae*]. Weil aber der zwar nach der Substanz als Sohn da ist und als Herr, der aber nach dem Wesen [*essentia*] weder als Sohn noch als Herr anerkannt wird, durch die Verbindung aber, die ihm mit jenem bereitet ist, er als einer erkannt wird, der eben daran teilhat, darum sagen wir, daß es *ein* Sohn und Herr sei, wobei wir hauptsächlich den als Sohn und Herrn verstehen, von dem geglaubt wird und es heißt, daß er beides nach der Substanz ist, in der Überlegung aber auch jenen mit einbeziehen, der untrennbar mit ihm verbunden ist und durch die unsagbare Verbindung mit ihm als des Sohns und Herrn teilhaftig betrachtet wird. Daher, wenn die göttliche Schrift irgendwo den, der angenommen ist, als Sohn erwähnt, dann sagen wir [dazu], daß er durch die Beziehung mit dem Annehmenden bis zur Einheit "Sohn" genannt wird.[713]

Weiter als bis hierher kann der Antiochener Theodor in seinem Verständnis der Gottessohnschaft des Menschen Jesus Christus und *vice versa* der Menschwerdung des wahren Gottessohnes nicht gehen. Nicht die hypostatische Einheit des Herrn Christus oder die Einheit seines gottmenschlichen Ichs sollen die Formeln "ein Prosopon" und "zwei nach der Natur, einer nach dem Zusammenhang" gewährleisten, sondern Einheit und Einzigkeit der göttlichen Natur, des wahren Gottessohnes, die Glaubwürdigkeit der Botschaft von der Verwandlung und Erhöhung des Menschen Christus und die bleibende strenge Bezogenheit seiner Gottessohnschaft, Ehre und Anbetung auf die Sohnschaft des Sohnes nach der Natur.

---

[713] *Hom.cat.* 8,15f. (*ACO* I 5, 177,17–27). In unserer syrischen Version liest sich das nicht ganz so scharf, in der Sache freilich genauso: "Wenn jeder einzelne von ihnen nach der Natur Sohn wäre und Herr, könnten wir von zwei Söhnen sprechen und von zwei Herren, entsprechend der Zahl der Prosopa [*parşôpe*]. Weil aber er nach der Natur Sohn und Herr ist, dieser aber von Natur aus nicht Sohn und nicht Herr ist (durch seine genaue Verbindung mit dem Eingeborenen, Gott dem Wort, aber glauben wir, daß er das [scil. das Sohn- und Herrsein] bekommen hat), [deswegen] bekennen wir, daß der Sohn einer ist. Und wahrhaftig verstehen wir 'Sohn' und 'Herr' zuerst von dem, dem beides von Natur aus zu eigen ist. Wir verbinden [damit] in unserer Erkenntnis aber auch jenen Tempel, in dem er wohnt und in dem er allezeit ist, ohne von ihm getrennt zu werden, wegen der untrennbaren Verbindung mit ihm; und ihretwegen glauben wir, daß er [scil. der Mensch] Sohn und Herr ist. Und wenn es [noch] eine andere Stelle gibt, wo die Schrift den, der angenommen worden ist, Sohn nennt, so wird er wegen der genauen Verbindung Sohn genannt, die er mit dem bekam, der ihn angenommen hat." Vgl. *Hom.cat.* 8,17; *De inc.* 49 (Sachau 63,21–65,5 (39)); VII (Swete II 295,40–296,5); XII (ebd. 303,3–304,5; *ACO* IV 1, 62,2–7; 79,9–20); *In Luc.* 3,22 (*ACO* IV 1, 52,9–20); *In Ioh.* I 1,16 (CSCO 115, 38,1f.); II 5,37 (ebd. 124,28–125,2); *In Gal.* 4,4f. (Swete I 62,20–63,3); *In Col.* 1,13 (ebd. 260,1–6). Ebenso schon Diodor, *Fgm.* 30–32; 41f.

3.7.2.4. *Adoptianismus?*

Die Gegner der antiochenischen Christologie brachten diese gern in Verbindung mit einem der meistverfluchten Ketzer der Alten Kirche, mit Paul von Samosata, Bischof von Antiochia, sowohl wegen seiner Lehre als auch wegen seiner Amtsführung mehrfach abgesetzt, endgültig 268. Paul ist im Osten der "Heros eponymos" des Adoptianismus: Er soll Christus zu einem bloßen Menschen (ψιλὸς ἄνθρωπος) erklärt und von der göttlichen Natur getrennt haben.

Schon die pseudo-athanasianische vierte Rede gegen die Arianer (wohl um 340) kämpft am Schluß gegen eine frühe Form der Zwei-Naturen-Lehre, indem sie Paul von Samosata ins Spiel bringt:

> Einige aus der samosateischen Gegend trennen das Wort vom Sohn und sagen, der Sohn sei Christus, das Wort aber sei ein anderer.

Die hier Angegriffenen unterschieden offenbar Christus vom Logos und beriefen sich dazu auf Apg 10,36.[714]

Im Nestorianischen Streit erinnerten die Gegner der Antiochener an Paul, allerdings weniger die Hauptgegner, Cyrill und die Alexandriner, als vielmehr die Gegner in Konstantinopel und im Westen. Der Streit begann offen mit der Anzeige des Euseb, späteren Bischofs von Doryläum, damals noch Beamten in Konstantinopel, gegen den Patriarchen Nestorius. Der Hauptteil dieser *Contestatio* besteht in der Gegenüberstellung von je sechs Sätzen Pauls von Samosata und Nestorius', die beider Verwandtschaft zeigen soll. Euseb resümiert:

> Siehe, es ist deutlich gezeigt, daß der Übertreter [scil. Nestorius] sagt: "Der aus dem Vater gezeugt ist, wurde nicht von Maria geboren." Siehe, er pflichtet dem häretischen Paul bei, der sagt, der Logos sei ein anderer als Jesus Christus, und er sei nicht einer, wie [das] die Orthodoxie verkündigt.[715]

Etwas differenzierter urteilt der Afrikaner Marius Mercator in seinem Brief über Paul und Nestorius aus der Zeit des Streites: Nestorius habe mit Paul und ferner mit Ebion, Photin und Marcell von Ancyra gemeinsam, daß er den Bewohner (scil. die göttliche Natur) und den, der für Verdienste (*pro meritis*) Wohnung sei (scil. die menschliche

---

[714] Pseudo-Athanasius, *Or.c.Ar.* IV 30; vgl. den ganzen Abschnitt 30–36. Nach Markus Vinzent ist Photin von Sirmium gemeint, ein Schüler Marcells von Ancyra, vgl. *Pseudo-Athanasius, Contra Arianos IV.* SVigChr 36. Leiden 1996: 316–351.

[715] *ACO* I 1,1, 101,5–102,3.

Natur), trenne und aufteile, was jedem von ihnen jeweils zukomme. Von Paul unterscheide und mit der Orthodoxie verbinde ihn hingegen, daß er den Logos für *substantivum* halte, also für eigenständig und persönlich.[716] Johannes Cassian, Abt von St. Victor in Marseille, von Papst Coelestin aufgrund der *Contestatio* Eusebs um ein Gutachten gebeten, bringt in seiner Schrift "*De incarnatione domini contra Nestorium*" Nestorius mit Paul von Samosata und Pelagius in Verbindung (wenn auch, ohne Pauls Namen zu nennen): Nestorius mache Christus zum *homo solitarius*, zum bloßen Menschen.[717] Ibas von Edessa faßte später in seinem Brief an den Perser Maris zusammen:

> Er [scil. Nestorius] schien vielen aus der Häresie Pauls von Samosata zu sein, der sagte, Christus sei ein bloßer Mensch,[718]

und Nestorius gab selbst in einer Predigt zu, manche sagten, er nenne Christus einen bloßen Menschen.[719] Daß Papst Coelestin Nestorius und sein Kirchenvolk in Konstantinopel in zwei Briefen gerade mit der Erinnerung an Pauls Absetzung warnt,[720] ist ebenfalls kaum zufällig.

Facundus von Hermianae wollte hundert Jahre später, im Drei-Kapitel-Streit, Theodor vor Verdacht auf so schlimme Nachbarschaft in Schutz nehmen und zitierte in seiner Verteidigungsschrift für die "drei Kapitel" zwei Passagen, in denen Theodor den Bann über Paul von Samosata ausspricht.[721] Das fünfte ökumenische Konzil sah das jedoch anders; sein 12. Kanon, der gegen Theodor,[722] stellt Theodor bewußt (wenn auch ohne Paul mit Namen zu nennen) als Erneuerer der Häresie des Samosateners dar.

Sind diese Vorwürfe gegen die antiochenische Christologie berechtigt? Bei Theodors Auffassung vom Leben Jesu, insbesondere von Jesu Taufe, lassen sich in der Tat noch Reste einer adoptianischen Christologie und einer Lehre von Christi Gottessohnschaft aufgrund seiner Bewährung erkennen.

Theodot der Gerber aus Byzanz, Führer der römischen Adoptianer,

---

[716] *ACO* I 5, 28,11–37.
[717] *De inc.dom.* I 3,3f.; V 2; VI 14.
[718] *ACO* II 1,3, 32,20f.
[719] *Serm.* 14 (Loofs-Cook-Kampffmeyer 377,22–25).
[720] *ACO* I 2, 11,4–9; 16,35–17,5.
[721] *Pro def.* III 2,4 (vgl. das ganze Stück III 2,1–7) Es handelt sich um *Hom.cat.* 13,9 und *C.Apoll.* III.
[722] Vgl. oben 0.1.

von Bischof Viktor von Rom um 190 exkommuniziert, lehrte laut Hippolyts "Widerlegung sämtlicher Häresien", Jesus sei als bloßer Mensch nach dem Willen Gottes von der Jungfrau Maria geboren worden und habe unter den Menschen fromm und untadelig gelebt. Bei seiner Taufe im Jordan aber sei dann "Christus", der Geist, in Taubengestalt auf ihn herabgekommen. Seit damals hätten "die Kräfte" in ihm gewirkt; zum Gott aber sei Christus nie geworden.[723] Theodor redete, wie wir sahen, von Christi Makellosigkeit nach dem Gesetz, von seiner Salbung mit dem Geist und seiner Adoption durch den dreieinigen Gott bei der Taufe; diese ist wie bei Theodot ein entscheidender Wendepunkt in Jesu Leben. Auch betont Theodor stark die Menschheit Christi, schenkt ihr mehr Beachtung als der göttlichen Natur.

Paul von Samosata selbst war nach den Fragmenten, die uns überliefert sind, ein Adoptianist höherer Ordnung und vertrat eine Vorform der Zwei-Naturen-Lehre: Jesus als Mensch sei von unten her, uns gleich,[724] stehe aber mit dem (wohl unpersönlich gedachten) Logos in Verbindung, in einer συναφεία κατὰ μάθησιν καὶ μετουσίαν;[725] auf seinem Lebenswege habe es sowohl Wachstum an Weisheit als auch Fortschritt in der Sittlichkeit gegeben.[726] Paul scheint eine Art Verbindungsglied zwischen dem alten Adoptianismus oder Dynamismus und der antiochenischen Zwei-Naturen-Lehre seit Eustathius mit ihrer eigentümlichen Betonung der vollen Menschheit Christi, seiner Veränderlichkeit und seines sittlichen Fortschritts zu sein.[727]

---

[723] Hippolyt, *Ref.omn.haer.* VII 35,1f.; X 23,1f. Zur adoptianischen Deutung der Taufe Jesu in der Alten Kirche vgl. J. Bornemann, *Die Taufe Jesu Christi durch Johannes in der dogmatischen Beurteilung der christlichen Theologen der ersten vier Jahrhunderte*. Leipzig 1896: 37–46.

[724] *TU* 44,3, 331,5f.10–12; *ACO* I 1,1, 101,16.

[725] *TU* 44,3, 80 (Nr. 20); 333,26f.

[726] *TU* 44,3, 77 (Nr. 13b); 88 (Nr. 27); vgl. Athanasius, *Or.c.Ar.* II 13; III 51; *Ekth.makr.* IV (*BSGR* § 159).

[727] Dabei bleibt freilich zu bedenken, daß Paul der in der griechischen Alten Kirche neben Sabellius und Arius vielleicht meistgenannte Häretiker ist und daß, was über ihn gesagt wird, in der Regel auch davon beeinflußt ist, wen man mit ihm vergleichen und zum Schüler des häretischen Samosateners erklären will. Auch der im Zusammenhang mit Paul gern genannte Märtyrer Lukian von Antiochien, vielleicht ein Schüler Pauls und angeblich der Lehrer des Arius und seiner Freunde, ist eine historisch und theologisch schwer faßbare Gestalt, vgl. Drewery, Antiochien II. 106; H.C. Brennecke, Art. Lucian, in: *TRE* 21. Berlin 1991, 474–479; K.-H. Uthemann, Art. Paulus von Samosata, in: *BBKL* 7. Herzberg 1994, 66–89. – Eine adoptianische Auffassung von Christus gibt es schließlich auch bei Arius. Arius ist "Monophysit"; für ihn hat Christus keine vollständige und für sich bestehende

Bei Theodor freilich sind die Elemente aus dem Adoptianismus und der Bewährungs-Christologie völlig umgedeutet: Der Gedanke einer Adoption Jesu zum Christus oder durch Christus aufgrund seiner Bewährung im Vorleben liegt fern; vielmehr wird Christus nach Theodor bei seiner Taufe das gegeben, was jedem Christen verliehen wird, da ja sie die Stiftung und der Prototyp der christlichen Taufe ist, an der alle späteren Taufen teilhaben. Die Adoption Christi gehört also nicht in den Zusammenhang der Christologie, sondern in den der Tauflehre und der Soteriologie.[728] Bei der Erfüllung des Gesetzes durch Christus aber geht es nicht um Verdienst und Bewährung, die Christus zunächst zu leisten gehabt hätte, sondern darum, daß es in Christi Leben so wie im Leben des Christen zwei Zeitalter gibt, das des Alten und das des Neuen Testaments, deren letzteres mit seiner Taufe anhebt. Von Paul von Samosata unterscheidet Theodor das Bekenntnis zum trinitarischen Dogma von Nicäa: Der Logos, mit dem der Mensch Jesus Christus verbunden ist, ist eine der drei Personen der göttlichen Substanz oder Natur. Unsere Untersuchung zu Theodors Theologie hat jedoch ergeben, daß bei ihm die theologische Bewältigung des trinitarischen Dogmas und dessen Integration in eine hochreflektierte heilsgeschichtliche

---

Menschennatur. Doch der Christus des Arius, jenes Mischwesen aus oberstem Geistgeschöpf und menschlichem Fleisch, hat in der Heilsgeschichte eine Rolle, die der des Menschen Christus in Theodors Sicht entspricht: Christus sei (im Voraus) für seine Tugend und Bewährung im irdischen Leben belohnt worden und habe Teilhabe am (von ihm unterschiedenen) Gott-Logos bekommen sowie die Namen Sohn, Eingeborener, Logos und Christus (Alexander von Alexandrien, *Ep.ad Alex. Const.* (Theodoret, *Hist.eccl.* I 4,12); Athanasius, *Or.c.Ar.* I 5f.37). Nach seiner Erschaffung sei er zum Sohn adoptiert worden (Athanasius, *De sent. Dion.* 23,1), seine Einheit mit dem Vater beruhe nicht in der gemeinsamen Natur, sondern in der Willensrichtung (Athanasius, *Or.c.Ar.* III 10.17). Dasselbe wie Christus sollten alle frommen, seligen Christen einst auch bekommen (Alexander von Alexandrien, *Ep.ad Alex. Const.* (Theodoret, *Hist.eccl.* I 4,11‒14); Athanasius, *Or.c.Ar.* I 37). Auch bei Arius finden wir also Christus als unseren Vorläufer und Erstling, den, dessen Einheit mit Gott nicht durch die gemeinsame Natur besteht, sondern durch Adoption, Willenseinheit und Teilhabe an den göttlichen Ehrennamen. Umstritten ist in der Forschung, ob Arius theologisch aus der alexandrinisch-origenistischen Tradition kommt oder aus der antiochenischen Tradition Pauls von Samosata, vgl. A.M. Ritter, Art. Arianismus, in: *TRE* 3. Berlin (West) 1978, 692‒719: 700‒702; Arius redivivus? *ThR N.F.* 55 (1990), 153‒187; R. Lorenz, *Arius judaizans?* FKDG 31. Göttingen 1979: 23‒36. Kommt er theologisch aus Antiochia, so sieht es so aus, als hätten wir in ihm einen illegitimen, monophysitischen Seitenzweig der antiochenischen Christologie, der das, was jene über Jesus Christus, den Menschen, sagt, auf Christus insgesamt anwendet, der dann freilich gar nicht mehr Gott sein kann.

[728] Vgl. oben 3.5.3.; 3.5.4.; 3.6.1.1.; 3.6.1.2.; 3.6.2.4.; 3.7.2.2.

Theologie, die vielleicht aus adoptianischer Tradition kommt, noch in den Kinderschuhen steckt. Dies zeigt sich vor allem darin, daß Theodor, wenn er von Christus redet, hauptsächlich an den Menschen denkt, unseren Erstling, den Menschen, in dem die Gottheit wohnte; wohingegen für die Kappadozier und Alexandriner Christus in erster Linie Gott der Sohn und Logos ist, der Gott, der zu unserer Erlösung Fleisch wurde.

3.8. EXKURS. ZUR DATIERUNG DER KATECHETISCHEN HOMILIEN

Seit ihrer Entdeckung ist umstritten, ob Theodor seine katechetischen Homilien an Täuflinge in Mopsuestia gehalten hat (also als Bischof)[729] oder bereits in seiner Zeit in Antiochia (also als Presbyter). In neuester Zeit hat sich letztere Datierung allerdings fast allgemein durchgesetzt.[730] José Maria Lera urteilt salomonisch: Warum sollten die Homilien nicht mehrere Male gehalten worden sein?[731] Eine weitere Möglichkeit, die aber meines Wissens noch von niemand vorgeschlagen worden ist, ist eine Lokalisierung der Homilien in Tarsus.

---

[729] So Casel, Neue Zeugnisse 109; H. Lietzmann, Die Liturgie der Theodor von Mopsuestia. *SPAW.PH* 1933, 915–936: 915; R. Abramowski, Neue Schriften Theodors von Mopsuestia. *ZNW* 33 (1934), 66–84: 68; J. Lebon, Les anciens symboles dans la définition de Chalcédoine. *RHE* 32 (1936), 809–876: 835; Reine, *The Eucharistic Doctrine* 1–6; J.M. Vosté O.P., Theodori Mopsuesteni "Liber ad baptizandos". *OCP* 9 (1943), 211–228: 212; Amann, Théodore 240; A.M. Ritter, *Das Konzil von Konstantinopel und sein Symbol*. FKDG 15. Göttingen 1965: 153f.; V.-S. Janeras, En quels jours furent prononcées les homélies catéchétiques de Théodore de Mopsueste? in: *Mémorial Mgr Gabriel Khouri-Sarkis (1898–1968)*. Löwen 1968, 121–133: 133; Kretschmar, Die Geschichte 171; Riley, *Christian Initiation* 16. Rudolf Abramowski weist auf die Angabe des Hesychius von Jerusalem hin, nach der die Homilien ein Werk des bereits an Senilität leidenden Theodor seien (*ACO* IV 1, 90,22–91,7), und meint dazu: "Die Angabe ist recht überraschend. Da Theodor die Dogmatik ohne irgendwelche Überspitzung in Richtung auf seine eigene Theologie vorträgt, hätte man viel eher auf ein Jugendwerk schließen mögen."

[730] Devreesse in: R. Tonneau O.P. – R. Devreesse, Les homélies catéchétiques de Théodore de Mopsueste. *StT* 145. Vatikanstadt 1949: xvi; J. Quasten, *Patrology* III. Utrecht 1960: 409; B. Altaner – A. Stuiber, *Patrologie*. 9. Aufl. Freiburg 1980: 321; L. Abramowski, Was hat das Nicaeno-Constantinopolitanum (C) mit dem Konzil von Konstantinopel zu tun? *ThPh* 67 (1992), 481–513: 503–508; A.M. Ritter, Noch einmal: "Was hat das Nicaeno-Constantinopolitanum (C) mit dern Konzil von Konstantinopel zu tun?" *ThPh* 68 (1993), 553–561: 558; Bruns, *Theodor* I 23; *Den Menschen* 33; K.-G. Wesseling, Art. Theodor von Mopsuestia, in: *BBKL* 11. Herzberg 1996, 885–909: 890.

[731] Théodore 388.

Dies ist allerdings nur dann möglich, wenn die Nachricht bei Hesychius zuverlässig ist, Theodor habe vor seiner Bischofsweihe in Tarsus bei seinem Lehrer Diodor geweilt.[732]

Geben uns die Homilien Anhaltspunkte für eine örtliche Fixierung?

Die *crux* einer Lokalisierung der Homilien in Antiochia ist die Abweichung des ausgelegten Glaubensbekenntnisses vom uns bekannten Antiochenum. Außerdem weist der Taufritus, der Theodors 12.–14. Homilie zugrunde liegt, eine Anzahl Abweichungen vom antiochenischen Ritus auf, wie ihn Johannes Chrysostomus etwa gleichzeitig in seinen Taufkatechesen beschreibt.[733] Luise Abramowskis Versuch einer Identifizierung von Theodors Taufsymbol mit dem Antiochenum überzeugt nicht.[734] Es müßten in Antiochia also mehrere Liturgien nebeneinander bestanden haben, und beim Taufsymbol wäre es ebenso, oder in den rund vierzig Jahren bis zu Euseb von Doryläum und Johannes Cassian, durch die wir das Antiochenum kennen, wäre das Symbol verändert worden. Eine Verwendung der Glaubensformel der antiochenischen Synode 379 als Taufsymbol[735] ist freilich am besten in Antiochia selbst vorstellbar, allerdings auch in Kilikien, im Patriarchat und unmittelbaren Einflußgebiet Antiochias.

Als Argument für eine Lokalisierung der Homilien in Antiochia wird angeführt, daß in der Weltstadt eher als in Mopsuestia gebildete Katechumenen anzutreffen seien, wie sie Theodor offenbar vor sich gehabt habe. Auch die "weltliche Verirrung", die Theodor geißelt,[736] Theater, Zirkus, sportliche Wettkämpfe, Tänze und hydraulische Orgeln, habe es eher in Antiochia als in einer kilikischen Provinzstadt gegeben.[737] Doch dieses Argument ist nicht zwingend. Wir haben gesehen, daß Theodors Hörer nicht unbedingt nur aus

---

[732] Vgl. oben 0.2.1. Klaus-Gunther Wesseling, der die Homilien zwischen 388 und 392 ansetzt, lokalisiert sie in Antiochia, obwohl er Theodor seit 386 in Tarsus weilen läßt, vgl. Theodor 886. 890.

[733] Die Abrenuntiationsformel stimmt nicht überein (*Hom.cat.* 13,5–14 und *Cat. bapt.* 1,23; 2/3,6; 3/2,20f.; vgl. *In Col. hom.* 6,4). *Die redditio symboli* findet bei Chrysostomus vielleicht nicht wie bei Theodor vor, sondern nach der Abrenuntiation statt (vgl. R. Kaczynski, *Johannes Chrysostomus, Catecheses baptismales* I. FC 6,1. Freiburg 1992: 77–79). Die Wasserweihe (*Hom.cat.* 14,9f.) kommt bei Chrysostomus nicht vor. Statt der Bezeichnung auf der Stirn (*Hom.cat.* 14,27) gibt es bei Chrysostomus nach dem Taufakt eine Umarmung mit Kuß (*Cat.bapt.* 3/2,27). Vgl. dazu auch Kretschmar, Die Geschichte 179–198.

[734] Gegen Ritter, Noch einmal 558. Vgl. dazu oben 2.2.1.

[735] Vgl. oben 2.2.4. meine These zu Theodors Symbol.

[736] *Hom.cat.* 13,12.

[737] Hellemo, *Adventus* 202–204.

Gebildeten bestanden haben müssen.[738] Und was die "*pompa diaboli*" betrifft, so ist es auch denkbar, daß aus einem noch neuen Bischof von Mopsuestia noch seine langjährigen Erfahrungen in der Weltstadt sprechen. Außerdem ist Mopsuestia zwar nicht mit Antiochia vergleichbar, war aber sicher auch kein so "gemeines Kaff", wie es in den Akten des zweiten Konzils von Konstantinopel heißt.[739]

> Mopsueste était, sous la domination romaine, une ville riche et élégante.[740]

Außerhalb der Stadtmauern gab es in Mopsuestia ein Theater und ein Stadion.[741] Und auf der fünften Sitzung des zweiten Konzils von Konstantinopel wurden die Ergebnisse einer Befragung von Bürgern Mopsuestias im Jahre 550 vorgelesen, durch die wegen der beabsichtigten Verdammung Theodors vorab geklärt werden sollte, ob Theodors Name, soweit die Erinnerung reiche, in den Diptychen von Mopsuestia vorhanden gewesen sei. Zu den Befragten zählte auch eine Anzahl von Honoratioren: zwei Hofmeister (*comites*), zwei Tribune, ein Höfling (*palatinus*) und mehrere *praefectiani*.[742] Noch bedeutender als Mopsuestia aber war Tarsus, die Provinzhauptstadt und Metropole Kilikiens.[743]

Die Homilien lassen sich also nicht eindeutig in Antiochia, Tarsus oder Mopsuestia lokalisieren. Wie steht es aber mit einer zeitlichen Fixierung?

Als *terminus post quem* steht zunächst 379 fest, das Datum der antiochenischen Synode, auf die Theodor in der neunten Homilie hinweist. Ferner ist es unwahrscheinlich, daß die Homilien vor 383 gehalten wurdem, vor Theodors Weihe zum Presbyter.

Innerhalb von Theodors Gesamtwerk gehören die katechetischen Homilien, die in Lehre und Vorstellungswelt klar die Handschrift ihres Verfassers tragen,[744] zu den früheren Werken, so wie die alttesta-

---

[738] Vgl. oben 1.3.3.

[739] *ACO* IV 1, 83,7.

[740] V. Langlois, Voyage en Cilicie. Mopsueste. *RAr* 12 (1855/56), 410–420: 414.

[741] W. Ruge, Art. Mopsu(h)estia, in: *PRE* II 16,1. Stuttgart 1933, 243–250: 249; H.Th. Bossert, Misis. *AfO* 18 (1957/58), 186–189: 186; F. Hild – H. Hellenkemper, *Tabula Imperii Byzantini* 5. DÖAW.PH 215. Wien 1990: 2.Teil Abb.303. Zu den Straßen und Bauten Mopsuestias in der Römerzeit vgl. auch Langlois, Voyage 413–415.

[742] *ACO* IV 1, 118,27–119,2; 126,1–128,6; vgl. Ruge, Mopsu(h)estia 248; Hild-Hellenkemper, Tabula 5, 1.Teil 352.

[743] Vgl. W. Ruge, Art. Tarsos 3), in: *PRE* II 4,2. Stuttgart 1932, 2413–2439; Hild-Hellenkemper, Tabula 5, 1. Teil 428f. 433–437; 2. Teil Abb. 378–382.

[744] Es gibt sogar fast wörtliche Übereinstimmungen mit anderen Werken, vgl.

mentlichen Kommentare, die Schriften *"Contra Eunomium"* und *"De incarnatione"* und die *Disputatio cum Macedonianis*.[745] Wir sahen, daß Theodors Anschauung über den Zusammenhang von Sünde und Sterblichkeit im Laufe seiner Entwicklung eine andere wurde und daß er später zu einer Schau der Heilsgeschichte gelangt ist, die alles als göttliche Erziehung zur Unsterblichkeit hin erfaßt, dabei aber die Dynamik des Heilsgeschehens zwischen Verlorenheit des Menschen und göttlichem Heilswillen verliert.[746]

In der *Disputatio cum Macedonianis* verweist Theodor einmal auf das, was er in den katechetischen Homilien gesagt hat:

> Das aber haben wir auch durch die Überlieferung gelernt, die unser Herr durch Unterweisung und Taufe den Aposteln überliefert hat, aber auch aus einem Vortrag über die Worte, die zu allen Sachen festgesetzt sind, der von uns mit viel Sorgfalt gehalten wurde. Ich meine, daß wir durch all das hinreichend gezeigt haben, daß der Heilige Geist von der göttlichen Natur ist.[747]

Das Werk ist ein Bericht über die Disputation von Anazarbus mit anschließender Erörterung des Problems. Wenn die Tradition, daß Theodor anläßlich dieser Disputation Bischof von Mopsuestia wurde, richtig ist, muß es, bald nach 392 verfaßt sein, zu Beginn von Theodors Zeit als Bischof.

Die *Disputatio*, sicher nicht Theodors bedeutendste Schrift, hat auch von allen erhaltenen Werken des Mopsuesteners mit den katechetischen Homilien, und zwar den vorderen, die meiste Ähnlichkeit, besonders im Stil und in der Art der Gedankenführung. Wie in der neunten

---

Hom.cat. 3,8 mit *In Ioh.* I 1,18 (CSCO 115, 39,5–20) und *Hom.cat.* 15,10 mit *In Matth.* 26,26–28 (*TU* 61, 133f., Fgm. 106,1–6). Dennoch haben die Homilien innerhalb von Theodors Gesamtwerk (bzw. seiner Reste) ein klares Eigenprofil. Über die Trinitätslehre hat Theodor nirgends sonst so ausführlich geschrieben, geschweige denn über das nicänische Symbol und seine Bedeutung. Die Sakramente und das Leben der Christen in der Spannung zwischen Gegenwart und verheißener Zukunft haben keine den katechetischen Homilien vergleichbare Behandlung mehr gefunden. Schließlich sind die Homilien auch durch die Fülle des Stoffs einzigartig: Sie behandeln sowohl die theoretischen Fragen der Christologie als auch die Ökonomie Christi, die Soteriologie ebenso wie die Ekklesiologie, so daß wir in ihnen mehr als in irgendeinem anderen Werk Theodors eine Gesamtschau seiner Gedanken besitzen. Aber nicht nur ihr Inhalt, auch ihre Darstellungsweise ist einzigartig: Wir haben einen Theodor vor uns, der über weite Strecken seine gewohnte Nüchternheit verläßt, der begeistert über die Geheimnisse der himmlischen Welt redet.
[745] Vgl. J.M. Vosté O.P., La chronologie et l'activité littéraire de Théodore de Mopsueste. *RB* 34 (1925), 54–81: 70–77.
[746] Vgl. oben 3.4.3.; 3.6.1.2.; 3.6.3.
[747] *Disp.cum Mac.* 6.

Homilie fragt Theodor, von welchem Geist denn bei der Diskussion um den Heiligen Geist die Rede sei, und kommt zu dem Schluß, nur Gott der Geist sei nach der Natur das, was er genannt werde, nämlich heiliger Geist.[748] Er nennt den Geist "Geist der Wahrheit",[749] vergleicht die Stellung des Geistes innerhalb Gottes mit der der Seele im Menschen[750] und unterscheidet Gott den Geist von der Gabe des Geistes.[751] Wie in den Homilien charakterisiert Theodor die Geschöpfe damit, daß sie zum Dasein kamen, als sie noch nicht da waren[752] und stellt dem Gott gegenüber, der allein ewig ist.[753] Von den Geschöpfen kann nach Art der *analogia proportionalitatis* auf Gott geschlossen werden; beide stehen jedoch auf unterschiedlichen ontologischen Stufen, und entsprechend verhalten sich die Dinge zu Gott anders als zu den Geschöpfen.[754] Und so fragt Theodor auch in der *Disputatio* danach, wie der schwache menschliche Geist überhaupt Gott und seine Weisheit begreifen und erfassen kann, und kommt zu dem Schluß, das sei nur dadurch möglich, daß Gott uns Menschen zur Erkenntnis geführt habe. Nur durch solche Offenbarung und durch den Glauben, dessen Maßstab die Lehre der heiligen Schriften sei, könnten die göttliche Natur und ihre Werke verstanden werden.[755]

Wenn somit die inneren Gründe dafür sprechen, daß die katechetischen Homilien etwa gleichzeitig mit der *Disputatio* abgefaßt sind, die äußeren Gründe aber für eine Ansetzung der Homilien kurz vor der *Disputatio*, dann kommen wir als Datierung auf die Zeit um 392, kurz vor oder kurz nach Theodors Erhebung zum Bischof von Mopsuestia.

---

[748] *Disp.cum Mac.* 3–5; vgl. *Hom.cat.* 9,8–13.
[749] *Disp.cum Mac.* 27; vgl. *Hom.cat.* 10,3–8.
[750] *Disp.cum Mac.* 23; vgl. *Hom.cat.* 8,17; 10,8.
[751] *Disp.cum Mac.* 25f.; vgl. *Hom.cat.* 10,7.9.
[752] *Disp.cum Mac.* 7.10.20; vgl. *Hom.cat.* 1,15; 13,6.
[753] *Disp.cum Mac.* 11; vgl. *Hom.cat.* 1,15; 4,6.
[754] *Disp.cum Mac.* 20; vgl. *Hom.cat.* 2,16.
[755] *Disp.cum Mac.* 13; vgl. *Hom.cat.* 1,1f.8f.

4. DAS NICÄNUM IN DER THEODOSIANISCHEN REICHSKIRCHE

4.1. Bis zum Nestorianischen Streit

Theodor hielt seine katechetischen Homilien um 392. Sie stehen an der Wende der Rezeption des Nicänums in der Alten Kirche. Der Arianische Streit seit ca. 350 war ein Streit um die Geltung und Rechtmäßigkeit des Nicänums gewesen. 381 nun präzisierte Kaiser Theodosius der Große sein Edikt *"Cunctos populos"* vom 27.2.380[1] dahingehend, daß der von den Altvorderen aufgestellte und vom Zeugnis der göttlichen Religion und einer *assertio* bekräftigte Glaube von Nicäa die vom Kaiser gebilligte und geförderte Religion sei; die Bischöfe, die diesen Glauben nicht bekennten, sollten verbannt werden.[2] Schon kurz nach seinem Einzug in Konstantinopel im November 380 hatte der Kaiser den arianischen Bischof Demophilus, der das Nicänum nicht anerkennen wollte, aus der Hauptstadt verbannt und durch Gregor von Nazianz ersetzt.[3] Weitere Gesetze verboten den Arianern den Kirchenbau[4] und verfügten die Auslieferung der Kirchen an die Priesterschaft des nicänischen Glaubens.[5] Die Synoden von 379 (Antiochia), 381, 382 und 383 (Konstantinopel) bekannten sich nachdrücklich zum Glauben von Nicäa. Bei der Synode von 383 ließ der Kaiser, der dem arianischen Gotenbischof Wulfila ein erneutes Religionsgespräch versprochen hatte, sich von den verschiedenen Konfessionen Bekenntnisse vorlegen, erkannte aber dann nur die des Nectarius von Konstantinopel und des Novatianers Agelius an und zerriß die anderen eigenhändig.[6] Die Kaiser Arkadius und Honorius bestätigten dann 395, zu Beginn ihrer Herrschaft, alle Ketzergesetze

---

[1] *Cod.Theodos.* XVI 1,2.
[2] *Cod.Theodos.* XVI 5,6 (10.1.381). Vgl. oben 2.2.4.
[3] Socrates, *Hist.eccl.* V 7,4–9; Sozomenus, *Hist.eccl.* VII 5,5–7; Philostorgius, *Hist.eccl.* IX 19; Ambrosius, *De spir.s.* I prol. 17.
[4] *Cod.Theodos.* XVI 5,8 (19.7.381).
[5] *Cod.Theodos.* XVI 1,3 (30.7.381).
[6] Socrates, *Hist.eccl.* V 10,2f.6–31. Zur weiteren Politik Theodosius' des Großen gegenüber den Ketzern vgl. N.Q. King, *The Emperor Theodosius and the Establishment of Christianity.* London 1961: 53–59.

ihres Vaters.[7] Das Nicänum war, 55 Jahre nach seiner Entstehung, zur Norm der Orthodoxie erhoben worden, es war kanonisiert worden.

Doch die Zeugnisse für eine Verwendung des Nicänums als Norm der Orthodoxie sind zunächst spärlich.

Im origenistischen Streit um die Wende vom vierten zum fünften Jahrhundert spielte das Nicänum nur eine untergeordnete Rolle. Die Gegner des Origenes stellten den großen Alexandriner als Urheber der trinitarischen Häresie hin, als Arius vor Arius,[8] aber das blieb in diesem Streit um die origenistischen Anschauungen über Gott, den Menschen, die Seelen und die Auferstehung ein Nebenaspekt. Im Brief der Synode von Jerusalem 400 an den Patriarchen Theophil von Alexandrien heißt es aber immerhin:

> ... wer auch immer das predigt, wovon Deine Heiligkeit bestimmt, es sei zu verdammen, und was vom Glauben abweicht, den unsere Väter mit frommem Sinn in der Stadt Nicäa geschrieben haben: sie selbst wie auch ihre Lehrsätze seien der Kirche verflucht samt Apollinaris ... Wir nämlich, die wir auf den Spuren der Väter verharren und von den Worten der Schriften unterwiesen sind, lehren, predigen in den Kirchen und bekennen die ungeschaffene, ewige Dreieinigkeit, sie sei von einer [scil. Substanz] in drei Hypostasen und in einer Gottheit ...[9]

410 verabschiedete die Synode von Seleukia-Ktesiphon unter dem Katholikos-Patriarchen Isaak die künftige Satzung für die zu einende und neu zu organisierende Kirche des Perserreiches, die spätere nestorianische Kirche. Sie sollte die persische Kirche an der römischen Reichskirche orientieren, sie aber zugleich von ihr lösen, um ihr den Verdacht zu nehmen, die fünfte Kolonne des Erbfeindes Rom zu sein. Zu Beginn der Synode war ein Brief der Bischöfe des Westens, d.h. des römischen Syriens, vorgelesen worden, den Bischof Maruta von Martyropolis mitgebracht hatte und der drei Punkte als Bedingung für die Eintracht zwischen beiden Kirchen nannte. Der dritte Punkt war die Geltung der Kanones von Nicäa.[10] Die Synode machte den nicänischen Glauben zum grundlegenden Bekenntnis für die neuorganisierte Kirche. Nach der Rezension der Akten im nesto-

---

[7] *Cod.Theodos.* XVI 5,25 (13.3.395).
[8] So schon Epiphanius, *Panar.* 64,4,1–4; ferner Hieronymus, *Ep.* 51,3; Dionysius von Lydda, *Ep.ad Theoph.Alex.* (Hieronymus, *Ep.* 94,1f.).
[9] Hieronymus, *Ep.* 93.
[10] J.B. Chabot, *Synodicon orientale ou Recueil des synodes Nestoriens.* Paris 1902: 18–20.

rianischen Synodenbuch verabschiedete sie das Nicänum im originalen Wortlaut;[11] nach einer anderen Rezension aber, die vor allem
die syrischen Kanonessammlungen bieten,[12] verabschiedete sie ein
Bekenntnis, das vom Nicänum und den sonstigen morgenländischen
Symbolen erheblich abweicht und offenbar ein nicänisch überar-
beitetes altes ostsyrisches oder persisches Symbol ist.[13] Auf deutsch
heißt dieses Bekenntnis:

> Wir glauben an den einen Gott, den allmächtigen Vater, der durch
> seinen Sohn Himmel und Erde gemacht hat – und durch ihn wurden
> die Welten gegründet, die oben und unten sind, – und durch ihn die
> Auferweckung gemacht hat und die Erneuerung für die ganze Schöpfung.
>
> Und an seinen eingeborenen Sohn, der aus ihm geboren ist, das
> heißt aber: aus der Substanz [*îtûtâ*] seines Vaters, Gott vom Gott, Licht
> vom Licht, wahrer Gott vom wahren Gott, geboren und nicht gemacht,
> der eines Wesens [*bar kyânâ* – ὁμοούσιος] mit seinem Vater ist, der für
> uns, die Menschen, die wir durch ihn erschaffen sind, und zu unserer
> Erlösung herabkam und Mensch wurde [*lbeš pagrâ*, wörtlich: einen Leib
> anzog][14] und Mensch wurde und gelitten hat und auferstand am drit-
> ten Tage und auffuhr in den Himmel und sitzt zur Rechten seines
> Vaters und kommt, zu richten die Toten und die Lebenden.
>
> Und wir bekennen den lebendigen und heiligen Geist, den lebendi-
> gen Tröster [*paraqlîṭâ*], der aus dem Vater und dem Sohn [ist], eine
> Dreiheit [*tlîṯâyûṯâ*], eine Substanz [*îtûtâ*], einen Willen, indem wir über-
> einstimmen mit dem Glauben der 318 Bischöfe, der in der Stadt Nicäa
> entstand.[15]

Deutlich ist, daß der zweite Artikel dieses Symbols anhand des
Nicänums mindestens wesentlich überarbeitet worden ist, noch wahrscheinlicher ganz neuformuliert, indem sich das Symbol ursprünglich
auf seinen jetzigen ersten und womöglich beginnenden dritten Artikel

---

[11] Chabot, *Synodicon* 22f.
[12] Vgl. A. Vööbus, *Syrische Kanonessammlungen* I.1,B. CSCO 317. Löwen 1970:
490–492; New Sources for the Symbol in Early Syrian Christianity. *VigChr* 26 (1972),
291–296: 291–294.
[13] Vgl. dazu de Halleux, Le symbole des évêques perses au synode de Séleucie-
Ctésiphon (419), in: *Erkenntnisse und Meinungen* II. GOF.S 17. Wiesbaden 1978,
161–190: 184–190.
[14] Vgl. zu dieser Wiedergabe des σαρκωθέντα de Halleux, Le symbole 182, 187.
[15] Ich habe mich an die von André de Halleux, Le symbole 162–164 gebotene
Fassung des Textes gehalten. Sie weicht an wenigen Stellen ab von der Fassung
Artur Vööbus' (New Sources 294f.), bricht aber auch den Text schon vor der Bekräftigung der Übereinstimmung mit dem Glauben von Nicäa ab. Zur Geschichte
der Überlieferung und Erforschung dieses Symbols und zu den Textvarianten vgl.
Vööbus, New Sources 293–296; de Halleux, Le symbole 164–170.

beschränkte. Der zweite Artikel in der jetzt vorliegenden Form folgt dem Nicänum und bietet gelegentlich Sondergut. Daß seine Überarbeitung oder Neuformulierung anhand des Urnicänums und keiner sekundären Form des Nicänums erfolgte, beweist das "das heißt: aus der Substanz seines Vaters, Gott vom Gott". Von einer Beeinflussung etwa durch das NC gibt es keine Spur.[16] Ob wir also die Überlieferung des nestorianischen *Synodicons* oder die der Kirchenrechtssammlungen für authentisch halten (ich bevorzuge als *lectio difficilior* das Symbol der Kanonessammlungen und nicht das Urnicänum des *Synodicons*),[17] die Bischöfe aus dem römischen Syrien haben ihren Amtsbrüdern im Perserreich als Beschlußvorlage das Urnicänum und keine spätere Fassung geschickt.

Im lateinischen Westen lebte das Nicänum vor allem als kirchenrechtliches Dokument fort. 419 stellte ein Konzil in Karthago anläßlich eines Streites mit Rom über die Rechte afrikanischer Kleriker, nach Rom zu appellieren, eine Sammlung der in Afrika gültigen Dekrete und Konzilsentscheidungen zusammen, den *Codex ecclesiae Africanae*.[18] Den Anfang machte das für die Reichskirche seit Konstantin grundlegende Dokument, das Nicänum[19] und die (echten und unechten) Kanones von Nicäa. Später folgten im Westen weitere Kirchenrechtssammlungen; sie nahmen den afrikanischen Codex als Vorbild und Steinbruch und stellten die nicänischen Dekrete ebenfalls an den Anfang.[20] Sonst wird das Nicänum zwar geehrt, aber wenig rezipiert; es ist in seiner Form und seinem Inhalt doch ganz östlich und

---

[16] Vgl. auch de Halleux, Le symbole 185f.

[17] Man wüßte nicht, wie ein Symbol wie das vorliegende das Nicänum hätte verdrängen können. Als Argumente für die Originalität des persischen Nicänums und nicht des Urnicänums nennt André der Halleux (Le symbole 179–184) noch die syrische Wiedergabe nicänischer Vokabeln in beiden Symbolen, die beim Urnicänum des nestorianischen Synodenbuchs für eine Ansetzung nach 500 spreche, beim persischen Nicänum der Kanonessammlungen hingegen vor 500, bevor Philoxenus von Mabbug die alte syrische Version der Nicänums revidiert habe (vgl. dazu auch de Halleux, La philoxénienne du symbole, in: *Symposium syriacum 1976*. OCA 205. Rom 1978, 295–315: 301–315); ferner gebe es in den Akten und Kanones von 410 Anspielungen auf das persische Nicänum, die auch deutlich machten, daß es für ihren Nicänismus keiner wörtlichen Übereinstimmung bedurft habe. Vgl. zur Diskussion über das persische Nicänum Vööbus, *Syrische Kanonessammlungen* I.1,B 443–452.491; New Sources; de Halleux, Le symbole 170–184. Die *crux* des Symbols ist sein "*filioque*" (*waḇrā*) im 3. Artikel. Ist es eine spätere, latinisierende Interpolation?

[18] Vgl. C.J. Hefele – H. Leclercq, *Histoire des conciles* II/1. Paris 1908: 201–208.

[19] *EOMŦA* I 2,3, 508; I 1,2, 104–108; vgl. Mansi III 707f.; IV 407f.

[20] E. Schwartz, Die Kanonessammlungen der alten Reichskirche. *ZRSG.K* 25 (1936), 1–114: 44–95; *EOMŦA* I 1,2, 103–280; I 2,1, 298–328; I 2,2, 436–440d.

griechisch. Das dem Westen angemessene Bekenntnis bleibt das "Apostolicum"; noch Papst Leo der Große fühlt sich in seinem Tomus hier mehr zu Hause als im Nicänum.[21] Aus der Zeit um 400 sind immerhin noch zwei anonyme lateinische Kommentare zum Nicänum erhalten,[22] polemische Werke gegen den Arianismus. Der kürzere zweite Kommentar, der den ersten offenbar als Quelle hatte, ist freilich mehr ein Kommentar zum *Tomus Damasi* als zum Nicänum.[23]

4.2. IM NESTORIANISCHEN STREIT

Hatte das Nicänum so in erster Linie als Dokument des Kirchenrechts eine Rolle gespielt, im Osten auch als Taufsymbol,[24] so änderte sich das durch den Nestorianischen Streit:[25] Das Bekenntnis von 325 rückte wieder ins Zentrum der theologischen Auseinandersetzung. Der Streit um die Christologie wurde ein Streit um das Nicänum, aber nicht mehr wie der Arianische Streit um die Legitimität und Gültigkeit des Nicänums, sondern darum, wer sich auf das Nicänum berufen konnte. Einig waren sich alle Protagonisten in ihrer Verehrung für den Glauben der 318 Väter und ihrem Willen, ihn zu fördern und zu verbreiten.[26]

Nestorius, der als eigensinniger Gegner der Häresie gleich zu Beginn seines Patriarchats gegen alle Abweichler einschritt,[27] erzählt einmal, man habe ihm gesagt, bis er gekommen sei, sei auf die Worte des Nicänums nicht geachtet worden.[28] In dem sich bald entzündenden Streit um die beiden Naturen des Gottmenschen Christus, um ihre Vereinigung und um die Frage, wieweit das, was der menschlichen Natur widerfährt, besonders Geburt und Leiden, auch von der göttlichen Natur ausgesagt werden kann, haben sich alle Seiten auf das Nicänum berufen. Cyrill schrieb in seinem zweiten Brief an Nestorius (Anfang 430):

---

[21] Vgl. Lebon, Les anciens symboles dans la définition de Chalcédoine. *RHE* 32 (1936), 809–876: 853.
[22] *EOMJA* I 2,1, 329–354 und 354–368.
[23] Vgl. Turner in: *EOMJA* I 2,1, 354. 367.
[24] Vgl. oben 1.5.4.
[25] Vgl. zum Nestorianischen Streit auch oben 0.2.2.; 3.7.2.4.
[26] Vgl. dazu H.J. Sieben S.J., *Die Konzilsidee der alten Kirche*. KonGe.U 1. Paderborn 1979: 212f. 232–244; A. de Halleux, Pour une profession commune de la foi selon l'esprit du Pères. *RTL* 15 (1984), 275–296: 285–288; La réception du symbole oecuménique, de Nicée à Chalcédoine. *EThL* 61 (1985), 5–47: 27–36.
[27] Vgl. Socrates, *Hist.eccl.* VII 29,2–12.
[28] *Serm.* 14 (Loofs-Cook-Kampffmeyer 378,22f.).

Es sagte nun die heilige und große Synode, daß der aus Gott dem Vater erzeugte eingeborene Sohn selbst, wahrer Gott vom wahren Gott, Licht vom Licht, durch den der Vater alles gemacht hat, herabgekommen sei, Fleisch geworden sei, Mensch geworden sei, gelitten habe, am dritten Tage auferstanden sei und in den Himmel aufgefahren sei. Diesen Worten und Lehrsätzen müssen auch wir folgen, indem wir bedenken, was es besagt, daß das Wort aus Gott Fleisch geworden sei und Mensch geworden sei.[29]

Nestorius blieb die Antwort nicht schuldig:

Sieh, wenn es beliebt, das Gesagte genauer an! Dann wirst Du finden, daß jener göttliche Chor der Väter nicht die [scil. mit dem Vater] wesenseine Gottheit als leidensfähig bezeichnet hat noch [gesagt hat], daß sie, die mit dem Vater gleich ewig ist, erst kürzlich geboren worden sei, noch daß sie, die den abgebrochenen Tempel hat erstehen lassen [Joh 2,19], auferstanden sei. Und wenn Du mir die Ohren zu brüderlicher Heilung hinhältst, werde ich Dir die Worte der heiligen Väter darlegen und Dich von der Verleumdung gegen sie und gegen die göttlichen Schriften frei machen.[30]

Alle Seiten beriefen sich, wie gesagt, auf das Nicänum.[31]

Auf dem zur Schlichtung des Streites einberufenen Konzil von Ephesus hatten beide Parteien kaum mehr als das gemeinsam, daß sie das Nicänum als Norm für das, was orthodox war, anerkannten. Auf der ersten Sitzung der cyrillianischen Mehrheitspartei am 22. Juni 431 beantragte Juvenal von Jerusalem die Verlesung des Nicänums, um anhand seiner die Streitfrage zu prüfen. Alles stimmte ihm zu.[32] Cyrills zweiter Brief an Nestorius wurde als übereinstimmend mit dem Glauben von Nicäa anerkannt,[33] Nestorius' zweiter Brief an Cyrill hingegen als dem Nicänum widersprechend verworfen.[34] Vorgelesen, aber übergangen wurde schließlich das eigentlich anstößige und in der Zeit vor dem Konzil umstrittenste Dokument, Cyrills dritter Brief an Nestorius mit den zwölf Anathematismen.[35] Die Minder-

---

[29] *Ep.* 4 *ad Nestor.* (*ACO* I 1,1, 26,20–25; vgl. den ganzen Abschnitt 26,16–28,22).
[30] *Ep.ad Cyr.Alex.* II (*ACO* I 1,1, 29,21–26; vgl. den ganzen Abschnitt 29,15–30,4).
[31] Vgl. noch Nestorius, *Serm.* 14 (Loofs-Cook-Kampffmeyer 377,26–378,19; *ACO* I 1,2, 46,12–33; I 1,7, 107,13–29); 17 (*ACO* I 1,6, 4,37–5,9; 27,3–17; I 5, 25,22–27); Cyrill von Alexandrien, *Ep.* 1 *ad monach.* (*ACO* I 1,1, 11,27–12,20); Nestorius, *Ep.ad Coel.pap.* I (*ACO* I 2, 13,17–21); II (ebd. 14,27–30); Cyrill von Alexandrien, *Ep.* 17 *ad Nestor.* (*ACO* I 1,1, 34,23–35,26); *C.Nest.* I 7 (*ACO* I 1,6, 28,2–9); II prooem. (ebd. 32,30–34); *Apol.c.Orient.* (*ACO* I 1,7, 34,32–36); *Or.ad dom.* (*ACO* I 1,5, 63,9–15).
[32] *ACO* I 1,2, 12,23–13,7.
[33] *ACO* I 1,2, 13–31 passim.
[34] *ACO* I 1,2, 31–36 passim.
[35] *ACO* I 1,2, 36,16–37,5.

heitspartei der Orientalen unter Johannes von Antiochien wiederum erklärte auf ihrer nach ihrem verspäteten Eintreffen eilig anberaumten Sitzung am 26. Juni ebenfalls das Nicänum zur einzigen Norm und forderte dementsprechend die Verdammung der zwölf Anathematismen Cyrills aus seinem dritten Brief an Nestorius (der *Epistula* 17).[36] Das Gleiche sagten die Orientalen in vielen der Schreiben, die sie nach dieser Sitzung ausgehen ließen, um gegen Cyrills eigenmächtiges Vorgehen vor ihrem Eintreffen zu protestieren.[37] Die sechste Sitzung der Cyrillianer am 22. Juli hatte wiederum als einen ihrer Tagesordnungspunkte den Fall eines Presbyters aus Philadelphia namens Charisius. Dieser Charisius war, wie er in einem Brief geschrieben hatte, aus seiner Gemeinde ausgeschlossen worden, weil er seine Zustimmung zu einer Glaubensformel verweigert hatte, die in seiner Gemeinde zu katechetischen Zwecken verwendet wurde, nämlich jener Formel, die später als das "Symbol Theodors von Mopsuestia" unserem Theodor zugeschrieben wurde und auf dem zweiten Konzil von Konstantinopel in der Sammlung der zu verdammenden Auszüge aus Theodors Werken stand.[38] Hier taucht diese Formel, noch anonym, zum ersten Mal auf. Die Väter des Konzils von Ephesus aber wandten sich mit Schaudern von ihr ab und beschlossen, daß das Nicänum allein und keine andere Formel Gültigkeit haben dürfe. Im Protokoll heißt es:

> Als nun das vorgelesen worden war, beschloß die heilige Synode, es sei niemand erlaubt, einen anderen Glauben vorzubringen, zu schreiben oder zusammenzustellen als den, der von den heiligen Vätern, die in Nicäa im Heiligen Geist versammelt waren, beschlossen worden war. Die aber, die es wagten, einen anderen Glauben zusammenzustellen, hervorzuholen oder denen vorzulegen, die sich zur Erkenntnis der Wahrheit bekehren wollen, sei es aus dem Heidentum, dem Judentum oder irgendeiner Häresie, die sollten, wenn sie Bischöfe oder Kleriker seien, als Bischöfe aus dem Bischofsamt und als Kleriker aus dem Klerus entfernt werden; wenn sie aber Laien seien, sollten sie ausgeschlossen werden.

Das gleiche Urteil der Synode treffe Bischöfe, Kleriker oder Laien, die dabei überführt würden, über die Menschwerdung des eingeborenen Sohnes Gottes zu lehren oder zu denken, was der dem

---

[36] *ACO* I 1,5, 121,38–123,3.
[37] *ACO* I 1,5, 13,27–34; 124,23–27; 127,16–23; 128,16–21; 129,20–25; 132,19–27; 134,1–3.38–135,4; I 1,7, 69,18–70,31.
[38] *ACO* IV 1,70,16–72,9.

Charisius vorgelegten Glaubensformel oder den verkehrten Lehrsätzen des Nestorius entspreche.[39] Dieser Synodalbeschluß ist offenbar die cyrillianische Retourkutsche für die Verdammung der zwölf Anathematismen durch die Orientalen und zugleich die Selbstreinigung von dem Verdacht, nicht allein das Nicänum anzuerkennen.[40] Im Eutychianischen Streit sollte dieser Kanon eine gewichtige Rolle spielen.[41] Hermann Josef Sieben schreibt:

> Mit dieser *definitio* wird die allgemeine Überzeugung bzw. die Theorie der Monopolstellung der fides Nicaena zum Kirchengesetz gemacht und damit ... den Gegnern einer authentischen Weiterentwicklung der kirchlichen Lehre und einer neuen Konzilsidee eine machtvolle Waffe in die Hand gelegt.[42]

Das Konzil ging im Herbst auseinander, ohne daß die beiden Parteien sich hätten einigen können. So ging der Streit weiter. Man berief sich weiter auf das Nicänum[43] und ließ nur es als Norm gelten.[44] Cyrill führte in seinen Briefen immer wieder den Kanon der sechsten Sitzung seiner Partei an, das Verbot jeder Glaubensnorm neben dem Nicänum.[45] Die Orientalen erkannten diesen Kanon zwar natürlich nicht an, standen aber in der Sache nicht zurück, wie einem Brief Cyrills an Acacius von Melitene über die Versöhnungsverhandlungen der in gegenseitiger Exkommunikation lebenden Parteien zu entnehmen ist:

> Denn sie wollten, daß alles, was von mir geschrieben ist in Briefen, Tomoi und Büchlein, zunichte würde, und [wollten] allein jenem in Nicäa von unseren heiligen Vätern beschlossenen Glauben zustimmen. Ich aber schrieb dazu, daß wir alle zwar der Darlegung des Glaubens, die von den heiligen Vätern bei der Stadt Nicäa beschlossen wurde, folgen und überhaupt nichts von dem, was in ihr liegt, verfälschen (denn sie enthält alles richtig und unwiderleglich, und nach ihr noch eine überflüssige Untersuchung zu machen, ist eine unsichere Sache);

---

[39] *ACO* I 1,7, 105,20–106,8.
[40] Vgl. de Halleux, Pour une profession 287; La réception 31.
[41] Vgl. unten 4.3.
[42] *Die Konzilsidee* 238.
[43] Cyrill von Alexandrien, *Ep. 46 ad Success.Diocaes.* (*ACO* I 1,6, 158,11–15); *Ep. 50 ad Valer.Icon.* (*ACO* I 1,3, 94,32f.); *Ep. 55 ad monach.orient.* (*ACO* I 1,4, 58,22–34).
[44] Theodot von Ancyra, *Expos.symb.Nic.* 8f.; Cyrill von Alexandrien, *Ep. 39 ad Joh.Ant.* (*ACO* I 1,4, 19,20–29); *Ep. 40 ad Acac.Melit.* (ebd. 23,18–23); *Ep. 55 ad monach.orient.* (ebd. 51,9–29; 60,28f.).
[45] *Ep.ad Acac.Beroeens.* (*ACO* I 1,7, 142,6–14); *Ep. 33 ad eund.* (ebd. 148,37–149,8); *Ep.ad Maxim.Const.* (ebd. 163,3–7); *Ep. 40 ad Acac.Melit.* (*ACO* I 1,4, 23,29–24,4).

was wir aber zu Recht gegen die Lästerungen des Nestorius geschrieben haben, bei dem wird uns niemand überzeugen, zu sagen, es sei nicht recht gewesen.[46]

Der Friede kam dann 433 zustande. Cyrill unterzeichnete die Unionsformel, die Johannes von Antiochien ihm geschickt hatte, und stimmte damit im Wesentlichen dem antiochenischen Standpunkt zu (zwei vollständige Naturen in Christus, die jeweils Gott dem Vater bzw. uns wesenseins sind); dafür blieb er Patriarch, während Nestorius auch von etlichen seiner Freunde fallengelassen wurde. Die Unionsformel bekannte sich zur alleinigen Gültigkeit des Nicänums:

> Wir fügen weiter nichts zum in Nicäa von den heiligen Vätern dargelegten Glauben hinzu. Wie wir nämlich zuvor gesagt haben, reicht er sowohl für alle fromme Erkenntnis aus als auch zur Widerlegung aller häretischen, schlechten Lehre.[47]

Daß die Unionsformel wirklich kein neues Symbol und keine Konkurrenz zum Nicänum sei, betont Cyrill in einem Brief an Acacius von Melitene.[48] Zwei Jahre nach dem Friedensschluß schickten armenische Bischöfe Proclus, dem zweiten Nachfolger des Nestorius, einen Brief, in dem sie den Patriarchen voll Besorgnis um Hilfe gegen eine ihrer Meinung nach drohende Indoktrinierung Armeniens durch Schriften und Lehren Theodors von Mopsuestia baten. Sie beteuerten ihre Treue gegen den "Glauben der Apostel, den die 318 Väter von Nicäa aufgestellt haben".[49] Proclus bestärkte in einem Tomos die Armenier in dieser ihrer Treue.[50]

Was die damals Streitenden zusammenhielt, war also das einhellige Bekenntnis zum Nicänum als der einen, für immer feststehenden Norm der Orthodoxie. Dieses Bekenntnis brachte jede Seite gegen die jeweils andere vor, die Cyrillianer gegen Nestorius und die Orientalen gegen Cyrill und seine zwölf Anathematismen. Keiner stellt dem Nicänum ernsthaft etwas an die Seite oder wagt es, im

---

[46] *Ep.* 40 *ad Acac.Melit.* (*ACO* I 1,4, 21,22–29); vgl. auch *Ep.* 33 *ad Acac.Beroeens.* (*ACO* I 1,7, 147,31–38).

[47] Johannes von Antiochien, *Ep.ad Cyr.Alex.* (*ACO* I 1,4, 8,22–24) = Cyrill von Alexandrien, *Ep.* 39 *ad Joh.Ant.* (ebd. 17,4–6).

[48] *Ep.* 40 (*ACO* I 1,4, 23,22–24,19).

[49] Nestorius, *Lib.Heracl.* (Bedjan 594–596; griechische Übersetzung von Eduard Schwartz: *ACO* IV 2, xxviif.).

[50] *ACO* IV 2, 187–195. Vgl. dazu Lebon, Les anciens symboles 849f.; R. Devreesse, Essai sur Théodore de Mopsueste. *StT* 141. Vaikanstadt 1948: 136–142.

Glauben von Nicäa Unzulänglichkeiten zu entdecken. Auch der
nicänische Artikel über den Heiligen Geist wird als ausreichend bezeichnet;[51] die 60 Jahre zuvor empfundene Notwendigkeit seiner
Ergänzung wegen der pneumatomachischen Gefahr ist vergessen.[52]

Das Nicänum wird als Autorität und Berufungsinstanz zusammen
mit der heiligen Schrift genannt. So schrieben die Cyrillianer nach
ihrer ersten Sitzung in Ephesus in einer Relatio an die Kaiser Theodosius II. und Valentinian III.:

> Eure Kraft wollte die Frömmigkeit befestigen und trug der heiligen
> Synode auf, eine eifrige Untersuchung über die Dogmen zu machen.
> Die haben wir auch gemacht, indem wir sowohl der alten Überliefe-
> rung [παράδοσις] der heiligen Apostel und Evangelisten gehorchten als
> auch der [scil. παράδοσις] der 318 in Nicäa Versammelten.[53]

Auch sonst wird das Nicänum die παράδοσις genannt, die kirchen-
gründende Überlieferung der seligen Väter;[54] Theodor war hier, wie
wir sahen, zurückhaltender.[55] Andere werden für orthodox erklärt,
indem ihnen bescheinigt wird, sie stimmten mit dem Nicänum überein;
den Gegnern wiederum wird jede Übereinstimmung mit dem Glauben
von Nicäa bestritten.[56] Da aber der Gegner ja auch ein treuer Nicäner
war oder sich mindestens dafür hielt, konnte man ihn nicht einfach
der Feindschaft gegen die ehrwürdige Überlieferung der seligen Väter
zeihen. Statt dessen sagte man, er berufe sich fälschlich und ohne

---

[51] Theodot von Ancyra, *Expos.symb.Nic.* 24; Cyrill von Alexandrien, *Ep.* 55 *ad
monach.orient.* (*ACO* I 1,4, 60,21–27).

[52] Die in den Akten der sechsten Sitzung der Cyrilianer enthaltene Sammlung
von Vätertestimonien gegen Nestorius (*ACO* I 1,7, 89–95) ist wohl in Cyrills Auftrag
dorthinein interpoliert worden, vielleicht als Antwort auf eine Testimoniensammlung
der Orientalen, auf die ein Brief Johannes' von Antiochien an Rufin von Thessalonich
hindeutet (*ACO* I 1,3, 41,3–5). Vgl. de Halleux, La réception 32–34.

[53] *ACO* I 1,3, 6,30–35; vgl. Cyrill von Alexandrien, *Ep.* 17 *ad Nestor.* (*ACO* I 1,1,
40,17–19); *Apol.c.Theodrt.* 1 (*ACO* I 1,6, 111,28–112,3); *Ep.* 33 *ad Acac.Beroeens.* (*ACO*
I 1,7, 150,1–3); Johannes von Antiochien, *Ep.ad Cyr.Alex.* (*ACO* I 1,4, 8,21–23); Cyrill
von Alexandrien, *Ep.* 39 *ad Joh.Ant.* (ebd. 17,1–4); *Ep.* 40 *ad Acac.Melit.* (ebd. 23,22f.);
Ep. 55 *ad monach.orient.* (ebd. 50,2–27); Theodoret, *Ep.* 121 (SC 111, 84).

[54] Nestorius, *Ep.ad Cyr.Alex.* II (*ACO* I 1,1, 29,19f.); Cyrill von Alexandrien,
Apol.c.Theodrt. 1 (*ACO* I 1,6, 112,1); Theodot von Ancyra, *Expos.symb.Nic.* 12; Johannes
von Antiochien, *Ep.ad Cyr.Alex.* (*ACO* I 1,4, 8,21–23); Cyrill von Alexandrien, *Ep.*
39 *ad Joh.Ant.* (ebd. 17,3f.).

[55] Vgl. oben 1.5.2.

[56] Nestorius, *Serm.* 27 (*ACO* I 5, 38,32–43); die Cyrillianer in Ephesus über
Nestorius (*ACO* I 1,2, 31–36 passim); Cyrill von Alexandrien, *Ep.* 33 *ad Acac.Beroeens.*
(*ACO* I 1,7, 147,38–41; 150,1–3); die ephesinische "Räubersynode" über Theodoret
(J. Flemming, Akten der ephesinischen Synode 449 syrisch. *AGWG.PH N.F.* 15,1.
Göttingen 1917: 110,35–112,6).

Recht auf das Nicänum,[57] er verstehe das Nicänum gar nicht, er lege es falsch aus. So schrieb Cyrill an Nestorius:

> Es wird für Deine Ehrwürden nicht ausreichen, das Glaubenssymbol bloß mitzubekennen, das zu seiner Zeit im Heiligen Geist von der heiligen und großen Synode, die seiner Zeit in Nicäa versammelt war, dargelegt wurde. Denn Du hast es nicht recht verstanden und ausgelegt, sondern vielmehr verkehrt [verstanden und ausgelegt], auch wenn Du seinen Wortlaut bekennst.[58]

Doch Cyrill konnte dem Nestorius bei all dessen orthodoxem Eifer und Treue zum Nicänum noch etwas anderes vorwerfen: Er habe den falschen Wortlaut des Nicänums.[59] In der Tat hatte Nestorius sich zur Stützung seiner Auffassung immer wieder auf einen Satz des Nicänums berufen, der in Wahrheit gar nicht nicänisch ist, nämlich auf das σαρκωθέντα ἐκ πνεύματος ἁγίου καὶ Μαρίας τῆς παρθένου: Die Väter redeten von einer Fleischwerdung und Menschwerdung des eingeborenen Sohnes, aber nicht davon, er, der ewig aus dem Vater geboren sei, sei ein zweites Mal von der Jungfrau Maria geboren worden.[60] Wir haben hier den vielleicht besten Beleg für den Tatbestand, auf den Joseph Lebon und John Norman Davidson Kelly aufmerksam gemacht haben, daß nämlich seit etwa 400 der Begriff "Glauben der Väter von Nicäa" nicht nur für das reine Nicänum verwendet wurde, sondern auch für andere Bekenntnisse, die trinitarisch aufgebaut waren und nicänische Vokabeln wie das ὁμοούσιος enthielten.[61] Über den hohen Ehrungen, mit denen das Nicänum als Schibboleth der Orthodoxie überhäuft worden war, drohte es in

---

[57] So etwa die Cyrillianer in Ephesus nach ihrer sechsten Sitzung in einer Petitio an die Kaiser über Nestorius (*ACO* I 1,3, 47,23–28) und Diogenes von Cycicus in Chalcedon über Eutyches (*ACO* II 1,1, 91,21f.).

[58] Cyrill von Alexandrien, *Ep.* 17 *ad Nestor.* (*ACO* I 1,1, 34,14–18); vgl. *Ep.* 1 *ad monach.* (ebd. 12,21–14,6); Nestorius, *Ep.ad Cyr.Alex.* II (ebd. 29,12–26); Cyrill von Alexandrien, *Ep.* 70 *ad Lamp.presb.* (E. Schwartz, Codex Vaticanus gr. 1431. *ABAW.PPH* 32,6. München 1927: (Nr. 37) 17,2–5); *Ep.* 71 *ad Theodos.II.imp.* (*ACO* I 4, 211,14–17).

[59] *C.Nest.* I 5 (*ACO* I 1,6, 25,34–26,4); I 7 (ebd. 28,24–27); I 8 (ebd. 29,11–13).

[60] *Serm.* 14 (*ACO* I 1,2, 46,17–24; I 1,7, 107,13–20); 17 (*ACO* I 1,6, 4,37–5,9; 27,3–5.10–17; 28,28–30; I 5, 55,22–27); *Ep.ad Cyr.Alex.* II (*ACO* I 1,1, 29,21–30,4.15–18); *Ep.ad Coel.pap.* I (*ACO* I 2, 13,17–21); II (ebd. 14,27–33).

[61] Lebon, Les anciens symboles 834–861; J.N.D. Kelly, *Altchristliche Glaubensbekenntnisse*. 3. Aufl. Göttingen 1972: 319–321; vgl. E. Schwartz, Das Nicaenum und das Constantinopolitanum auf der Synode von Chalcedon. *ZNW* 25 (1926), 38–88: 82f.; A.M. Ritter, *Das Konzil von Konstantinopel und sein Symbol*. FKDG 15. Göttingen 1965: 183f. Theodors Homilien können wir indessen nicht uneingeschränkt als Beleg gelten lassen, vgl. oben 2.2.2.

Vergessenheit zu geraten, es drohte, ein bloßer Name und ein Schlag-
wort zu werden. Im Osten wird nicht zuletzt die Verwendung "nicänischer" Taufbekenntnisse[62] maßgeblich dazu beigetragen haben, daß
der Begriff "Nicänum" aufgeweicht und auch auf andere Symbole
übertragen wurde. Zum anderen aber hat wohl auch die Kanonisierung
dazu geholfen. Schon die Synoden von Antiochia (379) und Konstantinopel (381) hatten ja nicänische Bekenntnisse aufgestellt, Formeln,
die nicht das ursprüngliche Nicänum waren, aber die das Nicänum
bestätigen und etablieren sollten. Daß nunmehr der nicänische Glaube
der alleingültige und orthodoxe war, führte nicht nur zu den nicänischen Überarbeitungen der lokalen Taufsymbole, sondern auch dazu,
daß alle gültigen Bekenntnisse, eben weil sie zu ihrer Gültigkeit nicänisch sein mußten, nun auch nicänisch *waren* bzw. als Nicänum bezeichnet wurden. Das Nicänum des Nestorius[63] ist eine Mischform
zwischen dem Nicänum und dem Nicäno-Constantinopolitanum (NC).[64]
Lokale Formen des Nicänums lassen sich übrigens auch im Westen
belegen.[65]

Cyrill nun kennt und zitiert nur den originalen Wortlaut als Nicänum,
und er kreidet Nestorius das Abweichen davon an; doch wichtiger
als der Wortlaut ist in seiner Argumentation gegen den Widersacher
das Verständnis des zweiten Glaubensartikels. Nestorius sagte, die
Väter von Nicäa redeten nur von *einer* Geburt des eingeborenen
Sohnes, nämlich der aus dem Vater, und sprächen ihm ansonsten
lediglich Fleisch- und Menschwerdung zu, jedoch keine Geburt aus
der Jungfrau. Seine Gegner hatten daraufhin leichtes Spiel, nicht
etwa doch seine Geburt aus der Jungfrau aus dem Urnicänum zu
beweisen, denn dieses redet davon so wenig wie das NC, aber darauf

---

[62] Vgl. oben 1.5.4.

[63] Vgl. die Zusammenstellung der Zitate bei Lebon, Les anciens symboles 840f.

[64] Der erste Artikel folgt dem Urnicänum, der zweite, soweit belegt, dem NC,
indem er das μονογενῆ vorzieht und, wie gesagt, σαρκωθέντα ἐκ πνεύματος ἁγίου
καὶ Μαρίας τῆς παρθένου liest. Das bis auf den dritten Artikel komplette Nicänum
des Liber Heraclidis (Lebon, Les anciens symboles 843) weist ebenfalls die besagten
Lesarten des NC auf, folgt aber sonst dem Wortlaut von 325. Es stimmt also nicht,
wenn André de Halleux schreibt, Nestorius zitiere ein Symbol des antiochenischen
Typs als Nicänum (Pour une profession commune 285; La réception 28).

[65] Vgl. das Nicänum der Synode von Hippo 393 (MPL 56, 418C–419B; vgl.
Mansi III 894.917), das nach "*homo factus*" hinzufügt: "*per virginem Mariam*", und das
Nicänum des Konzils von Karthago 419 (*EOMIA* I 1,2, 106–108; vgl. Mansi III
707f.; IV 407f.), das der lateinischen Übersetzung Rufins (*Hist.eccl.* X 6) folgt und
nach "*et in unum dominum*" hinzufügt: "*nostrum*", nach "*propter nos*" das "*homines*"
wegläßt und vor "*venturus*" "*inde*" einfügt.

zu dringen, daß (wie Nestorius bei seinen Ausführungen zum σαρκωθέντα selbst zugegeben hatte) der zweite Artikel nur *ein* Subjekt kennt,
den eingeborenen Sohn, und diesem eben auch all das zuschreibt,
was Nestorius von ihm fernhalten möchte (wenn auch nicht dem
präexistenten, sondern dem fleischgewordenen Sohn): Erniedrigung
und Erhöhung, Tod, Auferstehung, Himmelfahrt und Wiederkunft
zum Gericht (und folglich auch die Geburt aus der Jungfrau). In
seinem dritten Brief an Nestorius schreibt Cyrill:

> Indem wir aber auf jede Weise den Bekenntnissen der heiligen Väter
> folgen, die sie machten, als der Heilige Geist in ihnen redete, und dem
> Ziel der Gedanken in ihnen [scil. den Bekenntnissen] auf der Spur
> bleiben und wie auf dem königlichen Pfad gehen, sagen wir, daß das
> eingeborene Wort Gottes selbst, der "aus der Substanz des Vaters" selbst
> geboren ist, der "wahre Gott vom wahren Gott", das "Licht vom Licht",
> "durch den alles entstand, sowohl im Himmel als auch auf der Erde",
> "zu unserer Erlösung herabkam", sich selbst in die Entäußerung begeben
> hat [Phil 2,7], "Fleisch wurde und Mensch wurde", das heißt: Fleisch
> annahm [λαμβάνειν] aus der heiligen Jungfrau und, als er es [scil. das
> Fleisch] für sich gemacht hatte, eine eigene Geburt, wie sie auch bei
> uns ist, auf sich nahm und als Mensch aus einer Frau hervorging,
> wobei er das, was er war, nicht von sich warf, sondern, obwohl er
> Fleisch und Blut angenommen hatte, doch das blieb, was er war, näm-
> lich Gott nach der Natur und der Wahrheit. Weder sagen wir, das
> Fleisch sei in die Natur der Gottheit verwandelt worden [τρέπεσθαι],
> noch, die unsagbare Natur Gottes des Wortes sei zur Natur des Fleisches
> gemacht [παραφέρεσθαι, wörtlich: fortgebracht] worden. Denn er [scil.
> Gott das Wort] ist unveränderlich und ganz unwandelbar und bleibt
> nach den Schriften immer er selbst [Ps 102,28]. Als er sichtbar war
> und ein kleines Kind war, in Windeln am Busen der Jungfrau, die ihn
> geboren hatte, erfüllte er die Schöpfung als Gott und regierte zusam-
> men mit dem, der ihn gezeugt hatte; denn das Göttliche ist ohne
> Quantität und Größe und wird von keinen Umgrenzungen gehalten.[66]

Die Gegner hatten hier mit Hilfe des Nicänums den Schwachpunkt
der antiochenischen Christologie aufgedeckt und immer wieder
bloßgestellt.[67]

---

[66] *Ep.* 17 *ad Nestor.* (*ACO* I 1,1, 35,12–26).
[67] Vgl. auch Cyrill von Alexandrien, *Ep.* 1 *ad monach.* (*ACO* I 1,1, 12,21–14,6);
Ep. 4 *ad Nestor.* (ebd. 26,12–28,22); *C.Nest.* I 8 (*ACO* I 1,6, 29,1–21); II prooem.
(ebd. 32,30–37); IV 2 (ebd. 79,1–7); *Explan.XII cap.* (*ACO* I 1,5, 17,2–24); Theodot
von Ancyra, *Expos.symb.Nic.* 10–23; Cyrill von Alexandrien, *Ep.* 31 *ad Maxim.Const.*
(*ACO* I 1,3, 72,21–34); *Ep.* 45 *ad Success.Diocaes.* (*ACO* I 1,6, 152,12–34); *Ep.* 46 *ad*
eund. (ebd. 158,11–15); *Ep.* 50 *ad Valer.Icon.* (*ACO* I 1,3, 94,32); *Ep.* 55 *ad monach.*
orient. (*ACO* I 1,4, 51,8f.; 54,17–55,11; 58,22–61,18).

Blicken wir ein paar Jahrzehnte zurück auf Theodor, so sehen wir, daß er das Problem offenbar klarer erkannt hatte als Nestorius. Nicht zuletzt durch den Wortlaut seines Symbols gedrängt, das sehr wohl den schwierigen Satz "geboren von der Jungfrau Maria" enthielt, lehrte er, daß die Schrift und das Glaubensbekenntnis von beiden Naturen reden, als wären sie Einer, um durch diese Reduktion zweier Subjekte auf eines die Verbindung der beiden Naturen zu demonstrieren und den Staunenden das Wunderbare, was dem Menschen Christus geschehen ist, glaubhaft zu machen.[68] Theodor wäre sicher eher als sein Epigone in der Lage gewesen, Cyrills Angriffe zu parieren, und dieser hatte allen Anlaß, Theodor als ärger und gefährlicher als Nestorius selbst zu bezeichnen.[69]

4.3. Nach dem Nestorianischen Streit

Seit dem Eutychianischen Streit 448–451[70] war Nicäa nicht mehr das einzige kanonische Konzil. Ephesus 431 hatte sich noch als bloßes Bekenntnis zu Nicäa verstanden und ausdrücklich kein neues Symbol aufgestellt. Doch im Eutychianischen Streit galt neben Nicäa auch das Konzil von Ephesus als kanonisch.[71] Einig waren sich alle in der Berufung auf Ephesus, nicht als Konzil eigenen Gewichts, aber als verbindliche Bekräftigung des Glaubens von Nicäa. Nicht mehr "Nicäa" hieß es, sondern "Nicäa und Ephesus".[72]

Was aber hatte man unter der Bekräftigung Nicäas in Ephesus genau zu verstehen? Euseb, schon im Nestorianischen Streit hervorgetreten, nunmehr Bischof von Doryläum und Ankläger im Prozeß, sowie der Patriarch Flavian verurteilten im November 448 auf der

---

[68] Vgl. oben 1.3.1.; 3.7.2.3.

[69] *Ep.* 70 *ad Lamp.presb.* (Schwartz, Codex Vaticanus gr. 1431 (Nr. 37) 16,30–34).

[70] Zum Eutychianischen Streit vgl. F. Loofs, Art. Eutyches, in: *RE*[3] 5. Leipzig 1898, 635–647; E. Schwartz, Der Prozeß des Eutyches. *SBAW.PPH* 1929,5. München 1929; P.-Th. Camelot O.P., Ephesus und Chalcedon. *GÖK* 2. Mainz 1963: 87–196; K. Baus – E. Ewig, Die Reichskirche nach Konstantin dem Großen 1. *HKG(J)* II/1. Freiburg 1973: 113–126; L.R. Wickham, Art. Chalkedon, ökumenische Synode (451), in: *TRE* 7. Berlin (West) 1981, 668–675; Art. Eutyches, in: *TRE* 10. Berlin (West) 1982, 558–565.

[71] Vgl. Sieben, *Die Konzilsidee* 244–256; A. de Halleux, Le IIe concile oecuménique. *CrSt* 3 (1982), 297–327: 313f.; Pour une profession commune 289–291; La réception 36–47.

[72] Vgl. zur endemischen Synode 448: *ACO* II 1,1, 100,27–101,5; 113,33–114,10; 119–123 passim; zum "Räuberkonzil" 449: *ACO* II 1,1, 89,1–21; 118,28–119,2; 179–192 passim; Flemming, Akten 116–150 passim.

endemischen Synode in Konstantinopel den Archimandriten Eutyches als Apollinaristen und beriefen sich neben Nicäa auf Ephesus, und zwar auf die erste Sitzung der Cyrillianer (22.6.431) und den dort approbierten zweiten Brief Cyrills an Nestorius (die *Epistula* 4) sowie auf die Union von 433 (Cyrills *Epistula* 39) und die Zwei-Naturen-Lehre in ihr.[73]

Die Gegenseite, Eutyches und Patriarch Dioskur von Alexandrien, wollten, wie man sich denken kann, von Cyrills *Epistula* 39, der Union von 433 und der Zwei-Naturen-Lehre nichts wissen. Vielmehr verkündete Dioskur auf der ersten Sitzung des von ihm beherrschten "Räuberkonzils" von Ephesus 449, Flavian von Konstantinopel und Euseb von Doryläum seien verurteilt, weil sie bei ihrem Vorgehen gegen Eutyches von diesem die Zustimmung zu der Formel "zwei Naturen nach der Vereinigung" (aus der Unionsformel von 433) verlangt hätten, also zu etwas anderem als dem Nicänum, obwohl doch das Konzil von 431 verboten habe, eine andere Formel als das Nicänum aufzustellen.[74] Ephesus galt hier mithin als gleichbedeutend mit jenem auf der sechsten Sitzung der Cyrillianer (22.7.431) beschlossenen Kanon; dieser wurde gegen das "Ephesus" der dyophysitischen Partei ins Feld geführt. Eutyches nannte diesen Kanon in seinem Glaubenbekenntnis und weigerte sich, einen anderen Glauben als das Urnicänum anzuerkennen.[75] Über Theodoret, den führenden Theologen der dyophysitischen Partei im Nestorianischen und Eutychianischen Streit, wurde auf der zweiten Sitzung des "Räuberkonzils" kolportiert, er habe einen Folianten, der jenen Kanon enthielt, voller Zorn in ein Kohlenbecken geworfen, worauf das Feuer auf wundersame Weise gelöscht worden sei.[76] Schließlich erneuerte das Räuberkonzil das ephesinische Verbot neuer Glaubensformeln.[77] Desungeachtet hatte freilich noch ein anderes Dokument auf dem "Räuberkonzil" fast kanonische Geltung, die berüchtigten zwölf Kapitel oder Anathematismen aus Cyrills drittem Brief an Nestorius: Sowohl Theodoret

---

[73] *ACO* II 1,1, 103,14–111,8; 113,26–114,14; 117–121 passim; 139,13–28; 140,17–24. Vgl. zu Cyrills Briefen, dem Konzil von Ephesus und der Union von 433 oben 4.2.

[74] *ACO* II 1,1, 191,9–28.

[75] *ACO* II 1,1, 90,18–25; 95,4–22; 96,12–18.

[76] So der Libell des Presbyters Cyriacus gegen Domnus von Antiochien (Flemming, Akten 116).

[77] *ACO* II 1,1, 191,9–18; vgl. das Edikt Theodosius' II. an Dioskur (Flemming, Akten 152,21–28); den Brief Theodosius' II. an Juvenal von Jerusalem (ebd. 154,8–13) und das Rundschreiben Dioskurs an die Bischöfe (ebd. 154,18–25).

als auch Domnus von Antiochien wurden vom Konzil mit Flüchen überschüttet und verdammt, weil sie sich schriftlich mehr oder weniger kritisch zu den zwölf Kapiteln geäußert hatten.[78] Schließlich aber setzte jenes Konzil nach Nicäa und Ephesus an die dritte Stelle, auf daß die Dreizahl voll werde, sich selbst:

> So zu sagen als einen Urquell auch aller andern Güter für das Menschengeschlecht, hat des Menschengeschlechtes Gott und wahrhafter Erlöser Iesus Christus, der da ist alleiniger wahrer Gott und alleiniges Leben in Ewigkeit diese eure göttliche, selige und ökumenische Synode teils früher in Nikaia zusammentreten lassen, − denn jene und die ihr folgende glaube ich in dieser (vereint) zu schauen − teils nun schon zweimal hier [scil. in Ephesus, S.G.] als dritte ökumenische diese am Ende der Äonen versammelt. Und diese ist, wie ich glaube, die letzte aller Synoden durch den heiligen Geist, sintemal der heilige Geist, der Allvollbringer, selber, sie eigens darzu, die letzte zu sein, versammelt hat, ... Denn wenn, den Gesetzen und den göttlichen Schriften zufolge, zwei oder drei Männer an Zahl, sobald sie Zeugnis ablegen, glaubhaft sind: wer dürfte da gegen die drei die Dreifaltigkeit bezeugenden Synoden, d.h. aber, gegen die Dreifaltigkeit selber, die sich mittels ihrer (der Synoden) selbst bezeugt, über das von euch (bestimmte) streiten, ohne mit Recht verurteilt zu werden?[79]

Die gegen das zweite Konzil von Ephesus siegreiche Versammlung von Chalcedon 451 ersetzte die Dreiheit Nicäa − Ephesus I − Ephesus II durch eine andere: Nicäa − Konstantinopel − Ephesus.[80] Kallinikus von Apamea sagte in Chalcedon:

> Die in Nicäa von den 318 Vätern zusammengebrachte Synode und die von den 150 im berühmten Konstantinopel bei der Wahl des allerseligsten Bischofs Nectarius und die in Ephesus gegen Nestorius zusammengebrachte Synode hat eine Gesinnung: Sie [scil. die dreieinige Synode] betet die Dreiheit an, verkündigt die Dreiheit und überliefert der Welt die Dreiheit.[81]

Neu ist das Konzil von Konstantinopel 381; es war bis dahin übergangen worden. Das Verschweigen Konstantinopels bei der alexandri-

---

[78] Flemming, Akten 90−92; 108−112; 144−150.

[79] So der Libell des antiochenischen Presbyters Pelagius gegen Theodoret auf dem Konzil von 449 (Flemming, Akten 84,22−35; Übersetzung von Georg Hoffmann); vgl. auch den Brief Theodosius' II. an Juvenal von Jerusalem (ebd. 154,10−14).

[80] *ACO* II 1,2, 92−109 passim. Unter Ephesus wurden jetzt wieder Cyrills Epistulae 4 und 39 verstanden. Beide wurden auf der dritten Sitzung auch kanonisiert (*ACO* II 1,2, 80,19−81,13).

[81] *ACO* II 1,2, 104,22−26.

nischen Partei im christologischen Streit der ersten Hälfte des fünften
Jahrhunderts ist in der Tat auffällig. In Chalcedon war durch ihr
Insistieren auf dem ursprünglichen Wortlaut des Nicänums schließlich
der Eindruck entstanden, als begünstige der zweite Artikel des Urnicänums die alexandrinische Christologie, vielleicht gar die des Apollinaris, und als sei hier das NC als dialektische Antithese erforderlich,
um das Schiff Orthodoxie zwischen Scylla und Charybdis hindurch-
zumanövrieren. Als daher auf der ersten Sitzung des Konzils von
Chalcedon Euseb von Doryläum die Verlesung des Glaubensbekenntnisses des Eutyches unterbrach und ausrief, den Kanon, auf den
Eutyches sich berufen habe, daß Glaubensformeln neben dem Nicänum
aufzustellen verboten sei, den gebe es gar nicht, und als daraufhin
Dioskur triumphierend auf vier Codices mit den Akten von Ephesus
wies, da sprang Diogenes von Cycicus dem bedrängten Euseb bei:

> Mit List hat er [scil. Eutyches] sich auf die Synode der heiligen Väter
> in Nicäa berufen; die bekam nämlich Zusätze von den heiligen Vätern
> wegen der üblen Gedanken des Apollinaris, Valentin und Macedonius
> und derer, die ihnen ähnlich sind, und es wurde dem Symbol der
> heiligen Väter hinzugefügt: "der herabkam und Fleisch wurde vom
> Heiligen Geist und der Jungfrau Maria". Denn das hat Eutyches wie
> ein Apollinarist ausgelassen; denn auch Apollinaris nimmt die heilige
> Synode in Nicäa auf, wobei er das Gesagte nach seiner eigenen Gott-
> losigkeit deutet, aber er flieht das "vom Heiligen Geist und der Jungfrau
> Maria", um nirgends die Einigung mit dem Fleisch zu bekennen. Denn
> die heiligen Väter, die danach [scil. nach Nicäa] waren, haben das
> "Fleisch geworden", das die heiligen Väter in Nicäa gesagt hatten, er-
> klärt, indem sie sagten: "vom Heiligen Geist und der Jungfrau Maria."[82]

Die Alexandriner im christologischen Streit haben das NC sicher nicht
deshalb übergangen, weil die Worte ἐκ πνεύματος ἁγίου καὶ Μαρίας
τῆς παρθένου wirklich ein Zusatz des NC zum Urnicänum gegen
Apollinaris gewesen wären, wie Diogenes von Cycicus behauptet.[83] Die
Worte sind für den Apollinarismus keineswegs unannehmbar,[84] und

---

[82] *ACO* II 1,1, 91,21–30; in diesem Sinne auf der vierten Sitzung des Konzils
auch Florentius von Adrianopel in Pisidien (*ACO* II 1,2, 106,11–17).

[83] Mit Ritter, *Das Konzil* 192–194; M. Santer, ΕΚ ΠΝΕΥΜΑΤΟΣ ΑΓΙΟΥ ΚΑΙ ΜΑΡΙΑΣ
ΤΗΣ ΠΑΡΘΕΝΟΥ. *JThS N.S.* 22 (1971), 162–167; Kelly, *Altchristliche Glaubensbekenntnisse*
329–333; gegen R. Staats, Die römische Tradition im Symbol von 381 (NC) und
seine Entstehung auf der Synode von Antiochien 379. *VigChr* 44 (1990), 209–221:
214; *Das Glaubensbekenntnis von Nizäa-Konstantinopel*. Darmstadt 1996: 55–57. 109. 140.
176f. 187f.

[84] Vgl. Apollinaris, *Ep.ad Jovian.*; Epiphanius, *Panar.* 77,22,4.

andere Definitionen zeigen, daß die Zeit Apollinaris mit klareren Worten zu verdammen wußte.[85] Theodor, der es wissen müßte und dem es gelegen käme, weiß nichts von einer Ausrichtung des ergänzten Nicänums gegen Apollinaris. Die Vorstellung von einer antiapollinaristischen und antialexandrinischen Ausrichtung des NC gegenüber dem Urnicänum durch das "aus dem Heiligen Geist und der Jungfrau Maria" ist erst später entstanden, nämlich durch das Insistieren des Nestorius auf σαρκωθέντα ἐκ πνεύματος ἁγίου καὶ Μαρίας τῆς παρθένου.[86] Sie findet sich denn auch gerade in Konstantinopel oder seiner nächsten Nachbarschaft, der Nachbarschaft also des NC und Nestorius'. Diogenes von Cycicus haben wir genannt. Es gibt noch einen weiteren Zeugen, den Ritter übersehen hat: Eutyches selbst, den Presbyter und Archimandriten in Konstantinopel, die fluchbeladene Fackel des Streites. In seiner *Contestatio* an das Volk von Konstantinopel schreibt Eutyches, er bekenne sich allein zum Glauben von Nicäa, fährt dann aber fort:

> wobei ich die verfluche, die sagen, das Fleisch unseres Herrn Jesus Christus sei vom Himmel herabgekommen, und er sei nicht aus Maria, der Jungfrau, und dem Heiligen Geist Fleisch geworden [*incarnatum*].[87]

Hier können nicht Romanum oder *Tomus Leonis* gemeint sein, denn dann hieße es "*natum*" statt "*incarnatum*". Auch Eutyches kennt also jene Vorstellung über das "Fleisch geworden aus dem Heiligen Geist und Maria, der Jungfrau" des NC, der Vorwurf des Diogenes von Cycicus gegen ihn ist unberechtigt; auch Eutyches gehört zu den Zeugen des NC vor Chalcedon! Für Nestorius, den Urheber der Vorstellung, waren freilich Heiliger Geist und Jungfrau Maria gar nicht das Entscheidende gewesen, entscheidend war, daß das Symbol "Fleisch geworden" statt "geboren" sagte,[88] also etwas, was Urnicänum und NC gemeinsam haben. (Der Wortlaut des NC mit dem Zusatz "vom Heiligen Geist und Maria, der Jungfrau" macht es indessen noch auffälliger, daß

---

[85] Vgl. z.B. Kanon 7 des *Tomus Damasi* (*EOMJA* I 2,1, 286,54–61) und den Synodalbrief von 382 (Theodoret, *Hist.eccl.* V 9,12).

[86] Adolf Martin Ritter meint dagegen, die Vorstellung sei erst durch den Tomus Leos des Großen an Flavian von Konstantinopel von 449 entstanden, in dem sich der Papst auf die Worte "*natum de spiritu sancto et Maria virgine*" aus dem römischen Symbol beruft (*Das Konzil* 194; vgl. *ACO* II 2,1, 25,11f.17f.23).

[87] *ACO* II 2,1, 35,21–27. Die Häresie des Apollinaris bestand für Eutyches also offenbar in der Lehre, Christi Fleisch sei direkt vom Himmel gekommen; vgl. oben 1.4.4.

[88] Vgl. oben 4.2.

es nicht "geboren" heißt).[89] Eine antiochenische und antiapollinaristische Ausrichtung hat das NC hier nicht dem Urnicänum gegenüber, allenfalls gegenüber dem Romanum und Theodors Symbol (wenn anders letzteres seine Vorlage war, wie ich annehme), indem es "Fleisch geworden" statt "geboren" sagt.

Ob die Alexandriner das NC wirklich bewußt verschwiegen haben, ihre Anhänglichkeit an das Urnicänum also aus der Ablehnung seiner Ergänzung von 381 resultiert, oder ob das NC ihnen nicht bekannt war, wie es denn in der ersten Hälfte des fünften Jahrhunderts nur in Konstantinopel und Umgebung Zeugen für das NC gibt, und ihre Treue gegen das Urnicänum andere Gründe hatte, ist kaum zu entscheiden. Gab es aber wirklich eine Feindschaft der Alexandriner gegen das NC, so war der Grund nicht dogmatisch, sondern kirchenpolitisch und rührte von der Rivalität zwischen Alexandria und Konstantinopel seit 381 her: Das Konzil von 381 war (ebenso wie 70 Jahre später das Konzil von Chalcedon) deutlich gegen das ägyptische "Papsttum" in Alexandria ausgerichtet, u.a. wegen der Querelen um Paulinus von Antiochia und den Kyniker Maximus. Es erhob anstelle Alexandrias Konstantinopel zum ranghöchsten Stuhl des Ostens.[90] So wäre es kein Wunder, wenn die von den alexandrinischen Patriarchen Cyrill und Dioskur beherrschten Konzilien in Ephesus das NC übergingen, während das vom Hof in Konstantinopel gelenkte Konzil von Chalcedon das NC zu Ehren brachte. Ein weiteres Motiv dafür, das NC der Vergessenheit zu entreißen, war schließlich der Wunsch, gegenüber dem Insistieren der eutychianischen Partei auf jenem ephesinischen Kanon, der jede Glaubensformel über das Nicänum hinaus verbot, einen Präzedenzfall für die Aufstellung des Symbols auf der fünften Sitzung des Konzils zu finden. Die *Allocutio ad Marcianum* der Väter von Chalcedon[91] erklärt, das Chalcedonense sei keine Hinzufügung zu Nicäa (und kein Verstoß gegen Ephesus I), sondern deren gültige Auslegung vor dem Hintergrund neuer Häresien, ebenso wie bereits vor 70 Jahren Konstantinopel die Bekräftigung und gültige Auslegung, aber nicht Änderung für Nicäa gewesen sei. Das sei eben

---

[89] Insofern stimmt es auch nicht ganz, wenn André de Halleux schreibt, es habe für die Argumentation bei Cyrill und Nestorius keine Rolle gespielt, daß Cyrill das Urnicänum und Nestorius nicht das Urnicänum zitiert hat (Pour une profession commune 285; La réception 28).

[90] Vgl. Kanon 2 und 3 (*COD* 27,16–28,19); dazu auch Ritter, *Das Konzil* 92–96; Staats, *Das Glaubensbekenntnis* 51f.

[91] *ACO* II 1,3, 100–116.

kein neues Symbol und falle daher auch nicht unter das Verbot des Ephesinums.[92]

Der Kanon der ökumenischen Konzilien blieb auch nach Chalcedon in den nunmehr ausbrechenden monophysitischen Kämpfen umstritten.[93] Die Opposition der Monophysiten gegen weitere Symbole, besonders gegen das von den Kaisern Marcian und Leo gestützte Chalcedonense, ließ sich nicht mehr unterdrücken. So erklärte der oströmische Usurpator Basiliskus 476 in seiner Enzyklika Nicäa zur einzigen Glaubensnorm, ließ Konstantinopel und die beiden ephesinischen Konzilien gelten und verdammte Chalcedon und den *Tomus Leonis*;[94] er kehrte also (abgesehen von der Nennung Konstantinopels) zum Kanon des "Räuberkonzils" von 449 zurück. Sechs Jahre später erließ Kaiser Zeno, nach dem Sturz des Basiliskus zurückgekehrt, sein Henotikon, ein Dekret, das die monophysitischen Kämpfe beenden und den Christen zur Einheit helfen sollte.[95] Darin wurde das Nicänum samt seiner Bekräftigung durch das NC als das für immer verbindlichen Glaubensbekenntnis anerkannt, durch das auch die beiden Extreme in der Christologie, Nestorius und Eutyches, schon verdammt seien. Ferner ließ der Kaiser Ephesus I und Cyrills zwölf Anathematismen gelten und sprach Chalcedon jede eigene Autorität ab. Die Folge dieses Henotikons war übrigens das erste definitive Schisma zwischen West- und Ostkirche, das erst Kaiser Justin 519 mit der Rücknahme des Henotikons und der Unterwerfung Konstantinopels unter Rom beendete. In der seit 486 auch dogmatisch von Byzanz geschiedenen ostsyrischen oder nestorianischen Kirche wurden von den Konzilien nur Nicäa und Konstantinopel anerkannt.[96]

---

[92] Vgl. Sieben, *Die Konzilsidee* 253–256; de Halleux, Le IIe concile 314; Pour une profession commune 290f.; La réception 41–46.

[93] Vgl. dazu R. Haacke O.S.B., Die kaiserliche Politik in den Auseinandersetzungen um Chalkedon (451–553), in: *KonChal* 2. Würzburg 1953, 95–117; Sieben, *Die Konzilsidee* 256–263.

[94] Schwarz, Codex Vaticanus gr. 1431 (Nr. 73) 49–51; Zacharias Rhetor, *Hist.eccl.* V 2; Evagrius Scholasticus, *Hist.eccl.* III 4.

[95] Schwartz, Codex Vaticanus gr. 1431 (Nr. 75) 52–54 (lateinisch 54–56); Zacharias Rhetor, *Hist.eccl.* V 8; Evagrius Scholasticus, *Hist.eccl.* III 14.

[96] W. de Vries S.J., Die syrisch-nestorianische Haltung zu Chalkedon, in: *KonChal* 1. Würzburg 1951, 603–635: 604–608.

4.4. Schluss

Zum Schluß wollen wir Theodor von Mopsuestia noch einmal in
die Geschichte der Rezeption des Nicänums einordnen.

1. Theodor hat die Endphase des trinitarischen Streites zwar noch
erlebt und in sie eingegriffen, aber er gehört doch schon deutlich einer
späteren Generation an als Athanasius, Basilius und auch Apollinaris.
Hatten diese die Anerkennung des Nicänums und seiner Suffizienz
noch gegen die Konkurrenz vieler anderer Symbole und Formeln
erkämpfen müssen, so ist die Geltung des Nicänums für Theodor
bereits etwas, was feststeht. Daher kann Theodor bei aller Wert-
schätzung des Nicänums zurückhaltender sein.[97]

2. Andererseits gehört Theodor noch nicht in jene Generation,
deren Angehörige im Nestorianischen Streit aufeinandertrafen. Auch
mit ihnen verglichen nimmt sich Theodors Nicänismus zurückhaltend aus. So kann Theodor zwar sagen, das "Mensch geworden"
des Symbols lasse sich nur in dem Sinne verstehen, daß ein vollständiger Mensch angenommen worden sei; doch hat die Anführung
des Symbols innerhalb der Argumentation kein eigenes Gewicht, wie
das bei Nestorius und Cyrill (und ebenso schon bei Apollinaris) der
Fall ist.[98]

3. Das Glaubensbekenntnis der Väter gehört für Theodor zwar
zum überlieferten Gut der Kirche. Dennoch unterscheidet er es sorgfältig von der eigentlichen Paradosis, dem kirchengründenden Lehr-
und Taufbefehl des Auferstandenen an seine Jünger sowie seiner
Einsetzung der Eucharistie. Die Geltung des Symbols besteht nicht
in sich, sondern ist aus dieser Urüberlieferung abgeleitet: Es ist
eine Auslegung und Ausführung der Paradosis zum Zweck der Polemik und Katechese, dazu auch hervorragend geeignet, aber anhand
der Paradosis und der Schrift auch immer wieder zu prüfen und zu
legitimieren.[99]

4. Theodor kennt noch den ursprünglichen Zweck, für den das
nicänische Symbol verfaßt worden ist, nämlich die Zurückweisung
der trinitarischen (nicht der christologischen) Häresie des Arius. Auch
deshalb führt er das Nicänum nicht gegen Apollinaris an. Das Wissen
über die Umstände der Entstehung des Nicänums ist bei Theodor

---

[97] Vgl. oben 1.5.3.; 1.5.4.
[98] Vgl. oben 1.5.4.; 4.2.
[99] Vgl. oben 1.5.2.; 1.5.4.; 2.2.

aber nicht mehr lebendige geschichtliche Überlieferung, sondern Schulbuchwissen, es ist ein Teil des orthodoxen Selbstverständnisses geworden.[100]

5. Die für die jungnicänischen Theologen schmerzliche Erkenntnis, daß das Nicänum, auf dessen Suffizienz man so nachdrücklich bestand, doch unter Umständen einer Ergänzung bedarf, ist bei Theodor noch nicht verloren gegangen. Theodor weiß, daß von einer Formel, die zu einem bestimmten Zweck verfaßt wurde, nicht unbedingt die Lösung aller Probleme zu erwarten ist, daß für neue Aufgaben Veränderungen nötig sein können, die freilich ihrerseits der sorgfältigen Legitimierung bedürfen. Einige Jahrzehnte später vertrat die cyrillisch-eutychianische Partei im christologischen Streit die entgegengesetzte Position: Zum Nicänum in seinem ursprünglichen Wortlaut von 325 dürfe auf keinen Fall etwas hinzugefügt werden. Erst mit der Definition von Chalcedon brach sich wieder die Einsicht Bahn, daß die Bekenntnisse der Kirche (trotz ihrer prinzipiellen Suffizienz) gegebenenfalls fort-geschrieben werden müssen.[101]

6. Theodor, der um 392 seine katechetischen Predigten hielt, am Anfang der theodosianischen Reichskirche, kennt noch den Unterschied zwischen dem Urnicänum und dessen sekundären Formen, den Ergänzungen und lokalen Adaptionen. Als nicänisch bezeichnet er das Bekenntnis, das er auslegt, ein "Nicänum" antiochenischen Typs, nach meiner These das Symbol der antiochenischen Synode 379, nicht insgesamt ausdrücklich, sondern beruft sich nur für die aus dem Nicänum übernommenen antiarianischen Stücke des zweiten Artikels auf die Väter von 325. Er erzählt er seinen Katechumenen auch von der Ergänzung des dritten Artikels. Dennoch nimmt Theodor bei seiner Katechese für sein Symbol auch insgesamt die Tradition der Väter von Nicäa in Anspruch. Bereits bei den Hörern der Homilien können wir uns vorstellen, daß sie diese feinen Unterscheidungen schon nicht mehr mitbekommen haben und ihr ganzes Taufbekenntnis für nichts anderes als das Nicänum gehalten haben. So sehen wir bei Theodor schon den Beginn der Entwicklung dahin, den Begriff des Glaubens von Nicäa nicht nur auf das Urnicänum, sondern auf jedes orthodoxe Glaubensbekenntnis mit den wichtigsten nicänischen

---

[100] Vgl. oben 1.4.2.; 1.4.5.; 1.5.4.
[101] Vgl. oben 1.5.3.; 1.5.4.; 2.2.4.; 4.2.; 4.3.

dogmatischen Vokabeln anzuwenden, eine Entwicklung, der sich dann Cyrill mit Macht entgegenstellte.[102]

7. Das trinitarische Dogma von Nicäa ist bei Theodor theologisch noch wenig verarbeitet. In Theodors Schriften, besonders in den Homilien mit ihrer thematischen Vielfalt, sind nicänisch-trinitarische Orthodoxie, Theologie der Heilsgeschichte und der Taufe und eucharistisch-sakramentale Spiritualität nur lose miteinander verbundene Gebiete, sowohl inhaltlich als auch in der Art und Form ihrer Behandlung. Die Zwei-Naturen-Christologie hat eine Art Vermittlerrolle zwischen diesen Gebieten: Durch sie werden die Ökonomie des mit dem transzendenten Gott verbundenen Menschen Christus, unseres Vorläufers, die Ökonomie hin zur Unsterblichkeit, zur Unveränderlichkeit und zur Freiheit vom Gesetz, die liturgische Teilnahme an den himmlischen Mysterien und die ungeteilte Anbetung Jesu Christi in Einklang gebracht mit dem trinitarischen Dogma. Für die nicänische Orthodoxie und die denknotwendige Zwei-Naturen-Lehre kämpft Theodor mit der Leidenschaft des treuen Kirchenmannes und des scharfsinnigen Theologen, für die Heilsgeschichte und das Mysterium der Liturgie schlägt sein Herz.[103]

[102] Vgl. oben 1.5.4.; 2.2.1.; 2.2.2.; 2.2.4.; 4.2.; 4.3.
[103] Vgl. oben 1.3.1.; 1.3.2. und Abschnitt 3., besonders 3.7.1.2.; 3.7.2.1.; 3.7.2.4.

ANHANG

KORREKTUREN ZU ALPHONSE MINGANAS AUSGABE DER HOMILIEN

Wer die katechetischen Homilien Theodors von Mopsuestia im syrischen Text studieren will, ist noch immer auf die Ausgabe Alphonse Minganas angewiesen, sofern er nicht die bei Tonneau-Devreesse abgedruckte Photographie des Manuskripts entziffern möchte. Bei meiner Arbeit habe ich nun durch Kollation beider Ausgaben einige Fehler in Minganas Ausgabe gefunden, die ich späteren Benutzern nicht verheimlichen will.

WoodSt V

124, Zeile 9 v.o. (*Hom.cat.* 1,11): Nach *ytwhy br'* (*'îṭau brâ*) ergänze: *'lh' dmn 'lh' dmmtwm 'mh 'ytwhy* (*'allâhâ dmen 'allâhâ dmemtûm 'ammeh 'îṭau*).

127, Zeile 1 v.o. (*Hom.cat.* 1,16): Statt *w'ly* lies: *m'ly* (*m'allî*).

128, Zeile 7 v.o. (*Hom.cat.* 1,17): Nach *lklhwn 'ylyn* (*lkulhôn 'aylên*) ergänze: *dlmštwtpw b'rz' mṭybyn 'ylyn* (*dalmeštautâfû brâze mṭayyâbîn 'aylên*).

130, Zeile 4 v.u. (*Hom.cat.* 2,4): nach *dnbÿ'* (*danbiye*) ergänze: *d'ytÿhyn bklmdm dlqwbl' dṭw'yy dsgy'wt 'lh' wm'lyn mn mlpnwt' dnbÿ'* (*dîṭayhên bkulmeddem dalqûḇâlâ dṭû'yay dsaggî'ûṭ 'allâhe wam'allîn men malpânûṭâ danbiye*).

133, Zeile 10 v.u. (*Hom.cat.* 2,9): Statt *dmn mtwm* lies: *dmmtwm* (*dmemtûm*).

156, Zeile 6 v.u. (*Hom.cat.* 4,14): Nach *prṣwp'* (*parṣôpâ*) ergänze: *d'b'* (*daḇâ*).

168, Zeile 7 v.o. (*Hom.cat.* 5,13): Das Manuskript liest *w'tḥṭyw* statt *w'tthṭyw* (*weṭṭaḥtî*).

180, Zeile 5 v.u. (*Hom.cat.* 6,10): Nach *nmws' dkyn'* (*nâmôsâ dakyânâ*) ergänze: *'ngyr mdm ḥdt'yt tst'r wmdm 'yk nmws' dkyn'* (*'engêr meddem ḥaḏtâ'îṭ test'ar wmeddem 'aḵ nâmôsâ dakyânâ*).

188, Zeile 2 v.u. (*Hom.cat.* 7,3): Statt *'yk* lies: *'ykn'* (*'aykannâ*).

199, Zeile 1 v.o. (*Hom.cat.* 8,2): Nach *sqwbl'* (*saqqûḇâlâ*) ergänze: *dmlpnwth* (*dmalpânûṭeh*).

211, Zeile 13 v.u. (*Hom.cat.* 9,2): Nach *qwsṭnṭynws* (*qôsṭanṭînâus*) ergänze: *mlk'* (*malkâ*).

222, Zeile 2 v.u. (*Hom.cat.* 9,17): Statt *ylwdtkwn* lies: *ylydwtkwn (îlîdûṯkôn)*.

239, Zeile 5 v.o. (*Hom.cat.* 10,22): Statt *dkldm* lies: *dklmdm (dḵul-meddem)*.

WoodSt VI

133, Zeile 11 v.u. (*Hom.cat.* 11,11): Statt *byt* lies: *byd (byaḏ)*.

145, Zeile 4 v.o. (*Hom.cat.* 12,2): Statt *gmyrwt'* lies: *gwšm' (gûšmâ)*.

150, Zeile 13 v.u. (*Hom.cat.* 12,10): Statt *'bdyn'* lies: *'bdynn ('âḇdînan)*.

152, Zeile 3 v.u. (*Hom.cat.* 12,14): Statt *n* lies: *mn (men)*.

168, Zeile 1 v.o. (*Hom.cat.* 13,6): Statt *hš'* lies: *dhš' (dhâšâ)*. – Zeile 3/4 v.o. (ebd.): Statt *dmn šwtpwt'* lies: *dšwtpwt' (dšautâfûṯâ)*.

172, Zeile 10 v.u. (*Hom.cat.* 13,10): Statt *dl'lh'* lies: *dl' 'lh' (dlâ 'allâhâ)*.

182, Zeile 9 v.u. (*Hom.cat.* 14,3): Nach *bklmdm (bḵulmeddem)* ergänze: *hkn' wl' ln lmskyw dyld' mdm mn rwḥ' dm' d'tyldnn mnh lpwt mwldn zdq ln lmhw' bkyn' l' mywt' wl' ḥšwš' wl' mšṯhlpn' bklmdm (hâkannâ wâlâ lan lamsakkâyû dyaldâ meddem men rûḥâ dmâ deṯîleḏnan menneh lfûṯ maulâḏan zâḏeq lan mehwâ bakyânâ lâ mâyûṯâ wlâ ḥâšûšâ wlâ meštaḥlfânâ bḵulmeddem)*.

200, Zeile 2 v.o. (*Hom.cat.* 14,23): Nach *hw' lh (hwâ leh)* ergänze: *hw gyr 'mr 'n' m'md 'n' lkwn bmÿ' byntkwn dyn q'm hw d'ntwn l' ydy'twn lh (hû gêr 'emar 'enâ m'ammeḏnâ lḵôn bmayyâ baynâṯkôn dên qâ'em hau dattôn lâ yâḏ'îttôn leh)*.

211, Zeile 11 v.u. (*Hom.cat.* 15,11): Nach *drwḥp' (drûḥâfâ)* ergänze: *dṭybwt' (dṭaybûṯâ)*.

212, Zeile 11 v.u. (*Hom.cat.* 15,12): Statt *lmzdr'w* lies: *lmdr'w (lmaḏrâ'û)*.

ZEITTAFEL

318–381	Arianischer Streit.
324–337	Konstantin der Große Alleinherrscher.
325	Konzil von Nicäa.
337–361	Kaiser Konstantius II.
341	Kirchweihsynode in Antiochia.
342	Konzil von Serdica.
Um 352	*Theodor wird in Antiochia geboren.*
359	Doppelkonzil von Rimini und Seleukia.
360	Synode in Konstantinopel.
361–363	Kaiser Julian ("der Abtrünnige").
362	Synode in Alexandria.
364–378	Kaiser Valens.
Um 366	*Theodor wird Schüler des Libanius.*
Um 370	*Theodor geht ins Asketerium Diodors.*
375	Beginn der Völkerwanderung.
378	Synode in Rom.
	Schlacht bei Adrianopel.
379–395	Kaiser Theodosius der Große.
379	Synode in Antiochia.
380	Edikt *"Cunctos populos"*.
381	Konzil von Konstantinopel.
382	Synode in Konstantinopel.
	Synode in Rom.
383	*Theodor wird Presbyter in Antiochia.*
	Synode in Konstantinopel.
Um 385	*Theodor geht nach Tarsus (?).*
392	*Theodor wird Bischof von Mopsuestia.*
394	*Theodor nimmt an einer Synode in Konstantinopel teil.*
403	"Eichensynode" bei Chalcedon gegen Johannes Chrysostomus.
408–450	Kaiser Theodosius II.
410	Alarich plündert Rom.
	Konzil von Seleukia-Ktesiphon.
411–431	Pelagianischer Streit.
418	*Theodor nimmt de Pelagianer Julian von Eclanum auf.*

428	*Theodor stirbt.*
428–433	Nestorianischer Streit.
431	Konzil von Ephesus.
448–451	Eutychianischer Streit.
449	"Räuberkonzil" von Ephesus.
451	Konzil von Chalcedon.
484/86	Synoden von Beth-Laphath und Seleukia-Ktesiphon.
544–553	Drei-Kapitel-Streit.
553	Zweites Konzil von Konstantinopel.
585/96	Zwei nestorianische Synoden kanonisieren Theodor.

BIBLIOGRAPHIE

1. Abkürzungen

Alle Abkürzungen, die sich auf Zeitschriften, Reihen und Sammelwerke beziehen und hier nicht angeführt sind, folgen dem *Abkürzungsverzeichnis der Theologischen Realenzyklopädie* (2. Aufl. Berlin 1994), zusammengestellt von Siegfried M. Schwertner.

D³⁷	H. Denzinger – P. Hünermann, *Enchiridion symbolorum, definitionum et declarationum de rebus fidei et morum*. 37. Aufl. Freiburg 1991
EG	*Evangelisches Gesangbuch*
EtFr N.S.	*Études franciscaines. Nouvelle série*
GC	Die Geschichte des Christentums. Religion. Politik. Kultur
GCS N.F.	Die griechischen christlichen Schriftsteller der ersten drei Jahrhunderte. Neue Folge
GNO	Gregorii Nysseni opera
JThS N.S.	*The Journal of Theological Studies. New Series*
ThR N.F.	*Theologische Rundschau. Neue Folge*

2. Quellen

2.1. *Symbole, Synodalakten, Dekrete und Kanones*

Acta Conciliorum Oecumenicorum (ed. E. Schwartz – J. Straub). Straßburg 1914; Berlin 1922ff.

Die Bekenntnisschriften der evangelisch-lutherischen Kirche (ed. H. Lietzmann, H. Bornkamm u.a.). 8. Aufl. Göttingen 1979.

Bibliothek der Symbole und Glaubensregeln der Alten Kirche (ed. A. Hahn – G.L. Hahn – A. Harnack). 3. Aufl. Breslau 1897.

J.B. Chabot, *Synodicon orientale ou Recueil de synodes Nestoriens*. Paris 1902.

Codex canonum ecclesiasticorum et constitutorum sanctae sedis apostolicae. MPL 56, 359–746.

Conciliorum Oecumenicorum Decreta (ed. J. Alberigo u.a.). Freiburg 1962.

H. Denzinger – P. Hünermann, *Enchiridion symbolorum, definitionum et declarationum de rebus fidei et morum*. 37. Aufl. Freiburg 1991.

G.L. Dossetti, *Il simbolo di Nicea e di Constantinopoli*. TRSR 2. Rom 1967.

Ecclesiae Occidentalis Monumenta Juris Antiquissimi (ed. C.H. Turner). 2 Bände Oxford 1899–1939.

Evangelisches Gesangbuch. Ausgabe für die Nordelbische Evangelisch-Lutherische Kirche. 1. Aufl. Hamburg und Kiel 1994.

J. Flemming, Akten der ephesinischen Synode vom Jahre 449 syrisch mit Georg Hoffmanns deutscher Übersetzung und seinen Anmerkungen. *AGWG.PH N.F.* 15,1. Göttingen 1917.

J.D. Mansi, *Sacrorum conciliorum nova et amplissima collectio*. Tomus III. Ab anno 347 ad annum 409. Tomus IV. Ab anno 410 ad annum 431. Florenz 1759/60.

E. Schwartz, Codex Vaticanus gr. 1431, eine antichalkedonische Sammlung aus der Zeit Kaiser Zenos. *ABAW.PPH* 32,6. München 1927.

———, Über die Sammlung des Cod. Veronensis LX. *ZNW* 35 (1936), 1–23.

C.H. Turner, Canons Attributed to the Council of Constantinople, A.D. 381, together with the Names of the Bishops, from the two Patmos MSS POB' POΓ'. *JThS* 15 (1914), 161–178.

2.2. *Kirchenväter und antike Autoren*

Ambrosius, *De fide*. CSEL 78 (ed. O. Faller S.J.) Wien 1962.
———, *De spiritu sancto. De incarnationis dominicae sacramento*. CSEL 79 (ed. O. Faller S.J.). Wien 1964.
———, *Epistulae et acta* III. CSEL 82,3 (ed. M. Zelzer). Wien 1982.
———, *Explanatio symboli*. CSEL 73 (ed. O. Faller S.J.). Wien 1955, 3–12.
Ammonius von Alexandrien, *Commentarius in Iohannem*, in: J. Reuss, Johannes-Kommentare aus der griechischen Kirche. *TU* 89. Berlin (Ost) 1966, 196–358.
Amphilochius, *Epistula synodalis*. CChr.SG 3 (ed. C. Datema). Turnhout 1978, 219–221.
Arnobius der Jüngere, *Conflictus cum Serapione*. MPL 53, 239–322.
Apollinaris, *Opera*. H. Lietzmann, *Apollinaris von Laodicea und seine schule*. Texte und untersuchungen I. Tübingen 1904.
Apostolische Väter. Ed. A. Lindemann – H. Paulsen auf der Grundlage der Ausgaben von F.X. Funk – K. Bihlmeyer und M. Whittaker. Tübingen 1992.
Athanasius, *Epistula ad Adelphium*. MPG 26, 1072–1084.
———, *Epistula ad Afros*. MPG 26, 1029–1048.
———, *Epistula ad Epictetum* (ed. G. Ludwig). Jena 1911.
———, *Epistula ad episcopos Aegypti et Libyae*. MPG 25, 537–591.
———, *Epistula ad Maximum*. MPG 26, 1085–1089.
———, *Epistulae ad Serapionem*. MPG 26, 529–676.
———, *Opera* II 1 (ed. H.G. Opitz). Berlin 1935–1941.
———, *Orationes contra Arianos*. MPG 26, 12–468.
———, *Tomus ad Antiochenos*. MPG 26, 796–809.
Pseudo-Athanasius, *De incarnatione contra Apollinarium* (ed. T.H. Bentley). London 1887.
———, *Dialogi contra Macedonianos*. MPG 28, 1292–1337.
———, *Dialogi de santa trinitate*. MPG 28, 1116–1285.
———, *Oratio contra Arianos* IV. MPG 26, 468–625.
Augustin, *De baptismo*. CSEL 51 (ed. M. Petschening). Wien 1908, 145–375.
———, *De catechizandis rudibus* (ed. I.B. Bauer). CChr.SL 46. Turnhout 1969, 121–178.
———, *De fide et symbolo*. CSEL 41 (ed. J. Zycha). Wien 1900, 3–32.
———, *De symbolo ad catechumenos* (ed. R. Vander Plaetse). CChr.SL 46. Turnhout 1969, 185–199.
———, *Enchiridion ad Laurentium de fide spe et caritate* (ed. E. Evans). CChr.SL 46. Turnhout 1969, 49–114.
———, *Sermones*. MPL 38; 39.
Barhadbeschabba, *Historia patrum sanctorum persecutionem passorum propter veritatem*. PO IX 503–631; XXIII 182–342 (ed. P. Nau). Paris 1915–1932.
Basilius von Cäsarea, *Adversus Eunominum*. SC 299; 305 (ed. B. Sesboüé S.J. – G.M. de Durand O.P. – L. Doutreleau S.J.). Paris 1982/83.
———, *De spiritu sancto*. SC 17 (ed. B. Pruche O.P.). 2. Aufl. Paris 1968.
———, *Epistulae* (ed. Y. Courtonne). 3 Bände Paris 1957–1966.
Pseudo-Basilius, *Adversus Eunomium* IV; V. MPG 29, 672–773.
Johannes Cassian, *De incarnatione domini contra Nestorium*. CSEL 17,1 (ed. M. Petschenig). Wien 1888, 233–391.
Chronik von Seert. PO IV 213–313; V 217–344; VII 95–203; XIII 435–639 (ed. A. Scher). Paris 1907–1909.
Clemens von Alexandrien, *Excerpta ex Theodoto*. GCS 17 (ed. O. Stählin). Leipzig 1909, 103–133.

Cyrill von Alexandrien, *De sancta trinitate dialogi*. SC 231; 237; 246 (ed. G.M. de Durand O.P.). Paris 1976–1978.

Cyrill von Jerusalem, *Opera* (ed. W.C. Reischl – J. Rupp). 2 Bände München 1848–1860.

Didymus, *De trinitate*. MPG 39, 269–992.

Diodor von Tarsus, *Fragmenta*. R. Abramowski, Der theologische Nachlaß des Diodor von Tarsus. *ZNW* 42 (1949), 19–69.

Diogenes Laertius, *De clarorum philosophorum vitis* (ed. H.S. Long). Oxford 1964.

Pseudo-Dionysius Areopagita, *De divinis nominibus*. PTS 33 (ed. B.R. Suchla). Berlin 1990.

Ebedjesu, *Catalogus scriptorum*. BOCV III 1 (ed. G.S. Assemani). Rom 1725, 1–362.

Egeria, *Itinerarium*. SC 21 (ed. H. Pétré). Paris 1957.

Epiphanius, *Opera*. GCS 25; 31; 37 (ed. K. Holl – J. Dummer). 1./2. Aufl. Leipzig 1915; Berlin (Ost) 1980–86.

Euseb von Cäsarea, *Contra Marcellum. De ecclesiastica theologia*. GCS 14 (ed. E. Klostermann – G.C. Hansen). 3. Aufl. Berlin 1991.

————, *Demonstratio evangelica*. GCS 23 (ed. I.A. Heikel). Leipzig 1913.

————, *Historia ecclesiastica*. GCS 9,1–3 (ed. E. Schwartz). Leipzig 1903–1909.

Eustathius von Antiochien, *De engastrimytho*, in: E. Klostermann, Origenes, Eustathius von Antiochien und Gregor von Nyssa über die Hexe von Endor. *KlT* 83. Bonn 1912, 16–62.

————, *Fragmenta*. M. Spanneut, *Recherches sur les écrits d'Eustathe d'Antioche*. MFCL 55. Lille 1948.

Evagrius Scholasticus, *Historia ecclesiastica* (ed. J. Bidez – L. Parmentier). 2. Aufl. Amsterdam 1964.

Facundus von Hermianae, *Opera*. CChr.SL 90 A (ed. J.M. Clément O.S.B. – R. Vander Plaetse). Turnhout 1974.

Gregor von Nazianz, *Epistulae*. GCS 53 (Ed. P. Gallay). Berlin (Ost) 1969.

————, ———— 101; 102; 202. SC 208 (ed. P. Gallay). Paris 1974.

————, *Orationes*. MPG 35, 396–1252; 36, 12–664.

————, ———— 27–31. Test. 3 (ed. J. Barbel). Düsseldorf 1963.

————, ————. SC 250 (ed. P. Gallay – M. Jourjon). Paris 1978.

Gregor von Nyssa, *Antirrhetoricus adversus Apollinarem*. GNO III 1 (ed. F. Müller). Leiden 1958, 131–233.

————, *Contra Eunomium. Refutatio confessionis Eunomii*. GNO I; II (ed. W. Jaeger). Leiden 1960.

————, *Epistulae*. GNO VIII 2 (ed. G. Pasquali). Leiden 1959.

————, *Oratio catechetica magna*. BGrL 1 (ed. J. Barbel). Stuttgart 1971 (nur deutsche Übersetzung und Kommentar).

————, ————. GNO IV (ed. E. Mühlenberg). Leiden 1996.

————, *Vita sanctae Macrinae*. SC 178 (ed. P. Maraval). Paris 1971.

Hieronymus, *Epistulae* I. II. CSEL 54; 55 (ed. I. Hilberg). Wien 1910/12.

Hilarius, *De synodis*. MPL 10, 479–546.

Hippolyt, *Refutatio omnium haeresium*. GCS 26 (ed. P. Wendland). Leipzig 1916.

————, *Traditio apostolica*. FC 1 (ed. W. Geerlings). Freiburg 1991, 212–313.

Pseudo-Hippolyt, *Contra Noetum*. HeyM 2 (ed. R. Butterworth). London 1977.

Irenäus, *Adversus haereses*. SC 263; 264; 293; 294; 210; 211; 100; 152; 153 (ed. A. Rousseau O.S.B. u.a.). Paris 1965–1982.

Johannes Chrysostomus, *Ad Theodorum lapsum* II. SC 117 (ed. J. Dumortier). Paris 1966, 46–78.

————, *Catecheses baptismales*. FC 6 (ed. R. Kaczynski). 2 Bände Freiburg 1992.

————, *De sancto Meletio Antiocheno*. MPG 50, 515–520.

————, *Epistulae*. MPG 52, 529–748.

————, *In epistulas Pauli homiliae* (ed. F. Field). 7 Bände Oxford 1845–1862.

————, *In Iohannem homiliae*. MPG 59, 23–482.

Justin, *Dialogus cum Tryphone*, in: E.J. Goodspeed, *Die ältesten Apologeten*. Texte mit kurzen Einleitungen. Göttingen 1914, 90–265.

Justinian der Große, *Confessio fidei*, in: E. Schwartz, Drei dogmatische Schriften Justinians. *ABAW.PH* 18. München 1939, 72–111.

Martin Luther, *Opera*. Kritische Gesamtausgabe. Weimar 1883ff.

Makarius-Symeon, *Epistola magna*. *AAWG.PH* 3,124 (ed. R. Staats). Göttingen 1984.

Nestorius, *Liber Heraclidis* (ed. P. Bedjan). Paris-Leipzig 1910.

————, *Opera*. F. Loofs – S.A. Cook – G. Kampffmeyer, *Nestoriana*. Die Fragmente des Nestorius gesammelt, untersucht und herausgegeben. Halle 1905.

Niceta von Remesiana, *Instructio ad competentes*. TPL 1 (ed. K. Gamber). Regensburg 1964.

Novatian, *De trinitate*. CChr.SL 4 (ed. G.F. Diercks). Turnhout 1972, 11–78.

Origenes, *Commentarii in epistulam ad Romanos*. MPG 14, 837–1292.

————, *Commentarii in Iohannem*. GCS 10 (ed. E. Preuschen). Leipzig 1903.

————, *Commentarii in Matthaeum*. GCS 38; 40; 41,1 (ed. E. Klostermann – E. Benz). Leipzig 1933–1941.

————, *Contra Celsum* (ed. P. Koetschau). GCS 2, 49–273; 3, 1–293. Leipzig 1899.

————, *De principiis*. GCS 22 (ed. P. Koetschau). Leipzig 1913.

————, *Disputatio cum Heracleida*. SC 67 (ed. J. Scherer). Paris 1960.

Paul von Samosata, *Fragmenta*. F. Loofs, Paulus von Samosata. Eine Untersuchung zur altkirchlichen Literatur- und Dogmengeschichte. *TU* 44,3. Leipzig 1924.

Petrus Chrysologus, *Sermones* 1–62. CChr.SL 24 (ed. A. Olivar). Turnhout 1975.

Philo, *Opera* (ed. L. Cohn – P. Wendland). 7 Bände Berlin 1896–1930.

Philostorgius, *Historia ecclesiastica*. GCS 21 (ed. J. Bidez – L. Parmentier). 3. Aufl. Berlin (Ost) 1981.

Plato, *Opera* (ed. J. Burnet). 5 Bände Oxford 1899–1906.

Photius, *Bibliotheca* (ed. R. Henry – J. Schamp). 9 Bände Paris 1959–1991.

Proclus von Konstantinopel, *Homiliae*. F.J. Leroy S.J., L'homilétique de Proclus de Constantinople. Tradition manuscrite, inédits, études connexes. *StT* 247. Vatikanstadt 1967.

Rufin, *Expositio symboli*. CChr.SL 20 (ed. M. Simonetti). Turnhout 1961, 133–182.

————, *Historia ecclesiastica*. GCS 9,1–3 (ed. Th. Mommsen). Leipzig 1903–1909.

Severus von Antiochien, *Philalethes*. CSCO 133; 134 (ed. R. Hespel). Löwen 1952.

Socrates Scholasticus, *Historia ecclesiastica*. GCS N.F.1 (ed. G.C. Hansen). Berlin 1995.

Sozomenus, *Historia ecclesiastica*. GCS 50 (ed. J. Bidez – G.C. Hansen). Berlin (Ost) 1960.

Stoicorum veterorum fragmenta (ed. J. von Arnim – M. Adler). 4 Bände Stuttgart 1905–1924.

Tertullian, *Adversus Praxean* (ed. E. Kroymann – E. Evans). CChr.SL 2. Turnhout 1954, 1159–1205.

————, *De carne Christi* (ed. E. Kroymann). CChr.SL 2. Turnhout 1954, 871–917.

————, *De corona* (ed. E. Kroymann). CChr.SL 2. Turnhout 1954, 1037–1065.

————, *De praescriptione haereticorum* (ed. R.F. Refoulé). CChr.SL 1. Turnhout 1954, 185–224.

————, *De virginibus velandis* (ed. E. Dekkers O.S.B.). CChr.SL 2. Turnhout 1954, 1207–1225.

Theodor Balsamon, *Canones synodi Carthaginensis*. MPG 138, 9–456.

Theodor bar Koni, *Liber scholiorum*. CSCO 55; 69; 431; 432; 447; 448; 464; 465 (ed. A. Scher – R. Hespel – R. Draguet). Löwen 1954–1984.

Theodor von Mopsuestia, *Commentarii in epistulas Pauli minores*. *Fragmenta dogmatica* (ed. H.B. Swete). 2 Bände Cambridge 1880/81.

————, *Commentarius in Iohannem*. CSCO 115 (syrischer Text); 116 (lateinische Übersetzung) (ed. J.M. Vosté O.P.). Löwen und Paris 1940.

———, ———. R. Devreesse, Essai sur Théodore de Mopsueste. *StT* 141. Vatikanstadt 1948, 289–419 (griechische Fragmente).

———, *Commentarius in XII prophetas*. GOF.B 1 (ed. H.N. Sprenger). Wiesbaden 1977.

———, *Contra Eunomium*. L. Abramowski, Ein unbekanntes Zitat aus "Contra Eunomium" des Theodor von Mopsuestia. *Muséon* 71 (1958), 97–104.

———, ———. R.P. Vaggione, Some neglected Fragments of Theodore of Mopsuestia's Contra Eunomium. *JThS N.S.* 31 (1980), 403–470.

———, *Disputatio cum Macedonianis* (ed. F. Nau). PO IX. Paris 1913, 633–667.

———, *Expositio in Psalmos*. StT 93 (ed. R. Devreesse). Vatikanstadt 1939.

———, ———. CChr.SL 88 A (ed. L. de Coninck). Turnhout 1977 (lateinische Übersetzung Julians von Eclanum).

———, ———. CSCO 435 (syrische Fragmente); 436 (französische Übersetzung) (ed. L. van Rompay). Löwen 1982.

———, *Fragmenta in epistulas Pauli maiores*, in: K. Staab, Pauluskommentare aus der griechischen Kirche. *NTA* 15. Münster 1933, 113–212.

———, *Fragmenta in Genesim*. R. Devreesse, Essai sur Théodore de Mopsueste. *StT* 141. Vatikanstadt 1948, 5–25.

———, ———. R. Tonneau O.P., Théodore de Mopsueste, Interprétation (du Livre) de la Genèse (Vat. Syr. 120, ff. I–V). *Muséon* 66 (1953), 45–64.

———, ———. T. Jansma, Théodore de Mopsueste, Interprétation du Livre de la Genèse, fragments de la version syriaque (B.M. Add. 17,189, fol. 17–21). *Muséon* 75 (1962), 63–92.

———, ———. *Catenae Graecae in Genesim et in Exodum*. II. Collectio Coisliniana in Genesim (ed. F. Petit). CChr.SG 15. Turnhout 1986.

———, ———. F. Petit, L'homme créé "à l'image" de Dieu. Quelques fragments grecs inédits de Théodore de Mopsueste. *Muséon* 100 (1987), 269–281.

———, *Fragmenta in Matthaeum*, in: J. Reuss, Matthäuskommentare aus der griechischen Kirche. *TU* 61. Berlin (Ost) 1957, 96–135.

———, *Fragmenta Syriaca*. P. de Lagarde, *Analecta Syriaca*. Leipzig 1858, 100–108 (lateinische Übersetzung der Fragmente bei E. Sachau, *Theodori Mopsuesteni fragmenta syriaca* 63–70).

———, ———. E. Sachau, *Theodori Mopsuesteni fragmenta syriaca* e codicibus musei Britannici Nitriacis. Leipzig 1869 (mit lateinischer Übersetzung. Ihre Seitenzahl nenne ich in Klammern nach Angabe von Seite und Zeile des syrischen Textes).

———, *Homiliae catecheticae*. WoodSt V; VI (ed. A. Mingana). Cambridge 1932/33.

———, ———. StT 145 (ed. R. Tonneau O.P. – R. Devreesse). Vatikanstadt 1949.

———, ———. FC 17 (ed. P. Bruns). 2 Bände Freiburg 1994/95 (nur deutsche Übersetzung).

———, *Opera*. MPG 66, 105–1020.

Theodoret, *Epistulae* III. SC 111 (ed. Y. Azéma). Paris 1965.

———, *Historia ecclesiastica*. GCS N.F. 5 (ed. L. Parmentier – F. Scheidweiler – G.C. Hansen). 3. Aufl. Berlin 1997.

———, *Quod unicus filius sit dominus noster Iesus Christus*. MPG 83, 1433–1441.

Theodosius II., *Libri XVI cum constitutionibus Sirmodianis et leges novellae ad Theodosianum pertinentes* (ed. Th. Mommsen – P.M. Meyer). 2 Bände Berlin 1904/05.

Theodot von Ancyra, *Expositio symboli Nicaeni*. MPG 77, 1313–1348.

Theophil von Antiochien, *Ad Autolycum*. CorpAp 8 (ed. J.K.T. von Otto). Jena 1861, 1–277.

Thomas von Aquino, *Summa theologica* (Editio Leonina). Rom 1886/87.

Vigilius von Rom, *Constitutum*. CSEL 35 (ed. O. Günther). Wien 1895, 230–320.

Zacharias Rhetor, *Historia ecclesiastica*. CSCO 83; 84; 87; 88 (ed. E.W. Brooks). Löwen 1919–1924.

3. Hilfsmittel

A. Blaise, *Dictionnaire Latin-Français des auteurs Chrétiens*. Turnhout 1954.

C. Brockelmann, *Lexicon Syriacum*. 2. Aufl. Halle 1928.

L. Costaz S.J., *Dictionnaire syriac-français. Syriac-English Dictionary. Qamus suryani-ʿarabi*. Beirut 1963.

A. Gaar – E. Dekkers O.S.B., *Clavis patrum Latinorum*. SE 3. 3. Aufl. Steenbrugge 1995.

M. Geerard – F. Glorie, *Clavis patrum Graecorum*. 5 Bände Turnhout 1974–1987.

G.W.H. Lampe: *A Patristic Greek Lexicon*. Oxford 1961.

H.G. Liddell – R. Scott – H.S. Jones, *A Greek-English Lexicon*. 9. Aufl. Oxford 1940.

G. Müller S.J., *Lexicon Athanasianum*. Berlin 1952.

Hg. R. Payne Smith, *Thesaurus Syriacus*. 2 Bände Oxford 1868/97.

4. Literatur

L. Abramowski, Der Streit um Diodor und Theodor zwischen den beiden ephesinischen Konzilien. *ZKG* 67 (1955), 252–287.

———, Die Zitate in der Schrift "In defensione trium capitulorum" des römischen Diakons Pelagius. *VigChr* 10 (1956), 160–193.

———, Reste von Theodorets Apologie für Diodor und Theodor bei Facundus, in: Hg. K. Aland – F.L. Cross, *StPatr* 1. *TU* 63. Berlin (Ost) 1957, 61–69.

———, Ein unbekanntes Zitat aus "Contra Eunomium" des Theodor von Mopsuestia. *Muséon* 71 (1958), 97–104.

———, Zur Theologie Theodors von Mopsuestia. *ZKG* 72 (1961), 263–293.

———, *Drei christologische Untersuchungen*. BZNW 45. Berlin (West) 1981.

———, Was hat das Nicaeno-Constantinopolitanum (C) mit dem Konzil von Konstantinopel zu tun? *ThPh* 67 (1992), 481–513.

———, Die Reste der syrischen Übersetzung von Theodor von Mopsuestia, De incarnatione, in Add. 14.669, in: *A Festschrift for Dr. Sebastian Brock*. Aram 5 (1993), 23–32 (von diesem Beitrag und von der englischen Fassung des folgenden hat mir die Verfasserin freundlicherweise je einen Druck geschickt).

———, Über die Fragmente des Theodor von Mopsuestia in Brit. Libr. add. 12.156 und das doppelt überlieferte christologische Fragment. *OrChr* 79 (1995), 1–8 (englische Urfassung: On the fragments of Theodore of Mopsuestia and the christological fragment in double tradition. *The Harp* 6 (1993), 199–206).

R. Abramowski, Neue Schriften Theodors von Mopsuestia († 428). *ZNW* 33 (1934), 66–84.

A. Adam, *Lehrbuch der Dogmengeschichte*. Band 1. Die Zeit der Alten Kirche. Gütersloh 1965.

G. Alföldy, *Römische Sozialgeschichte*. 3. Aufl. Wiesbaden 1984.

P. Allen, Art. Monophysiten, in: *TRE* 23. Berlin 1994, 219–233.

B. Altaner – A. Stuiber, *Patrologie*. Leben, Schriften und Lehre der Kirchenväter. 9. Aufl. Freiburg 1980.

E. Amann, Art. Nestorius. I. Nestorius et sa doctrine, in: *DThC* 11,1. Paris 1931, 76–157.

———, La doctrine christologique de Théodore de Mopsueste. *RevSR* 14 (1934) 160–190.

———, Art. Théodore de Mopsueste, in: *DThC* 15,1. Paris 1946, 235–279.

———, Art. Trois-Chapitres (Affaire des), in: *DThC* 15,2. Paris 1950, 1868–1924.

M.V. Anastos, The Immutability of Christ and Justinian's Condemnation of Theodore of Mopsuestia. *DOP* 6 (1951), 123–160.

C. Andresen, *Die Kirchen der alten Christenheit*. RM 29,1/2. Stuttgart 1971.

R. Arnou, Art. Platonisme des Pères, in: *DThC* 12,2. Paris 1935, 2258–2392.
———, Nestorianisme et Néoplatonisme: l'unité du Christ et l'union des "intelligibles". *Gr.* 17 (1936), 116–131.
J. Barbel, *Gregor von Nazianz, Die fünf theologischen Reden.* Text und Übersetzung mit Einleitung und Kommentar. Test. 3. Düsseldorf 1963.
———, *Gregor von Nyssa, Die große katechetische Rede.* BGrL 1. Stuttgart 1971.
O. Bardenhewer, *Geschichte der altkirchlichen Litteratur.* 5 Bände 1./2. Aufl. Freiburg 1912–1932.
G. Bardy, Le concile d'Antioche (379). *RBén* 45 (1933), 196–213.
A. Baumstark, *Geschichte der syrischen Literatur* mit Ausschluß der christlich-palästinensischen Texte. Bonn 1922.
———, A. Mingana, Woodbrooke Studies. Christian documents in syriac, arabic, and garshuni edited and translated with a critical apparatus. *OrChr* 8 (1933), 95–99.
K. Baus – E. Ewig, Die Reichskirche nach Konstantin dem Großen. Erster Halbband: Die Kirche von Nikaia bis Chalkedon. *HKG(J)* II/1. Freiburg 1973.
J. Betz, *Die Eucharistie in der Zeit der griechischen Väter.* Band I/1. Die Aktualpräsenz der Person und des Heilswerkes Jesu im Abendmahl nach der vorephesinischen griechischen Patristik. Freiburg 1955.
———, Eucharistie. In Schrift und Patristik. *HDG* IV 4a. Freiburg 1979.
J. Beumer S.J., Die mündliche Überlieferung als Glaubensquelle. *HDG* I 4. Freiburg 1962.
K. Beyschlag, *Grundriß der Dogmengeschichte.* 1./2. Aufl. Darmstadt 1987ff.
J. Bornemann, *Die Taufe Christi durch Johannes in der dogmatischen Beurteilung der christlichen Theologen der vier ersten Jahrhunderte.* Leipzig 1896.
H.Th. Bossert, Misis. *AfO* 18 (1957/58), 186–189.
H.C. Brennecke, Art. Lucian, in: *TRE* 21. Berlin 1991, 474–479.
———, Art. Nicäa, Ökumenische Synoden. I. Ökumenische Synode von 325, in: *TRE* 24. Berlin 1994, 429–441.
L. Brottier, Art. Predigt. V. Alte Kirche, in: *TRE* 27. Berlin 1997, 244–248.
P. Bruns, Arius hellenizans? – Ephräm der Syrer und die neoarianischen Kontroversen seiner Zeit. Ein Beitrag zur Rezeption des Nizänums im syrischen Sprachraum. *ZKG* 101 (1990), 21–57.
———, *Theodor von Mopsuestia, Katechetische Homilien.* FC 17. 2 Bände Freiburg 1994/95.
———, *Den Menschen mit dem Himmel verbinden.* Eine Studie zu den katechetischen Homilien des Theodor von Mopsuestia. CSCO 549. Löwen 1995.
L. Budde, *Antike Mosaiken in Kilikien.* Band I. Frühchristliche Mosaiken in Misis-Mopsuhestia. BKCO 5. Recklinghausen 1969.
R. Bultmann, *Die Exegese Theodors von Mopsuestia* (Habil. Marburg 1912). Hg. H. Feld – K.H. Schelke. Stuttgart 1984.
H. Buschhausen, Die Deutung des Archemosaiks in der justinianischen Kirche von Mopsuestia. *JÖB* 21 (1972), 57–71.
P.-Th. Camelot O.P., De Nestorius à Eutychès. L'opposition de deux christologies, in: *KonChal* 1. Würzburg 1951, 213–242.
———, Ephesus und Chalcedon. *GÖK* 2. Mainz 1963.
H. Freiherr von Campenhausen, *Ambrosius von Mailand als Kirchenpolitiker.* AKG 12. Berlin 1929.
A. Cañazarés-Llovera, El catecumenado según Theodor de Mopsuestia. *Estudios, Notas y Bibliografía especialmente sobre la Orden de la Merced en España y América* 32 (1976), 147–193.
M. Canévet, Art. 16. Grégoire de Nysse (saint), in: *DSp* 6. Paris 1967, 971–1011.
P. Carrara, Un presunto attacco a Basilio di Cesarea nel Commento alla Genesi di Teodoro di Mopsuestia, in: *Paideia Cristiana.* Studi in onore di Mario Naldini. Scritti in onore 2. Rom 1994, 595–611.

R.E. Carter S.J., Chrysostom's Ad Theodorum lapsum and the early Chronology of Theodore of Mopsuestia. *VigChr* 16 (1962), 87–101.

O. Casel O.S.B., Neue Zeugnisse für das Kultmysterium. *JLW* 13 (1933), 99–171.

E. Caspar, *Geschichte des Papsttums* von den Anfängen bis zur Höhe der Weltherrschaft. Band I. Römische Kirche und Imperium Romanum. Tübingen 1930.

C.P. Caspari, *Ungedruckte, unbeachtete und wenig beachtete Quellen zur Geschichte des Taufsymbols und der Glaubensregel*. Band I. Christiania 1866.

———, *Alte und neue Quellen zur Geschichte des Taufsymbols und der Glaubensregel*. Christiania 1879.

F. Cavallera, *Le Schisme d'Antioch* (IVe–Ve Siècle). Paris 1905.

H. Chadwick, *Die Kirche in der antiken Welt*. SG 7002. Berlin (West) 1972.

———, The Origin of the Title "Oecumenical Council". *JThS N.S.* 23 (1972), 132–135.

F. Cohrs, Art. Katechumenat, in: *RE*³ 10. Leipzig 1901, 173–179.

F. Court, Trinität. In der Schrift und Patristik. *HDG* II 1a. Freiburg 1988.

T.A. Curtin, *The Baptismal Liturgy of Theodore of Mopsuestia*. SST 222. Washington 1971.

B. Daley – J. Schreiner – H.E. Lona, Eschatologie. In der Schrift und Patristik. *HDG* IV 7a. Freiburg 1986.

A. Demandt, Die Spätantike. Römische Geschichte von Diocletian bis Justinian 284–565 n.Chr. *HdA* III 6. München 1989.

R. Devreesse, Les instructions catéchétiques de Théodore de Mopsueste. *RevSR* 13 (1933), 425–436.

———, *Le Patriarcat d'Antioche depuis la paix de l'église jusqu'à la conquête Arabe*. Paris 1945.

———, Essai sur Théodore de Mopsueste. *StT* 141. Vatikanstadt 1948.

J. Mc W. Dewart, *The Theology of Grace of Theodore of Mopsuestia*. SCA 16. Washington 1971.

———, The Notion of 'Person' underlaying the Christology of Theodore of Mopsuestia, in: Hg. E.A. Livingstone, *StPatr* 12. *TU* 115. Berlin (Ost) 1975, 199–207.

H. Dörries, De Spiritu Sancto. Der Beitrag des Basilius zum Abschluß des trinitarischen Dogmas. *AAWG.PH* 3,39. Göttingen 1956.

———, *Wort und Stunde*. Erster Band. Gesammelte Studien zur Kirchengeschichte des vierten Jahrhunderts. Göttingen 1966.

G.L. Dossetti, *Il simbolo di Nicea e di Constantinopoli*. TRSR 2. Rom 1967.

V. Drecoll, Wie nizänisch ist das Nicaeno-Constantinopolitanum? Zur Diskussion um die Herkunft des NC durch Staats, Abramowski, Hauschild und Ritter. *ZKG* 107 (1996), 1–18.

B. Drewery, Art. Antiochien II. Die Bedeutung Antiochiens in der alten Kirche, in: *TRE* 3. Berlin (West) 1978, 103–111.

L. Duchesne, *Histoire ancienne de l'Eglise*. 3 Bände. 1.–4. Aufl. Paris 1906–1910.

W. Elert, *Der Ausgang der altkirchlichen Christologie*. Eine Untersuchung über Theodor von Pharan und seine Zeit als Einführung in die alte Dogmengeschichte. Hg. W. Maurer – E. Bergsträßer. Berlin (West) 1957.

W. Enßlin, Die Religionspolitik des Kaisers Theodosius d. Gr. *SBAW.PH* 1953,2. München 1953.

C. Fabricius, Adressat und Titel der Schrift an Theodor. *CM* 20 (1959), 68–97.

C. Fraisse-Coué, Die theologische Diskussion zur Zeit Theodosius' II.: Nestorius, in: Hg. C. und L. Piétri, *Das Entstehen der einen Christenheit* (250–430). GC 2. Freiburg 1996, 570–626.

O.F. Fritzsche, *De Theodori Mopsuesteni vita et scriptis commentatio historica theologica*. Halle 1836 (= MPG 66, 9–78).

P. Galtier S.J., Le "tome de Damase". Date et origine. *RSR* 26 (1936), 385–418. 563–578.

————, Théodore de Mopsueste: sa vraie pensée sur l'incarnation. *RSR* 45 (1957), 161–186. 338–360.

K. Gamber, *Instructio ad competentes*. Frühchristliche Katechesen aus Dazien. TPL 1. Regensburg 1964.

W.E. Gerber, Art. Exegese III (NT u. Alte Kirche), in: *RAC* 6. Stuttgart 1966, 1211–1229.

A. Gesché, L'âme humaine de Jésus dans la christologie du IVe s. Le témoinage du Commentaire sur les Psaumes découvert à Toura. *RHE* 54 (1959), 385–425.

G. Graf, Geschichte der christlichen arabischen Literatur. 5 Bände. *StT* 118; 133; 146; 147; 172. Vatikanstadt 1944–1953.

P. Gray, Art. Konstantinopel, Ökumenische Synoden. II. Ökumenische Synode von 553, in: *TRE* 19. Berlin 1990, 524–527.

————, Art. Neuchalcedonismus, in: *TRE* 24. Berlin 1994, 289–296.

R.A. Greer, *Theodore of Mopsuestia*, Exegete and Theologian. London 1961.

————, *The Captain of our Salvation*. A Study in Patristic Exegesis of Hebrews. BGBE 15. Tübingen 1973.

————, The Analogy of Grace in Theodore of Mopsuestia's Christology. *JThS N.S.* 34 (1983), 82–98.

A. Grillmeier S.J., Die theologische und sprachliche Vorbereitung der christologi- schen Formel von Chalcedon, in: *KonChal* 1. Würzburg 1951, 120–159.

————, Das Scandalum oecumenicum des Nestorius in kirchlich-dogmatischer und theologiegeschichtlicher Sicht. *Schol.* 36 (1961), 321–356.

————, Art. Quod non assumptum – non salvatum, in: *LThK*² 8. Freiburg 1963, 954–956.

————, *Jesus der Christus im Glauben der Kirche*. Band 1. Von der apostolischen Zeit bis zum Konzil von Chalcedon (451). 2. Aufl. Freiburg 1982.

J. Gross, Theodor von Mopsuestia, ein Gegner der Erbsündenlehre. *ZKG* 65 (1953), 1–15.

A. Guida, Per un'edizione della Replica di Teodoro di Mopsuestia al Contro i Galilei dell'imperatore Giuliano. Note testuali, in: *Paideia Cristiana*. Studi in onore di Mario Naldini. Scritti in onore 2. Rom 1994, 87–102.

R. Haacke O.S.B., Die kaiserliche Politik in den Auseinandersetzungen um Chalkedon (451–553), in: *KonChal* 2. Würzburg 1953, 95–177.

F. Haase, *Altchristliche Kirchengeschichte nach orientalischen Quellen*. Leipzig 1925.

G. Haendler, Arbeiten an patristischen Editionen im Herderverlag. *ThLZ* 121 (1996), 778–789.

W. Hage, Art. Nestorianische Kirche, in: *TRE* 24. Berlin 1994, 264–276.

A. de Halleux, La philoxénienne du symbole, in: *Symposium syriacum 1976*. OCA 205. Rom 1978, 295–315.

————, Le symbole des évêques perses au synode de Séleucie-Ctésiphon (410), in: Hg. G. Wießner, *Erkenntnisse und Meinungen* II. GOF.S 17. Wiesbaden 1978, 161–190.

————, Le IIe concile oecuménique. Une évaluation dogmatique et ecclésiologique. *CrSt* 3 (1982), 297–327 (= Ders., *Patrologie et Œcuménisme*. Recueil d'Etudes. BEThL 93. Löwen 1990, 269–299).

————, Pour une profession commune de la foi selon l'esprit des Pères. *RTL* 15 (1984), 275–296 (= Ders., *Patrologie et Œcuménisme*. Recueil d'Etudes. BEThL 93. Löwen 1990, 275–296).

————, "Hypostase" et "Personne" dans la formation du dogme trinitaire (ca. 375–381). *RHE* 79 (1984), 313–369. 625–670 (= Ders., *Patrologie et Œcuménisme*. Recueil d'Etudes. BEThL 93. Löwen 1990, 215–268).

————, La réception du symbole oecuménique, de Nicée à Chalcédoine. *EThL* 61 (1985), 5–47 (= Ders., *Patrologie et Œcuménisme*. Recueil d'Etudes. BEThL 93. Löwen 1990, 25–67).

A. von Harnack, Art. Konstantinopolitanisches Symbol, in: *RE*³ 11. Leipzig 1902, 12–28.

————, *Lehrbuch der Dogmengeschichte*. SThL. 3 Bände 4. Aufl. Tübingen 1909/10.
W.-D. Hauschild, *Die Pneumatomachen*. Eine Untersuchung zur Dogmengeschichte des vierten Jahrhunderts. Diss. Hamburg 1967.
————, Art. Nicäno-Konstantinopolitanisches Glaubensbekenntnis, in: *TRE* 24. Berlin 1994, 444–456.
————, *Lehrbuch der Kirchen- und Dogmengeschichte*. Band 1. Alte Kirche und Mittelalter. Gütersloh 1995.
C.J. Hefele – H. Leclercq, *Histoire des conciles* d'après les documents originaux. Tome II/1. Paris 1908.
G. Hellemo, *Adventus Domini*. Eschatological Thought in 4th-Century Apses and Catecheses. SVigChr 5. Leiden 1989.
F. Hild – H. Hellenkemper, *Tabula Imperii Byzantini* 5. Kilikien und Isaurien. DÖAW. PH 215. 2 Bände Wien 1990.
F.J.A. Hort, *Two Dissertations*. Cambridge 1876.
K. Holl, *Amphilochius von Ikonium in seinem Verhältnis zu den grossen Kappadoziern*. Tübingen 1904.
R.M. Hübner, *Die Einheit des Leibes Christi bei Gregor von Nyssa*. Untersuchungen zum Ursprung der 'physischen' Erlösungslehre. PP 2. Leiden 1974.
V.-S. Janeras, En quels jours furent prononcées les homélies catéchétiques de Théodore de Mopsueste? in: *Mémorial Mgr Gabriel Khouri-Sarkis (1898–1968)*. Löwen 1968, 121–133.
M. Jugie A.A., Le "Liber ad baptizandos" de Théodore de Mopsueste. *EOr* 34 (1935), 257–271.
R. Kaczynski, *Johannes Chrysostomus, Catecheses baptismales*. Taufkatechesen. FC 6. 2 Bände Freiburg 1992.
F. Kattenbusch, *Das Apostolische Symbol*. Band I. Die Grundgestalt des Taufsymbols. Leipzig 1894.
R.J. Kees, *Die Lehre von der Oikonomia Gottes in der Oratio catechetica Gregors von Nyssa*. SVigChr 30. Leiden 1995.
J.N.D. Kelly, *Altchristliche Glaubensbekenntnisse*. Geschichte und Theologie. 3. Aufl. Göttingen 1972.
J.L. McKenzie S.J., Annotations on the Christology of Theodore of Mopsuestia. *TS* 19 (1958), 345–378.
N. el-Khoury, Der Mensch als Gleichnis Gottes. Eine Untersuchung zur Anthropologie des Theodor von Mopsuestia. *OrChr* 74 (1990), 62–71.
H. Kihn, *Theodor von Mopsuestia und Junilius Africanus als Exegeten*. Nebst einer kritischen Textausgabe von des letzteren Instituta regularia divinae legis. Freiburg 1880.
N.Q. King, *The Emperor Theodosius and the Establishment of Christianity*. London 1961.
E. Kitzinger, The Samson Floor at Mopsuestia. *DOP* 27 (1973), 133–144.
G. Koch, *Die Heilsverwirklichung bei Theodor von Mopsuestia*. MThS.S 31. München 1965.
G. Kretschmar, Die Geschichte des Taufgottesdienstes in der alten Kirche, in: *Leit.* 5. Kassel 1970, 1–348.
————, Art. Katechumenat/Katechumenen I. Alte Kirche, in: TRE 18. Berlin (West) 1989, 1–5.
G. Krüger, Art. Monophysiten, in: *RE*³ 13. Leipzig 1903, 372–401.
V. Langlois, Voyage en Cilicie. Mopsueste. *RAr* 12 (1855/56), 410–420.
J. Lebon, Les anciens symboles dans la définition de Chalcédoine. *RHE* 32 (1936), 809–876.
R. Leconte, L'Asceterium de Diodore, in: *Mélanges bibliques rédigés en l'honneur de André Robert*. TICP 4. Paris 1957, 531–536.
J. Lécuyer C.S.Sp., Le sacerdoce chrétien et le Sacrifice eucharistique selon Théodore de Mopsueste. *RSR* 36 (1949), 483–516.

J.M. Lera, Nuevas perspectivas en la cristología de Teodoro de Mopsuestia. *MCom* 31 (1973), 79–124.

———, *". . . Y se hizo hombre"*. La economía trinitaria en las catequesis de Teodoro de Mopsuestia. TeDe 9. Bilbao 1977.

———, Art. Théodore de Mopsueste, in: *DSp* 15. Paris 1991, 385–400.

J. Liébaert – P. Lamarche S.J., Christologie. Von der Apostolischen Zeit bis zum Konzil von Chalcedon (451). *HDG* III 1a. Freiburg 1965.

H. Lietzmann, Symbolstudien I–VII. *ZNW* 21 (1922), 1–34 (= Ders., Kleine Schriften III. Studien zur Liturgie- und Symbolgeschichte. Zur Wissenschaftsgeschichte. *TU* 74. Berlin (Ost) 1962, 189–223).

———, Die Liturgie des Theodor von Mopsuestia. *SPAW.PH* 1933, 915–936 (= Ders., Kleine Schriften III. Studien zur Liturgie- und Symbolgeschichte. Zur Wissenschaftsgeschichte. *TU* 74. Berlin (Ost) 1962, 71–97).

———, *Geschichte der Alten Kirche*. Band IV. Die Zeit der Kirchenväter. Berlin 1944.

A. Lippold, *Theodosius der Große und seine Zeit*. UB 107. Stuttgart 1968.

J.P. Longeat, Les rites du baptême dans les homélies catéchétiques de Théodore de Mopsueste. *QuLi* 66 (1985), 193–202.

F. Loofs, Art. Christologie, Kirchenlehre, in: *RE*³ 4. Leipzig 1898, 16–56.

———, Art. Eutyches und der Eutychianische Streit, in: *RE*³ 5. Leipzig 1898, 635–647.

———, Art. Meletius von Antiochien, gest. 381, und das meletianische Schisma, in: *RE*³ 12. Leipzig 1903, 552–558.

———, Art. Nestorius, Patriarch von Konstantinopel (gest. nach 439) und der nestorianische Streit, in: *RE*³ 13. Leipzig 1903, 736–749.

———, Art. Theodor von Mopsuestia, in: *RE*³ 19. Leipzig 1907, 598–605.

——— – K. Aland, *Leitfaden zum Studium der Dogmengeschichte*. 1. und 2. Teil: Alte Kirche, Mittelalter und Katholizismus bis zur Gegenwart. 7. Aufl. Tübingen 1968.

R. Lorenz, Das vierte bis sechste Jahrhundert (Westen). *KiG* 1,C1. Göttingen 1970.

———, *Arius judaizans?* Untersuchungen zur dogmengeschichtlichen Einordnung des Arius. FKDG 31. Göttingen 1979.

———, Die Christusseele im Arianischen Streit. Nebst einigen Bemerkungen zur Quellenkritik des Arius und zur Glaubwürdigkeit des Athanasius. *ZKG* 94 (1983), 1–51.

———, Das vierte Jahrhundert (Osten). *KiG* 1,C2. Göttingen 1992.

A. Lourmel, Théodore de Mopsueste, catéchète. *EtFr N.S.* 18 (1968), 65–80.

C. Markschies, *Ambrosius von Mailand und die Trinitätstheologie*. Kirchen- und theologiegeschichtliche Studien zu Antiarianismus und Neunizänismus bei Ambrosius und im lateinischen Westen (364–381 n.Chr.). BHTh 90. Tübingen 1995.

J. Mayer, *Geschichte des Katechumenats und der Katechese in den ersten sechs Jahrhunderten* nebst einer Erklärung des jetzigen römischen Taufritus aus der alten Katechumenatspraxis. Kempten 1868.

E. Mazza: La stuttura dell'Anafora nelle Catechesi di Teodoro di Mopsuestia. *EL* 102 (1988), 147–183.

———, La formula battesimale nelle omelie catechetiche di Teodoro di Mopsuestia. *EL* 104 (1990), 23–34.

P. Meinhold, Art. Pneumatomachoi, in: *PRE* 21,1. Stuttgart 1951, 1066–1101.

A. Mingana, *Commentary of Theodore of Mopsuestia on the Nicene Creed*. WoodSt V. Cambridge 1932.

———, *Commentary of Theodore of Mopsuestia on the Lord's Prayer and on the Sacraments of Baptism and the Eucharist*. WoodSt VI. Cambridge 1933.

W. Möller – H. von Schubert, *Lehrbuch der Kirchengeschichte*. SThL. Band I. Die Alte Kirche. 2. Aufl. Tübingen 1902.

E. Mühlenberg, Art. Apollinaris, in: *TRE* 3. Berlin (West) 1978, 362–371.

C.D.G. Müller, Geschichte der Orientalischen Nationalkirchen. *KiG* 1,D2. Göttingen 1981.

K. Müller – H. Freiherr von Campenhausen, *Kirchengeschichte* I/1. 3. Aufl. Tübingen 1941.

F.X. Murphy – P. Sherwood, Konstantinopel II und III. *GÖK* 3. Mainz 1990.

K. McNamara, Theodore of Mopsuestia and the Nestorian Heresy. *IThQ* 19 (1952), 254–278; 20 (1953), 172–191.

———, The Problem of Theodore of Mopsuestia. *IThQ* 24 (1957), 175–184.

B. Neunheuser O.S.B., Taufe und Firmung. *HDG* IV 2. 2. Aufl. Freiburg 1982.

J.T. Nielsen, *Adam and Christ in the Theology of Irenaeus of Lyons*, an examination of the function of the Adam-Christ typology in the Adversus Haereses of Irenaeus, against the background of the Gnosticism of his time. GTB 40. Assen 1968.

R.A. Norris, *Manhood and Christ.* A Study in the Christology of Theodore of Mopsuestia. Oxford 1963.

J. Nowak: *La relation entre la célébration des mystères et la vie chrétienne d'après les homélies catéchétiques de Théodore de Mopsueste.* Diss. Rom 1968.

I. Oñatibia, La vida christiana, tipo de las realidades celestes. Un concepto basico de la teologia de Teodoro de Mopsuestia. *ScrVict* 1 (1954), 100–133.

H.G. Opitz, Art. Theodoros 49) Bischof von Mopsuestia, in: *PRE* II 5,2. Stuttgart 1934, 1881–1890.

I. Ortiz de Urbina S.J., Nizäa und Konstantinopel. *GÖK* 1. Mainz 1964.

P. Parente, Una riabilitazione di Teodoro Mopsuesteno. *DoC* 1 (1950), 3–15.

L. Patterson, *Theodore of Mopsuestia and Modern Thought.* London 1926.

F. Petit, L'homme créé "à l'image" de Dieu. Quelques fragments grecs inédits de Théodore de Mopsueste. *Muséon* 100 (1987), 269–281.

C. Piétri, *Roma Christiana.* Recherches sur l'Eglise de Rome, son organisation, sa politique, son idéologie de Miltiade à Sixte III (311–440). BEFAR 225. Tome I. Rom 1976.

———, Vom homöischen Arianismus zur neunizänischen Orthodoxie (361–385), in: Hg. C. und L. Piétri, *Das Entstehen der einen Christenheit* (250–430). GC 2. Freiburg 1996, 417–461.

G. Podskalsky, Nestorius, in: *GKG* 2. Stuttgart 1984, 215–225.

G.H.M. Posthumus Meyjes, De Christologie van Theodorus van Mopsuestia. *VoxTh* 24 (1953/54), 153–164; 25 (1954/55), 9–22.

J. Quasten, The Liturgical Mysticism of Theodore of Mopsuestia. *TS* 15 (1954), 431–439.

———, *Patrology.* Vol. III. The Golden Age of Greek Patristic Literature. From the Council of Nicaea to the Council of Chalcedon. Utrecht 1960.

A. Raddatz, Theodor von Mopsuestia, in: *GKG* 2. Stuttgart 1984, 167–177.

F.J. Reine, *The Eucharistic Doctrine and Liturgy of the Mystagogical Catecheses of Theodore of Mopsuestia.* SCA 2. Washington 1942.

M. Richard, La tradition des fragments du traité Περὶ τῆς ἐνανθρωπήσεως de Théodore de Mopsueste. *Muséon* 56 (1943), 55–75.

———, L'introduction du mot "Hypostase" dans la théologie de l'Incarnation. *MSR* 2 (1945), 5–32.

W. Riedel, *Die Kirchenrechtsquellen des Patriarchats Alexandrien.* Leipzig 1900.

H.M. Riley, *Christian Initiation.* A Comparative Study to the Interpretation of the Baptismal Liturgy in the Mystagogical Writings of Cyril of Jerusalem, John Chrysostom, Theodore of Mopsuestia and Ambrose of Milan. SCA 17. Washington 1974.

A.M. Ritter, *Das Konzil von Konstantinopel und sein Symbol.* Studien zur Geschichte und Theologie des II. Ökumenischen Konzils. FKDG 15. Göttingen 1965.

———, Art. Arianismus, in: *TRE* 3. Berlin (West) 1978, 692–719.

———, Dogma und Lehre in der Alten Kirche, in: *HDThG* 1. Göttingen 1982, 99–283.

———, Art. Eunomius, in: *TRE* 10. Berlin (West) 1982, 525–528.

————, Art. Glaubensbekenntnis(se). V. Alte Kirche, in: *TRE* 13. Berlin (West) 1984, 399–412.

————, Arius redivivus? Ein Jahrzwölft Ariusforschung. *ThR N.F.* 55 (1990), 153–187.

————, Art. Konstantinopel, Ökumenische Synoden. 1. Ökumenische Synode von 381. *TRE* 19. Berlin 1990, 518–524.

————, Noch einmal: "Was hat das Nicaeno-Constantinopolitanum (C) mit dem Konzil von Konstantinopel zu tun?" *ThPh* 68 (1993), 553–561.

J.S. Romanides, Highlights in the Debate over Theodore of Mopsuestia's Christology and some Suggestions for a Fresh Approach. *GOTR* 5 (1959/60), 140–185.

L. van Rompay, *Théodore de Mopsueste, Fragments syriaques du Commentaire des Psaumes (Psaume 118 et Psaumes 138–148) traduits.* CSCO 436. Löwen 1982.

A. Rücker, *Ritus baptismi et missae, quem descripsit Theodorus ep. Mopsuestenus in sermonibus catecheticis.* OTHE.L 2. Münster 1933.

W. Ruge, Art. Tarsos 3) Stadt in Kilikien, in: *PRE* II 4,2. Stuttgart 1932, 2413–2439.

————, Art. Mopsu(h)estia, in: *PRE* 16,1. Stuttgart 1933, 243–250.

D.T. Runia, *Philo in Early Christian Literature.* A Survey. CRI III 3. Assen 1993.

M. Sachot, Art. Homilie, in: *RAC* 16. Stuttgart 1994, 148–175.

G.E. Saint Laurent, Pre-Baptismal Rites in the Baptismal Catecheses of Theodore of Mopsuestia. *Diak (US)* 16 (1981), 118–126.

M. Santer, ΕΚ ΠΝΕΥΜΑΤΟΣ ΑΓΙΟΥ ΚΑΙ ΜΑΡΙΑΣ ΤΗΣ ΠΑΡΘΕΝΟΥ. *JThS N.S.* 22 (1971), 162–167.

L. Scheffczyk, Urstand, Fall und Erbsünde. Von der Schrift bis Augustinus. *HDG* II 3a. Freiburg 1981.

F. Scheidweiler, Besitzen wir das lateinische Original des römischen Synodalschreibens vom Jahre 371? in: *Mélanges Isidore Lévi.* AIPh 13. Brüssel 1953, 573–586.

H. von Schubert, *Geschichte der christlichen Kirche im Frahmittelalter.* Ein Handbuch. Tübingen 1921.

E. Schwartz, Zur Geschichte des Athanasius. 2. Die Sammlung des Theodosius Diaconus. *NGWG* 1904, 357–391 (= Ders., *Gesammelte Schriften* Band 3. Zur Geschichte des Athanasius. Berlin (West) 1959, 30–72).

————, *Konzilstudien.* Schriften der Wissenschaftlichen Gesellschaft in Straßburg 20. Straßburg 1914.

————, Das Nicaenum und das Constantinopolitanum auf der Synode von Chalcedon. *ZNW* 25 (1926), 38–88.

————, Der Prozeß des Eutyches. *SBAW.PPH* 1929,5. München 1929.

————, Zur Kirchengeschichte des vierten Jahrhunderts. *ZNW* 34 (1935), 129–213 (= Ders., *Gesammelte Schriften* Band 4. Zur Geschichte der Alten Kirche und ihres Rechts. Berlin (West) 1960, 1–110).

————, Über die Sammlung des Cod. Veronensis LX. *ZNW* 35 (1936), 1–23.

————, Die Kanonessammlungen der alten Reichskirche. *ZSRG.K* 25 (1936), 1–114 (= Ders., *Gesammelte Schriften* Band 4. Zur Geschichte der Alten Kirche und ihres Rechts. Berlin (West) 1960, 159–275).

R. Seeberg, *Lehrbuch der Dogmengeschichte.* 4 Bände 3/4. Aufl. Leipzig 1920–1933.

O. Seeck, *Geschichte des Untergangs der antiken Welt.* 6 Bände 1./2. Aufl. Berlin und Stuttgart 1897–1921.

R.V. Sellers, *Two Ancient Christologies.* A Study in the Christological Thought of the Schools of Alexandria and Antioch in the Early History of Christian Doctrine. London 1940.

H.J. Sieben S.J., *Die Konzilsidee der Alten Kirche.* KonGe.U 1. Paderborn 1979.

A.-P. Siman, Die pneumatische Dimension der Eucharistie nach der Überlieferung der syrischen Kirche. *OrChr* 60 (1976), 131–151.

O. Spies, Islam und Syntage. *OrChr* 57 (1973), 1–30.

H.N. Sprenger, *Theodori Mopsuesteni Commentarius in XII prophetas.* Einleitung und Ausgabe. GOF.B 1. Wiesbaden 1977.

B. Spuler, Die nestorianische Kirche, in: *HO* I 8,2. Leiden 1961, 120–169.

R. Staats, Die basilianische Verherrlichung des Heiligen Geistes auf dem Konzil zu Konstantinopel 381. Ein Beitrag zum Ursprung der Formel "Kerygma und Dogma". *KuD* 25 (1979), 232–253.

———, Pontius Pilatus im Bekenntnis der frühen Kirche. *ZThK* 84 (1987), 493–513.

———, Die römische Tradition im Symbol von 381 (NC) und seine Entstehung auf der Synode von Antiochien 379. *VigChr* 44 (1990), 209–221.

———, *Das Glaubensbekenntnis von Nizäa-Konstantinopel*. Historische und theologische Grundlagen. Darmstadt 1996.

G.C. Stead, Art. Homousios (ὁμοούσιος), in: *RAC* 16. Stuttgart 1994, 364–433.

E. Stein, *Geschichte des spätrömischen Reiches*. Band I. Vom römischen zum byzantinischen Staate (284–476 n.Chr.). Wien 1928.

B. Studer – B. Daley, Soteriologie. In der Schrift und Patristik. *HDG* III 2a. Freiburg 1978.

F.A. Sullivan S.J., *The Christology of Theodore of Mopsuestia*. AnGr 82. Rom 1956.

———, Further Notes on Theodore of Mopsuestia. A Reply to Fr. McKenzie. *TS* 20 (1959), 264–279.

H.G. Thümmel, Die Kirche des Ostens im 3. und 4. Jahrhundert. *KGE* I/4. Berlin (Ost) 1988.

E. Tisserant – E. Amann, Art. Nestorius. II. L'église nestorienne. *DThC* 11,1. Paris 1931, 157–323.

R. Tonneau O.P. – R. Devreesse, Les homélies catéchétiques de Théodore de Mopsueste. Reproduction phototypique du ms. Mingana syr. 561 (Selly Oak Colleges' Libary, Birmingham). Traduction, introduction, index. *StT* 145. Vatikanstadt 1949.

G. Touton: La méthode catéchétique de St Cyrille de Jérusalem comparée à celles de St Augustin et de Théodore de Mopsueste. *POC* 1 (1951), 265–285.

J. Track, Art. Analogie, in: *TRE* 2. Berlin (West) 1978, 625–650.

J. Ulrich, *Die Anfänge der abendländischen Rezeption des Nizänums*. PTS 39. Berlin 1994.

W.C. van Unnik, Παρρησία in the Catechetical Homelies of Theodore of Mopsuestia, in: *Mélanges offerts à Mlle. Chr. Mohrmann*. Utrecht 1963, 12–22.

K.-H. Uthemann, Art. Paulus von Samosata, in: *BBKL* 7. Herzberg 1994, 66–89.

M. Vinzent, *Pseudo-Athanasius, Contra Arianos IV*. Eine Schrift gegen Asterius von Kappadokien, Eusebius von Cäsarea, Markell von Ankyra und Photin von Sirmium. SVigChr 36. Leiden 1996.

A. Vööbus, Regarding the Theological Anthropology of Theodore of Mopsuestia. *ChH* 33 (1964), 115–124.

———, *Syrische Kanonessammlungen*. Ein Beitrag zur Quellenkunde. I. Westsyrische Originalurkunden. 1,B. CSCO 317. Löwen 1970.

———, New Sources for the Symbol in Early Syrian Christianity. *VigChr* 26 (1972), 291–296.

J.M. Vosté O.P., La chronologie et l'activité littéraire de Théodore de Mopsueste. *RB* 34 (1925), 54–81.

———, De versione Syriaca operum Theodori Mopsuesteni. *OCP* 8 (1942), 477–481.

———, Theodori Mopsuesteni "Liber ad baptizandos". *OCP* 9 (1943), 211–228.

W. de Vries S.J., Der "Nestorianismus" Theodors von Mopsuestia. in seiner Sakramentenlehre. *OCP* 7 (1941), 91–148.

———, Die syrisch-nestorianische Haltung zu Chalkedon, in: *KonChal* 1. Würzburg 1951, 603–635.

———, Das eschatologische Heil bei Theodor von Mopsuestia. *OCP* 24 (1958), 300–338.

E. Wang: *Théodore de Mopsueste et les origines du pélagianisme*. Paris 1961.

B.M. Weischer, Die ursprünglich nikäische Form des ersten Glaubenssymbols im Ankyrôtos des Epiphanius von Salamis. Ein Beitrag zur Diskussion um die

Entstehung des konstantinopolitanischen Glaubenssymbols im Lichte neuester äthiopistischer Forschungen. *ThPh* 53 (1978), 407–414.

D. Wendebourg, Chalcedon in ökumenischer Perspektive. *ZThK* 92 (1995), 207–237.

K.-G. Wesseling, Art. Theodor von Mopsuestia (Theodorus Mopsuestenus), in: *BBKL* 11. Herzberg 1996, 885–909.

U. Wickert, *Studien zu den Pauluskommentaren Theodors von Mopsuestia* als Beitrag zum Verständnis der antiochenischen Theologie. BZNW 27. Berlin (West) 1962.

L.R. Wickham, Art. Chalkedon, ökumenische Synode (451), in: *TRE* 7. Berlin (West) 1981, 668–675.

———, Art. Eutyches/Eutychianischer Streit, in: *TRE* 10. Berlin (West) 1982, 558–565.

———, Art. Nestorius/Nestorianischer Streit, in: *TRE* 24. Berlin 1994, 276–286.

R.L. Wilken, Tradition, Exegesis and the Christological Controversies. *ChH* 34 (1965), 123–145.

F. Winkelmann, Die östlichen Kirchen in der Epoche der christologischen Auseinandersetzungen (5. bis 7. Jahrhundert). *KGE* I/6. Berlin (Ost) 1980.

D.M. Zaharopoulos, *Theodore of Mopsuestia on the Bible.* A Study of His Old Testament Exegesis. Theological Inquiries. New York 1989.

A. Ziegenaus, *Das Menschenbild Theodors von Mopsvestia.* Diss. München 1963.

INDEX

1. Personen

1.1. *Kirchenväter und antike Personen*

1.2. *Moderne Autoren*

2. Sachen

3. STELLEN

3.1. *Bibel*

3.2. *Kirchenväter und antike Autoren*

SUPPLEMENTS TO VIGILIAE CHRISTIANAE

1. Tertullianus. *De idololatria*. Critical Text, Translation and Commentary by J.H. Waszink and J.C.M. van Winden. Partly based on a Manuscript left behind by P.G. van der Nat. 1987. ISBN 90 04 08105 4

2. Springer, C.P.E. *The Gospel as Epic in Late Antiquity*. The *Paschale Carmen* of Sedulius. 1988. ISBN 90 04 08691 9

3. Hoek, A. van den. *Clement of Alexandria and His Use of Philo in the* Stromateis. An Early Christian Reshaping of a Jewish Model. 1988. ISBN 90 04 08756 7

4. Neymeyr, U. *Die christlichen Lehrer im zweiten Jahrhundert.* Ihre Lehrtätigkeit, ihr Selbstverständnis und ihre Geschichte. 1989. ISBN 90 04 08773 7

5. Hellemo, G. *Adventus Domini.* Eschatological Thought in 4th-century Apses and Catecheses. 1989. ISBN 90 04 08836 9

6. Rufin von Aquileia. *De ieiunio* I, II. Zwei Predigten über das Fasten nach Basileios von Kaisareia. Ausgabe mit Einleitung, Übersetzung und Anmerkungen von H. Marti. 1989. ISBN 90 04 08897 0

7. Rouwhorst, G.A.M. *Les hymnes pascales d'Éphrem de Nisibe.* Analyse théologique et recherche sur l'évolution de la fête pascale chrétienne à Nisibe et à Édesse et dans quelques Églises voisines au quatrième siècle. 2 vols: I. Étude; II. Textes. 1989. ISBN 90 04 08839 3

8. Radice, R. and D.T. Runia. *Philo of Alexandria.* An Annotated Bibliography 1937–1986. In Collaboration with R.A. Bitter, N.G. Cohen, M. Mach, A.P. Runia, D. Satran and D.R. Schwartz. 1988. repr. 1992. ISBN 90 04 08986 1

9. Gordon, B. *The Economic Problem in Biblical and Patristic Thought.* 1989. ISBN 90 04 09048 7

10. Prosper of Aquitaine. *De Providentia Dei.* Text, Translation and Commentary by M. Marcovich. 1989. ISBN 90 04 09090 8

11. Jefford, C.N. *The Sayings of Jesus in the Teaching of the Twelve Apostles.* 1989. ISBN 90 04 09127 0

12. Drobner, H.R. and Klock, Ch. *Studien zu Gregor von Nyssa und der christlichen Spätantike.* 1990. ISBN 90 04 09222 6

13. Norris, F.W. *Faith Gives Fullness to Reasoning.* The Five Theological Orations of Gregory Nazianzen. Introduction and Commentary by F.W. Norris and Translation by Lionel Wickham and Frederick Williams. 1990. ISBN 90 04 09253 6

14. Oort, J. van. *Jerusalem and Babylon.* A Study into Augustine's *City of God* and the Sources of his Doctrine of the Two Cities. 1991. ISBN 90 04 09323 0

15. Lardet, P. *L'Apologie de Jérôme contre Rufin.* Un Commentaire. 1993. ISBN 90 04 09457 1

16. Risch, F.X. *Pseudo-Basilius: Adversus Eunomium IV-V.* Einleitung, Übersetzung und Kommentar. 1992. ISBN 90 04 09558 6

17. Klijn, A.F.J. *Jewish-Christian Gospel Tradition*. 1992. ISBN 90 04 09453 9
18. Elanskaya, A.I. *The Literary Coptic Manuscri pts in the A.S. Pushkin State Fine Arts Museum in Moscow*. ISBN 90 04 09528 4
19. Wickham, L.R. and Bammel, C.P. (eds.). *Christian Faith and Greek Philosophy in Late Antiquity*. Essays in Tribute to George Christopher Stead. 1993. ISBN 90 04 09605 1
20. Asterius von Kappadokien. *Die theologischen Fragmente*. Einleitung, kritischer Text, Übersetzung und Kommentar von Markus Vinzent. 1993. ISBN 90 04 09841 0
21. Hennings, R. *Der Briefwechsel zwischen Augustinus und Hieronymus und ihr Streit um den Kanon des Alten Testaments und die Auslegung von Gal. 2,11-14*. 1994. ISBN 90 04 09840 2
22. Boeft, J. den & Hilhorst, A. (eds.). *Early Christian Poetry*. A Collection of Essays. 1993. ISBN 90 04 09939 5
23. McGuckin, J.A. *St. Cyril of Alexandria: The Christological Controversy*. Its History, Theology, and Texts. 1994. ISBN 90 04 09990 5
24. Reynolds, Ph.L. *Marriage in the Western Church*. The Christianization of Marriage during the Patristic and Early Medieval Periods. 1994. ISBN 90 04 10022 9
25. Petersen, W.L. *Tatian's Diatessaron*. Its Creation, Dissemination, Significance, and History in Scholarship. 1994. ISBN 90 04 09469 5
26. Grünbeck, E. *Christologische Schriftargumentation und Bildersprache*. Zum Konflikt zwischen Metapherninterpretation und dogmatischen Schriftbeweistraditionen in der patristischen Auslegung des 44. (45.) Psalms. 1994. ISBN 90 04 10021 0
27. Haykin, M.A.G. *The Spirit of God*. The Exegesis of 1 and 2 Corinthians in the Pneumatomachian Controversy of the Fourth Century. 1994. ISBN 90 04 09947 6
28. Benjamins, H.S. *Eingeordnete Freiheit*. Freiheit und Vorsehung bei Origenes. 1994. ISBN 90 04 10117 9
29. Smulders s.j., P. (tr. & comm.). *Hilary of Poitiers' Preface to his* Opus historicum. 1995. ISBN 90 04 10191 8
30. Kees, R.J. *Die Lehre von der* Oikonomia Gottes in der Oratio catechetica *Gregors von Nyssa*. 1995. ISBN 90 04 10200 0
31. Brent, A. *Hippolytus and the Roman Church in the Third Century*. Communities in Tension before the Emergence of a Monarch-Bishop. 1995. ISBN 90 04 10245 0
32. Runia, D.T. *Philo and the Church Fathers*. A Collection of Papers. 1995. ISBN 90 04 10355 4
33. De Coninck, A.D. *Seek to See Him*. Ascent and Vision Mysticism in the Gospel of Thomas. 1996. ISBN 90 04 10401 1
34. Clemens Alexandrinus. *Protrepticus*. Edidit M. Marcovich. 1995. ISBN 90 04 10449 6
35. Böhm, T. *Theoria – Unendlichkeit – Aufstieg*. Philosophische Implikationen zu *De vita Moysis* von Gregor von Nyssa. 1996. ISBN 90 04 10560 3

36. Vinzent, M. *Pseudo-Athanasius, Contra Arianos IV*. Eine Schrift gegen Asterius von Kappadokien, Eusebius von Cäsarea, Markell von Ankyra und Photin von Sirmium. 1996. ISBN 90 04 10686 3

37. Knipp, P.D.E. *'Christus Medicus' in der frühchristlichen Sarkophagskulptur*. Ikonographische Studien zur Sepulkralkunst des späten vierten Jahrhunderts. 1998. ISBN 90 04 10862 9

38. Lössl, J. *Intellectus gratiae*. Die erkenntnistheoretische und hermeneutische Dimension der Gnadenlehre Augustins von Hippo. 1997.
ISBN 90 04 10849 1

39. Markell von Ankyra. *Die Fragmente. Der Brief an Julius von Rom*. Herausgegeben, eingeleitet und übersetzt von Markus Vinzent. 1997.
ISBN 90 04 10907 2

40. Merkt, A. *Maximus I. von Turin*. Die Verkündigung eines Bischofs der frühen Reichskirche im zeitgeschichtlichen, gesellschaftlichen und liturgischen Kontext. 1997. ISBN 90 04 10864 5

41. Winden, J.C.M. van. *Archè*. A Collection of Patristic Studies by J.C.M. van Winden. Edited by J. den Boeft and D.T. Runia. 1997.
ISBN 90 04 10834 3

42. Stewart-Sykes, A. *The Lamb's High Feast*. Melito, *Peri Pascha* and the Quartodeciman Paschal Liturgy at Sardis. 1998. ISBN 90 04 11236 7

43. Karavites, P. *Evil, Freedom and the Road to Perfection in Clement of Alexandria*. 1999. ISBN 90 04 11238 3

44. Boeft, J. den and M.L. van Poll-van de Lisdonk (eds.). *The Impact of Scripture in Early Christianity*. 1999. ISBN 90 04 11143 3

45. Brent, A. *The Imperial Cult and the Development of Church Order*. Concepts and Images of Authority in Paganism and Early Christianity before the Age of Cyprian. 1999. ISBN 90 04 11420 3

46. Zachhuber, J. *Human Nature in Gregory of Nyssa*. Philosophical Background and Theological Significance. 1999. ISBN 90 04 11530 7

47. Lechner, Th. *Ignatius adversus Valentinianos?* Chronologische und theologiegeschichtliche Studien zu den Briefen des Ignatius von Antiochien. 1999.
ISBN 90 04 11505 6

48. Greschat, K. *Apelles und Hermogenes*. Zwei theologische Lehrer des zweiten Jahrhunderts. 1999. ISBN 90 04 11549 8

49. Drobner, H.R. *Augustinus von Hippo:* Sermones ad populum. Überlieferung und Bestand - Bibliographie - Indices. 1999. ISBN 90 04 11451 3

50. Hübner, R.M. *Der paradox Eine*. Antignostischer Monarchianismus im zweiten Jahrhundert. Mit einen Beitrag von Markus Vinzent. 1999.
ISBN 90 04 11576 5

51. Gerber, S. *Theodor von Mopsuestia und das Nicänum*. Studien zu den katechetischen Homilien. 2000. ISBN 90 04 11521 8

52. Drobner, H.R. and A. Viciano (eds.). *Gregory of Nyssa: Homilies on the Beatitudes*. An English Version with Commentary and Supporting Studies. Proceedings of the Eighth International Colloquium on Gregory of Nyssa (Paderborn, 14-18 September 1998) ISBN 90 04 11621 4 *In preparation*.

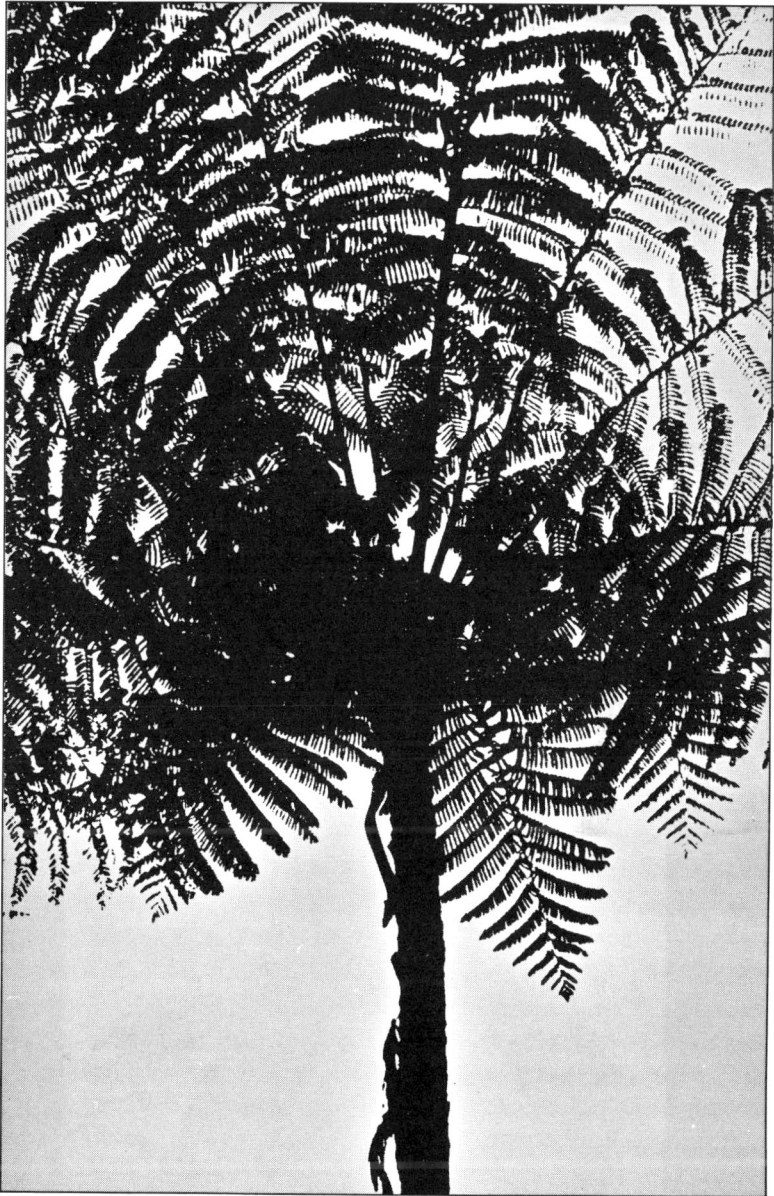

A famous but unnamed writer lives an isolated life in Corsica, his inspiration dried up and his personal relationships broken. His only companion is a stray dog, until members of the wealthy Warden family try to force on him a strange literary commission. Reluctantly, he is drawn into an adventure that sends him jetting to England, Provence and Singapore to solve the mystery of a young man's death: Did Sebastian Warden commit suicide or was he murdered?

In this fascinating detective story Finn Carling points to several possible clues to unravelling the enigma left by Sebastian. Like Graham Greene, however, he is more concerned with character than conventional solutions: his real interest is the writer's journey back into his own humanity as his bizarre investigation unfolds.

Following *Under the Evening Sky* (published in 1990), *Commission* establishes for English readers why Finn Carling is considered one of the most original and compelling writers in Norway today. On its publication in Oslo, *Commission* won the author first prize in the Sigurd Hoel Centennial Fiction Competition.

Translated from the Norwegian and with a Foreword by Louis A. Muinzer

Commission

By the same author

Under the Evening Sky